大学生职业生涯规划实训教程

（含实训手册）

主　编　李　莉
副主编　王　佳　徐　建
编　委　朱玉丽　崔晓玲　刘　萍

北京理工大学出版社
BEIJING INSTITUTE OF TECHNOLOGY PRESS

图书在版编目（CIP）数据

大学生职业生涯规划实训教程：含实训手册／李莉主编．—北京：北京理工大学出版社，2015.9（2021.7 重印）
ISBN 978－7－5682－1228－1

Ⅰ．①大…　Ⅱ．①李…　Ⅲ．①大学生－职业选择－高等学校－教材　Ⅳ．①G647.38

中国版本图书馆 CIP 数据核字（2015）第 213974 号

出版发行／北京理工大学出版社有限责任公司
社　　址／北京市海淀区中关村南大街 5 号
邮　　编／100081
电　　话／（010）68914775（总编室）
（010）82562903（教材售后服务热线）
（010）68948351（其他图书服务热线）
网　　址／http：//www.bitpress.com.cn
经　　销／全国各地新华书店
印　　刷／三河市华骏印务包装有限公司
开　　本／787 毫米×1092 毫米　1/16
印　　张／25.75
字　　数／590 千字
版　　次／2015 年 9 月第 1 版　2021 年 7 月第 16 次印刷
定　　价／49.90 元

责任编辑／梁铜华
文案编辑／王晓莉
责任校对／周瑞红
责任印制／马振武

图书出现印装质量问题，请拨打售后服务热线，本社负责调换

前　言

职业生涯设计是近几年来发展起来的一门新型学科，该学科目前还没有受到人们的足够重视。许多刚步入大学殿堂的学生都会产生彷徨和困惑：我来大学到底是为了什么？毕业后，我将走向何方？大学生活对于我未来的职业发展意味着什么？的确，对于刚步入大学的学生来说，有多少人能明确自己的人生目标是什么？他们迷茫于人才海洋中，不知所措。而对于即将毕业的大学生来说，他们毕业后的路怎么走，是继续深造、出国留学还是就业、创业呢？大学已不再是安全的避风港，大学就是社会。

作为高校的职业生涯指导教师，如何帮助大学生进行职业生涯规划，如何为大学生们铺就一条平坦的就业大道，帮助那些处于忧虑、困惑和盲目状态中的学生们成功进行职业生涯规划并顺利就业，是我们的职责和义务。为此，我们在总结实际工作经验的基础上，参阅了大量的资料，编写了此书。

本书系统地介绍了职业的基本知识、职业生涯规划概述、职业生涯规划的基本理论、自我认知、职业社会认知、职业选择、职业生涯规划的制定与管理、职业生涯规划书的撰写、新时代职业化素质培养等职业生涯规划的相关基础理论和详细步骤，并用通俗易懂的语言、明晰的思路及丰富的案例，帮助大学生们了解职业生涯规划的理论知识，树立正确的职业生涯规划观，确立合理的职业生涯规划方案，力求最大限度地帮助学生就业，促进其对职业的认识和发展。

与国内同类教材相比，本书具有以下特点：

1. 紧扣大纲，突出前沿

本书内容紧紧围绕教育部普通本科学校职业生涯规划的教学基本要求和教学大纲，配备的教学案例均为时下学生最关注的。

2. 兴趣引导，注重互动

每章用一个引导案例开始，结合章节内容，穿插“教学案例”和“阅读资料”，在提高学生学习兴趣的同时，也为教师和学生充分互动提供了思路。

3. 强化实训，自成体系

每个章节配备了丰富的实训内容，为教师组织课堂教学活动和布置作业提供了丰富素材。实训手册独立装订成册，自成体系，方便教师收取作业，获取学生学习状况的反馈。

本书的结构和写作大纲由鞍山师范学院李莉教授组织设计。全书共八章，各章节的撰写分工为：第三章、第七章由李莉编写，第五章由王佳编写，第二章、第六章由徐建编写，第一章由朱玉丽编写，第四章由崔晓玲编写，第八章由刘萍编写。全部内容由李莉、王佳统稿并校对。

本书编写过程中，得到了北京理工大学出版社的鼓励和支持。对此，我们深表感谢。

本书编写过程中直接或间接地借鉴了国内外大量的论著、文献、教科书等素材，在此，谨对原作者一并表示感谢。由于编者水平有限，书中难免存在不足之处，敬请广大读者指正。

编　者

2015 年 7 月

前言

1. 紧扣大纲，突出重点

目　　录

第一章　大学学习与生涯规划 …… 1
第一节　认识高等教育与职业发展 …… 2
一、中西方高等教育发展概述 …… 3
二、我国高等教育的任务、方针和基本制度 …… 8
三、我国大学教育目标的基本内容和要求 …… 9
四、大学生职业生涯规划课程的教学要求 …… 10
第二节　大学生涯与职业发展准备 …… 12
一、确立大学生涯学习与职业发展准备目标 …… 12
二、做好大学生涯与职业发展准备规划 …… 15
三、处理好大学学业与职业发展准备的关系 …… 18
四、完成好大学学业和职业发展准备任务 …… 18
本章小结 …… 21
第二章　职业与职业生涯规划 …… 23
第一节　职业与专业 …… 24
一、职业的含义与性质 …… 24
二、职业的功能 …… 25
三、职业与专业 …… 26
第二节　职业生涯与职业生涯规划 …… 28
一、职业生涯 …… 28
二、职业生涯规划 …… 31
三、职业生涯规划对大学生人生发展的影响 …… 33
第三节　职业生涯规划的原则、内容、步骤与方法 …… 35
一、职业生涯规划的原则 …… 35
二、职业生涯规划的内容 …… 35
三、职业生涯规划的步骤 …… 37
四、职业生涯规划的方法 …… 39
第四节　职业锚 …… 40
一、职业锚概述 …… 40
二、职业锚的类型 …… 42
三、利用职业锚引导职业发展 …… 45
本章小结 …… 47
第三章　自我认知 …… 51
第一节　自我分析 …… 52

一、自我分析的基本内容 …… 52
二、职业选择中的自我分析 …… 56
第二节　兴趣的自我认知 …… 57
一、兴趣与职业兴趣 …… 57
二、职业兴趣的影响因素 …… 62
三、职业兴趣的作用 …… 67
四、职业兴趣测试与分析——霍兰德职业兴趣理论 …… 68
五、兴趣与职业决策 …… 72
第三节　性格的自我认知 …… 73
一、性格的含义 …… 73
二、性格的特征 …… 73
三、性格对职业的影响 …… 74
四、职业性格测试与分析 …… 75
第四节　能力的自我认知 …… 89
一、能力的含义 …… 89
二、职业能力的类型 …… 90
三、职业选择时应遵循的原则 …… 90
四、大学生一般能力的拓展 …… 92
五、提高职业能力发展优势 …… 94
六、职业能力测试工具 …… 95
第五节　价值观的自我认知 …… 98
一、职业价值观含义 …… 99
二、价值观的分类 …… 100
三、职业价值观的作用 …… 103
四、职业价值观测试工具 …… 104
五、价值观与职业决策 …… 107
第六节　自我分析的方法 …… 111
一、自我分析的主要方法 …… 111
二、职业选择实践中自我了解的方法 …… 114
本章小结 …… 116
第四章　职业社会认知 …… 124
第一节　行业职业概述 …… 125
一、行业的分类 …… 125
二、产业的分类 …… 128
三、职业的分类 …… 132
第二节　人力资源市场 …… 135
一、人力资源市场 …… 135
二、大学生就业市场 …… 135
三、毕业生就业市场的职能和作用 …… 137

第三节 外部环境分析 …… 139
一、社会环境分析 …… 139
二、行业环境分析 …… 140
三、企业环境分析 …… 140
四、职位分析 …… 141
五、家庭环境分析 …… 142
第四节 认识职业世界 …… 144
一、认识职业世界的维度 …… 144
二、了解职业世界的途径和方法 …… 148
三、职业未来发展趋势展望 …… 151
本章小结 …… 155
第五章 职业选择与决策 …… 166
第一节 职业选择 …… 167
一、职业选择的内涵 …… 167
二、职业选择的特征 …… 168
三、职业选择的作用 …… 170
四、职业选择的类型 …… 171
第二节 职业选择的原则及影响因素 …… 172
一、职业选择的原则 …… 172
二、影响职业选择的因素 …… 174
三、职业决策的风格 …… 176
第三节 职业选择的决策过程及方法 …… 179
一、职业选择的决策过程 …… 179
二、职业选择的决策方法 …… 183
本章小结 …… 190
第六章 大学生职业生涯规划的制定与管理 …… 193
第一节 大学生职业生涯规划的制定 …… 194
一、大学生职业生涯规划制定的任务和实施策略 …… 194
二、大学生职业生涯规划的步骤 …… 197
三、职业规划书的撰写 …… 202
四、大学生职业生涯规划的评估与调整 …… 202
第二节 大学生职业生涯管理 …… 204
一、大学期间的职业生涯管理的原则 …… 204
二、大学期间的职业生涯管理的内容 …… 206
本章小结 …… 210
第七章 新时代职业化素质培养 …… 220
第一节 什么是职业化 …… 221
一、什么是职业化 …… 221

二、新时代对职业人的界定 …… 222
三、个人和职业发展的匹配 …… 223
四、职业人要以让“客户”满意为自己的终生使命 …… 225
五、新时代职业人的挑战 …… 226
第二节 职业人的职业道德 …… 230
一、职业道德概述 …… 230
二、职业道德的基本规范 …… 232
三、职业道德行为的培养 …… 236
第三节 科学文化素质的培养 …… 238
一、科学文化知识结构 …… 238
二、建立科学文化知识结构的原则和途径 …… 240
第四节 职业化能力素质的培养 …… 243
一、职业能力概念和特征 …… 243
二、职业能力的分类 …… 244
三、学习能力的培养 …… 247
四、时间管理能力的培养 …… 249
五、团队精神的培养 …… 258
六、有效的沟通技巧 …… 261
七、高效执行能力培养 …… 264
第五节 职业化心理素质 …… 267
一、心理素质与职业心理素质 …… 267
二、健康的职业心理素质 …… 268
三、择业的心理准备 …… 270
四、职业心理素质培养 …… 272
本章小结 …… 274
第八章 创业——职业生涯的自我开发 …… 276
第一节 创业与职业生涯 …… 276
一、创业是职业生涯的主动开发 …… 277
二、大学生的创业 …… 277
第二节 创业的知识储备 …… 279
一、知识与知识的类型 …… 279
二、创新知识、管理知识是创业的基础 …… 280
三、专业知识是高层次的创业平台 …… 282
第三节 创业者能力开发 …… 283
一、组织协调能力 …… 283
二、领导决策能力 …… 284
三、创新创造能力 …… 284
四、吃苦耐劳，坚持不懈 …… 285
本章小结 …… 285

附录 1 SDS 霍兰德职业倾向测量表 …… 288
附录 2 MBTI 职业性格测试 …… 302
附录 3 CSMP 性格类型测试 …… 314
附录 4 WVI 职业价值观澄清测量表 …… 320
附录 5 职业生涯规划书模板 …… 324
参考文献 …… 329

第一章　大学学习与生涯规划

教学目标

学习完本章之后，学生能够达成以下目标：

1. 认识高等教育与个人职业发展的关系。
2. 我国高等教育目标的基本内容和要求。
3. 高等教育对个人职业发展的影响和意义。
4. 确立大学生涯与职业发展准备目标，做好大学生涯与职业发展准备规划。
5. 处理好大学学业与职业发展准备的关系。
6. 完成好大学学业和职业发展准备任务。

导入案例

重庆某公司把20名本科生“炒鱿鱼”，仅留下了1名大专生

2004年7月，重庆理念科技产业有限公司招聘了21名大学生。让人始料未及的是，在随后不到4个月的时间里，该公司陆续开除了其中的20名本科生，仅仅留下了1名大专生。据该公司反映，这些大学生被开除的主要原因是他们的自身素质和道德修养不能胜任公司的人才需求。

第一批被公司除名的是两名来自某重点大学的计算机专业高才生。他们在第一次与客户谈完生意后，将价值3万多元的设备遗忘在出租车上。面对经理的批评，两人却振振有词地说：“对不起，我们是刚毕业的学生。学生犯错是常事，你就多包涵吧。”两人终因修养不够、“言多语失”而被开除。

据记者了解，像这两名本科生一样，其余十几名本科生被开除的主要原因也是与个人修养存在缺失有关。

第三个被公司“扫地出门”的是一名本科毕业的女学生，喜欢睡懒觉，上班经常迟到，还在工作时间上网聊天，被多次警告却仍置若罔闻，最终被公司“开回家”。

另有3名大学生因“张狂”而被“卷了铺盖”。他们在与客户吃工作餐时，夸夸其谈，大声喧闹，弄得客户和公司领导连交谈的时机都没有。席间，更有一名男生张嘴吐痰，一口痰刚好落在了客户的脚边，惊得客户一下子从凳子上跳了起来。该男生却像什么事都没有发生一样继续吃饭。结果可想而知。

最让人难以接受的是，有一次，公司老总带领公司员工到外地搞促销，在海边租了一套别墅，有20多间客房，但员工有100多人，很多老员工甚至老总都只能睡在过道上。而

有些新来的大学生却迅速给自己选好房间，然后锁上房门独自看电视。这些学生好几次走出房门看见长辈睡在地上，竟视而不见，不吭一声。此事又让几名大学生丢了饭碗。

最后被开除的是一名男生，他没与对方谈妥业务就飞到南京，让公司白白花了几千元的飞机票钱。当领导问及此事时，他却不依不饶："我没错，是他们变卦，你是领导我也不怕!"

他被开除后，邀约两名同事一起走；接下来，3 人又从公司里拉走了几个人。

就这样，3 个多月下来，20 名本科生全都离开了公司。

而唯一没有被"炒掉"的"幸运儿"是一位女大专生。

"我只是比别人更清楚，自己比别人少了什么东西。我虽然没有很高的文凭，但是我觉得'细微之处见匠心'。尤其是在和客户面对面接触的时候，可能会因为你的一个眼神，或者是你的微笑不到位，就让人觉得心里不舒服。这种不舒服如果转变成一种对立的话，势必影响到工作，对公司的业务发展也可能有很大的负面影响。"在她看来，作为公司的一员，应该懂得自己的言行必须符合公司的正当利益。对自己的前途负责，首先是对自己所在单位负责、对工作负责。她的工作记录本封面上写着两个字：用心。

她介绍说，因为刚接触工作，很多东西都需要学习，自己就借公司其他员工的资料看，经常看到深夜。"而且我特别喜欢问，几乎公司上上下下的同事都被我问遍了，大家都笑话我是'十万个为什么'。"

正是这份勤奋和谦逊，让这位女大专生笑到了最后。

有专业人士指出，大学生在求职时，要得到用人单位的认可，修养和学识缺一不可。做任何事情的前提都应该是学会做人。

"有些大学生在刚跨入社会时，其角色转化、人际关系、思想认识等都可能存在一些问题。"该公司老总李玉华就此事评论说。这件事可以给大学生们提个醒，从进入大学的第一天到面对自己的第一份工作，大学生在注重调整自己知识结构的同时，也应该注重自己道德修养的提高，把握好处事分寸，从各方面提高自己的综合素质。

【思考与讨论】

1. 20 名本科生为什么会被辞退?
2. 你将如何度过自己的大学生活?

第一节　认识高等教育与职业发展

迈入大学校门，意味着同学们的人生进入了一个新阶段，已经从家庭开始走入社会，四年之后大学生涯结束时，将走向职业社会、实现自己的职业理想。同学们将怎样开启大学生活呢？这就需要认识大学教育的真谛，对我国的高等教育任务、方针、基本制度和大学教育目标的基本内容和要求有一定的了解，认识到大学教育对人生发展的重要性，珍惜好大学生涯的美好时光，安排好大学生活，确立大学生涯目标，努力提高各方面素质，为将来成功走向职业社会做好准备。《大学生职业生涯规划实训教程》会引导同学们开启充满希望的职业人生。

一、中西方高等教育发展概述

大学是指实施高等教育的学校（泛指各种高等学校），一般指高等院校中以学术为媒介进行研究和教育，即培养人才和进行高等专业教育的机构。大学是综合性地提供教育和研究条件、授权颁发学位的高等教育机关，是一个国家文化、科学技术的标志之一，更是为国家、社会提供所需各种高级专门人才和文化、科学各种成果的主要基地。大学从诞生之日起就承担着重要的社会职能，传播知识、弘扬文化、继承传统、创造文明一直是它的宗旨，按照历史演进的先后阶段顺序，大学的三大传统职能是人才培养、科学研究、社会服务。进入新时期以来，现代大学也被赋予传承文化、产生思想、改造社会、引领未来等新的职能。

大学包括综合大学、专科大学和学院及专科学校，同时招收本科毕业生（或同等学力者）进行研究生教育。大学一般按科类设若干学院（或系）、研究室或其他相应的教学、研究组织，通常还设有各种专门的研究机构，承担教学和科研双重任务。

（一）西方高等教育发展及职业生涯教育概述

1. 西方高等教育发展概述

西方最早的大学是由古希腊著名哲学家、教育家柏拉图于公元前 387 年所创立的阿卡德米学园，教授哲学、数学、体育，这被一些人认为是欧洲大学的先驱。希腊文化对于西方近代科学的贡献，处于一种奠基意义地位的存在。他们在科学上贡献了跨时代的成果，在思想上甚至为千年之后的文艺复兴打下伏笔。苏格拉底曾提道："我唯一比学生知道得多的是我自己的无知，而真正的无知是不知道自己无知。"

近代意义的大学出现在中世纪的欧洲。1088 年，在意大利北部的博洛尼亚诞生了世界上第一所综合性大学——博洛尼亚大学。1160 年，法国紧随其后创办了巴黎大学，下设神学、文学、医学、法学四科，成为后来欧洲许多大学的范式。1167 年和 1209 年，更具有现代大学特征的英国牛津大学和剑桥大学先后建立。此后还有德国的科隆大学、海德堡大学，意大利的萨里诺大学。

牛津大学先后培养了二十多位首相、三十多位诺贝尔奖获得者，还有很多毕业生在高科技领域把握着高层次的信息宝库，也有的毕业生在人文界出类拔萃。可以说牛津大学对英国社会制度有着重要的影响。

美国哈佛大学建于 1636 年，培养了六位总统、三十二位诺贝尔奖获得者。关于哈佛大学有这样一句话："先有哈佛，而后有美利坚。"这是因为随着欧洲到美洲的大西洋航道的开通，17 世纪初，首批英国移民到达美洲，移民当中有一百多名清教徒曾在牛津和剑桥大学受过古典式的高等教育，为了让他们的子孙后代在新的家园能够受到这种教育，使英国的文化传统能够在美利坚这块新开辟的土壤上扎根并得以枝繁叶茂，他们在马萨诸塞州的查尔斯河畔建立了美国历史上第一所大学——哈佛学院，即哈佛大学。哈佛大学的创举在于真理与学术至上。1843 年董事会正式采用 VERITAS 为校训，完整地呈现了"以柏拉图为友，以亚里士多德为友，更要以真理为友"的大学精神。哈佛大学的历任校长谨守真理与学术至上的教育理念，尼尔·J·陆登庭是哈佛大学历史上第一位以管理者而不是学者或教师身份成为校长的。在他的眼里，哈佛大学是一个"不同寻常的社区"，它把众多卓越非凡的天才聚集在一起去追求他们的最高理想，使他们从已知世界出发去探究和发现世界及自身未知的东西。对于个人和社会而言，没有比这更有价值的追求。在真理与学术至上的理念影响下，哈佛大学的师生以追求科学知识为目的。从独立到现在，美国先后涌现出许多著名大学，像耶鲁大学、宾夕法尼亚大学、斯坦福大学、哥伦比亚大学、弗吉尼亚大学等名校在世界范围内都有着广泛而重大的影响，美国政府中的许多总统、议员都来自这些大学。美国的大学为美国社会培养了大批的人才，可以说，美国能有今天，大学的贡献是不可抹杀的。

1809 年，时任德国内政部宗教和教育司要职的威廉·冯·洪堡受命组建了柏林大学，将研究和教学结合起来，办学宗旨非常鲜明——坚决培养为国家利益服务的人，并确立了大学自治和学术自由的原则，这被认为是现代大学的开端。在美国，这种模式最早被约翰·霍普金斯大学效仿，直到现在仍被世界各地的大学广泛采用。欧洲的大学为后来的工业革命，以及而后的经济腾飞输送了大量人文科学、自然科学和管理方面的人才。随着自由的学术风潮兴起，私立大学的发展渐入佳境。从当今世界大学格局来看，牛津、麻省理工、哈佛等世界排名靠前的大学中，很多都是私立大学。私立教育，是西方的大学发展的一个特色，大学教研室、实验室里的发明创造在国家的经济领域结出了累累硕果，为人类文明的发展做出了巨大贡献。可见，大学既是一个教学的场所，更是一个培养人才的机构。一个国家的现代化离不开发达的高等教育体系，离不开大学教育。美国当代著名教育家、纽约州立大学前校长厄内斯特·博耶认为：教育不仅是为学生的职业生涯做准备，而且要使他们过一种有尊严和有意义的生活；不仅是生成新的知识，而且要把知识用来为人类服务；不仅是学习和研究管理，而且要培养能增进社会公益的公民。西方大学经历了近千年的历史，大学的功能充分地体现为传授知识、创造知识、服务社会这三大功能，而这三大功能的实现核心体现在人的培养上，没有人的培养，就没有文化的传承，就没有文化的再创新，更没有社会的进步。

2. 西方职业生涯教育概述

职业生涯规划在 20 世纪初起源于美国，到 20 世纪 60 年代末 70 年代初，随着生涯发展理论的提出，生涯规划逐渐取代职业辅导的地位。70 年代，生涯规划教育在美国得到推广和实施，之后在一些发达国家如英国、加拿大、日本、苏联等各级各类学校中得到广泛传播、发展和运用；80 年代，生涯规划理论又有了新的发展，生涯规划教育成为现代学校教育与心理辅导的一个重要部分，在长期的实践中，国外学校确立了以形成“自我概念、发展潜能”为理念的全人辅导模式，并辅之以矫正、补救的心理咨询和训练项目。

第一个明确使用“职业指导”这一术语的是美国职业指导的奠基者帕森斯，他在 1909 年出版的《职业选择》一书中总结了职业指导的理论和方法。20 世纪 70 年代，研究者超越了以心理学为支撑的传统职业指导，提出了体现和重视人生规划的“生涯教育”，职业指导观念逐渐完成向生涯辅导观念的转变。生涯辅导的形成时期是金斯伯格和舒伯的生涯发展理论。金斯伯格是职业生涯发展理论的典型代表人物，也是职业发展理论的先驱者，对职业生涯发展有着长期的研究。金斯伯格将职业发展过程分为空想阶段、尝试阶段和现实阶段。舒伯经过大量研究于 1957 年出版《职业生涯心理学》，首次使用“职业生涯”的概念，将职业生涯定义为一个人终生经历的所有职位的整个过程，系统阐述了职业生涯发展的十二个基本命题和五个发展时期。职业生涯规划经过一系列的发展阶段，达到成熟和完善，迎来了职业生涯发展的国际化。

美国高校一般都设有毕业生就业指导中心，中心的工作大体分为职业指导和就业服务两个方面。职业指导的工作重点是推行四年职业生涯规划项目。第一年，中心开始对学生进行职业教育；第二年，要帮助学生发现和了解自己的性格、兴趣和专长，进而帮助学生选择专业；第三年，帮助学生了解雇主资料和市场需求，参加社会实践和招聘会；第四年，辅导学生写求职信等专门技能。这种指导贯穿学生的整个大学生涯，对学生就业观的形成、择业能力的增强和求职技巧的提高颇有助益。对就业指导中心工作人员的要求是这样规定的：专职人员应有与其职位相关的学历或与教育有关的学历背景和工作经验；一般工作人员也应该有相关的学习背景和工作经验，并需要进行个别培训和接受专业人员的督导，有的州对从事职业咨询或指导的人员要求执证上岗。

日本有一个完善的就业机制，主要表现在网络信息准确、举办各种各样的说明会、各种就职支援中心和俱乐部、政府预算支持等方面。通过"学生职业综合支援中心"及"学生职业中心"等对大学毕业后尚未就业的登记人员，根据本人兴趣、爱好及适应能力等开设针对性的讲座，通过培训提高其就业能力，并组织他们去企业实习。

美国、日本等发达国家已完全突破了毕业就业安置指导，成为大学生在大学时期及毕业后找到工作前的一种全程职业生涯辅导和教学安排。已将职业生涯教育列入必修的课程，在教学计划安排中，进行测试、讲座、咨询和实践等活动，并贯穿整个大学教育过程。

（二）我国高等教育发展概述

1. 中国的大学由来已久

早在奴隶社会的西周时期，设在王都和诸侯都城的"国学"即有实施高等教育的内容。周王的"辟雍"，诸侯的"泮官"，都相当于后世的大学。"四书五经"中的《大学》一书对大学的精神做出这样的阐述："大学之道，在明明德，在新民，在止于至善。""明明德"是指通过教育发扬人性中本来的善，培养健全人；"新民"是指通过教与学的统一，达到修己立人，推己及人，化民成俗，更新民众，社会风气；"止于至善"则是指教育的终极目标，即通过教育，使整个社会达到谓之"至善"的理想境界。孔子成为中国教育的开路者。春秋战国还没有所谓的高等教育，教育也只是集中在人文方面的，但是，孔子的教育思想却是超前的，无论是有教无类还是对伦理道德的重视，他的思想奠定了中国 2 000 年封建历史的教育基调。

在封建社会时期，西汉汉武帝采纳董仲舒的建议，在中央设立了太学，以五经博士为教官，置博士弟子（太学生）50 人。晋代始立国子学，后改为国子监（至清末废除）。隋唐时期设立了各种专门学校，如书学、算学、律学、医学等。唐朝出现了"书院"。最初，书院只是藏书和修书的地方，五代以后才具有大学性质。从宋朝到清朝，书院逐渐增多，成为名儒大师聚徒讲学的场所。比较著名的有江西庐山白鹿洞书院、湖南衡阳石鼓书院、长沙岳麓书院、河南商丘应天府书院等，书院多采取教师自由讲学或集体研究的方式，探讨经邦济世之术。中国的书院在培养人才、研究学术和著书立说方面都有不少成就。1901 年，清政府谕令各省州县均改设学堂。

中国近现代大学是个舶来品，中国近代大学的形成受西方教育思想的影响很深。1840 年鸦片战争以后，为适应"洋务运动"的需要，清政府批准洋务派创办了"洋务学堂"，如 1862 年的京师同文馆、1885 年的天津武备学堂等。

甲午海战，清政府败于日本。一些仁人志士愤而图强，这时出现了维新变法。维新变法的重要举措就是废除科举制，建立学校。中国近代大学一般认为始于1895年的北洋大学（今天津大学）和1898年创办的京师大学堂，京师大学堂就是北京大学的前身（1912年京师大学堂正式改名为北京大学）。京师大学堂的教育宗旨是“端正趋向，造就通才”。

1911年，辛亥革命后，在中华民国临时政府教育总长蔡元培主持下，高等教育进一步引进西方的科学教育内容，认识到大学教育在国家强盛中的作用。1912年蔡元培主持制定的《大学令》规定：“大学以教授高深学问，养成硕学闳材，应国家需要为宗旨。”这标志着中国大学的办学理念从中国传统理念向现代大学转型的开始。由于蔡元培有在德国留学的背景，他的教育思想深受洪堡大学理念的影响。他于1915年担任北京大学校长时明确提出，大学要培养对国家有用的人。他主张大学是帮助被教育的人，给他能发展自己的能力，完成他的人格。他认为：

“诸君须报定宗旨，为求学而来，法科者，非为做官；人商科者，非为致富。宗旨既定，自趋正轨……诸君为大学学生，地位甚高，肩此重任，责无旁贷，故诸君不惟思所以感己，更必有以励人。苟德之不修，学之不讲，同乎流俗，合乎污世，已且为人轻侮，更何足以感人。”①

中国近代著名教育家，清华大学原校长梅贻琦在《大学一解》一文中指出：今日中国之大学教育，溯其源流，实自西方移植而来，顾制度为一事，而精神又为一事。就制度而言，中国教育在中国不见有形式相似之组织；就精神而言，则文明人类之经验大致相同，而事有可通者。②

大学者，非谓有大楼之谓也，有大师之谓也。③

在近代中国，伴随着帝国主义的文化侵略，一些外国教会和私人也在中国举办了一批高等学校。国民党统治时期，高等教育发展缓慢，全国约有200所高等学校。但是，在中国新民主主义革命过程中，在中国共产党领导的革命根据地，高等教育迅速发展，举办了红军大学、抗日军政大学、马列学院、鲁迅艺术学院、华北联合大学等，为新中国的高等教育开了先河。

新中国成立初期，废除了旧中国的公立和私立院校，并将私立改为公立，裁并了外国组织和私人在中国举办的院校，全面收回了教育主权。中国教育相比西方，公立大学影响力远远超过私立大学。这个特点和中国的教育发展历史是相关的，中国教育更加紧迫地需要通过集中力量来促进现代大学建设，而私立大学难以达到这个速度。我国的高等教育得到了较大的发展，但由于受社会经济发展水平的制约，更由于“文化大革命”的影响，我国的高等教育规模相对于我们这样的一个人口大国来说还显得不很协调。1977年恢复高考后，大学逐步恢复了教学。改革开放之后，1985年5月发布的《中共中央关于教育体制改革的决定》改革高等学校的招生计划和毕业生分配制度，扩大高等学校办学自主权，实行中央、省（自治区、直辖市）、中央城市三级办学的体制。

回首中国人创办现代大学这100多年，可谓跌宕起伏，险象环生——既有抗战烽火中

① 高平叔主编：《蔡元培教育论著选》，人民教育出版社1991年版，第524页。
② 刘述礼、黄延复主编：《梅贻琦教育论著选》，人民教育出版社1993年版，第90页。
③ 黄延复、马桐武主编：《梅贻琦与清华大学》，山西教育出版社1995年版，第300~301页。

大学内迁弦歌不辍的辉煌，也有“文化大革命”期间“大学还是要办的，我这里说的主要是理工科大学还是要办的”的无奈。

中国高等教育迅猛发展的重大举措，是1991年酝酿、1993年正式实施的“211工程”。为了面向21世纪，迎接新技术革命的挑战，中国政府计划重点建设100所左右的高等学校，并使其达到世界一流大学水平。

1998年5月4日，国家主席江泽民在庆祝北京大学建校一百周年大会上向全世界宣告：“为了实现现代化，中国要有若干所具有世界先进水平的一流大学。”由此，中国教育部决定在实施“面向21世纪教育振兴行动计划”中，重点支持国内部分高校创建世界一流大学和高水平大学，简称“985工程”。“985工程”是我国政府为建设若干所世界一流大学和一批国际知名的高水平研究型大学而实施的建设工程。“‘985工程’优势学科创新平台项目”以国家和行业发展急需的重点领域和重大需求为导向，围绕国家科技发展战略和学科前沿，加大学科结构调整力度，促进学科交叉，大力提高建设学科的科技创新能力和解决制约经济社会发展的重大“瓶颈”问题的能力。

“十五”至“十二五”期间，我国的高等教育得到了跨越式的发展，截止到2013年，全国各类高等教育在学总规模达到3 460万人，高等教育毛入学率达到34.5%。全国共有普通高等学校和成人高等学校2 788所，其中，普通高等学校2 491所（含独立学院292所），成人高等学校297所，普通高校中本科院校1 170所，高职（专科）院校1 321所；全国共有培养研究生单位830个，其中普通高校548个，科研机构282个。

普通高等教育本专科共招生699.83万人，在校生2 468.07万人，毕业生638.72万人，普通高等学校教职工229.63万人，专任教师149.69万人。

中国仅用短短几年时间，就走完了英、法、德、日等发达和新兴工业化国家用十几年甚至几十年才完成的高等教育由精英化到大众化的转变。

高等教育进入大众化阶段，大学生就业形势也发生了根本性的变化。第一，毕业生的就业由“精英”走向“大众”，大学生由“天之骄子”变成“普通老百姓”。大学毕业生不再是计划经济体制下的“宠儿”，不再是“统包统分，包当干部，精英就业”，而是“大众化就业”。第二，大学毕业生就业市场由卖方走向买方的市场化配置。第三，大学毕业生就业去向更多的是“体制外”“制度外”就业。大学毕业生人数逐年增加，造成初期失业率相对较高。

2. 我国高校的生涯教育的起源还是比较早的，但是可惜中间中断的时间比较长

中国最早在1916年由清华大学周寄梅先生引入并实施“生涯规划”相关的课程辅导，可能是中国生涯教育的开山之作。1917年吴廷芳、梁启超等人发起成立了“中华职业教育社”，以“无业者有业，有业者乐业”为宗旨，大力推动生涯规划教育。之后由于战争、社会等因素，我国在生涯规划领域的发展几乎停滞，大大落后于国外。

我国进行学生职业发展、生涯规划教育直到20世纪末21世纪初才开始在我国学习和推广，理论研究还刚刚起步，处于学习和摸索阶段。从事相关工作的教师专业背景差异较大，而且教师生涯辅导和职业咨询等专业培训项目目前只有上海和北京等发达地区开设，并缺乏资深的督导教师。而大学生对职业生涯规划的需求十分强烈。大学生的职业理想与实现理想的实际行动之间存在较大差距。实践告诉我们，许多大学生不懂得合理职业定位，科学规划未来，致使职业选择往往带有很大的盲目性，影响了个人的职业生涯。虽然大学生有了初步制定职业生涯规划的意识，许多人也制定了自己的职业生涯规划，但没有把自己的行动与规划统一起来，认真按规划执行。因此转换就业指导的工作思路，确立职业生涯规划教育的基本理念，有积极的现实意义。在指导大学生择业的过程中，要注意引导学生发现自我，认识自我，掌握正确的择业观和全面的职业技能，培养他们挖掘潜能和规划决策的综合能力。要把培养和输送具有健全人格、独立能力和创新精神的人才作为大学生职业生涯规划教育的核心目标和根本任务。

二、我国高等教育的任务、方针和基本制度

1950 年颁布的《高等学校暂行规程》规定，高等学校要“培养具有高级文化水平，掌握现代科学和技术的成就，全心全意为人民服务的高级建设人才”。

1961 年的《高教六十条》明确规定，“高等教育的基本任务，是贯彻执行教育为无产阶级服务、教育与生产劳动相结合的方针，培养社会主义建设所需要的各种专门人才”，使大学的培养目标更加具体化。

在新中国成立初期，毛泽东就指出，我们的教育方针，应该使受教育者在德育、智育、体育几方面都得到发展，成为有社会主义觉悟的有文化的劳动者。邓小平指出，我们的教育，要培养有理想、有文化、有道德、有纪律的“四有”新人。

党的十一届三中全会后，党和国家高度重视依法治国，1998 年 8 月 29 日，第九届全国人大常委会第四次会议表决通过了《中华人民共和国高等教育法》（以下简称《高等教育法》，共 8 章 69 条），进一步明确我国高等教育的任务、工作方针、办学体制、基本制度、管理体制。

（一）我国高等教育的任务

《高等教育法》第五条规定：“高等教育的任务是培养具有创新精神和实践能力的高级专门人才，发展科学技术文化，促进社会主义现代化建设。”这一法律规定表明，大学教育任务的核心是培养高级专门人才，并且这种高级专门人才要具有创新精神和实践能力，只有这样，才能发展科学技术文化，才能促进社会主义现代化建设。

（二）我国高等教育的工作方针

《高等教育法》第四条规定：“高等教育必须贯彻国家的教育方针，为社会主义现代化建设服务，与生产劳动相结合，使受教育者成为德、智、体等方面全面发展的社会主义事业的建设者和接班人。”这个方针既规定了大学教育应该起什么样的社会作用，又明确了高等教育培养的人才应该达到的目标和要求。大学教育的社会作用主要是通过培养人来实现的，因此，培养什么样的人始终是大学教育最根本的问题。

（三）我国高等教育的基本制度

《高等教育法》第二章对高等教育的基本制度做了明确规定。其中，第十六条规定“高等学历教育分为专科教育、本科教育、硕士研究生教育和博士研究生教育”，并规定了专科教育、本科教育、硕士研究生教育和博士研究生教育的相应学业标准，即学生应具备的基础理论、专业知识、基本技能、工作能力。第十八条规定：“大学、独立设置的学院主要实施本科及本科以上教育。经国务院教育行政部门批准，科研机构可以承担研究生教育

的任务。”第二十条规范了高等教育的学历证书制度。第二十二条规定：“国家实行学位制度。学位分为学士、硕士和博士。”

（四）《高等教育法》对学生做出规定

《高等教育法》第六章规定，高等学校的学生应当遵守纪律、法规，遵守学生行为规范和学校的各项管理制度，尊敬师长，刻苦学习，增强体质，树立爱国主义、集体主义和社会主义思想，努力学习马克思列宁主义、毛泽东思想、邓小平理论，具有良好的思想品德，掌握较高的科学文化知识和专业技能。学生的合法权益受法律保护。国家设立奖学金，设立高等学校勤工助学基金和贷学金，并鼓励高等学校、企事业组织、社会团体以及其他社会组织和个人设立各种形式的助学金。还规定，学生应当按照国家规定缴纳学费，在课余时间可以参加社会服务和勤工助学活动，可以在校内组织学生团体。学生思想品德合格，在规定的修业年限内学完规定的课程，成绩合格并修满相应的学分，准予毕业。

《高等教育法》的颁布与实施，为全面依法办学、依法治教奠定了良好的基础，有利于我国大学教育事业的进一步发展，为健全大学教育的管理制度提供了法律保障，并将进一步推动高等教育的改革，有助于保证高等教育沿着正确的方向顺利发展。

三、我国大学教育目标的基本内容和要求

我国大学教育目标的核心，始终围绕着社会发展和人的发展两个方面：一是教大学生学会如何做人；二是教大学生学会如何做事，两者相辅相成。我国大学教育目标的特点是：坚持鲜明的社会主义方向，坚持全面发展与个性发展相统一，坚持实践第一的思想。概括地讲，我国大学教育的目标是：努力把学生培养成为思想品德优良、坚持社会主义方向、全心全意为人民服务、理论功底扎实、专业技能过硬、综合素质高、适应能力强并富于创新精神的社会主义建设者和可靠接班人。目标的基本内容主要包括德育、智育、体育、心理健康教育和职业发展与就业指导教育等方面。

（一）德育教育的基本内容

通过大学教育，使学生成为有理想、有道德、有文化、有纪律的社会主义建设者和接班人，同时，培养一批具有共产主义觉悟的先进分子。

1. 做一个忠诚的爱国者

了解中国的历史和国情，继承和发扬中华民族的优秀文化传统和中国共产党领导下的革命传统，具有民族自尊心和自信心，把祖国的利益作为最高利益，自觉维护祖国的荣誉，维护独立统一和各民族大团结，立志为实现我国现代化建设战略目标而奋斗。

2. 坚持走有中国特色的社会主义道路

努力学习和掌握毛泽东思想、邓小平理论、“三个代表”重要思想，努力践行科学发展观。拥护党在社会主义初级阶段的基本路线，拥护中国共产党的领导。

3. 树立社会主义民主法治观念

自觉维护中华人民共和国的尊严，确立一切言行遵守宪法和法律面前人人平等的观念。做到知法、守法，正确行使法律所赋予的权利，自觉履行法律所规定的义务，维护社会稳定。严格遵守校规校纪，自觉维护校园的学习生活秩序。

4. 努力提高思想政治觉悟

努力学习马克思主义理念，树立劳动观点、群众观点、辩证唯物主义观点。解放思想，实事求是，坚持真理，修正错误，抵御腐朽思想的侵蚀。

5. 树立为人民服务的宗旨意识

培养集体主义观念，正确处理国家、集体和个人三者之间的利益关系，顾全大局，反对拜金主义、享乐主义和个人主义。

6. 努力学习，开拓进取

树立正确的学习目标，养成勤奋、严谨、求实、创新的良好学风，努力攀登科学高峰，走与社会实践相结合的道路。树立与社会主义市场经济相适应的开拓进取、公平竞争、团结协作、自强自立、讲求效益、惜时守信、创新创业等观念。

7. 继承和发扬中华民族的优良传统

养成高尚的社会主义道德品质和文明行为习惯，努力做到诚实正直，勤劳敬业；谦虚谨慎，言行一致；乐于助人，见义勇为；尊师敬长，礼貌待人；艰苦朴素，廉洁奉公；尊重他人劳动，爱护公共财物；维护公共环境，自觉抵制不良社会风气。

（二）智育教育的基本内容

智育教育目标和具体规格要求一般根据学校的类别确定，我国高校分理学类、工学类、医学类、农学类、林学类、文学类、财经类、外文类、政法类、管理类、艺术类、体育类、师范类等不同类别，不同大类又分不同的专业，每一个专业又有不同的要求，因此需要大学生通过所在学校的专业教育进一步明确和了解。

智育教育要求培养学生求得和获取新的知识的方法与能力，通过学校教育掌握现代科学技术和文化知识，具有本专业所需要的比较系统扎实的理论基础和应用技能，不断拓展自己的知识领域，培养未来职场所需要的职业素质，形成适应未来职业生涯需要的合理知识结构，成为高素质应用型创新人才。

（三）体育、美育、劳动教育和心理健康教育的基本内容

体育教育方面，要求大学生了解体育运动的基本知识，掌握科学锻炼身体的基本技能，养成锻炼身体的良好习惯，培养健康向上的生活方式；增强体质，达到国家规定的大学生体育合格标准，以达到身体健康、胜任未来职业工作的需要。

美育教育方面，要求提高大学生的审美能力、艺术欣赏能力，陶冶大学生的情操。

劳动教育方面，要增强大学生的劳动意识和劳动观念，充分认识劳动对个体成长的重要意义，积极开展劳动实践和社会公益劳动，努力培养大学生热爱劳动、诚实劳动的品质。

心理健康教育方面，心理健康是指一种持续且积极发展的心理状态，在这种状态下，主体能做出良好的适应，并且充分发挥其身心潜能。通过心理健康教育，培养大学生认知自己内在心理特质的能力，使大学生掌握心理健康的知识，懂得自我心理调适的方法，并能在社会实践中不断提高自身的心理素质，养成坦诚、豁达、开朗、乐于助人和自尊、自爱、自律、自强的健康人格，养成坚强的意志品质，增强经受挫折和适应环境的能力。

四、大学生职业生涯规划课程的教学要求

教育部办公厅根据国务院办公厅下发《关于切实做好2007年普通高等学校毕业生就业

工作的通知》(国办发〔2007〕26 号),于 2008 年 2 月 3 日印发了《大学生职业发展与就业指导课程教学要求》的通知(教高厅〔2007〕7 号)(以下简称为《教学要求》)。《教学要求》将就业指导课程纳入教学计划,各高等学校要按照《教学要求》课程性质与目标认真执行。其他还有辽宁省教育厅《本科院校职业发展与就业指导课程建设标准(试行)》(辽教发〔2012〕202 号),国务院办公厅《关于切实做好 2013 年全国普通高等学校毕业生就业工作的通知》(国办发〔2013〕35 号)。

(一)课程性质与目标

职业发展教育与就业指导课程现作为公共必修课,既强调就业在人生发展中的重要地位,又关注学生的全面发展和终身发展。通过激发各大学生职业生涯发展的自主意识,树立正确的就业观,促进大学生理性地规划自身未来的发展,并努力在学习过程中自觉地提高就业能力和生涯管理能力。

通过课程教学,大学生应当在态度、知识和技能三个层面均达到以下目标:

(1)态度层面。通过本课程的教学,大学生应当树立起职业生涯发展的自主意识,树立积极正确的人生观、价值观和就业观念,把个人发展和个人需要同社会发展相结合,确立职业的概念和意识,愿意为个人的生涯发展和社会发展主动付出积极的努力。

(2)知识层面。通过本课程的教学,大学生应当基本了解职业发展的阶段特点,较为清晰地认识自己的特性、职业的特性以及社会环境,了解就业形势与政策法规,掌握基本的劳动力市场信息、相关的职业分类知识以及创业的基本知识。

(3)技能层面。通过本课程的教学,大学生应该掌握自我探索技能、信息搜索与管理技能、生涯决策技能、求职技能等,提高各种通用技能,比如沟通技能、问题解决技能、自我管理技能和人际交往技能等。

(二)主要教育内容

大学生职业发展与就业指导课程教育内容分为三部分。第一部分为大学生职业生涯规划,在大学一年级第一学期开设。第二部分为创业基础,在大学一年级第二学期开设。第三部分为就业指导,在大学三年级第二学期开设。

(三)"大学生职业生涯规划"课程设置

1. "大学生职业生涯规划"课程性质

大学生职业生涯规划课是公共必修课。共 20 学时,1 学分。

职业生涯规划课程是大学生职业发展教育课程体系中最重要的组成部分,是教育者着眼于大学生的人生发展,借助以课程为主的教育形式,开展职业生涯规划教育,使学生学会通过对生涯、职业生涯的主客观因素分析、总结和测定,确立一段时期内的个人职业选择目标、职业奋斗目标,并为实现这一目标而系统安排实施策略。同时,包括做好大学生涯规划和学业规划,有目的地培养和提高大学生自身的职业素质,做好职业选择与职业规划,实现从学校向职业社会的顺利过渡,完成学生角色向职业人的转变。

大学生职业生涯规划是指学生在大学期间进行系统的职业生涯规划的过程。它包括系统的理论学习和自我实践,包括大学期间的学习规划、职业规划、爱情规划和生活规划。职业生涯规划的有无及好坏直接影响到大学期间的学习生活和质量,更直接影响到求职就业甚至未来职业生涯的成败。从狭义职业生涯规划的角度来看,此阶段主要是职业的准备期，主要目的是为未来的就业和事业发展做好准备。

2. 教学目标

通过学习，激发大学生职业生涯发展的自主意识，树立正确的就业观，促使大学生理性规划自身未来的发展，并努力在学习过程中自觉地提高就业能力和生涯管理能力。

（1）认知目标。认识到职业生涯规划课程的作用，调整自己对课程的预期；认识到在课程中自己应负的责任和如何投入；认识到职业生涯规划与自身职业发展的关系，产生投入课程的兴趣。

（2）技能目标。了解整体课程目的；掌握职业生涯规划的定义；掌握系统职业生涯规划的具体内容。

第二节 大学生涯与职业发展准备

对于大多数人而言，大学四年是一个人进入社会职业之前最后的学习机会。因此，大学生应该把握好这个机会，明确学习任务，做好大学生涯规划，构建合理的知识结构，培养职业素质，为以后的职业生涯发展做好充足的准备。

一、确立大学生涯学习与职业发展准备目标

（一）大学生涯学习的特点

1. 学习过程的自主性

“小学生是教师扶着走，中学生是教师牵着走，大学生是教师引着走。”这句话形象地说明了中小学与大学在学习上的本质不同。大学学习的显著特点是学生主动学习，在教师的指导下，发挥学习的主动性，自主程度逐渐增强。在初始阶段，学生的学习主要由教师指导，当认知发展到一定的水平时，学习能力不断提高，逐步进入学习的境界，也就具备了独立学习的能力。大学生在学习中，要培养这种独立学习的能力，只有独立学习，才能学得深刻，学得扎实。在学习时间上，大学生有更多的自由支配时间，可以由自己安排；在学习内容上，大学生具有更大的选择性。大学的课程分通识课与专业课，二者包括必修课与选修课，大学生可以根据自己的专业需要、兴趣、爱好选择选修课程。这一切要求大学生的学习活动必须具有独立自主的精神，能够合理安排自己的学习、娱乐、休息时间，切合实际地选择选修课程和辅修专业，逐步提高自己自学、自理和自律的能力。

2. 学习专业的定向性

我国教育的目标是培养德、智、体全面发展的人才，而大学为社会培养各类高级专门人才。大学阶段的学习是高层次的专业性学习，因而学习专业的定向性是大学学习的另一个显著特点。专业是通过专门的训练和工作实践所获得的，是从事社会分工中某种职业所必需的知识、技能和技巧的结合体。大学的教学过程是围绕具体的专业而开展的教学活动，学校的课程设置是围绕培养目标的专业特点进行安排的。每个大学生进入校门之前，就要根据自己的兴趣、爱好、特长选择不同专业的学习方向。步入大学后，就要在专业定向的

基础上学习基础课程和专业课程，把自己培养成未来社会需要的各种专门人才。所以说，大学教育是培养高层次的专业人才，大学阶段的学习是专业定向基础上的学习。

3. 学习途径的多样性

大学学习不再像中学那样单一、机械地从课堂教学中获取知识。除课堂学习外，大学生为完成实验作业和论文设计任务，需要到图书馆、资料室查阅、搜集大量资料；为了解学科前沿，需要旁听各种学术报告和专题讲座；为学有所用，需要走出校门，进行社会调查。大学生从图书馆、资料室、报告厅以及社会实践中，获取大量信息，吸取文化成果，从而扩大自己的知识范围。

4. 学习活动的创造性、探索性和研究性

高等学校要把培养学生的创造能力放在重要地位。高等学校要为国家和社会培养掌握现代文化科学技术，能够运用所学理论创造性地发展生产、发展科学技术的高级专门人才。大学生不仅要有学习能力、创造能力，而且还要具备探索、研究的本领。大学学习的重要环节——毕业论文和毕业设计，要求大学生不仅要在学习中理解、巩固、掌握知识，还要在学习中培养独立思考、探索创新的精神。国内外无数的事例证明，科研工作开展得好的大学，培养的学生水平也高，在未来工作中取得的成就也更大。

5. 学习环节的实践性

大学教学形式中，实践性教学环节多、比例大，所以实践性也是大学学习的特点。实践性教学是培养学生独立工作能力、独立思考习惯、独立解决问题能力的重要途径，而且专业知识只有通过实践性教学环节才能真正掌握。而我国许多大学生恰恰对实践性学习环节重视不够，以为书上写的看“懂”了、老师讲的听“懂”了就行。比如，对待实验课，课前不预习，实验操作时心中无数，课后写实验报告，凑数据、蒙混过关，这样做是学不到本领的。理论知识只有通过亲自练习与实践，才能真正掌握。学工的学生不到生产现场去学习实际知识，就不懂得理论背景，就不懂得工艺过程，也就学不到真本领；学医的学生不到医院进行临床学习，就学不到诊断治病的本领。

（二）明确大学学习的任务

大学学习的任务可以概括为以下三个方面：

1. 获取专业知识

获取专业知识的学习任务，是指大学生掌握比较系统的、必要的专业基础知识和专业理论知识任务。这是大学生学习的首要任务，是实现其他任务的前提和基础，也是大学生进一步学习深造、参加劳动并在实践中发现和创造知识的基础。专业知识的学习任务主要通过各专业基础课的学习来实现。在专业课的学习中要力求做到：牢固树立服务于专业技术学习的思想；适当拓宽知识面，扩展基础知识的覆盖面，为适应广泛就业和就业后的再提高打下有益的基础；专业知识的学习要注意知识的实用性，更多地学习那些具有专业特点的实用知识，为掌握实际操作技能打下必要的实用性基础。

2. 培养综合能力

随着人类认识的发展，过去的理论或被推翻，或陈旧，或肤浅，新的理论迅速地被更新的科学理论代替，一切都在流动、在发展、在深化。如果只会积累知识，必然被现代大规模知识的浪涛吞没。新时代的大学生要想在科学领域内“夺魁”，除了加强自学能力、善于积累知识外，在有限的四年大学生活里，更应注重培养自己的综合能力，这也是大学学习中的一个非常重要的任务。

大学生要在实践中，不断优化自己的能力结构——即为有效地从事某一科技创造领域的工作而建立起来的各能力要素的统一的有机整体。许多人总是抱怨自己没有好的机遇，所以没有做出更大的贡献，却不反省是自己错过了机遇。微生物学奠基人巴斯德的名言“在观察事物之际，机遇偏爱有准备的头脑”，这句话帮助人们认识到必须从提高自己的能力入手，才能及时抓住机遇，机遇总是偏爱那些有准备的人。大学生在校期间一般应建立并优化两个层次的能力结构，即学习能力结构和创造能力结构。学习能力结构主要指围绕有效的学习掌握的知识而建立的能力体系，如观察、思维、自学（含阅读、记忆）、操作、想象等能力；而创造能力结构则是能力结构的核心部分，如捕捉信息、预测评价、分析归纳、探索发现、综合运用、消化吸收等能力，统称为信息才能。此外，还要有预见评价才能、探求发现才能和实际完成的才能等。大学生应该结合自身条件，参考上述的几项能力结构体系，构建自己的能力结构。

3. 养成良好的个性

个性是一个内涵非常丰富的系统，它是人的需要、动机、兴趣、理想、信念和世界观等心理倾向，能力、气质、性格等心理特征，认识、情感、意志等心理过程与心理状态等综合的心理结构。大学生在良好个性的养成中，应该突出注意以下四个方面：第一，具有独立自主精神。人的独立自主性是个性赖以形成和发展的内部动力机制，是指个体要求独立自主的愿望、需要和能力，能够自主学习、自我管理、自我教育。第二，高度的负责精神。这是个性的社会倾向性的体现和人的社会化的基本标志，也是将来做好本职工作并保证生活幸福的基本前提。第三，具有个性才能。人的才能的高低意味着其对社会贡献的大小及个人价值的实现程度。“在无数的生活道路中，找到一条最能鲜明发挥个人创造性和个性才能的道路”（苏霍姆林斯基语）是每一个大学生的最大愿望，也是应该为之付出努力的。第四，具有创造精神。创造力是个性发展的动力源泉和最高体现。学习中还应注意培养自己强烈的模仿意识、穷追不舍的钻研精神、丰富的观察想象力、敏捷的动手操作能力。

（三）确立职业发展准备目标的重要性

教学案例

大学生关于职业的迷茫与困惑

学生甲：找到适合自己的目标应该是很快乐的！……我现在就很迷茫，不知道该怎么走，有时候好害怕自己就这样在没有阳光的办公室过一辈子！但是，好像我却不知道如何改变！

学生乙：其实，我知道身边很多毕业人都在一到三年的时间里处于“忙、盲、茫”的状态，也许人生不可避免地要走弯路……走弯路不可怕，可怕的是走了弯路以后痛了、伤了，依然浑然不觉地走下去……我现在知道不应该再迷茫了，可是找不到出去的路在哪里，也找不到努力的方向……

从2001年到2015年我国普通高等学校毕业生的规模不断扩大。就业竞争是越来越激烈。面对激烈的竞争，同学们的职业困惑也越来越多。总结一下同学们的困惑主要包括以下方面：

不知道自己能干什么。

不知道自己想干什么。

不知道自己适合干什么。

不知道社会需要什么样的人。

不了解自己所学专业未来的发展状况。

不了解到哪里找工作。

不知道现在该做些什么。

不知是否应该考研、出国、择业。

思考：

1. 为什么我们会在大学有职业困惑？

2. 你将如何度过自己的大学生活？

通常学生会觉得，职业是到了大学的高年级，比如大三或大四才需要考虑的问题。但实际上，在谈到大学生的职业生涯规划时，同学们需要记住的第一句话就是：职业生涯规划应该从大学一年级开始，因为到了大学三年级或四年级，同学们都会变得非常忙碌，要考研究生、考公务员，要实习、跑招聘会……这个时候人是比较疲惫的，也是比较现实的。

未来的职业有非常大的不确定性，如果未来的职业目标、方向没有与现实的学习建立有效的联系，那么，整个大学生涯就会很茫然。所以，大学学习的目标是非常重要的，不仅对现实的学习有激励作用，更对未来的成功有积极意义。

二、做好大学生涯与职业发展准备规划

理想的职业发展准备应该是贯穿整个大学四年的，每一年都有不同的职业发展主题，也有不同的信息关注要点。

（一）大学一年级——试探期

在这一年里，要初步了解自己的特长与兴趣、了解职业（特别是自己未来想从事的职业或自己所学专业对口的职业）世界的要求，为自己定下四年的学业规划，目标直指自己的理想职业。具体活动包括多和师兄师姐们进行交流，尤其是多向大四的毕业生了解求职及就业情况。一般来说，大一的学习任务并不是特别重，应该抓紧时间多参加学校活动，增加交流技巧，提高人际沟通能力，学好计算机知识，这样接下来的几年才可以通过计算机和网络辅助自己的学习。如果将来有转系、获得双学位、留学等计划，则要做好资料收集及课程准备。

在大学一年级，同学们需要关注的信息要点包括：大学毕业生就业形势、大学生应具备的能力与素质，以及职业生涯规划的相关知识，制定职业生涯规划书。

1. 了解大学毕业生就业形势

不仅需要知道大学生的整体就业形势，还应该知道自己所在学校的就业形势，知道本专业的就业形势，知道自己的师兄师姐都找了什么样的工作，一般都去了哪些城市工作，他们的收入水平怎么样，他们的发展前景怎么样……从进入大学伊始就尝试寻找这些问题

的答案，一定会令自己有所触动。

2. 搜集大学生应具备的能力与素质

求职的竞争说到底是知识、能力与素质的竞争。从某种意义上来说，能力和素质比知识更重要，那么当今职场对大学毕业生有什么要求？除了专业知识之外，英语、计算机要达到什么样的水平？在沟通、协作、抗压、情商方面有什么要求？明确什么样的人容易获得用人单位的青睐，可以为接下来的四年打造自己的竞争力准备好目标清单。

3. 掌握职业生涯规划的方法

在人人、天涯等热门网站上，许多在校大学生的言论往往弥漫着一种类似的基调："我觉得非常的沮丧……""我现在挺郁闷的……""我好无聊哦……"究其缘由，其实大多是由于没有目标，大学念得比较迷茫。

每个人对自己的未来都有所希冀，比如可以很好地改善家人的生活、可以成为职场精英……但对一些同学而言，这些期待和现在每天所做的事情没什么关系，似乎只要等到大学毕业就会自然而然地成为自己想象中的样子。于是每天睡懒觉、打游戏、无所事事……等找工作的时候才意识到现实跟自己的理想离了十万八千里。为了尽量避免大学毕业时的追悔莫及，大学生需要通过职业生涯规划为自己的大学设定目标，在现在和未来之间建立一个步步上升的阶梯。

（二）大学二年级——定向期

在这一年里，应该基本确定自己未来的发展方向了，例如打算继续深造还是直接就业。所有的学习和活动都应该以提高自身的基本素质为主。如通过参加学生会或社团等组织，锻炼自己的各种能力，同时检验自己的知识技能；可以开始尝试兼职、社会实践活动，并且要不怕挫折、持之以恒。在课余时间从事与自己未来的职业或本专业有关的工作，提高自己的责任感、主动性和受挫能力。英语口语能力和计算机应用能力也是比较重要的，争取通过相应的资格认证考试，并开始有选择地学习自己感兴趣的知识。

在大学二年级，需要关注的信息要点主要涉及大学生的职业发展观念与求职心理素质。

1. 建立合理的职业发展观念

客观地讲，近些年同学们在求职就业方面的思想观念已经发生了很大变化，大部分同学都接受了竞争的现实，并积极摆正了自己在求职市场上的位置。但仍然有一部分同学，埋首寒窗苦读多年，对于大学生活存在片面认识，就业观念滞后。比如：缺乏正确的自我认知，对社会生活的估计往往失之于简单或片面；存在择业期望值过高的现象，把知名企业、大公司、外资企业作为理想的择业目标，不屑于到基层、民营、私营施展才干；强调自身价值而忽视社会需要，一味追求个人利益，重地位、重名誉，轻事业、轻责任感；"这山望着那山高"，不能及时调整就业期望值，以至于后来处于高不成、低不就的尴尬局面。正因为如此，从大学二年级开始，就应该开始正视职业及就业问题，调整自己的职业发展观念，积极争取适合自己的人生发展道路。

2. 养成良好的求职心理素质

求职本身就是认识和适应社会的一个过程，在找工作过程中遇到困难，甚至经过几次挫折才最后成功是正常的；在求职过程中遇到许多心理冲突、困惑，产生一些不良情绪也是正常的。遇到问题和困难时，要学会调节自己的心态，使自己能从容、冷静地面对这一人生重大课题，并做出正确、理智的选择。不过，正所谓"当局者迷，旁观者清"，身处找工作的情境中，种种心理矛盾和心理误区的影响难免会被放大，容易产生偏执、幻想、自卑、虚伪等心理问题，并可能进一步形成恶性循环，导致择业行为的偏差。解决的办法只有一个，那就是提早准备。从大学二年级开始，就可以有意识地去了解在找工作过程中容易出现的心理问题，掌握一些心理调适方法，在生活中积极改变自己、发展自己，使自己的人格更加成熟，使自己将来的职业和人生道路更顺利。

（三）大学三年级——冲刺期

因为大三临近毕业，所以目标应锁定在提高求职技巧、搜集公司信息上，并确定自己是否要考研。在撰写专业学术文章时，可大胆提出自己的见解，锻炼自己独立解决问题的能力和创造性。积极参加和专业有关的暑期工作，和高年级同学交流求职及工作的体会。学写简历、求职信，了解搜集工作信息的渠道，并积极尝试。加入校友网络，向已经毕业的校友、师兄师姐了解往年的求职情况和最近的机会。希望出国留学的同学，可多接触留学顾问，准备 TOEFL、CRE、雅思等，注意留学考试资讯。打算考研的同学，明确报考的学校、专业和导师，搜集好资料并全力复习。

在大学三年级，需要同学们关注的信息要点主要涉及求职技巧以及同求职相关的法律知识这两个方面。

1. 提高求职技巧

求职也是一门学问，涉及的内容比较广泛，比如求职材料的准备、求职礼仪、面试策略等，需要根据自己的求职目标有针对性地学习和探索。而现实中很多同学的做法是到了大四开学之后，花几天时间做份简历；或者接到面试通知后，花几小时上网研究面试技巧……这些显然是不够的。比较理想的状态应该是从大学三年级开始，系统地学习有关求职技巧的知识，只有掌握了相关的技巧，才可能获得自己理想的职位。

2. 掌握求职必备的法律知识

就业形势的严峻，造成了更紧张的就业竞争环境，使用人单位有了更大的择人空间、更高的人才要求，同时也为一些用人单位利用丰富的人才资源侵害大学生求职者的合法权益提供了土壤。而同学们本身也存在法律意识淡薄，不清楚自己的权益及不知道如何保护自己权益的情况。这就要求同学们在开始求职之前，要建立维权意识、诚信意识、合同意识，了解就业过程中应享有的合法权益，在发生争议时，及时有效地保护自己的合法权益。

（四）大学四年级——分化期

大四时，找工作的找工作、考研的考研、出国的出国，不能再犹豫不决。大部分同学的目标应该还是锁定在工作申请以及成功就业上。这时，可以先对前三年的准备做一个总结，判断和目标之间的差距是否缩小了；然后，正式开始工作申请，积极参加招聘活动，在实践中检验自己的积累和准备。这里要强调的是积极利用学校提供的资源，了解学校就业指导服务中心提供的用人单位资料信息，积极参加讲座、模拟面试等活动强化求职技巧。

在大学四年级，同学们应该关注的信息要点包括与大学生就业相关的政策，以及来自各种渠道的求职信息。

1. 大学生就业政策

就业政策是签约各方在就业过程中应当遵守的基本准则，也就是大学生在就业过程中必须遵守国家和各地的就业政策。不同隶属关系的学校毕业生和不同层次、不同类别的毕业生在就业政策上有所差异，不同地区接收毕业生的政策也不尽相同，所以，掌握就业方针、政策是大学生顺利实现就业的前提条件。只有掌握政策，才能把握机会，提高求职的命中率。

2. 大学生就业信息

当大四真的来临时，可以做的职业准备其实已经非常有限了。此时大部分的精力应该集中于获取各类有价值的求职信息上。学校就业指导服务中心、各级各类招聘会、就业网站、实习兼职……都是学生获得就业信息的主要来源。要从铺天盖地的信息中筛选出有效的信息，提高求职成功率。

综上所述，一个理想的职业准备需要学生用四年的时间来完成。而现实的情况是，很多同学把四年做的事情压缩为两年甚至一年来做，可想而知，在毕业季，他们会承受多么大的压力、会多么无所适从。

三、处理好大学学业与职业发展准备的关系

（一）学好大学学业促进职业素养的提高

大学生必须按照高等教育的培养模式要求，按照学校教学任务的要求和规定完成学业，并获得学历和学位。学业学习是知识的继承和发展，是青年必须完成的社会责任，同时也是大学生为社会服务的先决条件。大学的学习就是为社会准备人才的学习，由于社会行业众多，对人才的需要也是多层次、多学科、多规格的。为此，大学生在学习时就必须正确把握学习的规律。大学专业学习是职业生涯的起步，专业学习应学好以下知识：专业知识、哲学、社会科学知识、外语、计算机与网络知识、政治法律知识、社会交往知识。

（二）制定职业生涯规划激发学习动力

大学生学习的目标不仅在于能学会多少专业知识、掌握多少技能，想要胜任今后的工作，并通过这份工作实现自己的人生目标，还必须充分了解未来所选择职业对个人职业素质的要求，并制订出一套完善的、可行的职业素质准备方案。这个方案应包括：未来职业的要求，自身素质状况，未来职业要求与自身素质的差距，需要加强学习和锻炼的项目，学习方式，学习方法，学习的途径，学习时间安排，等等。

大学生涯是未来职业生涯的准备期，也是大学生必须经历的职业预备期。应该明确，大学期间学习目标不是为了上大学而上大学，而是为了将来去适应职业社会，去工作、去谋生、去为国家和社会服务，实现自己的职业理想和人生价值。因此，每个大学生都要充分认识到生涯发展规划的重要性，提高职业规划意识，增强自我管理的自觉性，及时完善知识结构、提升职业素养。在校学习期间，在学好专业课及其他课程的同时要积极参加各种职业实践，积累职业素质，并注意增强职业针对性和目的性，在学习过程中根据社会需求的变化调整学习目标。正确处理好生涯发展规划与自身能力特长的关系，根据自己的真才实学和能力特长进行生涯发展规划，积极塑造“自我品牌”，形成自己的核心竞争力。

四、完成好大学学业和职业发展准备任务

来自教育部、人社部的数据显示，从 2005 年至 2014 年的 10 年间，全国普通高校毕业

生从338万人增长至727万人。而从整个就业市场来看，我国每年需要就业的人员大约有2 500万人。其中，青年大约1 500万人，而高校毕业生占了将近一半。劳动力供给仍处在高位，就业的总量压力长期存在，大学毕业生就业难的趋势将长期存在。

据麦克思研究院近年编写的《中国大学生就业报告》显示，选择毕业后就业和考取研究生是大学本科毕业生的两个最主要选择。大学新生应该客观、理性地进行个人职业生涯规划，规划好自己四年的大学生活以及确定四年后的毕业去向。正如有一句谚语所说的："如果你不知道你要到哪儿去，那通常你哪儿也去不了。"所以，大学新生应尽早确定大学生涯规划的目标，并为此努力奋斗。

（一）完成大学学业，实现顺利就业

就业是当前大学毕业生的首要选择。从麦克思研究院的《中国大学生就业报告》看，"211"重点大学的本科大学生毕业后选择就业的比例为79.7%，一般院校的本科大学生毕业后选择就业的比例为83.2%。由此可见，在校大学生将毕业后找到一份适合自己的职业作为自己学习的最常见目标。

大学生一旦将就业作为自己大学毕业后的目标，从一入学就应紧紧围绕如何适应未来的职业和工作岗位需要，科学安排自己的学业。

第一，要明确规划出自己未来将要从事的职业或行业。

第二，要重点学习好自己选择的专业，包括学习好基础课、专业基础课和专业课。如果时间和精力允许，可以辅修第二专业，增加未来就业的选择机会。

第三，积极参加实践活动，包括课程教学实践、专业生产实习以及假期各类社会实践活动，深入了解职业社会，积累经验，提高能力。

第四，要重视求职应聘的知识、技能、技巧训练，以适应职场择业、就业的竞争。为了实现顺利就业，提高自己的择业竞争力，大学生在校学习期间就应培养和提高自己的职业素质，并获取相应的职业资格证书和能力证书。例如，很多学生参加教师资格认证考试、报关员资格考试、会计职称考试、普通话等级考试、计算机等级考试、大学英语等级考试等。还有很多大一新生选择辅修第二专业，希望在本专业之外掌握更多的技能、更多的知识。学生应利用课余时间打工，积累工作经验。但需要注意的是，学生还应以学习为主，合理安排时间，在不耽误自己学业的前提下进行其他活动。

（二）完成大学学业，实现求学深造

随着我国经济社会的快速发展和建设创新型国家战略的实施，高层次人才的需求日益增加，加之本科生就业形势日趋严峻，以至越来越多的人走上求学深造之路。求学深造主要包括报考研究生和出国留学两种形式。

1. 报考研究生

我国研究生教育近年来得到快速发展，招生规模逐年增加。因此，大学毕业选择直接考研者在逐年增加。目前，大学生一般是基于以下三个最主要的动机决定考研究生的：

（1）职业发展需要和就业前景好。据《2013年中国大学生就业报告》的数据显示，2012届本科毕业生读研的主要动机为职业发展需要的为34%，就业前景好的为24%。随着我国大学生的逐年扩招，毕业生的数量逐渐增多，用人单位、企业等对大学生的学历也提出了一定的要求，高学历人才就业前景好是毕业生选择继续考研的一个主要原因。在当前就业形势非常严峻的情况下，继续读研究生，充实知识、文化和技能很有必要，因为科学技术的发展需要高层次的人才。

（2）面临就业压力。一方面，部分专业社会需求不大，就业难，有5%的学生选择继续读研是为了暂时回避就业难的现实；另一方面，可以进一步提高自身的职业素质培养，提升就业竞争力，积极争取有一个较好的发展前景。

（3）想从事学术研究或改变专业。部分学生对学术研究比较感兴趣，同时也有这方面的天赋，在自己和老师的期待下选择继续深造；还有许多学生本科所学的专业是被调剂的或自己错误地选择的等，想通过考取研究生改变专业。这无疑是重新选择专业的机会。

（4）特殊专业本科毕业生选择读研的比例较高。在2012届本科学科门类中，毕业生读研比例最高的是医学，为15.6%。

由于每个人在学习、身体、经济等方面的条件不同，同学们要端正考研的心态，综合自己的优势，认清自己的劣势，充分评估自己的综合素质，再针对就业和考研两种选择做出决定。如果将报考研究生作为自己学习的目标，首先，大学生从大一开始就要学好公共基础课，如工科的高等数学、外语和政治理论课，打好坚实的基础；其次，在选择报考专业以后，要重点学好专业基础课和专业课，在应考的同时为之后攻读研究生做好适当的准备；最后，要积极参与创新实践活动，尤其要利用实施导师制的机会，更多地参与到导师的课题研究中去，积累研究经验，培养创新能力。考研是知识的考核，更是心理素质的较量。在这一过程中，大学生从选择专业、确定学校、购买复习资料、学习环境、时间利用、努力程度、经济条件、身体状况，直到考场发挥、面试等都有很多需要注意的地方。一次全身心付出的考研经历，无论成败，都无疑是学生一生的宝贵财富。

2. 出国留学

随着我国对外开放的日益扩大，各国间的教育交流越来越广泛和深入。我国的年轻人拥有更多到发达国家接受教育的机会，越来越多的人步入出国留学的行列。如将留学作为大学期间的学习目标，首先，大学学习经历就应该在认真学习专业所开设的各种课程、准备报考研究生的同时，更加突出对外语的学习，力争在大学期间通过留学国家的语言水平考试。其次，要拓宽知识面，扩大自己的选课范围，对世界各国的风土人情、历史文化、自然景观等要有初步的了解。最后，要培养综合能力，积极参与课外各项科技、文体、艺术活动，培养社交能力和团队精神，以便适应国外教育。

出国留学是人生的一个重大选择，应该从大一时开始就早做准备，关注出国留学意愿和条件、选择什么专业、未来发展，大四起要开始申请学校、专业，申请奖学金，办签证，准备申请材料等。

（三）完成大学学业，实现自主创业

最近几年，国家和各级地方政府为鼓励大学生自主创业出台了一系列优惠政策，高校相继开设了创业教育课。越来越多的大学生开始步入自主创业的行列。目前，大学生创业的比例尚不超过5%。如果将自主创业作为自己的学习目标，大学生就应该按照创业者的标准认真学习。

第一，认真扎实地学习专业知识（包括基础课、专业基础课和专业课），提高自己解决实际问题的能力。

第二，要努力培养创新意识，尤其要培养容错精神，增强风险意识。

第三，要选修高校的一些创业课程，系统学习企业管理的相关知识，掌握企业从设立、生产、销售到财务、质量、人力资源等一系列管理规范，为日后创业管理打下基础。

第四，要积极参加创新创业实践，积极参加学校、全省乃至全国大学生创业计划大赛，充分利用地方政府主管部门和许多高校设立的学生创业基地，比如辽宁省建立的省级大学生创业实训基地、无锡出现的首条大学生创业街等，进行创业实践。

（四）完成大学学业，军营建功立业

大学生入伍优惠政策多，大学生已经成为国家兵员征集的重点对象，相关部门要根据大学生特点，采取各种形式和手段，把面向大学生的征兵宣传工作做深、做细、做实。征兵体检标准调整主要有三：征集年龄放宽，普通高等学校毕业生可以放宽至24周岁。

总之，选择了一种职业，就确定了个人的社会角色和人生角色。因此，职业选择至关重要。而最大限度地发挥自己的优势，也正是职业生涯规划成功的重要依据。因此，若想获得职业的成功，首先要学会识别、发现自己天生的才干与优势。成功者的成功事实证明：在自己的职业生涯规划中，如果能根据自身长处选择职业并尽情发挥自己的优势，就会如鱼得水，事半功倍；如果选择了与自身的爱好、兴趣、特长相背离的职业，那么，即使后天再勤奋弥补，也只能是事倍功半。因此，在选择职业的过程中，要充分考虑性格、兴趣、气质、能力与职业的匹配，最终达到人职匹配。

本章小结

大学是实施高等教育的学校，是培养人才和进行高等专业教育的机构，是综合性地提供教育和研究条件，授权颁发学位的高等教育机关，更是为国家、社会提供所需要的各种高级专门人才和文化、科学各种成果的主要来源之一。目前，中西方高校都在进行职业生涯教育，把培养和输送具有健全人格、独立能力和创新精神的人才作为大学生职业生涯规划教育的核心目标和根本任务。

我国高等教育的任务是，“培养具有创新精神和实践能力的高级专门人才，发展科学技术文化，促进社会主义现代化建设”。我国高等教育工作的方针是“为社会主义现代化建设服务，与生产劳动相结合，使受教育者成为德、智、体等方面全面发展的社会主义事业的建设者和接班人”。

职业生涯规划课程是大学生职业发展教育课程体系中最重要的组成部分。大学生涯的主要任务是：选择大学生涯目标，做好大学生涯规划，完成大学学业任务，为实现成功就业创业和职业生涯发展做好准备。

主要概念

大学　《中华人民共和国高等教育法》　高等教育制度　大学生涯　职业发展准备

复习、思考与训练

（1）如何认识大学教育？

（2）如何认识职业生涯规划课程的重要性？

（3）大学学习有何特点？

（4）如何结合自己的实际合理确定大学生涯目标？

扩展阅读材料

中国大学的分类

在中国大学的新的分类标准中，大学由类和型两部分组成。“类”反映大学的学科特点，按照教育部对学科门类的划分和大学各学科的比例，现有大学分为综合类、文科类、理科类、工学类等12类。“型”表示大学的科研规模，按科研规模的大小，现有大学分为研究型、研究教学型、教学研究型、教学型4型。

每个大学的类型由上述类和型两部分组成，类在前，型在后。例如：按照各学科比例情况，北京大学属于综合类；按科研规模，北京大学属于研究型，故北京大学的类型是综合类研究型，简称综合研究型大学。清华大学属于工学类，按科研规模，清华大学属于研究型，故清华大学的类型是工学类研究型，简称工学研究型大学。

近年来我国高等教育和学校的分类与国际接轨，通过借鉴国外高等教育和高等学校的分类方法，尤其是借鉴《国际教育分类法》关于高等教育的分类，可将高等教育分为研究型、应用型、实用型三类。按此分类方法，我们得到了一个按教育类型划分院校的分类方法，即：研究型大学、应用型大学、实用型技术院校。主要实施研究型教育的是研究型的大学，培养的主要是学术型、研究型人才；主要实施应用型教育的是应用型院校，培养的主要是应用型专门人才；主要实施实用型教育的是实用型、职业技术院校，培养的主要是实用型、职业技术人才。

高等教育大众化

“高等教育大众化”是美国学者提出的衡量高等教育发展阶段和水平的一个概念。20世纪70年代初，美国著名教育社会学家，加州大学伯克利分校的马丁·特罗教授在《从大众向普及高等教育的转变》和《高等教育的扩展与转化》中提出了高等教育发展阶段划分的理论：当一个国家大学适龄青年中接受高等教育者（含各类高等教育）的比率在15%以下的时候，属于精英高等教育阶段；15%～50%为大众化高等教育阶段；50%以上为普及化高等教育阶段。高等教育大众化是社会发展到一定历史阶段的必然要求。马丁·特罗教授的划分现在通常被作为国际通行指标，用来衡量一个国家的高等教育发展水平。1998年以来，我国高等教育实现了跨越式发展。1998—2013年，高等教育毛入学率从9.8%上升到34.5%。我国已经步入高等教育大众化阶段。

第二章　职业与职业生涯规划

教学目标

学习完本章后，学生能够达成以下目标：

1. 了解职业的含义、性质与功能，理解职业与专业的关系。
2. 理解职业生涯的概念、特征、分类与发展阶段。
3. 理解职业生涯规划的概念、要素及影响因素。
4. 掌握职业生涯规划的内容、步骤与方法。
5. 理解职业锚的含义和类型，学会利用职业锚引导职业发展。

导入案例

目标明确，精心构筑未来

张同学，某普通本科院校优秀毕业生，毕业后顺利进入某知名企业，目前已成为部门里的业务骨干。

张同学对大学的学习和生活有充足的心理准备，从未后悔过当初的选择。他没有像有些同学那样，抱怨“时运不济”，胡思乱想，把时间浪费在上网、玩游戏、聊天上。他坚信，成功主要靠自己去把握，历经磨炼，才能成才。

进校伊始，他定了三个目标：第一，顺利完成大学本科学业，不挂科；第二，积极参加学校各类活动，争取担任学生干部；第三，积极向党组织靠拢，通过自己的优异表现加入中国共产党。以上三个目标，在大家看来会显得过于实际，甚至有些功利，但正是如此清晰的目标，指引了他学业生涯成功的方向。他说：“人不应该好高骛远，但也不能没有目标；可实现的事情就可作为我的目标，而这些目标的实现是有助于我将来跨入社会、顺利就业的。”

他给自己设定清晰目标以后，是如何去做的呢？

首先，他保证了专业成绩名列前茅。大学期间的八个学期，他有六个学期都是综合成绩第一，每年都获得学校的奖学金。他也是同年级学生中最早一批通过英语四级考试的，在别的同学“享受生活”的时候，他却在背英语单词。

其次，他进入大学后就通过自己的努力成为班长，并一直保持到大学毕业，他积极参加学校的各类活动，比如“迎新生晚会”“职业生涯规划大赛”“专业技能竞赛”“职场精英挑战赛”等，毕业的时候，证书和奖杯有十几个。

回首往事，他说：人生最重要的就是任何时候都不要气馁，要给自己定目标，要付出努力，要耐得住寂寞，经得起诱惑，决定的事情一定要坚持，不管面对多少困难，也要将自己的命运牢牢掌握在自己手中，未来才会更美好。

读完这个故事，你有哪些想法？

你制定好自己的目标了吗？你是否打算为自己的将来而付诸行动？

第一节 职业与专业

一、职业的含义与性质

职业的产生与发展是人类社会发展到一定阶段的产物，是伴随着社会分工的形成而逐渐产生的，是人类社会日渐文明的重要标志。现代社会，职业代表了人们存在于社会中的一种生活或者工作方式的选择。不同的人有不同的职业，至今职业已被细分为数千种甚至数万种类型。

（一）职业的含义

在汉语中，“职”指职务，“业”指业务，包含学习的内容或过程，我国古代把要做的事刻到木棒上成锯齿状，每个锯齿代表一件事，每完成一件事情就去掉一个锯齿，名曰“修业”。职业在《现代汉语词典》中解释为“个人在社会中所从事的作为主要经济来源的工具”。在英语中，“Vocation”（职业）一词是由拉丁文“Vocare”转化而来的，意为由神感召而得的圣职。这与人们认为劳动可以赎偿“原罪”、恢复神圣和谐的世界的宗教理念有关。德语中“Beruf”职业一词同样具有天职的含义。可见，无论英语还是德语，从词源上看，“职业”都具有浓厚的宗教色彩。

从社会分工的角度出发，职业是指人们以社会分工为基础，在获得物质收入的同时，体现并努力实现其生活意义的社会化工作。现代社会中，职业是个人与特定的生产资料相结合所形成的特定劳动方式状态，它是个人在社会中获得生存和发展的依据，是个人为社会创造财富、做出贡献的手段和前提。一个人的职业对他的思想观念、行为方式以及个人特征都会产生重要影响。职业导致了与工作相关的人群关系和社会关系的形成，构成了职业群体。

从个人角度出发，职业是指人们为了谋生和寻求发展而从事的相对稳定的、有经济收入的某种专门类别的脑力或体力劳动，是人们在不同组织、不同时间从事相似活动的一系列工作的总称。

综上可见，职业是参与社会分工，利用专门的知识和技能，为社会创造物质财富和精神财富，获取合理报酬作为物质生活来源，并满足精神需求的工作。它包含以下四点内涵：①与人类需求相关，强调社会分工；②与内在属性相关，强调利用专门的知识和技能；③与社会伦理相关，强调创造物质财富和精神财富，获得合理报酬；④与个人生活相关，强调物质生活来源，并涉及精神生活。职业是对人们生活方式、经济状况、文化水平、行为模式、思想情操的综合性反映，它代表一个人的权利、义务、权力、职责，从而是一个人社会地位的一般性表征。

（二）职业的性质

职业的性质主要体现在以下四个方面：

1. 差异性

职业涵盖的领域非常广泛，数量繁多，种类多样。从社会分工角度来看，职业表现为不同性质、不同内容、不同形式、不同操作的专门劳动岗位。这就导致不同职业之间的巨大差异，包括劳动内容、工作方式、职业风格和行为模式等。职业体现着社会分工的特点，并随着社会分工的不断发展而日益多样化。随着社会的发展，正在不断分化出一些新的职业，淘汰一些旧的职业，职业之间的差异性也不断扩大。不同的职业要求不同技能的人来承担，也就产生了职业群体的差异，形成了各具风格的职业生涯。对个人而言，某个人可以同时进行多种职业活动，在主要职业之外还可能兼有“第二职业”或其他活动。每个人在其一生中也可能会有多种不同的职业活动经历。

2. 技能性

技能性特征强调劳动者必须具有一定的专业技能和知识，并通过职业训练或专门教育培训，在职业活动中能发挥个人的专业智慧和才能。

3. 经济性

通过职业活动人们可以获得维持和提高生活水平的经济收入。人们通过社会劳动获得稳定的收入，维持自己的生计和家庭生活，并寻求个人的成长和发展。因此，正是为了获得稳定的经济收入，人们才进入社会生产劳动过程，长期并且稳定地从事某种专门工作，从而形成了职业。

4. 社会性

职业根源于社会生产的需要，由劳动分工决定。人类社会的各种活动都是在职业基础之上进行的，不同的职业活动使社会活动多样化，成为社会生产的基础。职业是人们进行社会劳动的具体形式，为社会发展所需要，并为社会所认可，因此具有社会性。

二、职业的功能

职业活动与职业角色对个人和社会均产生作用和影响，作为社会生产和生活的基础，其功能包括个人功能和社会功能两个层面。

（一）职业的个人功能

从个人层面分析，职业的功能主要表现在以下四个方面：

1. 职业是获得经济收入、维持生存的重要手段

职业是人们参与社会生产、从事社会劳动、获得经济收入的主要方式，因此决定了个人的行为特点和社会角色会影响到个人的生存环境。人生在世，离不开衣食住行，而这一切需要有相应的经济收入作为保证，以便维持个人和家庭的生计，满足人们生存和发展的基本需要。人们总是通过一定形式的职业来进行劳动，以获得经济报酬来换取生存和发展所必需的产品和服务。

2. 职业是获得非经济利益的主要途径

职业还能使人们获得各种非经济利益，比如权力、地位、名誉和成就感等，这些利益会使一个人的内心获得满足，使这个人更加喜欢自己的职业，更加努力工作。人们获得的由职业所带来的社会地位以及权力等往往使其处于不同的社会阶层。人们为了提高自己的社会地位，在职场上不断努力地奋斗。

3. 职业是个人价值发展的基本手段

职业本身意味着需要专业的技能和知识，以胜任某种特定的工作，完成相应的体力或者脑力劳动，并在劳动过程中创造价值。每个人都有发挥个人价值的愿望，从事与自己性格、兴趣和技能相吻合的工作，可以充分发挥自己的才能，不断实现自我价值。因此，职业为个人价值的发挥提供了基本手段。

4. 职业是承担社会义务的重要方式

人们通过职业参与社会生活，从事社会活动，以此来不断提高自我、发展自我。人只有通过参与社会生产和生活才能显示自己的才能，并且体现自己对社会义务的承担，从而形成特定的社会角色，受到群体的认可，满足个人的社会需求，为社会创造物质财富和精神财富。职业承载着一个人特定的社会角色，是个体生命价值的体现。

（二）职业的社会功能

从社会层面分析，职业的功能主要表现在以下三个方面：

1. 职业是社会发展的基本要求

职业是社会分工的必然结果，是社会化大生产的产物。职业的发展与分化反映了社会的发展程度，也必然成为社会经济制度和社会经济结构的重要组成部分，反映了社会经济发展水平。近年来，大量新兴职业的出现，反映了现代社会生产的发展和社会经济运行的需要。

2. 职业是劳动者分类的必要途径

从人类社会的发展看，专业化分工极大促进了社会生产的发展，也使人们按照不同的职业形成了完整的职业分类，从而促进了社会生产的发展和进步。职业促使具有相同或相近技能的人群更加便于沟通和交流，有利于对劳动者进行分类和培训，实现有效的管理和控制。

3. 职业是国家管理劳动者的基本手段

职业作为人们生存的重要方式，为人们的生存和发展提供了稳定的经济来源。国家通过有效的职位分类方法和职业资格鉴定制度来保证劳动者的工作权利，同时也满足了不同职业劳动者的具体需求，这有助于社会经济的发展。

三、职业与专业

职业与专业是两种不同属性的概念，但是它们有密切的联系，存在一定的对应关系。

（一）专业的概念和内涵

所谓专业是指高等学校和中等专业学校根据学科分工或生产部门分工把学业分成的门类。专业是从学习和培养的角度按学科与技术来划分的。

专业有广义和狭义之分。广义的专业是指某种职业不同于其他职业的一些特定的劳动特点。因此，任何一种职业都是一种专业，都有其他职业无法替代的某种特质。狭义的专业，主要是指某些特定的社会职业，是比较高级、复杂、专门化程度较高的脑力劳动，它是只有经过专门教育训练获得较高专门知识和能力的人才能胜任的劳动。一般人所理解的专业，大多数是指这类特定的职业。而所谓专业人员，主要是指掌握了某一方面的专门知识和技能，能够胜任这类特定职业的人。

（二）我国高校的专业设置

我国高等学校的专业是依据确定的培养目标设置于高等学校的基本教育单位，是特指的专业。我国高等学校的专业设置是一个不断完善的过程。2014 年颁布的《普通高等学校本科专业目录》分设哲学、经济学、法学、教育学、文学、历史学、理学、工学、农学、医学、管理学、艺术学 12 个学科门类，下设 92 个二级类，506 种专业。

高校专业主要按学科划分，对一些必须按工程对象或业务对象划分的应用科学技术类专业，均要求有明确的主干学科或主要学科基础，同时具有确定的专业范围。

（三）职业与专业的关系

职业与专业有联系，也有区别。专业是相对于学科而言，而职业则是所从事的工作，专业数与职业数相比至少为 1∶10，而每一种职业又有许多不同的岗位，因此这里就涉及针对性和适应性问题。以美国为例，美国职业选择有 2 万余种，一个美国人在其职业生涯中平均要换 5.5 次职业，连续从事某种职业的年限从 1984 年的 4.5 年下降到 1990 年的 3.5 年，这种周期还在缩短。正是专业与职业的这种关系，给专业内的课程组合带来了复杂性和困难性，以致引发专业对口和不对口的问题。

人生好比马拉松比赛，选择专业，就像比赛刚刚开始。事实证明，一个人无论是主动还是被动地选择了某专业，他都无法保证该专业一定是自己将来要从事的职业。尤其是在就业形势日益严峻的今天，就业市场竞争日益激烈，虽然通过某个专业的学习，具备了某一方面的技能，拿到了毕业证书和技能等级证书，但并不等于马上就可以找到理想的、对口的职业。

所谓“学以致用”，狭义上是指“专业对口”，广义上是指大学毕业生无论将来从事何种类型的职业，其工作性质都与所学专业有密切联系，可以是本专业内的工作，也可以是相近专业的工作。学以致用，可以发挥大学生的专业特长，使其在工作中如鱼得水，脱颖而出，取得事业上的成功，同时也能避免人才浪费。许多用人单位在招聘人才的时候，除了考虑专业以外，往往非常重视综合素质。那些走出校门很快能融入社会并被用人单位认可和接受的大学生，都是在知识准备、能力准备和心理准备相对充足的前提下，才获得发展机会的。即使他们会遭遇挫折，也能依靠自己的实力重新调整。

教学案例

时刻不忘自己的职业

泰勒大学毕业后进入纽约日报社，开始了他的记者生涯。一天，编辑部派他去采访一位著名女演员的演出。泰勒吃过晚饭急忙赶到剧场，却发现演出已被取消。他想，真不走运，初出茅庐就碰了钉子，只能回去睡觉了。睡至半夜，泰勒被电话吵醒，编辑部主任很不满地责问他为什么采访毫无所得，而其他报纸都将在明晨报道那位女演员自杀身亡的消息，他毫不客气地教训泰勒说："呆瓜，像这样一位名演员的演出突然被取消了，其新闻价值比一般的演出报道要大得多！"年轻的泰勒后悔莫及，同时也感悟到在学校时老师常说的那句话的重要性：时效性是新闻报道的生命，反应敏捷是新闻记者不可缺少的专业能力。从此，泰勒时时处处想到自己的职业身份、不断提高自己的专业素养，在捕捉新闻卖点、撰写热点新闻和进行独具匠心的新闻分析方面大有长进。几年后，泰勒脱颖而出，成为《纽约日报》的知名记者。

第二节 职业生涯与职业生涯规划

一、职业生涯

（一）职业生涯的概念

"生涯"在汉语中的本义是生活或生计，在《现代汉语词典》中，生涯被解释为从事某种活动或者职业的生活。生涯，英文是"career"，有人生经历、职业和事业等的含义。职业生涯，汉语的本义在于个人从事某种职业的生活经历，如律师生涯、教师生涯等。

学者们对职业生涯存在不同的认识。萨帕认为职业生涯是生活中各种时间的演进方向和历程，它统合了人一生的各种职业和生活角色，由此可表现出独特的自我发展脉络；它也是人自青春期至退休之后，一连串有酬或无酬职位的综合，甚至包括了副业、家庭和公民的角色。格林豪斯强调"职业生涯是指与工作相关的整个人生历程"。清华大学张德教授认为职业生涯就是个人一生中所有的工作活动与工作经历按年顺序串接而成的整个过程，也可以看作以心理开发、生理开发、智力开发、技能开发、伦理开发等人的潜能开发为基础，以工作内容的确定和变化以及工作业绩的评价、工资待遇、职称职务的变化为标志，以满足需求为目标的工作经历和内心体验的经历。

综上所述，职业生涯是指一个人职业能力的获得、职业准备、职业选择、职业发展、职业调整，直到退出职业活动的完整的职业发展过程。它包括四个方面的内涵：一是职业生涯只表示个人的职业经历，不包括成功与失败；二是职业生涯由行为活动与态度两方面组成；三是职业生涯是一个过程，是一个与工作相关的连续经历，而不仅是一个工作阶段；四是职业生涯受主客观各方面因素的影响。

（二）职业生涯的特征

从职业生涯的内涵出发，职业生涯具有以下四个特征：

1. 动态性

职业生涯是一个不断成长的发展过程，从青年期直到老年期持续不断。通过不断的职业经历积累，人们在不断地转换职业或角色，努力寻求个人能力的发展机会和条件，以做出更大的贡献，并获得更好的收益。

2. 整合性

由于个人所从事的工作或职业往往会决定其生活形态，与其家庭和生活的各个阶段紧密相连，因此，职业与生活两者之间很难区别，从而使职业生涯具有整合性，涵盖人生整体发展的各个层次，而非仅局限于工作或职位。

3. 独特性

每个人都有不同的职业动力和个人需求，受个人条件的限制有着不同的职业选择，借助不同的职业发展道路寻求个人的成长和发展，因此，每个人的职业生涯往往具有独特性。

4. 交互性

个人的职业发展离不开家庭、组织和社会各种因素和条件的相互影响，是个人和他人、个人和组织、个人与社会之间的互动结果。因此，个人职业生涯的发展无法脱离客观环境的影响和制约，与客观环境存在非常强的交互作用。

（三）职业生涯的分类

职业生涯按照不同的划分标准可以进行不同的分类：

1. 从职业生涯的角度划分

从职业生涯的角度划分，职业生涯可以分为外职业生涯和内职业生涯。外职业生涯是指在职业生涯过程中所经历的职业角色（职位）及获得的物质财富总和，它是依赖于内职业生涯的发展而增长的；内职业生涯是指在职业发展过程中通过提升自身素质和职业技能而获取的个人综合能力、社会地位及荣誉的总和，它是别人无法替代和获取的人生财富。

2. 从职业生涯的稳定性划分

从职业生涯的稳定性划分，职业生涯可以分为稳定性职业生涯和易变性职业生涯。

稳定性职业生涯又称为传统的职业生涯，是指在个人的职业生涯发展过程中，其职业发展是稳定、持续的。如教育系统、政府机关、事业单位等许多职业个体的职业生涯就体现出稳定、持续的特征。易变性职业生涯是指在个体的职业生涯中，职业波动较大，也可能从事多项职业，职业选择随着职业兴趣、职业能力、价值观和工作环境的变动而发生变化。

3. 从职业生涯的观察视角划分

从职业生涯的观察视角划分，职业生涯可以分为个人视角的人生轨迹、职位视角的一系列职务、组织视角的职业发展通道和社会视角的人群发展结构。从个人角度看，职业生涯可以是一个人在其生命历程中所经历的全部职业活动所构成的人生轨迹，由人的一生中所经历的各种不同的岗位或工作组成，包含了个人的专业技能和经验的积累，同时也代表了个人的进步，表现在职务、地位、金钱等方面。从职务角度看，职业生涯可以是某种专业类型工作中，由低到高的一系列职位，如大学教师所担任的一系列职位，从助教、讲师、副教授到教授，最后退休。从组织角度看，职业生涯代表某种专业人员的职业发展通道或路径，如从事工程技术的人员，从大学毕业到助理工程师、工程师、高级工程师、教授级高级工程师的发展路径。从社会角度看，职业生涯意味着不同职务、不同专业的人们在特定阶段的发展状况和整体结构。

（四）影响职业生涯的因素

职业生涯作为一个完整的逐步发展的个人成长路径，必然受到个人因素、组织因素和社会因素等方面的影响。

1. 个人因素的影响

从个人角度出发，个人的兴趣、爱好、价值观、需求及就业动机之间会有较大的区别。

在现代社会，职业生涯选择已经成为一种生存型技能。不同的人会选择不同的职业，甚至相同职业的人也会根据个人的爱好选择适宜自身发展的路径。家庭是个人职业生涯的重要影响因素之一，个人受家庭成员的影响和帮助，在生活态度、生活方式、价值观和行为模式等方面区别于他人，从而影响他的职业兴趣和爱好，这对于个人职业技能的获得和职业风格的养成产生重要影响。此外，个人受教育的程度对他的职业生涯也会产生重要影响，一个人受教育水平越高，劳动生产能力就会越强。联合国教科文组织进行的一份调查报告显示，不同文化水平的人提高劳动生产力的能力不同，小学为43%，中学为108%，大学为300%。教育赋予每个人知识和能力的同时，还塑造了人的性格，引导他们选择有益于个人成长的职业类别。教育水平的高低，直接关系到个人工作能力的高低和职业适应性程度的高低。

2. 组织因素的影响

职业生涯是由个人选择决定，也是在组织提供的环境中加以实现的。组织为个人提供的工作岗位、工作条件和培训开发机会，以及相应的工作评价和工资报酬等直接影响到个人职业发展，可以认为，组织为个人的职业生涯发展提供了平台。因此，组织因素在职业生涯发展中常常被看作个人发展的机遇。在不同的组织中，成员将会获得不同的发展机会，个人的发展构成了组织整体的发展。因此，个人的成长发展无法脱离组织提供的环境条件，个人的职业生涯如果缺少了组织提供的发展平台将无从谈起。

3. 社会因素的影响

职业生涯发展从微观角度关系到个人的发展，从宏观角度则关系到社会就业，关系到社会生产和生活的稳定，关系到一个国家和地区社会经济的发展。常见的各种社会问题，如经济增长、衰退、企业重组、并购、人员流动、休假等，关系到现代社会中的每个人。因此，许多国家和地区都将个人就业问题看作影响社会稳定的基本问题。政府通过出台各种积极促进就业的政策，在促进社会经济发展的同时，为人们安居乐业创造条件。此外，国家的政治经济形势、社会的管理体制、社会文化和习俗、职业的社会评价都会影响到人们的职业选择，影响到人们职业生涯的发展。因此，社会在提供了大量机遇的同时也形成了种种限制和制约。

（五）职业生涯的发展阶段

不同的人有不同的职业选择和职业发展路径，构成了每个人不同的职业生涯发展阶段。职业生涯的发展以时间来度量，可以按照不同的阶段划分为不同的时期。一般而言，职业生涯主要包括职业准备期、职业选择期、职业早期、职业中期和职业晚期五个阶段。

1. 职业准备期

职业准备期是一个人从事职业活动之前的学习准备阶段，主要是在学校和家庭中度过。职业准备期在很大程度上决定一个人的职业发展方向。这个阶段的主要任务是获得专业活动所需要的专业知识和基本技能，培养并形成职业工作的基本素质，开展个人职业生涯规划，为进入职业活动做好准备。

2. 职业选择期

在职业选择期，个人开始进行职业选择。不同的人可以根据自身的特点进行选择，并且尽可能尝试多种工作。此时，人们应该注重能力的培养，以寻找最为适宜的职业或者岗位。职业选择可以在行业、地域、组织、岗位中进行。在职业选择期，人们对行业和岗位的选择非常重要，会影响到职业生涯的后期阶段。

3. 职业早期

在职业早期，人们开始逐渐适应职业需要。通过实际参与、操作或者有效培训，不断积累工作经验，适应工作或岗位的要求，成为称职的工作者，有些人可能成为优秀的工作者。

4. 职业中期

职业中期是时间维持最长的时期，也是人们对组织、对社会贡献最大的阶段。稳定的工作岗位、熟练的技能技巧和丰富的经验使这些人成为组织中的骨干，并被委以重要职责，承担组织中重要职务，充分发挥其能力和才干。

5. 职业晚期

随着年龄的不断增大，个人的精力和体力不断下降，人们开始难以满足迅速发展变化的工作要求，并且难以承受重要的工作责任。然而，丰富的经验可以帮助人们维持其在组织中的地位和影响。

二、职业生涯规划

（一）职业生涯规划的概念

职业生涯规划（Career Planning）简称生涯规划，又叫职业生涯设计，是指在个人与组织发展相结合的基础之上，在对一个人主客观条件进行测定、分析、总结的基础之上，对自己的兴趣、爱好、能力、特点进行综合分析与权衡，结合时代要求，按人生发展各阶段的不同，自行设计的、适合自己各阶段发展的、带有个性化色彩的个人职业生涯的一种中长期发展计划。职业生涯规划不仅能帮助个人实现目标，更重要的是有助于真正了解自己，从而规划出合理、可行的职业生涯发展方向。尤其是在市场竞争激烈和人才济济的时代，只有掌握个人的竞争优势，才能把握稍纵即逝的机会，发挥个人的潜能，实现预定的目标。

（二）职业生涯规划的要素

职业生涯规划主要由五大要素构成，分别为知己、知彼、抉择、目标和行动。它们之间的关系如图 2－1 所示。

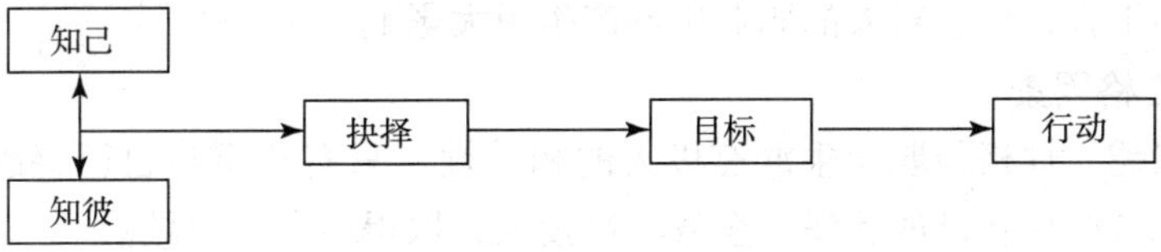

图 2－1　职业生涯规划五大要素的关系

1. 知己

知己，就是充分认识自己、了解自己，包括自己的性格和气质特征、兴趣爱好、能力和价值观的取向，以及父母、学校与社会教育等对个人的影响等。

2. 知彼

知彼，就是了解外面的世界，熟悉周围的环境，特别是与职业生涯发展相关的工作世界，包括职业特征、职业要求、职业发展前景、行业及职业薪酬等。

3. 抉择

抉择，是根据自己对外界的分析结果，对自己将要从事的职业进行选择、确定，包括抉择技巧、抉择风格以及抉择可能面临的冲突、阻力和助力等。

4. 目标

抉择之后就是确定目标，考虑自己职业生涯的前景，确定切合实际的目标，并以此指导行动。

5. 行动

行动是极其重要的一个环节，即使前面的所有工作都做得很好，但如果没有付诸行动，这些规划只不过是空中楼阁而已。

以上五个环节是相互关联的，知己是了解自己本身特性，知彼则是了解工作本身的特性；应做到知己知彼，使确定的个人职业生涯目标符合现实，而不是一厢情愿。对自己所从事的职业很感兴趣，而不是被动地工作。知己知彼是抉择、确定目标和付诸行动的现实基础，只有这样，才能制定科学的职业生涯规划。

（三）影响职业生涯规划的主要因素

职业生涯是个人发展的基础，也是个人发展历程的体现。在这个重要而又漫长的过程中，每个人的职业生涯都会受到教育、家庭、人格、价值观、性别、健康状况、社会环境、机遇等主客观因素的影响。

1. 受教育程度

教育是赋予个人才能、塑造个人人格、促进个人发展的社会活动，它奠定了一个人的基本素质，一个人通过接受教育或培训，形成了自己特有的知识结构、能力和才干。人们所接受的教育不同，他对待职业生涯的态度也不同。

2. 家庭因素

一个人的家庭也是造就其素质以至影响其职业生涯的主要因素之一。人从幼年起，就会受到家庭潜移默化的影响，形成一定的价值观和行为模式。有的人还从家庭中自觉或不自觉地获得某些职业知识或技能。此外，一个人的家庭成员，在其择业或就业后的流动中往往给予一定的干预，也会对人的职业生涯产生很大影响。

3. 兴趣、性格因素

一个人的兴趣、性格与职业生涯有极大的相关性。只有从事与自己兴趣、性格相适合的工作，才能充分施展自己的才华，全身心地投入，取得良好的绩效。

4. 价值观因素

个人需求与动机以及个人的追求、价值观、行为方式等，都会直接影响职业生涯的发展。同样的工作对不同的人有着不同的价值，而同一个人对不同的职业会有不同的态度与抉择。在择业时，人们会根据对不同职业的评价和价值取向来选择自己的职业。人们在不同的年龄阶段、不同的阅历、不同的职业经历状况下，针对自己的主客观条件，会对职业的选择和调整方面有不同的动机和需求。

5. 性别因素

虽然男女平等的观念已经普遍被现代社会接受，但“性别因素”仍然影响着个人的职业生涯。事实上，很少有人能够完全漠视性别问题。因此，每个人都必须合理地考虑自己的职业生涯目标，以便充分发挥自己的性别特色，并使自己获得成功。

6. 健康因素

身心健康因素是不容忽视的。健康对于职业选择特别重要，几乎所有的职业都需要健康的身心。

7. 社会环境及组织因素

社会环境及组织也是影响职业生涯规划的重要因素。首先，社会的政治经济形势、社会文化与习俗、职业的社会评价等，这些大环境因素决定了社会职业岗位的数量和结构，决定了其出现的随机性与波动性，也决定了人们对不同职业的认定和步入职业生涯、调整职业生涯的决策。其次，一个人的职业空间来自组织，因此，组织的用人机制、管理行为及管理水平，也是影响个人职业生涯的重要因素。

8. 机遇因素

在个人职业生涯发展过程中，不可避免地受到某些被称为机遇的偶然性因素的影响，有时这些影响的作用是巨大而难以抵御的。然而，机遇总是青睐于有所准备的人，他们更容易获得主动权。

三、职业生涯规划对大学生人生发展的影响

人生在世，要干成一番事业，只有树立了明确的目标，才能向着目标的方向努力，才能有意识地收集有关素材，创造有利条件，使自己的事业尽快获得成功。一个人的过去并不重要，关键是迈向下一步的方向。无数成功人士的成长经历告诉我们：一个人无论从事什么职业和工作，只要通过科学的规划，并按规划去实施，就能使目标得以实现，使事业获得成功，由一个平凡之人发展成为一个出色的人才。大学阶段虽然还算不上是职业生涯阶段，却是职业生涯的准备期。一个人在大学阶段为自己未来职业生涯准备得如何，对其未来的职业发展有着非常重要的影响。职业生涯规划对大学生个人发展的作用主要表现为以下几点：

（一）促进大学生形成积极向上的人生观

成功的职业生涯需要个体不断地为之奋斗，而积极向上的人生观则为个人努力实现职业发展目标提供了原动力。况且，一个人的职业发展是一个长期的过程，在发展的道路上，不可能一帆风顺，前进中的挫折和暂时的失败是难免的，缺乏积极向上的人生观的人，意志容易消沉，丧失重新站起来的力量。同时，积极向上的人生观也会使个体从一时的成功中解脱出来，不断超越自我，去实现更大的成功。

很多大学生在高中时把考上大学作为人生的奋斗目标，一旦考上大学则感到非常迷茫，面对新的环境、新的同学、新的学习生活，显得不知所措。这是因为他们不知道自己的人生目标是什么，不知道自己的人生价值是什么，不知道应该以什么样的人生态度面对大学生活。运用职业生涯规划的方法和技术，能够帮助大学生全面认识自我，了解社会，找出自己在知识、能力等方面与社会要求的差距，进而帮助大学生明确人生目标，形成高品质

的人生价值追求，并以积极进取的人生态度面对生活。因此，大学生应以职业生涯规划为切入点，促进自己形成积极向上的人生观。

（二）提高大学职业生涯规划意识

以职业生涯规划为契机，对个人的专业特长、兴趣爱好、性格特征、待人接物的能力、擅长的技能做充分而全面的分析，可以帮助大学生对自己进行正确评估，迅速、准确地为自己定位，明白自己更适合什么样的工作、自己将来有可能在哪些方向获得成功，逐渐厘清生涯发展方向，形成较明确的职业意向，并增强自己的职业生涯自主意识和责任，为今后的事业发展做全面、长远的打算。

（三）促使大学生做好大学期间的发展规划

大学生涯是人生发展中非常重要的阶段。大学阶段的学习、生活、社会工作情况直接或间接地决定了大学毕业生未来的职业发展方向与高度。人生需要规划，大学阶段同样也需要规划。大学生涯规划是大学生为自己的成才和发展所订立的契约，是自己对美好未来的承诺。大学生为实现自己的规划目标，就要制订大学阶段的学习和能力培养计划，并根据自己的爱好、实际能力和社会需求制订正确的大学生涯发展目标和有效的实施步骤。有了目标，我们就会如饥似渴地追求知识、充实自己、完善自己，整个大学阶段的学习和生活就会由被动变为主动。比如：假如想毕业后去政府机关当公务员，那么在大学期间就要主动地加强自身的政策理论水平的修养，加强个人口头表达能力、文字处理能力、组织协调能力的训练；假如毕业后想开办公司，那就应培养自主创业、勇于开拓的创业精神，踏实的工作作风以及吃苦耐劳的意志。在努力达到目标的时候，就会集中精力、心无旁贷地投入其中，建立一种自我激励机制，即使遇到一些困难和挫折，也会全力以赴地去克服，不达目的不罢休，真正从内在来激励自己的成才欲望和成才行为。

（四）增强大学生就业的核心竞争力

影响大学生求职就业的既有学校、社会需求因素，也有学生自身因素。其中，决定大学生能否找到适合自身发展的工作的因素还是大学毕业生自身的核心竞争力。核心竞争力强的同学不是“人求职”而会变成“职求人”。在现实中，同样的学校、同样的专业、同样的班级，有的同学能很快找到一份满意的工作，而有的同学却迟迟未找到“东家”。究其原因，就是有的同学进入大学后，迅速适应了大学生活并重新树立了学习目标，在目标的指引下，对大学进行合理的规划，积极、主动地去提高自身综合素质。大学的外在资源对每个同学都是一样的，能否将大学优质的学习资源转变为自身就业和职业发展的核心竞争力，还是取决于大学生自身。做好自身的职业发展规划，将促使大学生在大学期间主动、自觉地学习，增强自己的核心竞争力。

（五）帮助大学生理性选择职业发展道路

由日常的经验可知，很多大学生在面临职业选择时，往往存在两种倾向：一是升学惯性，选择继续深造的目的并不明确。二是在找工作时盲目攀比，受他人价值观影响严重。而如果对自身进行职业生涯规划，将使自己的职业选择更加理性，因为职业生涯规划能够帮助学生澄清自身需要，懂得和掌握职业生涯开发与管理的知识与技能，从而在遵循自身个性特点、能力优势的基础上结合社会需要，真正选择一条适合自身发展的职业道路。只有选择了适合自己的职业发展路径，才有可能将个人的能力优势充分发挥出来，对社会的贡献才会大。

（六）夯实未来事业成功的基础

“不经历风雨怎么见彩虹，没有人能够随随便便成功。”成功需要积累，需要抓住机遇，而机遇往往只会给有准备的人。命运的改变不是一朝一夕完成的，事业的成功也一样。如果你经常设想5年以后、10年以后要做什么，想象一下你的未来是什么样子，然后设定一个职业发展目标，在这5年或10年里紧紧地围绕这个目标去做你应该做的事情，那么，你的未来一定不是梦。

第三节 职业生涯规划的原则、内容、步骤与方法

一、职业生涯规划的原则

个人职业生涯规划设计应该遵守以下十条原则：

（1）清晰性原则。考虑目标措施是否清晰明确，实现目标的步骤是否直截了当。

（2）变动性原则。目标或措施是否有弹性或缓冲性，是否能依据环境的变化而调整。

（3）一致性原则。主要目标与分目标是否一致，目标与措施是否一致，个人目标与组织发展目标是否一致。

（4）挑战性原则。目标与措施是否具有挑战性，还是仅保持其原来状况而已。

（5）激励性原则。目标是否符合自己的性格、兴趣和特长，是否能对自己产生内在激励作用。

（6）合作性原则。个人的目标与他人的目标是否具有合作性与协调性。

（7）全程性原则。拟定生涯规划时必须考虑到生涯发展的整个历程，做全程的考虑。

（8）具体性原则。生涯规划各阶段的路线划分与安排，必须具体可行。

（9）实际性原则。实现生涯目标的途径很多，在做规划时必须考虑到自己的特质、社会环境、组织环境以及其他相关的因素，选择确定可行的途径。

（10）可评量原则。规划的设计应有明确的时间限制或标准，可评量、检查，使自己随时掌握执行状况，并为规划提供参考依据。

二、职业生涯规划的内容

职业生涯规划一般应包括自我职业性格分析、确定职业目标、确定成功标准、制订职业发展道路计划、明确需要进行的培训和准备和列出大概的时间安排六个方面的内容。

（一）自我职业性格分析

自我职业性格分析也就是要全面了解自己。一个有效的职业生涯规划必须是在充分且正确认识自身条件与相关环境的基础上进行的。要审视自己、认识自己、了解自己，做好自我职业性格分析，包括自己的兴趣、特长、性格、学识、技能、智商、情商、思维方式

等。即要弄清我想干什么、我能干什么、我应该干什么，在众多的职业面前我会选择什么等问题。

（二）确定职业目标

确立职业目标是制定职业生涯规划的关键，通常职业目标有短期目标、中期目标、长期目标和人生目标之分。长期目标需要个人经过长期艰苦努力、不懈奋斗才有可能实现，确立长期目标时要立足现实、慎重选择、全面考虑，使之既有现实性又有前瞻性。短期目标更具体，对人的影响也更直接，也是长期目标的组成部分。

树立职业发展目标，可以成为追求成就的推动力，有助于排除不必要的犹豫，一心一意致力于目标的实现。那么，如何确定职业发展目标呢？通常，在自我调查、评估、定位之后，根据社会的需要和环境的许可程度，将自我动机和需要以奋斗目标的形式与社会需要相结合，来制定职业发展目标。

目标的制定有六个步骤：

（1）要在心里确定自己希望达到的目标（用目标值量化）；

（2）确确实实地决定将付出什么努力和代价去换取自己所要达到的目标；

（3）确定一个固定的日期，一定要在这一日期之前达到自己的目标；

（4）拟订一个实现目标的计划，并马上行动；

（5）将以上四点清楚地写成“成功目标誓词”；

（6）每天早晚各一次，大声地朗读自己的“成功目标誓词”。

（三）确定成功标准

不同的职业目标，成功的标准不同。职业发展的领域有两种形态：技术形态和管理形态。

1. 技术型成功标准

典型特征：喜欢独立思考，做事谨慎细致。职业选择时，主要注意力是工作的实际技术。即使提升，也不愿到全面管理的位置，而只愿在技术职能区提升。

成功标准：在本技术区达到最高管理位置，保持自己的技术优势。

2. 管理型成功标准

典型特征：考虑问题比较理智，善于从宏观角度考虑问题。能在信息不全的情况下，分析解决问题，善于影响、监督、率领、操纵、控制组织成员，善于依法使用权力。

成功标准：管理越来越多的下级，承担的责任越来越大，独立性越来越大。

（四）制订职业发展道路计划

把职业生涯中的重要方面——发展、调动、晋升等结合在一起，它的第一个步骤是确定组织内部（即企业）的职业生涯通路。职业生涯通路实际上包括一个个职业阶梯，个人由低至高拾阶而上。如律师所：内勤、律师助理—执业律师—律师合伙人；石油石化企业技术系列：助工—工程师—高级工程师—教授级高级工程师；石油石化企业管理系列：一般科员—副科长—科长—副处长—处长—副总经理—总经理等。可以按照职业生涯通路来安排个人的工作变动，从而训练与发展担任各级职务和从事不同职业的能力。

职业生涯发展道路计划应该包括以下内容：

（1）描述各种流动的可能性。

（2）反映工作内容、组织需要的变化。

（3）详细说明职业生涯通路的每一职位的学历、工作经历、技能和知识。

（五）明确需要进行的培训和准备

可以列出目录：在职业生涯与生活中，哪些自己做得好、哪些做得不好、还需要什么（需要学习？需要扩大权利？需要增加经验？）。此外；还要明确自己应该接受哪些方面的培训、怎样有效运用培训成果、自己拥有什么资源、自己应该准备做什么等。

（六）列出大概的时间安排

职业生涯规划应该以职业目标为方向，以三年为单位，提出短期、中期与长期目标。在短期目标中应进一步明确当年的具体目标，并将当年的目标分解为季度目标、月目标、周目标、日目标。职业生涯规划应列出每一阶段职业目标的实现时间，以保障职业规划长期目标的实现。

三、职业生涯规划的步骤

职业生涯规划对一个人一生的发展来说，是一项前瞻性的系统工程。正确的规划步骤是保证这项工程顺利完成的重要环节。职业生涯规划是一个周而复始的连续过程，包括八个步骤：

（一）自我评估

自我评估的目的是认识自己，了解自己，寻找最适合自己发展的职业之路。成功职业规划的前提就是充分地认识自我。通常自我评估包括自己的兴趣、能力、特长、性格、学识、气质、技能、智商、情商以及组织管理、协调、活动能力等。只有正确地了解自我，才能根据自己的特点来制定适合自己的职业生涯发展规划。

著名漫画家蔡志忠认为："做人最重要的就是了解自己。有人适合做总统，有人适合扫地。如果适合扫地的人以做总统为人生目标，那只会一生痛苦不堪，受尽折磨。"要想成功地规划自己的人生，就要做一个聪明的自我，就要对自己有一个正确的认识。

（二）生涯机会的评估

职业生涯规划还要充分认识与了解相关的环境，评估环境因素对自己职业生涯发展的影响，分析环境条件的特点、发展变化情况，把握环境因素的优势与限制。了解本专业、本行业的地位、形势以及发展趋势。生涯机会评估主要是分析内外环境因素对自己生涯发展的影响，在复杂的环境中避害趋利，使生涯规划具有实际意义。环境因素评估主要包括：职业环境（组织发展战略、人力资源需求、晋升发展机会）、社会环境（社会道德风尚、舆论环境）、经济环境（宏观经济状况、行业经济政策）。

（三）确定志向

志向是事业成功的基本前提，没有志向，事业的成功也就无从谈起。立志是人生的起跑点，反映着一个人的理想、胸怀、情趣和价值观，影响着一个大的奋斗目标及成就。

（四）设定职业生涯目标

职业生涯目标的设定是职业生涯规划的核心。这种抉择是以自己的最佳才能、最优性格、最大兴趣、最有利的环境等条件为依据的。一个人事业的成败，很大程度上取决于有无正确适当的目标。没有目标的人，就如同一个人走在一望无际的茫茫大漠中，不知道自己该走的方向。通常目标分短期目标、中期目标、长期目标和人生目标。

（五）职业定位

职业定位就是要为职业目标与自己的潜能以及主客观条件谋求最佳匹配。良好的职业定位是以自己的最佳才能、最优性格、最大兴趣、最有利的环境等信息为依据的。职业定位过程中要考虑性格与职业的匹配、兴趣与职业的匹配、特长与职业的匹配、专业与职业的匹配等。职业定位应注意：①要依据客观现实，考虑个人与社会、单位的关系；②比较鉴别，比较职业的条件、要求、性质与自身条件的匹配情况，选择条件更合适、更符合自己特长、更感兴趣、经过努力能很快胜任、有发展前途的职业；③扬长避短，看主要方面，不要追求十全十美的职业；④审时度势，及时调整，要根据情况的变化及时调整择业目标，不能固执己见，一成不变。

（六）制定职业生涯路线

在确定了自己的职业定位和职业生涯目标之后，就要考虑实现这一目标的途径，即制定职业生涯路线。是选择走行政管理路线向行政方面发展，还是走专业技术路线向业务方面发展？等等。要注意，发展路线不同，要求也就不同。因此，在职业生涯规划中，必须选定自己的职业生涯发展路线，以便使自己的学习、工作以及各种行动沿着职业生涯路线或预定的方向前进。通常在选择职业生涯路线时要考虑以下两个问题：①我可以往哪些路线发展？②哪个路线最适合我，对我的发展最为有利？

（七）制订行动计划与措施

在确定了职业生涯目标后，就要按照这个目标制订相应的行动计划，并按照计划开始行动。行动，是指落实目标的具体措施，主要包括工作、训练、教育、轮岗等方面的措施。没有达成目标的行动，职业目标只能是一种梦想。要制定周详的行动方案，更要注意去落实这一行动方案。

（八）评估与回馈

要使生涯规划行之有效，就需不断对生涯规划进行评估与修订。整个职业生涯规划要在实施中去检验，看效果如何，及时诊断生涯规划各个环节出现的问题，找出相应对策，对规划进行调整与完善。影响职业生涯规划的因素有很多，有的因素变化是可以预测的，有的因素变化难以预测。因此，要使职业生涯规划行之有效，就必须根据变化对职业生涯规划进行修订。修订的内容包括：职业的重新选择、职业生涯路线的选择、人生目标的修正、计划和行动的变更。

由此可以看出，整个规划流程中正确的自我评价是最为基础、最为核心的环节，这一环做不好或出现偏差，就会导致整个职业生涯规划各个环节出现问题。

以上是制定职业生涯规划的 8 个步骤。其实，根据未来职业方向选择一个对自己有利的职业和得以实现自我价值的组织，应该是每个人的良好愿望，也是实现自我的基础，但这一步的迈出要相当慎重。就人生的第一个职业而言，它往往不单纯是一份工作，更重要的是它会使你初步了解职业、认识社会，一定意义上它是你的职业启蒙老师。如你欲从事技术工程师工作并想有所作为，就可以设定自我发展计划：选择一个什么样的组织，预测自我在组织内的职务提升步骤，个人如何从低到高拾阶而上；从技术员做起，在此基础上努力熟悉业务领域、提高能力，最终达到技术工程师的理想生涯目标；预测工作范围的变化情况，不同工作对自己的要求及应对措施；预测可能出现的竞争，如何相处与应对，分析自我提高的可靠途径；如果发展过程中出现偏差，如果工作不适应或被解聘，如何改变职业方向。人生成功的秘密在于当机会来临时你已经充分地准备好了，机遇只留给有准备的人。

四、职业生涯规划的方法

（一）自我规划“五步法”

许多职业咨询机构和心理学专家进行职业咨询时，常常采用的一种方法就是“五步法”。“五步法”也是职业规划的一种简单易行的方法。“五步法”依托于有关五个“What”的归零思考模式，这五个问题是：

（1）What are you?（你是谁?）

（2）What do you want?（你想要什么?）

（3）What can you do?（你会做什么?）

（4）What can support you?（环境支持或允许你做什么?）

（5）What can you be in the end?（你的职业与生活规划是什么?）

综合回答这五个问题，找到它们的最高共同点，就可以设计出自己的职业生涯规划。

（二）SWOT 分析法

SWOT 分析法是英文单词 Strengths（优势）、Weaknesses（劣势）、Opportunities（机会）、Threats（威胁）的缩写。SWOT 分析法最早是由哈佛商学院的 K · J · 安德鲁斯教授于 1971 年在其《公司战略概念》一书中提出的。安德鲁斯教授把面临竞争的企业所处的环境分为内环境和外环境，其中内环境包括企业的优势分析和劣势分析，而外环境分析包括企业面临的机会分析和威胁分析。这种综合分析企业的内外环境，从而为企业中长期发展制定战略的方法就是 SWOT 分析法。

大学生可以借用 SWOT 分析法来为个人职业生涯决策服务。综合自身的优势和劣势，认清周围的职业环境和前景，可以减少职业决策的难度，更容易进行职业选择。通过 SWOT 分析法，个体能够更准确地进行自我评估，更清晰地认识自己的职业机会，从而能根据就业市场的状况和个人的情况做出最佳决策。职业决策者可以通过与他人相比较，考察自己周围的职业环境，认清自身的优势和劣势，分析周围职业环境的机会和威胁，构建自身的 SWOT 矩阵。

（三）决策平衡单分析法

决策平衡单分析法是一种卓有成效的职业生涯决策方法。人们在进行职业生涯决策的时候，总是会面临着许多这样或那样的困难和干扰，使原本就很棘手的决策变得更加复杂和难以操作。而决策平衡单分析法可以帮助人们把复杂的情况条理化、模糊的信息清晰化、错误的观念正确化，尽可能具体地从各个角度评价分析各个可供选择的方案，预先对各个方案实施以后可能带来的后果进行利弊得失分析，对于其结果的可接受性进行检验，最终做出成熟的决策。

（四）CASVE 循环法

CASVE 循环法就是职业生涯规划决策技术，是五个要素之间的往返循环过程——沟通、分析、综合、评估和执行，CASVE 就是这五个词的英文单词首字母。它可以在整个职业生涯问题解决和决策制定过程中为决策人提供指导。

（五）PPDF 法

PPDF 的英文全称是：Personal Performance Development File。中文是：个人职业表现发展档案，也可译成个人职业生涯发展道路。

发达国家的不少企业都依靠 PPDF 使自己的员工形成一种合力，使他们为了单位的目标而去努力实现自我价值。为什么它能起到这样的作用呢？主要是它将所有员工的个人发展，同企业的发展紧紧地联系在一起。它为每个员工都设计了一条经过努力可以达到个人目标的道路。这实际上是一种极有效的人力资源开发方法。正因为如此，许多企业纷纷采用这方法。

PPDF 是对员工工作经历的一种连续性参考。它的设计使员工和他的主管领导，对该员工所取得的成就，以及员工将来想做些什么有一个系统的了解。它既指出员工现时的目标，也指出员工将来的目标及可能达到的目标。它标示出，如果要达到这些目标，在某一阶段员工应具有什么样的能力、技术及其他条件，等等。同时，它还帮助员工在实施行动时进行认真思考，看自己是否非常明确这些目标，以及应具备哪些能力和条件。

（六）内外匹配分析法

该方法基于人职匹配理论。1908 年帕森斯在《选择职业》一书中指出了职业咨询的步骤："第一，应清楚地了解个体的态度、能力、兴趣、智谋局限和其他特性；第二，应清楚地了解成功的条件及所需的知识，以及不同工作岗位的机会和前途；第三，上述两个条件的平衡。"其含义是将个人的主观条件与对个体有一定可能性的社会职业岗位相对照、相匹配，从而选择一种职业。

内外匹配的过程包括以下三个步骤：特性评价、职业因素分析、个人特性与职业因素的匹配。运用这一方法往往能取得较好的职业指导效果，且成功率高。不足之处是它忽视了人的整体性和人的社会心理对选择职业的影响。此外，它还忽视了人适应职业的主动性和个体的可塑性，过分地强调对个性特点的适应。这种过于机械的做法容易导致有些人难以找到适合自己"特点"的工作，而有些工作又找不到"合适"的人。

第四节　职业锚

一、职业锚概述

（一）职业锚的定义

施恩所谓的"职业锚"，是指个人经过搜索所确定的长期职业定位，实际上就是人们选择和发展自己的职业时所围绕的中心。因此我们也可以把它视为一种职业选择理论。

施恩认为，一个人的职业锚由三部分组成：①自己认识到的自己的才干和能力（以各种作业环境中的实际成功为基础）；②自己认识到的自我动机和需要（以实际情境中的自我测试和自我诊断以及他人的反馈为基础）；③自己认识到的自己的态度和价值观（以自我与组织工作环境的价值观之间的实际状况为基础）。

职业锚是当一个人不得不做出职业选择的时候，他无论如何都不会放弃的、职业中的那种至关重要的价值取向。实际上，就是人们选择和发展自己的职业时所考虑的中心。

用形象的话来描述，当一个人驾驶着生命之舟在茫茫大海漂泊，不知道哪里可以停歇、补充给养，哪里才是航行目的地时。他来到了一个美丽的港湾，突然发现，这是一个让他的生命从此充满阳光的地方。于是，他决定就在这里停船下锚。如果，一个人在职场中也有这么一次航行的话，那么这个美丽的港湾就是其最佳贡献区。找到了最佳贡献区，就可以在这里停船下锚了，这就是所谓的职业锚。

（二）职业锚的内涵

职业锚是“自省的才干、动机和价值观的模式”，是自我意向的一个习得部分。具体而言，是大学毕业生进入职业生涯早期工作阶段后，由学习到的实际工作经验所认知，并在经验中与自省的才干、动机、需要和价值观相结合，逐渐发展出的更加清晰、全面的职业自我观，以及可以达到自我满足和补偿的一种长期稳定的职业定位。要深入全面地理解职业锚的内涵概念，还要注意以下几个方面：

1. 职业锚产生于早期职业生涯阶段，以个人习得的工作经验为基础

大学毕业生在面临各种各样的实际工作生活情景之前，不可能真正地了解自己的能力、动机和价值观将如何相互作用，以及在多大程度上适应所做的职业选择。只有在毕业后走上岗位工作若干年，学习到工作经验之后，才能发现、选定自己稳定的长期贡献区。在某种程度上，职业锚是由毕业生实际工作经验所决定的，而不是取决于个人潜力的才干和动机。

2. 职业锚强调个人能力、动机和价值观方面的相互作用与整合

职业锚是毕业生自我观中的才干、动机、需要、价值观和态度等相互作用和逐步整合的结果，而不是只重视其中的某一方面。在实际工作中，大学毕业生重新审视自我，逐步明确个人的需要与价值观，明确自己所擅长的及今后发展的重点，并且针对符合个人需要与价值观的工作，自觉地改善、增强和发展自身的才干。经过这种整合，寻找到自己长期稳定的职业定位，达到自我满足。

3. 职业锚是不可能根据各种测试提前进行预测的

职业锚是毕业生同工作环境互动作用的产物，由于实际工作的偶然性，职业锚是不可能根据各种测试出来的能力、才干、动机或者价值观等进行预测的。只有在工作实践中，依据自省的和已被证明的才干、动机、需要和价值观，经过多次确认和强化以后，才能找到自己的职业定位。

4. 职业锚不是固定不变的

虽然职业锚是个人稳定的职业贡献区和成长区，但这并不意味着个人的职业锚是固定不变的。这是因为，随着个人职业工作的进一步发展，以及个人生命周期和家庭生命周期的增长和变化，职业锚本身也可能变化。毕业生在职业生涯中后期可能会根据变化了的情况，重新选定自己的职业锚。因此，一个人的职业锚是不断发生变化的，它实际上是一个不断探索过程所产出的动态结果。

二、职业锚的类型

施恩在其前期的研究中发现了5种职业锚，后来又补充了3种，共有8种。

（一）技术职能型职业锚

1. 特征

以技术职能能力为锚位的员工，有特定的工作追求、需要和价值观，表现出如下特征：强调实际技术或某种职能业务工作；拒绝全面管理工作；目标是技术和技能的不断提高，其成功更多地取决于领域内专家的肯定和认可，以及承担该能力区域内日益增多的富于挑战性的工作，往往具有性格内向、喜欢独立思考、做事细致谨慎等个性特征。职业选择时总是围绕技术或业务能力的特定区域安排自己的职业，这些特定领域包括工程技术、财务分析、营销策划和系统分析等。即使被提升，也不愿意到全面管理的位置，在技术职能区达到最高管理位置是他们的标准。

2. 工作类型

特定工作对个人应具有挑战性，可通过该项工作体现个人能力和技巧。典型的工作岗位如技术主管，部门经理，咨询公司的项目经理，企业中的研究开发人员、统计人员和会计人员等。

3. 激励方式

希望按照个人的技术水平（如教育程度、工作经验）来获得报酬，更注重绝对工资，偏好“自助餐”式福利；希望走技术路线式的晋升，不一定重视头衔，但重视报酬的公平性；偏好具体的认同而不是泛泛的夸奖；偏好能进一步学习和在专业上自我发展的机会，偏好得到专家的承认和奖励。

（二）管理能力型职业锚

1. 特征

担负纯管理责任，而且责任越大越好，这是管理能力型职业锚员工的追逐目标；具有强有力的升迁动机和价值观，以提升、等级和收入作为衡量成功的标准；具有将分析能力、人际交往能力和感情能力进行特别合作的技能；定位于管理型的人在很大程度上具有对组织的依赖性。

管理能力型职业锚应具备以下三个方面的能力：

第一，分析能力，在信息不完全以及不确定的情况下发现问题、分析问题和解决问题的能力；

第二，人际交往能力，在各种层次上影响、监督、领导、操纵以及控制他人的能力；

第三，情感能力，在情感和人际危机面前只会受到激励而不会受其困扰和削弱的能力以及在较高的责任压力下不会变得无所作为的能力。

2. 工作类型

渴望承担更大的责任，渴望充满挑战性、变化丰富的工作；有领导他人的机会。主要职业领域是政府机构、企业事业组织负责人，例如科长、校长、教导处主任或总经理等。

3. 激励方式

以收入水平判断自己是否成功，偏好好的退休福利，重视靠结果和绩效来获得晋升，以“结果导向”为主，认为最大的组织认同是晋升高位；偏好物质奖励，如加薪、红利、奖金和股票期权等；偏好头衔和身份象征。

（三）创业型职业锚

1. 特征

有强烈的创造需求和欲望，意志坚定，敢于冒险。有通过发展新产品或服务来创造生意的强烈愿望，把赚钱作为成功的衡量标准。这种愿望往往在职业生涯中的早期就付诸行动。以自我为中心，在传统组织中不会待太久。

2. 工作类型

着迷于创新性的工作，不喜欢墨守成规。适合做企业家，在自己的企业中不断地开发新产品和服务，否则会失去工作兴趣。主要职业领域是发明家、冒险性投资者、产品开发人和企业家等。

3. 激励方式

需要拥有自己的企业，保持对企业股权的控制。假如开发新产品，会希望自己拥有专利。需要自己积累财富，不看中福利。需要权利和自由来支配自己的企业，满足自己的需要。建立财富和大规模企业是此类个体获得认可的重要途径，常常会在产品和公司名称中看到他们的名字。

（四）安全感职业锚

1. 特征

安全感职业锚又称作稳定型职业锚，其特征如下：职业的稳定和安全，是这一类职业锚员工的追求、驱动力和价值观；在行为上，安全感型的人倾向于根据雇主对他们提出的要求行事，以维持工作的安全、体面的收入、有效的退休方案、优厚的津贴等，体现出一种稳定的前途；对组织具有依赖性；个人生涯的开发与发展受到限制。安全感职业锚的成功标准是一种稳定、安全、整合良好的家庭和工作环境。

2. 工作类型

喜欢稳定可测的工作性质。喜欢能提供长期职位，很少裁员和福利好的组织。对工作内容的兴趣胜过对工作本身性质的兴趣，典型工作如银行职员和政府公务员。

3. 激励方式

提高薪酬、工作条件和福利对他们起的作用比工作内容丰富化、挑战性的工作和其他内激励方式大。喜好年功序列工资制和基于年资的晋升系统；希望组织认可忠诚和稳定的绩效，相信忠诚对组织有显著贡献。

（五）自主型职业锚

1. 特征

自主型职业锚又称作独立型职业锚，其特征是：最大限度地摆脱组织约束，追求能施展个人职业能力的工作环境；自主型职业锚与其他职业锚有交叉；以自主型职业锚为锚位的人在工作中显得愉快，享有自身的自由，有职业认同感，把工作成果与自己的努力挂钩；

喜好以自己的方式、节奏和标准做事。

2. 工作类型

喜好有明确时限又能发挥个人专长的工作，偏好做项目类的工作，厌恶监工式的管理。能接受组织交给的目标，但目标一旦设定，就希望按自己的方式工作。主要职业领域是学者、科研人员、职业作家、个体咨询员、手工业者和个体工商户等。

3. 激励方式

很多人厌恶“金手铐”式的薪酬制度，偏好绩效工资、奖金、红利，以及“自助餐”式的福利。同时晋升必须意味着更大的自主权，获得奖章、奖金、荣誉比晋升和头衔更重要。一些激励方式往往需要和组织传统的物质激励制度不一致。

（六）纯挑战型职业锚

1. 特征

有征服人和事的意向。对成功的定义是克服非常困难的障碍，解决难以解决的问题或征服难以征服的对手。不在乎工作的专业领域。

2. 工作类型

工作领域、组织类型、薪酬系统、晋升方式和认同形式都必须服从工作能否不断提供挑战自我的机会，缺少这样的机会会使个人感到厌烦和无趣，典型职业如特种兵、高级管理顾问、探险者等。

3. 激励方式

自我意识激励强，对能够提供给他们挑战性供需的组织较为忠诚。和周围同事相比，可能会显得曲高和寡，不易被理解。

（七）服务型职业锚

1. 特征

希望以某种方式改善自己周围的环境，选择以帮助别人为主的职业，如医生、护士和社会工作者。希望与人合作、服务人类等精神在工作中得以体现。

2. 工作类型

喜欢从事符合自己价值观的工作，可以影响所服务的组织或社会政策。在缺少他人支持的情况下，会向有更大自由度的职业如咨询师转换。社会工作者、医师、护士、教师等都有可能是属于这种职业锚的人。

3. 激励方式

希望根据自己的贡献得到回报，将此类个体晋升到有更大影响力和工作自由度的职位是比金钱更大的奖励，他们需要来自同事和上司的赞扬和支持，需要感到自己的价值被高层管理者们认可。

（八）生活型职业锚

1. 特征

强调工作必须和整体相结合。不仅仅是在个人和职业生活之间形成一种平衡，而且是个人、家庭和职业需要的融合。

2. 工作类型

需要灵活的工作时间安排，如弹性工作制，需要更多的休息日、在家办公等。

3. 激励方式

反映了社会变动的大趋势，可能受夫妻双方的影响，需要经理人员的理解，需要灵活的政策和职业发展系统。

三、利用职业锚引导职业发展

职业锚是个人早期执行发展过程中逐步确立的职业定位，在职业锚的选定或开发中，个人起着决定性的作用。

（一）提高职业适应性

职业适应性是职业活动实践中验证和发展了的适应性。每个人从事职业活动，总是处于一定的物质环境和心理环境中，个人从事职业的态度受到诸多主客观因素的影响。例如，个人对工作的兴趣、价值观、技能、能力、客观的工作条件、福利状况、他人和组织对自己工作的认可及奖励情况、人际关系情况以及家庭成员对本人职业工作的态度等。个人的职业适应性就是尽快地习惯、调适、认可这些因素，即员工在组织的具体职业活动中，适应职业工作性质、类型和工作条件，使之与个人需要和价值目标融合，使自身在职业生活中获得最大的满足。职业适应的结果能保证员工个人在较长一段时间内从事某种职业活动，而且能保证员工在职业活动中有较高的效率，有利于员工个性的全面协调发展。因此，通过职业活动实践，员工由初入组织的主观职业适合，转变为职业适应过程，就是员工搜寻职业锚或开发职业锚的过程，职业适应性是职业锚的准备或前提基础。

（二）借助组织的置业计划表，选定职业目标，发展职业角色形象

置业计划表是一张工作类别结构表，是将组织所设计的各项工作分门别类进行排列，形成一个系统反映人力企业资源配给情况的图表。员工应当借助职业计划所列职工工作类别、职务升迁与变化途径，结合个人的需要与价值观，实事求是地选定自己的职业目标。一旦瞄准目标，就要根据目标工作职能及对人员素质的要求有目的地进行自我培养和训练，是自己具备从事该职业的充分条件，从而在组织内树立良好的职业角色形象。

职业角色形象，是员工个人向组织及其群体的自我职业素质的全面展现，是组织或工作群体对个人关于职业素质的一种根本认识。职业角色构成主要有两大因素：一是职业道德思想素质，通过敬业精神、对本职工作热爱与否、事业心、责任心、工作态度、职业纪律、道德来体现；二是职业工作素质，主要看员工具有的智力、知识、技能是否胜任本职工作。员工应当从上述两个主要的基本构成要素入手，很好地塑造自己的职业角色，为自己确立职业锚创造条件，打好基础。

（三）培养和提高自我职业决策能力及技术

自我决策能力，是一种重要的职业能力。决策能力大小、决策正确与否，往往影响个人整个的职业生涯发展乃至一生。在个人的职业发展过程中，特别是职业发展转折关头，例如首次择业、决定职业锚、重新择职等，具有自我职业决策能力和技术十分重要。所以，个人在选择、开发职业锚之时，必须着力培养和提高职业决策能力。

所谓自我决策能力，是指个人习得的用以顺利完成职业选择活动所需要的知识、技能及个性心理素质。个人要培养和提高自己以下几个方面的职业决策能力：

（1）善于搜集相关的职业资料和个人资料，并对这些资料进行正确的分析与评价；

（2）制订职业决策计划和目标，独立承担和完成个人职业决策任务；

（3）在实际决策过程中，不是犹豫不决、不知所措、优柔寡断，而是有主见性、适时、果断地做出正确决策。

（四）能有效地实施职业决策，能够克服计划实施过程中的种种困难

职业决策能力运用于实际的职业决策之时，需要讲究决策技术，掌握决策过程。首先，搜集、分析、评价各项相关资料和个人资料，这一项工作就是几种职业选择途径、后果与可能性的分析与预测。其次，对个人预期职业目标及价值观进行探讨。个人究竟有怎样的价值取向？由此决定的职业目标是什么？类似的问题并非每个人都十分清楚。现实当中，人们经常会发现自己或他人价值观念存在不清晰、不确定的情况。所以，澄清、明确和肯定个人主观价值倾向与偏好是首要任务，否则无法做出职业决策。最后，在上述两项工作的基础上，将主观愿望、需要、动机和条件，与客观职业需要进行匹配和综合平衡，经过权衡利弊得失，确定最适合、最有利、最佳的职业岗位。这一决策选择过程中，是归并个人的自我意向，找到自己爱好的和擅长的东西，发展一种将带来满足和报偿的职业角色的过程。

阅读资料

美国大学生是这样度过大学生涯的

一是积极参加校园活动，在美国的大学，校园活动常常和功课一样重要。课外活动小组是培养未来领导人素质的实验室，与参与体育运动不同的是，它除了能够锻炼领导能力，参与过程中还可以学会怎样理解、帮助别人，满足别人的需要，以及与人沟通的技巧，这些都是赢得企业青睐的条件，同时也是美国文化中所谓“领袖素质”的基础。据说美国前总统小布什就曾积极参与大学社团活动，这对他担任总统起到了很大作用。

二是参加校内体育运动。美国人在大学阶段积极参与体育运动不单单为了锻炼身体，更是为了培养竞争才能和领袖素质，而竞争才能和领袖素质恰恰也是美国公司对所招聘人才的重要评判标准。比如一个大学运动队的队长到华尔街找工作，其优势绝对不可限量。多项调查表明，大学从事体育的人，毕业后比那些不沾体育的同学明显收入高，特别是企业总裁，大多从大学体育中获益甚多。

三是做些有挑战的事。并不是美国人天生具备冒险精神，他们大多从学生时代起就开始培养挑战意识，而不是在做之前就给自己“下定义”，认为自己“肯定做不好”。用自己不擅长这个、不擅长那个来找借口躲避各种挑战，结果可能会减少遇到困难和承担风险的概率，但却在不知不觉中限制了自身的发展，掩盖了自己的潜能，甚至放弃了一个相当重要的人生机会。所以，给自己一个机会，去挑战一下曾经认为肯定做不到的事，说不定终有一天你会攀登到梦想的制高点。

四是创业从校园开始。在美国的大学校园，学生做小买卖的行为在校园内不仅不会被

禁止，而且还会得到学校的大力支持。从个人角度而言，美国大学生在校创业是他们实现自我价值的重要途径，同时也是他们从课堂走向商场的捷径之一；对学校和国家而言，则是保持学术和经济活力的重要环节，甚至有人说美国的经济发展，是由创业经济和创业规则带动的。保不齐哪位高手折腾出的网站会受到Google、雅虎的青睐，或者精心构思的可行性报告可能会获得风险投资——这一切都是“学以致用”最好的体现，就连赫赫有名的Google也同样是大学宿舍里诞生的买卖。

五是积累工作经验从打工开始。在中国有“穷人的孩子早当家”的说法。在美国，大学生打工是普遍现象，很多人除了完成学业，都有一份或多份兼职工作。攒下来的钱可以用作学费或零花钱，更重要的是为将来的实习和就业提前“热身”。

六是从职业生涯中心寻求帮助。美国的众多大学都在校内建立了职业生涯中心，以帮助毕业生提高就业的“命中率”。其形式基本可以分为开设职业生涯发展课和一对一的职业发展辅导——由受过专门培训的高年级同学给低年级的学生讲如何写简历、如何寻找工作机会、如何应对面试等，请杰出校友回校分享成功的经验，或通过专门的软件对低年级学生进行职业兴趣测试。对于高年级学生，除了帮助他们修改简历外，还提供模拟面试练习机会，并且录下来让学生带回去好好看看自己“面试”时的表现。

七是把实习当作明天的饭碗。美国公司大多青睐经验丰富的应聘者，但一份全优成绩单的作用相当有限，因此实习机会为毕业生谋职创造了更多的可能。不管是美国国内还是国际的大学生，对他们来说最理想的就是在倾心已久的公司实习，并在毕业后顺利转为正式员工，即使实习单位因种种原因无意招新人，在行业领先的大公司的实习经验或者一份该公司主管的推荐信，依然能使同行业公司的人力资源主管眼前一亮。

本章小结

通过本章的学习，同学们可以了解职业的内涵、性质与功能，掌握职业与专业的联系与区别；认识职业生涯和职业生涯规划，认识到大学生进行职业生涯规划将对人生发展有积极的意义；掌握职业生涯规划的原则、内容、步骤与方法，了解职业锚的含义与类型，学会利用职业锚引导个人的职业发展。

主要概念

职业　职业生涯　职业生涯规划　职业锚　SWOT 分析法　决策平衡单

复习、思考与训练

（1）简述职业的含义、性质与功能，职业与专业的关系。

（2）简述职业生涯的概念、特征、分类与发展阶段。

（3）简述职业生涯规划的概念、要素及影响因素。

（4）职业生涯规划的内容有哪些？

（5）职业生涯规划的步骤与方法主要有哪些？

（6）学会运用五步法、SWOT分析法和决策平衡单法规划自己的职业生涯。

（7）简述职业锚的含义和类型。

（8）谈谈如何利用职业锚引导职业发展。

扩展阅读资料

李开复的成功之路

中国学生的“思想教父”李开复先生在2005年7月正式从微软跳槽到Google，担任全球副总裁兼中国区总裁，成为世界首富的敌人，一年多之后，Google才与微软达成和解协议，李开复在Google中国的工作才得以全面解禁。我们并不想评论这起震惊全球的跳槽事件的对与错，只想通过李开复的求学和职业生涯来谈谈人生规划的几个关键因素。

1. 选对专业

在研究历史政治的父亲影响下，李开复在美国哥伦比亚大学读书。开始选择的是法律，在20世纪80年代的美国社会中，律师是收入多、地位高、前途好的理想职业，但是到了大二李开复发现自己并不喜欢这个专业。他在接触计算机之后，疯狂地喜欢上了这个专业，每天废寝忘食地编程，随后便放弃法律专业一年多的学分，转到在当时看来“前途未卜”的计算机专业学习。实际上，这是李开复最重要的一个决定，因为选择了计算机专业，使其数学天赋得以淋漓尽致地发挥；因为选择了计算机专业，强烈的兴趣激发了极大的热情，为李开复带来了持久的动力，让他敢于大胆尝试，积极主动地争取成功的机会。结果，他在计算机领域取得了辉煌的成就：第一个开发出“非特定人连续语音识别”系统，开发出击败人类的国际象棋世界冠军“奥赛罗”人机对弈系统，成为卡内基·梅隆大学计算机系的助理教授，2000年又成为美国电气和电子工程师协会的院士。如果没有改学计算机，那么今天的李开复也许只是一个不快乐、不成功、不知名的小律师。

“想要爱你所做，要先做你所爱。”每个人在接受高等教育或走上工作岗位的时候，都会面临一个重要的选择，成功不一定是靠专业知识，但选择一个正确的、适合自己的专业，会让自己走对路、做对事。对于25岁之前的人来说，选择专业是跨出职业生涯道路的第一步，应当结合自己的兴趣、理想、价值观和天赋来考虑自己的发展定位。假设姚明没有选择打篮球，而是和普通家庭的孩子一样读完大学再出来找工作的话，恐怕是不可能有现在这样的影响力和成绩的。所以，选择先努力，人生只有一回，强迫自己做不喜欢的事情，将会付出巨大的代价，可能平凡地度过一生。如果不想人生留下遗憾，就应该在全力以赴之前慎重选择。

2. 选对环境

应该说，李开复是幸运的。除了自身的天赋之外，他成功的另一个关键要素是他在良好的环境中成长。美国的教育方式以赞扬和激励为主，鼓励学生锻炼推理能力和创新能力，所以，受到美国教育的学生通常具有触类旁通、举一反三的分析能力。在攻读博士的时候，李开复选择了开明的导师瑞迪，开始了语音识别系统的研究，当他提出了和导师大相径庭的解决方案时，导师并没有阻止他的尝试，而是保留不同意见地支持他做下去。结果，李开复成功了，获得了《商业周刊》颁发的1988年最重要科技创新奖。

取得博士学位后，李开复在卡内基·梅隆大学教了两年书，但他发现这并不是他的理想，所以他毫不犹豫地接受了苹果公司递过来的橄榄枝。要知道，大学教授在美国是一个知识分子梦寐以求的职业，它有很高的社会地位和良好的待遇，就算是在今天仍是如此，名牌大学的一个助理教授职位，就有上千名的博士递出申请。选择“下海”，是李开复人生的又一个飞跃。主动地选择自己所爱，使李开复一路升迁，从语音组经理到多媒体实验室主任，再到互动多媒体全球副总裁。到后来为微软组建中国研究院，改变了微软在国人心中霸权的形象，为中国的大学生提供职业指导，成为他们的“精神教父”，一切似乎如鱼得水。但是，七年之后，李开复觉得在微软能学习到的东西不多了，又做出了一个震惊世界的决定——跳槽 Google。而且还公开说是自己主动向 Google 投怀送抱的，他的解释是：I need to follow my heart。一个拥有辉煌成就和高层身份的人，敢于主动去应聘更有激情、更具潜力的公司，这是怎样的一种勇气！环境造就人，环境也可以糟蹋人，李开复这一路的高歌猛进，真的仅仅是运气使然吗？

3. 自信积极的人生态度

李开复是一个普通的人，因为他曾经和我们大多数人一样：上台演讲会手脚发抖；怕得罪人而不敢行使管理权力；认为只要创新就一定有市场价值。李开复又是一个不平凡的人，因为他为了提高演讲能力，强迫自己每月做两次演讲；勇敢地开除绩效低下的师兄；悟出了一个道理——对人类有用的创新才是更重要的。这一切源于李开复积极的人生态度，他清楚自己的能力，自信只要“我想要的我就可以”，定位清晰，发展方向坚定，持之以恒。拥有自信和积极心态的人，很容易在职场上游刃有余，如果在台上脸红的李开复因为被笑称为“开复剧场”就放弃了演讲，那么他不可能有这样的影响力——在多个高校进行巡回演讲，本来免费的门票在校园中被拍卖至 450 元，甚至还出现了假票。如果为了同情师兄，而容忍绩效低下员工的存在，李开复不可能成为一个受到员工爱戴的领袖。成功学专家拿破仑·希尔认为：“人与人之间其实只有很小的差异，但是这种差异却造成了巨大的差别！这种差异就是所具备的心态是积极的还是消极的，巨大的差别就是成功和失败。”积极的心态能使人看到希望，激发自身的潜能，有助于克服困难，保持进取的旺盛斗志，而消极的心态则使人沮丧、抱怨、失望、自我封闭，限制和扼杀自己的创造力。李开复在主动找上 Google 时说了一句话：“我不想在 50 岁的时候因为看到 Google 是世界最大的公司，而后悔没有在 43 岁的时候把写好的 E－mail 发出去。”事实上，李开复跳槽只有两个主要原因：一是 Google 是个充满活力、激情、创新、自由的类似研究院的公司；二是 Google 可以满足李开复回国工作的愿望，因为中国有他极其期望和牵挂的大学生。一个已经 44 岁的站在职业生涯巅峰的人尚且有这样的勇气和发展欲望去拒绝枯燥的工作，并且具有浓厚的民族情结和爱国精神，作为知识信息时代在中国经济大局中起主力作用的年轻一代来说，难道我们就甘于平庸吗？

4. 情商重于智商

在寒窗苦读的十几年中，学习的科目不少，但从本质来看只有理科和文科两类。理科给了我们分析和推理能力，是智商的基本体现；而文科则教会我们表达自己的感情和思想，是情商的一种表现，在竞争激烈的商业世界中，高智商可以让你找到稳定的工作，而高情商会让你的职位不断升迁。从卓越的科学家到卓越的经理人，证明李开复肯定是一个智商和情商都非常高的人。想在大公司里生存，又要带领庞大的团队，员工关系是非常重要的。

当2000年李开复被调回微软美国总部时，有600多名下属，为了了解员工的需求，以便有效开展部门工作，他每周与10个员工共进午餐，聆听员工的心声和建议，很快地，他了解了所有的下属，有效地分配了人力资源。李开复的例子表明，作为一个管理者，越是高层，越需要情商，而不是智商。从李开复的人生选择中我们深刻地体会到：一份工作是暂时的，而职业的发展是永恒的。职业生涯是可以自己设计的！成功的人生需要正确的规划，因为你今天在哪里并不重要，而下一步迈向哪里却很重要。人的生命只有一次，去珍惜它吧。问问自己："我最适合的职业是什么？"

第三章 自我认知

教学目标

学习完本章之后，学生能够达成以下目标：

1. 了解自我分析的基本内容以及方法。
2. 掌握职业兴趣对职业的影响因素以及兴趣的评定方法。
3. 掌握性格对职业的影响以及职业性格测试与分析方法。
4. 了解能力的类型，了解大学生能力拓展的一般方法。
5. 了解价值观的分类与职业选择中的作用，掌握职业价值观测试的基本方法。

导入案例

什么是成功的职业

职业在大多数情况下是一种无法逃避的选择，而职业生涯规划则是一种建立在现实、理性和梦想之上的管理艺术。掌握这门艺术的第一步，首先是正确地认识自己。

为什么会这样说？

在美国，有一个关于成功的寓言故事：

为了像人类一样聪明，森林里的动物们开办了一所学校。学生中有小鸡、小鸭、小兔、小山羊、小松鼠等，学校为它们开设了唱歌、跳舞、跑步、爬树和游泳5门课程。第一天上跑步课，小兔兴奋地在体育场跑了一个来回，并自豪地说：我能做好我天生就喜欢做的事！再看看其他小动物，有噘着嘴的，有沉着脸的。放学后，小兔回到家对妈妈说，这个学校真棒！我太喜欢了。第二天一大早，小兔蹦蹦跳跳来到学校，上课时老师宣布，今天上游泳课。只见小鸭兴奋地一下子跳进了水里，而天生恐水、不会游泳的小兔傻了眼，其他小动物也没了招。接下来，第三天是唱歌课，第四天是爬树课……学校里的每一天课程，小动物们总有喜欢的和不喜欢的。

就是这么一个简单的小故事，却在美国的职业经理人中广为流传。因为在他们看来，这个故事寓意深远，它诠释了一个通俗的道理：那就是“不能让猪去学爬树，不能让兔子去学游泳”。要成功，小兔子就应跑步，小鸭子就该游泳，小松鼠就得爬树。判断一个人是不是成功，最主要的是看他是否最大限度地发挥了自己的优势。

成功是什么？成功并不是提倡所有的乌龟都要跑得比兔子快。成功就是做最好的自己，最大限度发挥自己的优势。根据马斯洛的需要层次理论，人最高层次的需求是自我实现，是要充分发挥自己的潜能，实现自己的人生价值。我们判断一个人的职业是否取得了成功，正是要看这份职业是否充分发挥了他（她）的优势和潜能。

姚明出生于上海的一个篮球世家，父母都曾经是篮球运动员。父母身高的特征和酷爱篮球的基因，都毫无保留地传给了他。9岁那年，姚明在上海徐汇区少年体校开始接受业余训练。由于从小受到的家庭熏陶，他对篮球的悟性，逐渐显露出来。5年后，他进入上海青年队；17岁入选国家青年队；18岁穿上了中国国家篮球队队服。2002年6月，姚明以状元身份加盟美国休斯敦火箭队，是NBA历史上第一位外籍状元秀。姚明是中国极具影响力的人物之一，同时也是世界知名的华人运动员之一。

假如姚明不去打篮球呢？让他去游泳或者跨栏，他还可能这么成功吗？众所周知，姚明是一个在篮球方面非常有天赋的运动员，而他之所以取得今天的成就，跟从小受到家庭的熏陶和科学的训练密不可分。对于像姚明这样一个身高2.29米的大个子而言，速度、爆发力和灵活性并不是他的优势所在，让他去从事游泳或者跨栏这样的运动项目，显然并不符合他的天赋特征。

所以，要想取得职业成功，光有天赋还不够，还必须把自己的天赋放到最恰当的地方。1909年，美国波士顿大学的帕森斯教授在《职业选择》一书中提出了职业选择的三大要素：

（1）自己了解：能力、能力倾向、兴趣、价值观、个性特征、资源限制以及其他特质等。

（2）获得有关职业的知识：所需的特质和因素，在不同工作岗位上的优势和劣势，酬劳、机会和前途。

（3）上述两类要素的整合：整合有关自我与职业世界的知识。

简单来说，帕森斯认为，个人特征要符合职业要求。这也是职业生涯规划最核心的理论基础。

我们每个人都有着不同的特点：有的人安静沉稳，有的人活跃热情；有的人喜欢跟人打交道，喜欢交朋友；有的人喜欢跟机器打交道，喜欢户外运动……这都是因为我们有着不同的兴趣爱好、不同的气质性格、不同的特长和能力。当我们从事的职业和我们的特征吻合时，就可能发挥出能力，容易做出成就；反之，如果我们从事的职业和我们的特征不符合，就可能导致原有才能的浪费，或者必须付出更大的努力才能成功。

所以，职业生涯规划最重要的准备就是充分了解潜在的真实的自我，即要从自己的兴趣、性格、价值观到天赋、能力进行全面分析，找到最有可能获得成功的领域。世界上没有庸才，有的只是放错了地方的人才！

第一节　自我分析

一、自我分析的基本内容

在职业生涯规划中，有一个相当重要的阶段就是进行自我分析。有效的职业生涯规划应从自我认识开始，然后才能谈到建立可实现的目标，并确定怎样达到这些目标。所谓自我分析也就是对自己进行全面的分析，通过自我剖析来认识自己、了解自己。了解自己的性格，判断自己的情绪；找出自己的特点，发现自己的兴趣；明确自己的优势，衡量自己的差距。因为只有认识了自己，才能用己之长，避己之短，才能对自己的职业或岗位做出正确的选择，才能对自己的生涯目标做出最佳抉择和合理规划。因此，自我分析是职业生涯规划的基础，也是职业定位的第一步。

自我分析包括以下四个方面：

生理自我分析：自己的相貌、身材、穿着打扮等。

心理自我分析：自己的需要、性格、兴趣、能力、气质、意志等。

理性自我分析：自己的思维方式、思维方法、道德水准、情商、素质等。

社会自我分析：自己在社会中所扮演的角色，自己在社会中的责任、权利、义务、名誉，他人对自己的看法以及自己对他人的看法。

这四个方面涉及的因素很多，重点是分析自己的需要、性格、兴趣、天赋能力和素质。性格是职业选择的前提，兴趣是工作的动力：而分析特长则主要是分析自己的能力与潜力，分析需求则主要是分析自己的职业价值观。由此看来，自我分析也就成了职业生涯规划的基础，它将直接关系到个人的职业成功与否。

阅读资料 3.1

人生诊断与发展规划实例

一、自我分析

只有认识了自己，才能对自己的职业做出正确的选择，才能选定适合自己发展的生涯路线，才能对自己的生涯目标做出最佳确定。

自我分析要根据咨询者的现状和实际情况找出自己的兴趣、特长、爱好、性格、技能、优点、缺点、长项及各种能力等。

兴趣：写作；帮助别人就是帮助自己。

爱好：探索新领域，学习新知识；交友。

性格：坦诚、热情、自信、乐观、理性、动静兼能、刚柔相济、守法、重义、言而有信、大度、善解人意、有主见、正义感较强。

技能：无。

长项：与人相处、沟通、合作没有难度。

弱项：不擅长创意。

优点：宽容、爱心。

缺点：对现代企业经营与管理知识的缺乏。

工作：能够被充分信任并信任他人，极度热情。

想做的事情：①做记者；②到大企业学一学管理。

职业目标：自由职业人。

喜爱的行业：人才产业。

追求的事业：做人力资源管理。

座右铭：一切都是好的；善待自己，方能善待别人。

人生理念：没有一件事情可以击垮我；做事有始有终。

人生理想：老板。

结合SWOT分析法，在这里重点分析自身的优势和劣势。

优势：心态平和、积极、进取；家庭和睦，能得到爱人的大力支持；目标明确，一心一意追求人力资源工作；年龄26岁，年轻化；良好的沟通是与人合作的基础；与创业伙伴有着比较深厚的友谊。

劣势：企业工作经历少；个人创业的经验少；经济基础单薄。

二、诊断

在进行了“知己”的分析后，现在开始诊断。

自己有明确的目标（极大的职业兴趣）；

自己想创一番事业（创业的原始动力）；

有发展潜力的职业（创业的前提条件）；

有值得信任的创业伙伴（创业的关键条件）；

有较好的家庭条件（家和万事兴，创业的基本条件）；

有较好的做人素质（做企业就是做人）；

有较好的对形势发展的判断力（对形势的判断有利于宏观调控自己和自己的事业）。

确诊：

咨询者到底想要什么——家庭、自由、财富、实现价值

咨询者到底不要什么——独身、束缚、贫穷、碌碌无为

咨询者到底想做什么——事业、老板

咨询者到底不想做什么——闲人

三、发展处方

1. 发展方向

（1）确定志向。立志是人生的起跑点，反映着一个人的理想、胸怀、情趣和价值观，影响着一个人的奋斗目标及成就。现将咨询者的理想“做一个富有的、自由的、受人尊敬的BOSS”确定为人生目标。

（2）指定路线。咨询者的人生目标是做老板，职业目标是做人力资源管理。那么根据咨询者自身的实际情况和职业特性，实现人生目标的途径应为：

第一步，学习人力资源管理知识（第1年）；

第二步，进入人才中介公司，扩大交际网（第3年）；

第三步，积累资源，提高知名度（第4年）；

第四步，积累客户，扩大市场（第6年）；

第五步，积累资金，准备条件（第8年）；

第六步，选准时机，开始创业（第9年）；

第七步，创业成功做老板（第10年）。

（3）职业障碍。每个人在发展过程中都会遇到不同的职业障碍。而作为女性在职业发展中会遇到更多、更大的障碍。女性职业的一大障碍，就是生儿教子。多少优秀的女性为此断送了一生的前程。（女性的三大职业障碍：恋爱、生儿、养老）

那么如何克服职业障碍呢？这是在职业生涯规划中必须考虑的对策。如何克服职业障

碍就届时根据具体情况具体分析吧。

2. 发展方式

我曾为新毕业或毕业不久的大学生策划了六条发展之路，现拿来供分析参考。

（1）大公司锻炼。到知名的现代企业去锻炼自己、提高自己。五年后借助于大企业的声望做跳板和桥梁来发展自己。（此路比较安全，但时间较长）

（2）助人创业。看清行业、看准项目，跟住创业。凭借公司的发展，实现自己的人生愿望和理想。（此路有失败的风险）

（3）出国镀金。到国外留学获得高学位，并能在跨国企业谋得职位，做三年以上，此时回国必受政府和企业的重视（此路须具备出国的条件）

（4）科技发明。如对某项专业有专长、爱好，可深入钻研。最后通过自己的发明专利或科研成果，实现自己致富的愿望。（此路必有钻研的精神和资金）

（5）自行创业。自己有项目、有经营创意，若敢于冒险，又有能承受失败的压力和精神准备，可以创业，但风险极大。（此路必须具备创业的全部条件）

（6）考公务员。若喜爱仕途，又能八面玲珑，应走此路。（但走此路勿贪心过重）

而咨询者有一个理想就是做老板，而做老板必须经过创业的过程，而创业成功才能成为理想的老板。那么创业需具备什么样的条件呢？

创业的八项条件如下。

有项目：属于热门产业，有十年以上发展前景；

有经营办法：独特的经营策略及营销手段；

有资金：自有充足资金或能不断融到资金；

有能力：领导能力（霸气）、用人能力（人格魅力）、经营能力（会决策）、管理能力（善组织）、协调能力（精于沟通）、判断能力（精确预测）；

有关系：政府关系、银行关系、商务关系、协力关系；

有学识：行业专业知识、项目市场行情、市场营销常识、财务知识；

有经验：最好有这个行业的创业或工作经历；

地域经济需求：广义指本地区的需求度高低；狭义指该项目放在此地段来经营是否合适。

根据上述六条发展之路，现在我们进行逐一分析：

考公务员——因不喜爱仕途，此路判死。

科技发明——没有专长，不爱专研，此路不通。

大公司锻炼——因自己年龄已过，易遇职业障碍，此路会夭折。

出国镀金、自行创业——皆因不具备条件，有心而不能遂愿。

助人创业。此路基本适合自身实际情况，可试行。

3. 发展策略

发展定位：求真才实学，走人才产业之路。

发展切入点：借力积势，合势扬名。

上策：助人创业，展现才能，实现自身价值和愿望。

中策：到大公司接受锻炼，日后寻求发展。

下策：自己小打小闹，一步步、稳扎稳打求发展。

二、职业选择中的自我分析

一个人选择什么样的职业，常与他（她）本人的兴趣、爱好、性格、气质及能力等有密切关系。从某种意义上来说，兴趣、性格等是一个人在选择职业时首先要考虑的问题。所以，求职者在择业过程中，应对自己各方面的情况做出客观且全面的自我分析。

（一）最喜欢干什么——根据兴趣择业

在择业过程中，人的兴趣和爱好往往具有一种强大的推动作用。但是，个人的兴趣和爱好只能作为职业选择的重要依据，而不是全部依据。因为，只有把它们建立在一定能力的基础上，并与社会需要相结合，兴趣、爱好才会获得现实的基础，也才有实现的可能。因此，求职者应该培养自己多方面的兴趣和爱好，努力发展自己的专长，从而使自己的兴趣爱好有明确的针对性，确保在求职时拥有一个更为广泛的选择余地。

（二）适合干什么——根据性格择业

心理学家认为，根据性格选择职业，能使自己的行为方式与职业工作相吻合，更好地发挥自己的聪明才智和一技之长，从而得心应手地驾驭本职工作。例如：理智型性格喜欢周密思考，善于权衡利弊得失，故适合选择管理性、研究性和教育性的职业；情绪型性格通常表现为情感反应比较强烈和丰富，行为方式带有浓厚的情绪色彩，故适合艺术性、服务性的职业；意志型性格通常表现为行为目标明确，行为方式积极主动、坚决果断，故多适合经营性或决策性的职业。

（三）能干什么——根据能力择业

随着社会生产力的日益提高，社会分工越来越精细，各种职业都对人们提出了更高的要求。因此求职者在选择职业时，必须了解自己的优势所在，了解自己能力的大小、自己的能力在哪方面表现得更突出之后，再做出选择。这有助于我们择业的成功，并保证在今后的工作中做到扬长避短，取得较大的成就。

（四）最想从工作中获得什么——根据职业价值观择业

职业价值观反映了人们对奖励、薪酬、晋升、发展或职业中其他方面的不同偏好，体现了一个人最想从工作中获得什么，在工作中最看重什么。人从本质上会看重不同的价值观，不同的职业和工作机会在不同程度上满足人们某方面的价值观。价值观在人们的生涯发展中往往起到极其重要的、决定性的作用。一个人越清楚自己的价值观，越了解自己在工作和生活中想要寻求什么、什么对自己来说是最重要的，他的生涯发展目标也就越清晰。

阅读资料 3.2

回答以下问题，也许可以帮助你更清楚地了解自己

1. 你现在的年龄多大？现在处在求职期间还是职业发展时期？你的心态如何？

2. 你有什么需要？哪种需要占主流？是追求有更多的发展机会还是追求能取得更多的收入？是追求工作的舒适，还是追求竞争中成功的成就感？什么样的工作能满足你的这种需要？

3. 你的兴趣爱好是什么？你是喜欢与人还是与事物打交道？是喜欢管理工作还是技术工作？你的智力水平如何？你有什么样的特殊能力？这些能力比较适合什么样的工作？

4. 你的性格属于哪种类型？这种类型适合什么样的工作？

5. 你的气质属于哪种类型？这种类型适合什么样的工作？

6. 你的性格属于哪种类型？是外向还是内向？这种性格适合什么样的工作？

7. 你的专业是什么？这专业与哪些工作对口？

8. 家庭对你的职业生涯有怎样的影响？如何避免负面影响，利用正面的因素？

9. 你的人际关系如何？你的求职能用上哪些？

第二节　兴趣的自我认知

一、兴趣与职业兴趣

（一）兴趣的定义

兴趣是指建立在需要基础上，带有积极情绪色彩的认知和活动倾向，是个人对其环境中的人、事、物所产生的喜爱程度，是个人力求认识、掌握某事物，并经常参与该种活动的心理倾向。当个人对某事物有兴趣时，会对它产生特别的注意力，对该事物感知敏锐、记忆牢固、思维活跃、情感浓厚。兴趣是人们活动的重要动力之一，是活动成功的重要条件。

（二）职业兴趣的定义

职业兴趣是指人们对某种职业活动具有的比较稳定而持久的心理倾向。它是一个人探究某种职业或从事某种职业活动所表现出来的特殊个性倾向，它使个人对某种职业给予优先的注意，并具有向往的情感。由于兴趣爱好不同，人的职业兴趣也有很大的差异。有人喜欢具体工作，例如，室内装饰、园林、美容、机械维修等；有人喜欢抽象和创造性的工作，例如，经济分析、新产品开发、社会调查和科学研究等。职业兴趣对职业选择和职业发展都有一定的影响。

兴趣的发展一般经历有趣、乐趣、志趣三个阶段。对于职业活动，往往从有趣的选择，逐渐产生工作乐趣，进而与奋斗目标和工作志向相结合，发展成为志趣，表现出方向性和意志性的特点，使人坚定地追求某种职业，并为之尽心尽力。

教学案例 3.1

一则老故事、两则新故事的启示

老故事

一位刚过30岁的人，写信给一位百岁老人，诉说自己的苦衷，说自己从小就喜欢写作，可阴差阳错，当了一名医生，而他对自己从事的职业一点也不感兴趣，想改行写作，又担心年纪太大，为时已晚。老人接到信后，立刻给这位医生回了一封信。信中说：“做你喜欢的事，哪怕你现在已经80岁。”

这位医生接到信后，受到鼓舞，当机立断放弃行医，拿起了笔杆，以后竟成了大名鼎鼎的作家，他就是日本的渡边淳一，而那位名叫摩西的百岁老人曾是美国弗吉尼亚州一位普通的农妇，76岁时因患关节炎放弃农活后开始画画；80岁时在纽约举办了个人画展，引起轰动；101岁辞世时留下1 600幅作品。

一个国外调查机构曾围绕“职业与兴趣”这个主题对1 000名职场人士进行调查，结果令人惊讶，竟有38%的人对自己从事的职业不感兴趣，而在这38%的人员中，最后能脱离不感兴趣职业的不足3%。

明明对自己所从事的职业不感兴趣，为什么还要“泡”在其间，“钉”在其中？也许是为了生计，也许是为了安逸，也许是为了所谓的“前途”。但人生绝不是在自己不感兴趣的事业上耗神费力，因为想做的事才是真正的天赋所在，才是人生的成功点，才是生命的寄托和精神的家园。

感悟与分享：做自己想做的事，才能像摩西奶奶和渡边淳一那样，找到真正属于自己的人生殿堂。

新故事1

一位职业指导师笔记

何婷只有20岁，打扮时髦、充满活力，然而坐下之后却止不住地叹气，没等我开口，她就开始了一连串充满焦虑的诉说。

何婷在校是文秘专业，刚刚毕业两年多，已经换过四家公司，她说，自己的每份工作都不如意，都不是自己的兴趣所在。

“我在选专业时犯了个错误。我父母认为，女孩子就应该干点轻松的工作。我那时成绩平平，对学什么根本没多考虑。但现在我挺后悔的，对这个专业没兴趣。”

她对文秘专业的失落来自她的前两份工作。毕业时进入了一家事业单位，做行政秘书，每天就是接电话、管理办公服务器、预订会议室等。“在别的同事眼里，我是个打杂伺候人的，这种感觉真没法忍受。”因此干了不到三个月，她就辞职了。

她又来到一个商贸公司做办公室秘书。何婷以为这回的工作更商业化一些，也许更有意思。没想到做了几个月，和头一份工作感觉差不多，让她对文秘工作彻底失去了兴趣。

“我的理想是干一份能体现个人价值，并且值得努力奋斗的工作。只有符合自己兴趣的工作才能带来这些，才能证明自己存在的价值，充满激情地不断创造和发展。”

何婷特别羡慕影视作品中的那些整天穿着职业装，带着笔记本电脑“飞来飞去”的商业女性形象，渴望自己成为那样的人。“我想，也许我适合干销售。我性格外向，喜欢和人打交道。而且销售很锻炼人，如果做好了，就等于迈出了成功的第一步。”

经过努力，何婷终于在一家营销企业做起了销售代表。而这家公司的销售业务中，有相当多的内容也需要通过电话销售来积累客户，尤其对于新手来说更是如此。开始一两周，何婷觉得挺有意思，但时间稍长，她感到了日复一日的枯燥和巨大的压力。

“我每天又陷入了大量的电话之中，说着同样的话，重复同样的内容。而且推销就可能面临着客户的拒绝，每打一个电话之前都要鼓起相当大的勇气……真让人难受。”

那一阵，每天早上，何婷一睁眼就会想到被拒绝的沮丧感和堆积如山的销售任务，这让她根本没勇气起床。在连续迟到几天后，何婷再次提出辞职，她的理由是：一份连起床都不能按时的工作，一定不适合自己，不是自己的兴趣所在。

何婷后来琢磨，还是先掌握一门技术，然后再向商业领域发展。她用四个月的时间考了 MCSE 认证（微软认证系统工程师），然后通过亲戚介绍，进入当地移动公司做计算机维护人员。机房的工作不忙，可以学到很多计算机专业知识。但何婷依然不满意，因为在机房维护机器，平时接触的就几个人，再加上倒班制，通常每天只有她一个人上班，跟别人沟通的机会很少，几个月下来，何婷觉得很压抑。

“我本来挺外向的，可现在都快不会和别人说话了。如果再这样下去，我担心自己在沟通上会出问题。眼看着毕业都两年多了，一点发展也没有。我不想平平淡淡地过一辈子，尝试了这么多工作，都没有感兴趣的。希望你能告诉我，我的兴趣究竟是什么。”

从何婷的倾诉中可以看出，她两年多换了四份工作，每份工作之间的衔接毫无逻辑，这缘于对工作出现不满时，她将问题归因于对某一个工作没有兴趣。她用变换工作来解决遇到的压力，结果是压力无法解除，反而在同一个层面上不断重复遇到的麻烦。

何婷的“麻烦”诸如文秘工作的琐碎、销售人员的压力、技术工作的枯燥，都使她在工作之初就丧失了“兴趣”。殊不知，以上“烦恼”正是各项工作的特点决定的，她接受工作的同时，也就必须准备迎接相应的挑战。

“兴趣确实能在工作中给人带来幸福感和强大的驱动力，但是除了兴趣之外，还要考虑个人是否具备基本职业素质，比如性格是否匹配，是否培养了相应能力。”我看到何婷躺在兴趣的温床上，很想将她唤醒。

何婷思索片刻：“我仍然认为兴趣是最重要的，只有感兴趣，才值得全力以赴地付出。”

“如果你不全力付出，怎么能找到你的兴趣？”

何婷一阵深思。

“一份工作只有在你真正了解并能胜任的前提下，才谈得上兴趣。但每一项工作在开始时，都需要付出相当大的努力，去战胜困难。在这个过程中，才能了解它有哪些方面真正吸引了我们。没有一种工作是十全十美的，其实，琐碎的工作可以通过高效的管理来熨平，绩效的压力可以增加签单后的喜悦，技术的平淡却可孕育出艺术创造的美感。我们有时候过于强调兴趣，却忘了培养作为一个职业人最基本的素质，比如忍耐、细心、勤奋……每个人做同样工作中都会遇到同样的问题，如果不为解决问题而全力以赴，兴趣永远只会在想象中。”

当何婷扔掉了兴趣这根拐杖后，我们很快就对她的职业选择做了讨论和建议。根据何婷的《职业发展测评报告》和专业背景，她决定放弃在技术上的追求，先在销售或市场方向寻找机会，并深入了解这一行业，锻炼自己的能力。

新故事2（职业指导师笔记）

一望而知，小雅是个乖巧女子。圆圆的脸庞，可爱的大眼睛，流露出聪慧内秀的气质。她的爱好可真不少：媒体采编、形象设计、企业培训，还有当歌星。然而，她现在是一名国有单位的科员，负责管理项目技术资料。用她的话说，是一份“沉闷至极，且没有发展前途的工作”。她今年24岁，在这个岗位上干了三年，深感人生中美丽的时光正在流逝，而生活却没有向理想目标前进的迹象。

“这些年我一直在努力，希望找一份感兴趣的工作。我是大专生，学历不高，所以开始自考法律本科，再争取拿下律师资格……”

“等等，好像你刚才说过的兴趣中没有提到法律……”我有点困惑。

“是我父母让我学的，他们认为学法律有前途……我自己也想不好。”

“你父母怎么看你现在的工作?”

“他们觉得很好、很稳定。现在的工作就是妈妈托人介绍的，所以周围都是‘叔叔阿姨’，我在单位的一举一动，妈妈都了如指掌。这也是我不喜欢这份工作的原因之一。”

“所以你想换工作，也就是更自立一些?”

“是的！而且我们单位是搞地质勘探的，我没有专业技术，一点兴趣也没有。”

三年来，小雅一直在为找一份更好的工作做准备。她参加自考、学英语，这次来北京还要参加一个形象设计的培训班。

“既然你已经在积极地筹备，那目前的困惑是什么呢?”

“爱好太多啦，我不知道到底该选哪一个！我考虑过开一个形象工作室，但是资金不够，目前市场情况不好；而且形象设计是吃青春饭的，将来年纪大了怎么办?”

“我还想去外企工作。可我们那儿外企少，门槛高，我学历低，很可能应聘失败。我也打算去媒体应聘，但没有专业经验，去了之后会不会不适应？另外，我现在享受体制内的各项福利，收入在当地是中上等水平，假如辞了职，估计一时很难达到这个水平，工作也失去了保障……特别是，父母特别反对我另找工作……”小雅犹豫了一下，又坚决地说，“如果我找到符合自己兴趣的方向，就不会在乎那么多了。”

我理解小雅的种种困惑，毕竟一下让自己脱胎换骨独立起来是需要一定的心理准备和勇气的，然而我不能再让兴趣这个目前还是虚无缥缈的东西再阻碍她前进的步伐了。

“小雅，看来你是想换一份工作，同时改变生活方式。”

“是的!”

“那么，你目前最重要的是换一份可以改变生活方式的工作，比如去外企、合资企业或管理现代化的民营企业工作。但假如从来不尝试，我们怎样知道自己真正的兴趣所在？怎样知道自己适合哪种工作?”

“是……可假如我一旦发现自己还是不适应，那将怎么办?”小雅终于提出了最大的忧虑。

小雅的忧虑在于，她从未真正意义上踏出过家门。从小到大，她在父母的庇护下生活，已经习惯于“被安排”的稳定状态。尽管她已长大成人，但在父母的保护下，她内心深处存在一个小小的自我。但成长的力量不断催生着独立的渴望。小雅确实在努力学习，拼命积累，期待拥有展现自我的世界。她一直在为下一份工作做准备，这也是她的可贵之处。

我花了相当一部分时间和她探讨个人成长与家庭呵护之间的关系。后来，小雅已经能够初步认识“兴趣过多却无所适从”背后的东西。接下来，就小雅最需要的支持和达到目标的有效途径，我们共同分析了她进入理想公司工作的优势和方法。

小雅离去时，对能否成功地换一份工作还是心存疑虑。望着她娇小的背影，我知道对她来说，迈出那一步需要极大的勇气。但我也相信她已经从心理上开始准备迎接挑战，因为这是成长必修课。

感悟与分享：对于刚刚开始职业生涯的新人来说，主要任务是培养基本职业素质，如沟通、承压、责任等，这是发展任何职业的“通用能力”。

在走进职业咨询室寻求帮助的人中，愿意讨论职业兴趣的占了大部分。来访者最爱问的话就是：“你说我的兴趣是什么？”“你认为我适合干这个吗？”

以上的两个案例给我留下深刻印象，这是因为何婷和小雅都说过同样的话：“如果能确定一份感兴趣的工作，一定会全力以赴。”她们看重职业兴趣的结果，却在困境面前裹足不前。虽然她们在表现上大相径庭，实质却是相同的。

人们在评价一份工作是否满意时，职业兴趣的影响力所占比重越来越大。这个时代越来越强调彰显个性，回归自我。对此，“职业的深层志趣”这一概念最能说明兴趣的重要：它能使人在最大限度上发挥潜能，并可能超越金钱、地位、荣誉等“可见”标准，引导人向更深的层面投入，并获得职业“高峰体验”的快乐。

然而，一个职业是否令人满意，不仅取决于兴趣，还取决于用途能力和价值观的匹配度。其中用途能力包括一般用途能力和特殊用途能力，一般用途能力指的是各个岗位通用的工作能力，如沟通、承压、责任等；特殊用途能力是不同岗位特别要求的技能，如计算机维护等。

用途能力的培养依赖于学习和实践的历练，价值观和兴趣的发现则是一个过程，是依赖于用途能力而成长和实现的。虽然职业测评可以将个人兴趣聚焦到某一个范围，避免走弯路，然而对于个人兴趣的洞察、体验与认同仍需要个人在实践的过程中不断反省和统合。

何婷通过不断变换工作来发现自己的兴趣，其探索精神可嘉，但她忽略了职场中最重要的基本素质：责任感。责任使人们在挑战面前无所畏惧，勇敢地承担并克服困难。只有经历这个锻炼过程，个人深层的潜力和兴趣才会被发掘出来。何婷以为“自己一事无成是因为缺乏兴趣”，因而接连不断换工作。其实，她是在一次次把自己对工作和发展的责任卸下，因为责任也是需要培养的，她失去了很多培养的机会，只好在一份又一份工作面前迷惘徘徊。

小雅一直在寻找自己的职业兴趣，却始终缺乏迈出第一步的勇气。表面上看来，小雅兴趣广泛，但因为没有经过实践的历练，她的兴趣也只能是空中楼阁。造成小雅驻足不前的最大困难显然来自家庭，因为父母的意愿，使小雅无法走出，也因为踏出“襁褓”的第一步必然给她带来不安全感。从近年来的咨询中发现小雅这类的情况正在增多。独生子女、父母过度的呵护，这些因素都在不知不觉中剥夺了这类人群独立成长的权利。如果他们不勇敢地站起来，父母再不放手，他们将在现代职场中迷失。

对于那些刚刚开始职业生涯的新人来说，首要任务是建立责任感。这个过程是具体的，需要付出相当多的努力。工作的头几年，主要任务是培养用途能力。能拥有良好的职业素质，意味着具备了“通用能力”，这是以后发展其他职业的基础。就像植物生长的先决条件常常是扎根而不是开花结果一样，职业成长也是如此。每个阶段都有不同的任务，而每一步都在为将来的灿烂积蓄力量。

二、职业兴趣的影响因素

职业兴趣是以一定的素质为前提，在生涯实践过程中逐渐发生和发展起来的。它的形成与个人的个性、自身能力、实践活动、客观环境和所处的历史条件有着密切的关系，因此，职业规划对兴趣的探讨不能孤立进行，应当结合个人的、家庭的、社会的因素来考虑。了解这些因素，有利于深入认识自己，进行职业规划。

（一）个人需要和个性

不管人的兴趣是什么，都是以需要为前提和基础的，人们需要什么也就会对什么产生兴趣。由于人们的需要包括生理需要和社会需要或物质需要和精神需要，因此人的兴趣也同样表现在这两个方面。人的生理需要或物质需要一般来说是暂时的，容易满足。例如，人对某一种食物、衣服感兴趣，吃饱了、穿上了也就满足了。而人的社会需要或精神需要却是持久的、稳定的、不断增长的。例如人际交往、对文学和艺术的兴趣、对社会生活的参与则是长期的、终生的，并且不断追求的。兴趣是在需要的基础上产生的，也是在需要的基础上发展的。

有的人兴趣和爱好的品位比较高，有的人兴趣和爱好的品位比较低，兴趣和爱好品位的高低会受一个人的个性特征优劣的影响。例如：一个个性品质高雅的人，会对公益活动感兴趣，乐于助人，对高雅的音乐、美术有兴趣；反之，一个个性低劣的人，会对占小便宜感兴趣，对低级、庸俗的文艺作品有兴趣。

（二）个人认识和情感

兴趣不足是和个人的认识和情感密切联系着的。如果一个人对某项事物没有认识，也就不会产生情感，因而也就不会对它发生兴趣。同样，如果一个人缺乏某种职业知识，或者根本不了解这种职业，那么他就不可能对这种职业感兴趣，在职业规划时想不到。相反，认识越深刻，情感越丰富，兴趣也就越浓厚。

例如，有的人认为集邮既有收藏价值，又有观赏价值，它既能丰富知识，又能陶冶情操，而且收藏得越多、越丰富，就越投入、越情感专注、越有兴趣，于是就会发展成为一种爱好，并有可能成为他的职业生涯。

（三）家庭环境

家庭作为最基本的社会单元，对每个人的心理发展都产生重要的影响，因此个人职业心理发展具有很强的社会化特征，家庭环境的熏陶对其职业兴趣的形成具有十分明显的导向作用。大多数人从幼年起就在家庭的环境中感受其父母的职业活动，虽然随着年龄的增长，会逐步形成自己对职业价值的认识，但是他们在选择职业时，仍不可避免地带有家庭教育的印迹。

家庭因素对职业取向的影响，主要体现在择业趋同性与协商性等方面。

一般情况下，个人因为对家庭成员特别是长辈的职业比较熟悉，所以在职业规划和职业选择上会受一定的趋同性影响。同时，受家庭群体职业活动的影响，个人的生涯决策或多或少产生于家庭成员共同协商的基础上。兴趣有时也受遗传的影响，父母的兴趣也会对孩子产生直接的影响。

（四）受教育程度

个人自身接受教育的程度是影响其职业兴趣的重要因素。任何一种社会职业从客观上对从业人员都有知识与技能等方面的要求，而个人本人的知识与技能水平的高低在很大程度上取决于其受教育的程度。一般意义上，个人学历层次越高，接受职业培训范围越广，其职业取向领域就越宽。

（五）社会因素

一方面，社会舆论对个人职业兴趣的影响主要体现在政府政策导向、传统文化、社会时尚等方面。政府就业政策的宣传是主导的影响因素，传统的就业观念和就业模式也往往制约个人的职业选择，而社会时尚职业则始终是个人特别是青年人追求的目标。例如当前计算机技术和旅游事业都得到较大发展，对这两种职业有兴趣的人也越来越多。

另一方面，兴趣和爱好是受社会性制约的，不同的环境、不同的职业、不同的文化层次的人，兴趣和爱好都不一样。

（六）职业需求

职业需求是一定时期内用人单位可提供的不同职业岗位对从业人员的总需求量，它是影响个人职业兴趣的客观因素。职业需求越多、类别越广，个人选择职业的余地就越大。职业需求对个人的职业兴趣具有一定的导向性，在一定条件下，它可强化个人的职业选择，或抑制个人不切实际的职业取向，也可引导个人产生新的职业取向。

（七）年龄的变化和时代的变化

年龄的变化和时代的变化也会对人的兴趣产生直接影响。就年龄方面来说，少儿时期人们往往对图画、歌舞感兴趣，青年时期人们对文学、艺术感兴趣，成年时期人们往往对某种职业、某种著作感兴趣。它反映了一个人兴趣的中心随着年龄的增长、知识的积累在转移。就时代来讲，不同的时代，不同的物质和文化条件，也会对人兴趣的变化产生很大的影响。

以上因素对每个人的影响都不同，需要在职业规划中予以考虑。

教学案例 3.2

我对自己的专业不感兴趣

——一位职业指导师的咨询记录

寒假期间，一个大学一年级男生打来的热线电话。

学生：“老师，我能咨询一个关于学业的问题吗？”

我：“可以，你说。”

学生：“我是大一的学生，学机械设计专业。但是我对这个专业不感兴趣，学不进去，这学期还挂了两门课。我觉得特别对不起父母，感到很痛苦。马上就要开学了，我不知道接下来该怎么办。”

我一边用左肩膀托着电话，一边在记录本上飞速写下“大一，机械设计，挂两门”。我说：“这段时间和你遇到同样问题的同学挺多的。我想问一下，你是从什么时候发现对自己的专业不感兴趣的？”

他想了想说：“从开学我就不喜欢。”

我接着问：“去年高考填报志愿的时候，又是怎么想的？”

他说：“我当时不太懂这些，爸妈和家里亲戚商量着给我填的志愿。那个时候觉得，上学就是老师怎么教就怎么学，没有想过感不感兴趣。”

这又是一个父母“包办”的孩子。于是，我说：“选择这个专业之前，你并不了解这个专业的课程设计以及它的学习要求，对吧？”

他说：“是，我现在特别后悔。其实，当时可以去学校的网站看看。每个学校的网站上都有关于专业课程设置的详细介绍，如果当时看到了这些课程，我就不会选择这个专业了。”

听到这儿，我只能说真不愧是吃一堑长一智。这样的事情，如果发生在信息闭塞的时代，还有情可原，但发生在今天这样信息足够丰富的时代，实在说不过去。

“没有做好信息了解，让自己现在追悔莫及。不过，这些都过去了，你也意识到在做选择之前，全面了解信息的重要性，这也是一种收获，虽然代价似乎大了点。

他叹了口气：“对，所以现在很痛苦。”信息了解得差不多了，我觉得该把话题往回收了。于是，话锋一转，问道：“你现在手里有几张牌？”

他明显没有听明白，顿了一下，问道：“老师，您说的几张牌是什么意思？”

我笑了笑说：“既然已经沦落至此，面对现实，你可以选择的选项有哪些？”

他想了想说：“我不知道，现在特别迷茫，所以才打电话问您的建议，看看您能不能给我指一条明路。”

听他这么说，我继续问：“你有勇气退学重新参加高考吗？”

他说：“我也想过回去重考，但不太现实：一是父母肯定不同意；二是我不敢保证明年就一定能考上喜欢的专业。”

“那我们先排除这一条，”我很坚定地说道，“第二个问题，你们学校可以申请转专业吗？”

他马上说：“可以的。我也问过转专业的要求，不过，我几乎没有机会。因为学校规定，入学后如果申请转专业，不仅要求成绩在全班前十名，还要参加学校组织的数学和英语考试，成绩合格的才有资格。”

“那这一条我们也排除，对吧？”我的语气依旧很坚定。“是的。”他的声音里明显充满了无奈。大多数类似的个案都会是这样。为什么呢？第一，如果有勇气回去重考的话，早就走了，不会找人商量的。第二，如果有机会换专业，也不会来找咨询师帮忙。

“看来，摆在我们面前的只有一条路，就是必须接受现实，把这个专业读下来，并且完成自己的大学学业。”我一句一顿地说道。

“可是，想起还要在这里熬三年半，我就感到很痛苦，甚至都不敢想象。”他抱怨。

“那我们一起来探讨一下，接下来三年半的大学生活该如何度过，好吗？”我问。

“嗯嗯。”他连忙应声道。

到这里，才算把问题真正澄清。咨询正式开始。我开始一贯的抽丝剥茧。

我：“第一，你高中的时候，学习成绩怎么样？”

学生：“成绩还不错，在班里能排前十名。”

我：“那可以先肯定一件事，你的学习能力没有问题，对吧？”

学生：“对。”

我在纸上记下：学习能力 OK。

我：“从高一到高三，大概学过多少门课？”

学生：“我数数，语文、数学、英语、物理、化学、生物、历史、地理、政治，这九门吧。”

我：“这九门课，你都通过会考了，是吧？”

学生：“是的，没有会考成绩，是不能参加高考的。”

我：“这九门课，你门门都很感兴趣吗？”

学生：“没有。那个时候，无所谓兴趣不兴趣；而且也没得选择，必须硬着头皮学。”

我：“那可不可以认为，对于一门课，无论是否感兴趣，只要硬着头皮去学，以你的能力，60 分是完全可以的，对吧？”

学生：“这么看来，是的。”

我在纸上记下：考 60 分 OK。

我：“上学期挂科的那两门，你是因为不感兴趣放弃努力了，还是已经像高中一样付出努力却依旧没有及格？”电话那边沉默了一下。

学生：“其实，我没有努力。因为不感兴趣，所以不仅没有像高中那样努力，连基本的听课和作业都没有完成。”

我：“嗯，如果你自己愿意努力的话，完成基本学业要求，考 60 分是没有问题的，对吗？”

学生：“对，60 分对于我来说，并不难。”

我：“对一门课感不感兴趣，差别不在从 0 分到 60 分，分数段和兴趣是没有关系的，只和你最基本的学习能力有关。而大学课程的设置，是以最基本的学习能力为起点的。也就是说，只要是自己考上大学的人，无论是否感兴趣，你的学习能力和课程设置都是匹配的，这一点你能理解吗？”

学生：“能，确实是这样。只要稍微用点功，及格是很容易的。”

我：“是否有兴趣的差别在哪儿呢？如果非要说有，可能就在 60～100 分。同样一门课，花费一样的时间和精力，不同兴趣程度的投入度和思考深度确实不一样。这是我们需要接纳的现实。”

学生：“嗯，我能理解。”

我：“所以，概括起来就是，尽管不感兴趣，但以你的学习能力，只要稍微用点功，完成基本学业，是不成问题的。这一条，可以确定吗？”

学生：“可以。”

我：“好。现在来看第二个问题，如果你门门都及格，也顺利毕业了，你将来打算从事与这个专业相关的工作吗？”

学生：“不会不会，我看到这些就头疼。刚才我就在想，大学毕业之后，我是绝对不会再接触这些了。”

我：“看来你明确知道自己不感兴趣的东西。你真正感兴趣的又是什么？这个问题对于我们来说，其实更重要。”

学生：“这也是我上个学期做得最多的事情。我不去上自习做作业，自己在网上找各种相关的信息，然后去图书馆看一些书。我发现自己对人力资源管理类的内容挺感兴趣，不知道将来是否能够从事这方面的相关工作。”

我：“这个做法很好，至少说明你在积极寻求新的突破。能跟我说说你看那些关于人力资源的书时的感受吗?”

学生：“我觉得和我们的课程相比，阅读与人力资源相关的书，简直是一种享受。我发现自己记得特别快，而且很投入，甚至我经常上网去相关的论坛看他们的专业分析，这让我觉得特别有意思。”

我：“这就是兴趣的作用。兴趣指的是我们内心动力和快乐的来源。具体就是，无论我们能力高低，也无论别人如何评价，我们都会自发地、乐此不疲地去做那些事情。”

学生：“对对，就是乐此不疲。”

我：“这个过程往往被描述为一种忘我的状态，也就是最满足、内心最平静的愉悦状态。”

学生：“是的，虽然兴奋，但是内心感受到的确实是一种宁静。”

这时候，明显可以感觉到电话那头是一种轻松的状态。

我又把话题做了转换。

我：“不过，兴趣要变为工作，需要有两个因素：一个是与兴趣相匹配的能力。比如我对跳舞感兴趣，但我一天舞蹈都没有学过，芭蕾舞剧团是不可能聘用我的。我只能偶尔去跟着大妈们跳广场舞，以此满足一下自己的兴趣，这叫业余爱好。”

学生：“您太幽默了。不过，我一直没有考虑过兴趣和能力的关系，您这么解释，我就明白了。第二个因素呢?”

我：“第二个就是社会需求。我们不仅要有兴趣、有匹配的能力，社会上还要有对它的需求。假如社会对此没有需求，也不能成为一个工作。比如，我对建金字塔很感兴趣，我的能力也足够，但是，现在我去哪儿找法老去?”

学生大笑：“确实是这样。让您一说，就特别简单，但是很有道理。”

我：“所以，有这么一个公式，高兴趣加高能力再加高社会需求等于理想工作。这三者缺一不可。”

学生：“嗯，我能理解。”

看到铺垫得差不多了，而且他的情绪也调动起来了，我再次把话题带回来。

我：“对于你今天的专业，别人感兴趣，通过努力，可能会考 90 分；你不感兴趣，也通过努力，可能只考 60 分。这没有办法，只能接纳。虽然可以理解和接纳自己，但中间 30 分的差距，我们还是要找回来的，否则，将来哪里有竞争力呢?”

学生：“我也有这样的担心。”

我：“虽然未来充满了不确定性，也许我们的兴趣还会随着自己心态和努力程度的改善而发生变化，但现在看来，至少你可以在自己感兴趣的人力资源专业里把这 30 分找回来。是不是?”

学生："对呀，我怎么就没想到呢？我一直内疚，如果自己总考60分，怎么对得起父母？"

我："这也是没有办法的办法，至少不会像上个学期那样浪费自己的时间了。"

学生："您这么说，我觉得整个问题明朗多了。"

我："现在进入第三个问题，如果将来从机械设计专业毕业，想从事人力资源相关的工作，你的竞争者自然而然地变成了人力资源专业毕业的学生。到时候，你怎么能拼得过他们呢？"

学生："唉，看来，我只能在业余时间加倍地努力了。以前只是把感兴趣的专业当作一种爱好和放松，现在看来，真要跨行业就业，差距还是很大的。"

我："是的。雇主不会过多考虑你个人的兴趣，雇主更多考虑的是你的能力是否可以胜任组织交给你的工作。"

学生："那我争取辅修人力资源管理专业的第二学位，同时要抓紧一切时间，多看书，把基本功学扎实了。大三大四的时候，看看有没有机会接触一下相关专业的岗位。"

我："好，信息量已经很多了。我现在总结一下刚才的谈话。第一，基于现实的种种考虑，虽然不感兴趣，但是我们只能面对，坚定信念，完成学业。第二，感兴趣，不代表不需要努力。从我们个人的学习能力来看，考60分不成问题。第三，在完成基本学业之余，把自己感兴趣的专业学起来，变成将来可以跨专业就业的能力，毕业时完成华丽转身。就这些吧？"

学生："是是是。老师，您稍等一下，我把刚才这三点记下来。我觉得您总结得特别好。"

待他记好，我说："试想一下，三年之后，你不仅完成了自己的学业，拿到了大学毕业证，还靠自己额外的努力，拥有了人力资源相关专业的能力；并且在这个过程中，练就了强大的时间管理和自我管理能力。你的收获要比那些只学自己感兴趣专业的人还要多。"

学生："对！虽然辛苦，但是我不怕。明确了方向和任务，我觉得半年来堵在胸口的石头一下子都没有了，而且感觉自己的前途又有了希望。老师，谢谢您。"

三、职业兴趣的作用

古人云："知之者不如好之者，好之者不如乐之者。"职业兴趣是人们在心理上对一种职业的强烈追求和热爱，它对人的职业选择和职业活动具有重要影响。职业兴趣在职业活动中的作用有以下几个方面：

（一）影响职业定向和职业选择

兴趣是在实践活动中形成的，受到社会环境、教育和个人素质的影响。兴趣的变化是一个不断从简单到复杂、从模糊到明确、从不完善到完善的过程。职业兴趣一旦形成，就对人的行为产生一定的定向性，使人积极寻求满足职业需要的途径和方法。人的早期兴趣对未来的活动起着准备作用，许多人日后的职业选择正是其早期职业兴趣影响的结果。

（二）促进智力和能力的开发

职业兴趣是一种具有浓厚情感色彩的志趣活动，它可以使人集中精力去获得知识，并创造性地完成活动。当人们对某种事物产生兴趣时，就能调动整个身心的积极性，主动地去感知和观察事物，积极思考，大胆探索，增强克服困难的意志。职业兴趣不仅可以使人的智力和技能得到充分发挥，而且能激发人的潜能，使之在职业活动中情绪高涨、大胆探索、富有创造性。

（三）促进工作效率的提高

兴趣是引起和维持注意力的重要内在因素，可以扩展人的眼界，丰富人的心理活动。兴趣可以调动人的全部精力，促使人们以敏锐的观察力、高度集中的注意力、深刻的思维能力和丰富的想象力投入工作中，从而提高其工作效率。经研究表明：一个人如果从事有兴趣的工作，能发挥其全部才能的80%～90%，并且能长时间保持高效率而不感到疲倦；相反，如果从事不感兴趣的工作，则只能发挥其才能的20%～30%，不但效率难以提高，而且很容易感到厌倦和疲劳。

（四）增强个体的职业适应能力

一个人的兴趣不应该是单一的，而应主动在学习和生活中培养自己多方面的兴趣。如果兴趣单一，则很难适应环境变化的要求；然而一个人如果具有多方面的职业兴趣，那么当需要转换工作岗位时，就能很快进入角色，适应新的环境，胜任新的工作。在当今社会，人才合理流动已成为搞活经济的重要手段，人们不再是终身只从事一种职业。因此，必须树立终身学习的思想，发展自己的兴趣，培养新的兴趣，以胜任不同岗位的需要，适应时代变化和社会发展的要求。

职业兴趣与职业成就之间有着不可分割的关系。对此，美国心理学家斯特朗的研究结论是："职业能力与职业兴趣的关系恰似摩托艇的发动机与驾驶员的关系。发动机相当于能力，它取决于小艇的速度；驾驶员则相当于兴趣，它决定小艇的方向。小艇前进的距离便是成就，这种成就的大小取决于发动机与驾驶员的综合作用。"

四、职业兴趣测试与分析——霍兰德职业兴趣理论

约翰·霍兰德（John Holland）是美国约翰·霍普金斯大学心理学教授，美国著名的职业指导专家。他于1959年提出了具有广泛社会影响的职业兴趣理论，认为人的人格类型、兴趣与职业密切相关，兴趣是人们活动的巨大动力，凡是具有职业兴趣的职业，都可以提高人们的积极性，促使人们积极地、愉快地从事该职业，且职业兴趣与人格之间存在很高的相关性。

（一）六种职业兴趣类型

霍兰德认为人格可分为现实型、探索型、艺术型、社会型、企业型和常规型六种类型，且提出了六种类型人适宜从事的典型职业。

1. 社会型（S）

共同特征：喜欢与人交往、不断结交新的朋友、善言谈、愿意教导别人。

关心社会问题、渴望发挥自己的社会作用。寻求广泛的人际关系，比较看重社会义务和社会道德。

典型职业：喜欢要求与人打交道的工作，能够不断结交新的朋友，从事提供信息、启迪、帮助、培训、开发或治疗等事务，并具备相应能力，如教育工作者（教师、教育行政

人员)，社会工作者（咨询人员、公关人员）。

2. 企业型（E）

共同特征：追求权力、权威和物质财富，具有领导才能。喜欢竞争，敢冒风险，有野心、抱负。为人务实，习惯以利益得失、权力、地位、金钱等来衡量做事的价值，做事有较强的目的性。

典型职业：喜欢要求具备经营、管理、劝服、监督和领导才能，以实现机构、政治、社会及经济目标的工作，并具备相应的能力，如项目经理、销售人员、营销管理人员、政府官员、企业领导、法官、律师。

3. 常规型（C）

共同特点：尊重权威和规章制度，喜欢按计划办事，细心、有条理，习惯接受他人的指挥和领导，自己不谋求领导职务。喜欢关注实际和细节情况，通常较为谨慎和保守，缺乏创造性，不喜欢冒险和竞争，富有自我牺牲精神。

典型职业：喜欢要求注意细节、精确度、有系统有条理，具有记录、归档、根据特定要求或程序组织数据和文字信息的职业，并具备相应能力。如秘书、办公室人员、记事员、会计、行政助理、图书馆管理员、出纳员、打字员、投资分析员。

4. 实际型（R）

共同特点：愿意使用工具从事操作性工作，动手能力强，做事手脚灵活，动作协调。偏好于具体任务，不善言辞，做事保守，较为谦虚。缺乏社交能力，通常喜欢独立做事。

典型职业：喜欢使用工具、机器，需要基本操作技能的工作。对要求具备机械方面才能、体力或从事与物件、机器、工具、运动器材、植物、动物相关的职业有兴趣，并具备相应能力。如技术性职业（计算机硬件人员、摄影师、制图员、机械装配工），技能性职业（木匠、厨师、技工、修理工、农民、一般劳动者）。

5. 探索型（I）

共同特点：思想家而非实干家，抽象思维能力强，求知欲强，肯动脑，善思考，不愿动，喜欢独立的和富有创造性的工作。知识渊博，有学识才能，不善于领导他人。考虑问题理性，做事喜欢精确，喜欢逻辑分析和推理，不断探讨未知的领域。

典型职业：喜欢智力的、抽象的、分析的、独立的定向任务，要求具备智力或分析才能，并将其用于观察、估测、衡量、形成理论、最终解决问题的工作，具备相应的能力，如科学研究人员、教师、工程师、计算机编程人员、医生、系统分析员。

6. 艺术型（A）

共同特点：有创造力，乐于创造新颖、与众不同的成果，渴望表现自己的个性，实现自身的价值。做事理想化，追求完美，不重实际。具有一定的艺术才能和个性。善于表达、怀旧、心态较为复杂。

典型职业：喜欢的工作要求具备艺术修养、创造力、表达能力和直觉，并将其用于语言、行为、声音、颜色和形式的审美、思索和感受，具备相应的能力。不善于事务性工作。如艺术方面（演员、导演、艺术设计师、雕刻家、建筑师、摄影家、广告制作人），音乐方面（歌唱家、作曲家、乐队指挥），文学方面（小说家、诗人、剧作家），如表 3－1 所示。

表 3-1　劳动者类型与职业类型对应表

类　型	劳动者	职　业
现实型（实际型）	①愿意使用工具从事操作性工作； ②动手能力强，做事手脚灵活，动作协调； ③不善言辞，不善交际	主要是指各类工程技术工作、农业工作。通常需要一定体力，需要运用工具或操作机器。 主要职业：工程师、技术员；机械操作、维修、安装工人、矿工、木工、电工、鞋匠等；司机、测绘员、描图员；农民、牧民、渔民等
探索型（调研型）	①抽象思维能力强，求知欲强，肯动脑，善思考，不愿动手； ②喜欢独立的和富有创造性的工作； ③知识渊博，有学识才能，不善于领导他人	主要是指科学研究和科学实验工作。 主要职业：自然科学和社会科学方面的研究人员、专家；化学、冶金、电子、无线电、电视、飞机等方面的工程师、技术人员；飞机驾驶员、计算机操作员等
艺术型	①喜欢以各种艺术形式的创作来表现自己的才能，实现自身的价值； ②具有特殊艺术才能和个性； ③乐于创造新颖的、与众不同的艺术成果，渴望表现自己的个性	主要是指各类艺术创作工作。 主要职业：音乐、舞蹈、戏剧等方面的演员、艺术家编导、教师；文学、艺术方面的评论员；广播节目的主持人、编辑、作者；绘画、书法、摄影家；艺术、家具、珠宝、房屋装饰等行业的设计师等
社会型	①喜欢从事为他人服务和教育他人的工作； ②喜欢参与解决人们共同关心的社会问题，渴望发挥自己的社会作用； ③比较看重社会义务和社会道德	主要是指各种直接为他人服务的工作，如医疗服务、教育服务、生活服务等。 主要职业：教师、保育员、行政人员；医护人员；衣食住行服务行业的经理、管理人员和服务人员；福利人员等
企业型（事业型）	①精力充沛、自信、善交际，具有领导才能； ②喜欢竞争，敢冒风险； ③喜爱权力、地位和物质财富	主要是指那些组织与影响他人共同完成组织目标的工作。 主要职业：经理企业家、政府官员、商人、行业部门和单位的领导者、管理者等
传统型（常规型）	①喜欢按计划办事，习惯接受他人指挥和领导，自己不谋求领导职务； ②不喜欢冒险和竞争； ③工作踏实，忠诚可靠，遵守纪律	主要是指各类与文件档案、图书资料、统计报表之类相关的各类科室工作。 主要职业：会计、出纳、统计人员；打字员；办公室人员；秘书和文书；图书管理员；旅游、外贸职员、保管员、邮递员、审计人员、人事职员等

然而，大多数人都并非只有一种性向（比如，一个人的性向中很可能是同时包含着社会性向、实际性向和调研性向这三种）。霍兰德认为，这些性向越相似，相容性越强，则一个人在选择职业时所面临的内在冲突和犹豫就会越少。为了帮助描述这种情况，霍兰德建议将这六种性向分别放在一个正六角形的每一角。

（二）六种职业兴趣类型的内在关系

霍兰德所划分的六大类型，并非是并列的、有着明晰的边界的。他以六角形标示出六大类型的关系，如图 3-1 所示。

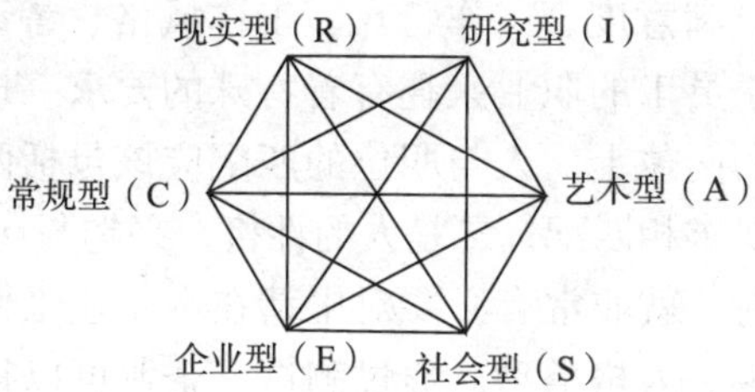

图3-1 霍兰德六角形模型

从图3-1中可以看出：每一种类型与其他类型之间存在不同程度的关系，大体可描述为三类。

1. 相邻关系

相邻关系如RI，IR，IA，AI，AS，SA，SE，ES，EC，CE，RC及CR。属于这种关系的两种类型的个体之间共同点较多，现实型R、研究型I的人就都不太偏好人际交往，这两种职业环境中也都较少有机会与人接触。

2. 相隔关系

相隔关系如RA，RE，IC，IS，AR，AE，SI，SC，EA，ER，CI及CS。属于这种关系的两种类型个体之间共同点较相邻关系少。

3. 相对关系

在六边形上处于对角位置的类型之间即为相对关系，如RS，IE，AC，SR，EI及CA，相对关系的人格类型共同点少，因此，一个人同时对处于相对关系的两种职业环境都兴趣很浓的情况较为少见。

人们通常倾向于选择与自我兴趣类型匹配的职业环境，如具有现实型兴趣的人希望在现实型的职业环境中工作，可以最好地发挥个人的潜能。

但职业选择中，个体并非一定要选择与自己兴趣完全对应的职业环境。一则因为个体本身常是多种兴趣类型的综合体，单一类型显著突出的情况不多。因此，评价个体的兴趣类型时也时常以其在六大类型中得分居前三位的类型组合而成，组合时根据分数的高低依次排列字母，构成其兴趣组型，如RCA，AIS等。二则因为影响职业选择的因素是多方面的，不完全依据兴趣类型，还要参照社会的职业需求及获得职业的现实可能性。因此，职业选择时会不断妥协，寻求与相邻职业环境甚至相隔职业环境，在这种环境中，个体需要逐渐适应工作环境。但如果个体寻找的是相对的职业环境，意味着所进入的是与自我兴趣完全不同的职业环境，则工作起来可能难以适应，或者难以做到工作时觉得很快乐，甚至可能会每天工作得很痛苦。

（三）霍兰德职业兴趣理论的价值分析

1. 对于企业招聘员工的价值分析

职业兴趣作为一种特殊的心理特点，由职业的多样性和复杂性反映出来。职业兴趣上的个体差异是相当大的，也是十分明显的。因为一方面，现代社会职业划分越来越细，社会活动的要求和规范越来越复杂，各种职业间的差异也越来越明显，所以对个体的吸引力和要求也就迥然不同；另一方面，个体自身的生理、心理、教育、社会经济地位、环境背景不同，所乐于选择的职业类型、所倾向于从事的活动类型和方式也就十分不同。

不同职业的社会责任、满意度、工作特点、工作风格、考评机制各不相同。同时，这种差异决定着不同职业对于员工的职业兴趣有着特殊的要求。现代人力资源管理的基本原则是将合适的人放在合适的岗位上。人与职位的匹配应该包括两个方面的内容：一是人的知识、能力、技能与岗位要求相匹配；二是人的性格、兴趣与岗位相适应，这是更重要的。因此，企业在招聘新员工时，就非常有必要对申请在本企业工作的人员进行职业兴趣的测评，了解申请者的职业兴趣、人格类型。通过测试，企业可以得知它所能提供的职业环境是否与申请者的职业兴趣类型相匹配，换句话说，企业可以考察到申请者是否适合在本企业的职业环境中工作。所以，企业在招聘人才的过程中，如果能够坚持以霍兰德的职业兴趣理论为指导，不仅可以招聘到适合本企业的人才，还可以在招聘工作中减少盲目性。通过职业兴趣的测试，企业还可以给予新员工最适合的工作环境，以期最大限度地在工作中发挥他们的聪明才干。

2. 对于个体职业选择和职业成功的价值分析

职业兴趣是职业选择中最重要的因素，是一种强大的精神力量。职业兴趣测验可以帮助个体明确自己的主观倾向，从而能得到最适宜的活动情境并给予最大的能力投入。根据霍兰德的兴趣理论，个体的职业兴趣可以影响其对职业的满意程度，当个体所从事的职业和他的职业兴趣类型匹配时，个体的潜在能力可以得到最彻底的发挥，工作业绩也更加显著。在职业兴趣测试的帮助下，个体可以清晰地了解自己的职业兴趣类型和在职业选择中的主观倾向，从而在纷繁的职业机会中找寻到最适合自己的职业，避免职业选择中的盲目行为。尤其是对于大学生和缺乏职业经验的人，霍兰德的职业兴趣理论可以帮助做好职业选择和职业设计，成功地进行职业调整，从整体上认识和发展自己的职业能力，职业兴趣也是职业成功的重要因素。

五、兴趣与职业决策

人在职业领域中的许多行为特征都取决于其兴趣类型，我们可以根据兴趣的有关理论和知识对人的行为进行预测，从而进行职业选择、工作转换以及职业规划和培训。

（一）最理想的职业选择：人职协调

依据六边形模型，最为理想的职业选择就是尽可能找到跟自己兴趣类型重合的项目或行业，实现人职协调。比如，现实型的人可以选择餐饮、加工制造，艺术型的人可以开办公关公司、演艺公司、花店、婚庆公司。这时，人们会对自己从事的职业活动表现出肯定的态度，有求知欲、有探索欲，能吸引自己的注意力，会使人们乐在其中，全力以赴。一个感兴趣的行业或一份感兴趣的工作会使我们对自己、对事业都充满信心，不论遇到怎样的困难和挫折，都会义无反顾地追求自己情有独钟的事业。

（二）可接受的职业选择：人职次协调

当然了，就大学生求职的现实而言，过于执着地追求人职协调会在无形中增加我们求职的难度，缩小我们的选择范围。其实我们还有一种可接受的职业选择，就是寻找与兴趣接近的职业。比如社会型的人可以做企业型的工作，由于两种类型在六边形上处于相邻位置，他们的关系密切、共同点很多，经过努力和调整也可能适应职业环境，实现人职次协调。

（三）最糟糕的职业选择：人职不协调

最糟糕的职业选择是什么？就是选择了跟自己的兴趣根本对立的职业，让艺术型的人待在办公室里做行政工作，让研究型的人去做销售经理……在这种情况下，人很难适应所处的环境和所做的事情，也不能感到工作的乐趣，甚至无法胜任工作。这就是人职不协调的结果。

进入陌生的职场，开创自己的事业，其实是一件比较辛苦和困难的事情。而兴趣、理想与热情正是支持我们坚持到底的动力，甚至决定着事业未来的发展。因此，选择职业一定要以兴趣为先导。大多数人实际上都同时具有多种兴趣。如果具有的几种兴趣在职业六边形上紧挨在一起，比较接近（比如同时具有社会型和企业型），那么根据兴趣来选择职业将会比较容易。但是也有一些人，会觉得自己的兴趣非常广泛，在根据兴趣进行职业选择时将会面临较多的犹豫不决的情况。这往往是由于几种职业兴趣在职业六边形上的位置隔得比较远，甚至是相互对立的，在选择职业时所面临的内在冲突就会比较多。此时，兴趣在职业选择时发挥的作用就会不太明显，而更多地需要依靠性格、价值观等做出决策。

第三节 性格的自我认知

一、性格的含义

性格是指个体以先天生理素质为基础，经过后天不断的社会实践活动的影响和不同环境的熏陶，逐渐形成的比较稳定的心理特征。性格也称为人格特质，表现为个体在特定的生活情境中在面对具体的人、物及外在环境所表现出特有的应对方式。因此，个体在日常生活中所表现的态度和行为表现都能反映特定的性格。

正所谓“龙生九子，各个不同”。个体的生理禀赋和所处的社会环境的差异也使个人的性格多种多样。恩格斯说：“刻画一个人物不仅应表现他做什么，而且应表现他怎样做。”“做什么”和“怎样做”说明了个体的目标、追求和选择，体现了人的动机和态度。所以，了解一个人必须了解其性格。

二、性格的特征

1. 性格所具有的态度特征

态度特征表现为个人在面对社会、集体、个人时所表现出的态度，包括富有同情心、善交际，为人正直、直率，或者与此相对立的冷漠、孤僻、拘谨、虚伪。在对劳动和工作的态度方面，包括勤劳或懒惰，有无责任心，认真仔细或粗心马虎，有首创精神或墨守成规等。对自己，包括谦虚或自傲、自信或自卑、大方或者羞怯等。

2. 性格所具有的意志特征

自我调节和自我控制在个人实践中有重要作用，这些在性格层面表现为“意志”。不同性格的人在意志方面表现不同，如某些人有很好的目的性、组织性、纪律性，能主动设计，做事有恒心，处事果断、勇敢。有的意志薄弱，面对困难和问题容易冲动、盲目、散漫，不能主动出击，只能等待吩咐和指令，做事虎头蛇尾，没有恒心，白白浪费了很多机会。

3. 性格所具有的情感特征

时移则事易，在不同的时期和环境下，外界事物对个人的作用和意义有很大差异，个人也总会以差异为基础，对该事物产生不同的态度，如喜爱、肯定、乐观等，相反则是厌恶、否定、悲观等。

4. 性格所具有的理智特征

作为在实践活动中逐渐形成的心理特征，性格的形成和转变有着个人不断的强化，这些主要是依赖于个体在解决具体问题中对所处世界的认识逐步深化，同时，这些也直接影响着个人的思维。如性格不同的人在观察、分析、想象等方面有着很大差异。

三、性格对职业的影响

性格是个体职业发展中的关键因素，二者之间是相互促进又相互制约的辩证关系。了解自身性格、明确性格对职业的影响是高职院校学生进行科学的职业生涯规划的前提。

1. 性格影响职业的选择

人作为具有主观能动性的个体存在，其性格在很大程度上影响了职业选择，甚至决定了职业的方向。这是为什么呢？因为个人性格是在继承先天禀赋和接受后天教育中逐渐形成的，是思想、行为和习惯的集合，个人在思考和实践时性格都在起着作用。比如，有的人的性格测试为建筑师型（INTP），其性格表现为内倾直觉思维知觉，在现实中他会喜欢思考多于社交活动，善于分析。在选择职业时他的性格就会驱使他选择与自己性格相符的职业，如科技工作者。

2. 性格影响职业的发展

性格对职业发展有促进作用，选择与自己性格相符的职业才会充分发挥一个人的长处。同时，性格对个人的职业发展也可能产生阻碍，如果从事着与自己性格差异较大或者相反的工作，个人在职业生涯中就更容易出现懈怠、疲惫、应付了事的情绪，既感受不到工作的快乐，也难以实现自己的人生价值。此外，良好的性格对个人职业的健康发展至关重要。国外研究发现，在有成就的杰出人物中，绝大多数人属于性格坚强、有毅力、人际关系和谐的类型，其中有的人要经过数年甚至数十年的努力，花费大量的精力和劳动，才能取得一项或几项成果，在他们身上，很少有那种暴躁、冲动、懦弱等不良性格。

3. 长期的职业生涯也会改变个人性格

现实中，每种工作都对从业者的性格有特定的要求，这些要求会对个人性格产生很大影响，给人们贴上职业的标签。比如一位工程技术人员的工作，从计划、生产、生产准备、检查到设计、实施等各个环节都有严格的要求，他必须做到工作调理清晰、秩序井然、数据精确，才能保证工程的顺利开展。长期的工作生涯会让工程技术人员形成严谨认真、一丝不苟、精益求精、善于合作等性格特征。

大学阶段是青年性格形成的关键时期，可塑性很大，只要充分认识自己、了解自己，注意扬长避短，加强修炼，就能铸造出适应各种社会环境的性格，使自己成为自身命运的主宰者。许多伟大的科学家对性格都非常看重，他们所提出的勤奋、顽强、进取、自信、独立、敢于冒险、责任感等都是良好的性格特征。所以，高校学生应该根据自身性格特点，选择更适合发挥自己性格特长的工作。

阅读资料 3.3

孔子答季康子

鲁国大夫季康子向孔子打听他几个得意门生的才干，孔子一一作答。季康子问起有军事才能的子路可否从政。孔子说：子路个性相当果敢，可为统御之帅；如果从政，恐怕不太合适，因为怕他过刚易折。

季康子又问请子贡出来做官好不好，孔子说不行，子贡太通达，把事情看得太清楚，功名利禄全不在眼下，如果从政，也许是非太明而不妥当。

季康子又问冉求是否可以从政，孔子说，冉求是一个很有才能的人，文学家，名士气太浓，也不适合从政。

案例点评：

由此可见，一个人从事的职业和发展的方向都是与性格息息相关的。而我们认识性格，就是为了把握命运的风帆，定位职业航线的方向，从而在潮起潮落的人生航程中不至于触礁遇险。

特殊职业造就特殊的性格特征。性格是在长期的生活实践和职业实践中逐步形成的。生活在同一环境或从事同一工作的人，在性格上往往具有某些共性，这就是所谓的职业性格。如服务员热情、周到、耐心、和气的性格，文艺工作者活泼开朗、情感丰富的性格，以及科学工作者认真、严谨、实事求是的性格，都是在职业活动中适应职业要求而形成的。不同的工作对性格的形成也有很大的影响，如石油工人豪放、粗犷，精密仪器修理工人细致、精确，高空作业工人大胆、勇敢等，都是特定职业的特定要求，是反复学习、实践的结果。

总之，性格与职业选择有着密切联系。如果一个人所从事的职业与其性格特征相适应，他工作起来就朝气蓬勃、热情高涨而持久；反之，则可能意志消沉，影响职业成就。因此，不可忽视性格对职业选择和适应的影响。

四、职业性格测试与分析

（一）MBTI 理论

MBTI 全称 Myers－Briggs Type Indicator，是一种迫选型、自我报告式的性格评估工具，用以衡量和描述人们在获取信息、做出决策、对待生活等方面的心理活动规律和性格类型。它以瑞士心理学家荣格的性格理论为基础，由美国的凯瑟琳·布里格斯（Katherine Cook Briggs）和伊莎贝尔·迈尔斯（Isabel Briggs Myers）母女，在对人类的性格差异进行了长期的观察和研究后，共同开发研制出来的。MBTI 理论经过了百年的研究和发展，现已被广泛地应用于职业发展、职业咨询、团队建议和婚姻教育等方面，成为当今全球最为著名和权威的性格测试。

1. 四维八极特征

1913 年 9 月 7 日，国际精神分析学代表大会在慕尼黑召开。荣格在该次会议上提出个性的两种态度类型：内倾和外倾。1921 年他在《心理类型学》一书中又做了详细的阐述，并提出了四种功能类型：理性功能的相互对立的两种类型——思维功能与情感功能；非理性功能的相互对立的两种类型——感觉功能和直觉功能。由此，荣格将两种态度类型和四种功能类型组合起来，形成了八种个性类型：外倾思维型、外倾情感型、外倾直觉型、外倾感觉型、内倾思维型、内倾情感型、内倾知觉型和内倾感觉型。

美国人布里格斯和迈尔斯母女在荣格的两种态度类型和四种功能类型的基础上，又增加了判断和知觉两种类型，由此组成了个性的四维八极特征，如图 3－2 所示。

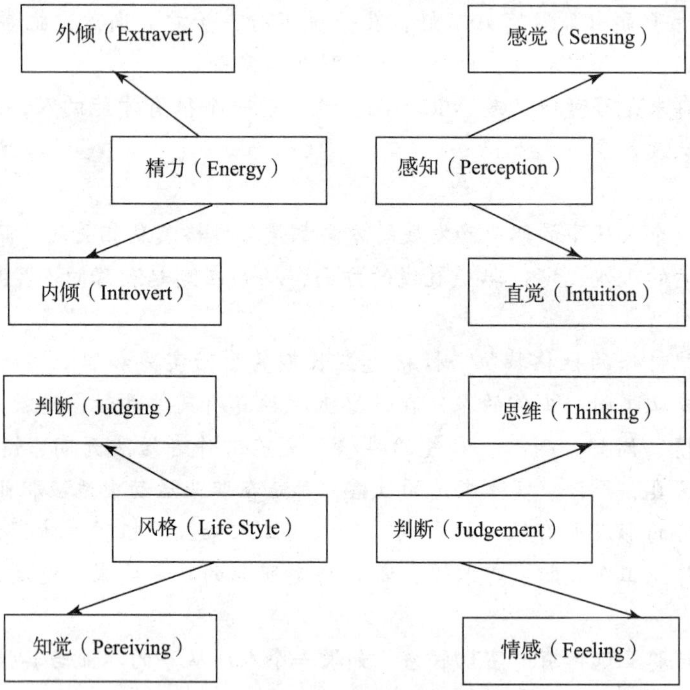

图 3－2　MBTI 的四个维度

（1）内倾（I）—外倾（E）维度。该维度用以表示个体心理能量的获得途径和与外界相互作用的程度，即个体的注意力较多地指向于外部的客观环境还是内部的概念建构和思想观念。外倾型态度表现为主体的注意力和精力指向于客体，即在外部世界中获得支持并依赖于外在环境中发生的信息，这是一种从主体到客体的兴趣向外的转移。外倾型个体需要通过经历来了解世界，所以他们更喜欢大量的活动，并偏好于通过谈话的方式来思考，在语言的交流中对信息予以加工。而内倾型态度表现为主体的注意力和精力指向于内部的精神世界，其心理能量通过内部的思想、情绪等获得。内倾型个体在内部世界中获得支持并看重发生的事件的概念、意义等，因此他们的许多活动是精神性的，他们倾向于在头脑内安静地思考以加工信息。外倾型个体经常先行动后思考，而内倾型个体经常沉溺于思考而缺乏行动。

(2) 感觉（S）—直觉（N）维度。该维度又称为非理性维度或知觉维度，表示个体在收集信息时注意的指向。感觉型的个体倾向于接受能够衡量或有证据的任何事物，关注真实而有形的事件。他们相信感官能告诉他们关于外界的准确信息，也相信自己的经验。他们重现在，关心某一刻发生的所有事情。而直觉型的个体会自然地去辨认和寻找一切事物的含义，他们重视想象力，更注重将来，希望努力改变事物而不是维持它们的现状。直觉型的个体看到一个环境就想知道它的含义和环境中所发生事件的结果。感觉型的个体被视为较具有实际意识，而直觉型个体被视为较有改革意识。感觉—直觉维度在问题解决过程中有重要作用。

(3) 思维（T）—情感（F）维度。该维度又称为理性维度或判断维度。该维度用于表示个体在做决定时采用什么系统，即做决定和下结论的方法，是客观的逻辑推理还是主观的情感和价值。情感型的个体期望自己的情感与他人保持一致，他们做决定的基石是什么人对自己和他人是重要的；其理性判断的依据是个人的价值观。而思维型的个体通过对情境所做的客观的、非个人的逻辑分析来做决定，他们注重因果关系并寻求事实的客观尺度，因此较少受个人感情的影响。

(4) 知觉（P）—判断（J）维度。该维度用以描述个体的生活方式，即倾向于以一种较固定的方式生活（或做决定）还是以一种更自然的方式生活（或收集信息）。这一维度是一种态度维度。虽然个体能够使用知觉和判断，但是这两极不能够同时被运用。多数个体会自然地发现采用某种生活方式时总是比采用另一种生活方式更加轻松，因此他们总是在和外部世界打交道时采用这种生活态度。判断型个体倾向于以一种有序的、有计划的方式对其生活加以控制，他们期望看到问题被解决，习惯于并喜欢做决定。而知觉型个体偏好于知觉经验，他们不断地收集信息以使其生活保持弹性和自然。他们努力使事件保持开放性，让其自然地变化，以便出现更好的事件。

四个维度，两两组合，共有十六种类型，以各个维度的字母表示类型，如表 3－2 所示。

表 3－2 MBTI 十六种人格类型

SJ（守护者）	SP（艺术家）	NT（科学家、思想家）	NF（理想家）
ISFJ	ISFP	INTP	ENFJ
ISTJ	ISTP	INTJ	INFP
ESFJ	ESFP	ENTP	INFJ
ESTJ	ESTP	ENTJ	ENFP

2. MBTI 理论与职业选择

根据 MBTI 理论，每种个性类型均有相应的优点和缺点、适合的工作环境、适合自己的岗位特质。使用 MBTI 进行职业生涯开发的关键在于如何将个人的人格特点与职业特点进行结合。下面以四大类典型的性格类型为例，来介绍如何根据 MBTI 理论来完成个人的性格与职业匹配。

(1) SJ 型——忠诚的监护人。具有 SJ 偏爱的人共性是有很强的责任心与事业心，他们忠诚、按时完成任务，推崇安全、礼仪、规则和服从，他们被一种服务于社会需要的强烈动机驱使。他们坚定，尊重权威、等级制度，持保守的价值观。他们充当着保护者、管理员、稳压器、监护人的角色。大约有50% SJ偏爱的人被政府部门及军事部门的职务吸引，并且显现出卓越成就。其中在美国执政过的41位总统中有20位是SJ偏爱的人。

（2）SP型——天才的艺术家。有SP偏爱的人有冒险精神，反应灵敏，在任何要求技巧性强的领域中游刃有余，他们常常被认为是喜欢活在危险边缘寻找刺激的人。他们为行动、冲动和享受现在而活着，约有60% SP偏爱的人喜欢艺术、娱乐、体育和文学，他们被称赞为天才的艺术家。

我们熟悉的歌星麦当娜、篮球魔术师约翰逊、音乐大师莫扎特等都具有SP性格特点。

（3）NT型——科学家、思想家的摇篮。具有NT偏爱的人有着天生的好奇心，喜欢梦想，有独创性、创造力、洞察力，有兴趣获得新知识，有极强的分析问题、解决问题的能力。他们是独立的、理性的、有能力的人。

人们称NT是思想家、科学家的摇篮，大多数NT类型的人喜欢物理、研究、管理、电脑、法律、金融、工程等理论性和技术性强的工作。

（4）NF型——理想主义者。具有NF偏爱的人在精神上有极强的哲理性，他们善于言辩、充满活力、有感染力、能影响他人的价值观并鼓舞其激情。他们帮助别人成长和进步，具有煽动性，被称为传播者和催化剂。

约有一半的NF类型的人在教育界、文学界、宗教界、咨询界以及心理学、文学、美术和音乐等行业显示着他们的非凡成就。

大部分人在20岁以后会形成稳定的MBTI类型，此后基本固定。当然，MBTI的类型会随着年龄的增加、经验的丰富而发展完善。通过MBTI进行性格分析，可以了解自己的性格特点，为选择适合自己的职业奠定坚实的基础。同时可以帮助了解自己的沟通风格，提高与同事、上司、客户的沟通能力，选择适合自己的工作。

很多同学看了表3-2以后，会有种种困惑。如有一个ENFP类型的同学，在这个表格中，他的职业倾向是“咨询服务（包括个人、社会、心理等）、教学教导、宗教、艺术”。他开始迷茫困惑了。“我想毕业以后去企业工作，或者是做一些自己的事业，这样看来岂不是不适合？我不想当老师啊！宗教？难道我适合出家？”这样的困惑会在一段时间里影响他的学习状态，而从长远来说可能会直接动摇他的奋斗目标。

所以要特别注意的是，职业倾向都是从大的类别去描述的，从表格中我们可以去了解自己的职业倾向，但不要只陷入类别名称的描述，更重要的是应看到这一类别工作的特点。

符合ENFP类型的同学，他的性格类型是外倾、直觉、思考、知觉。他适合的工作，就是能够让其利用创造性的发挥和无障碍的交流去帮助并促进他人成长。企业工作需不需要这样的特质？这样的特质在工作中是不是重要？回答是肯定的。每个人将来或者现在从事的职业也不是都会完全符合自己的性格特点，可能会受到现实因素的制约。

是不是从事与自己的职业性格倾向不符合的工作后就不能获得成功呢？其中除去个人职业价值观、职业技能、职业兴趣影响之外，个人后天的主观努力也是至关重要的。就像经常会举的例子一样，习惯用右手的人，用左手一样可以写下自己的名字，只是可能会多花一些时间和精力。

另外，还有的同学会觉得自己的性格类型适合的职业倾向不如别人的好，其实职业类型只有不同，没有好坏，更没有对错。每种类型都是独特的，都有适合自己发挥的环境。认识自己的性格类型，是让自己更好地了解自己，更清晰地理解自己的行为特点。同时，理解自己和周围同学、朋友的区别，接受这种不同。

世界上没有人的性格百分之百地适合某种职业的需求，也没有百分之百不适合某种职业的性格，懂得利用自己性格的长处，整合周围的资源，才是学习职业性格的目的。

认识到性格的差异性，了解自己和周围其他人的区别，对于以后走入职场、进入工作世界是非常重要的。认识性格差异，对于工作环境下的团队建设、问题的解决、时间管理、压力缓解等也是至关重要的。

例如，对于一个性格外倾的人来说，在实际的工作中，遇到问题的时候他总是三思而后行，而不是急于得出结论；而与内倾的同事相处时，需要给其时间去消化和思考。

一个感觉型的人面对一个直觉型的工作伙伴时，需要尽可能清晰、简练地向对方表达观点；而直觉型的人需要把握必要的细节。

一个思考型的人要注意，对自己的工作伙伴不要有过多的理性批评，因为这样可能会起到破坏性的作用；一个情感型的人，要想到有时候为了团队，可能要勇敢地面对冲突，当团队不可避免地出现异议时，不要把它当作对自己的人身攻击。

一个判断型的人，要给自己留出适合的自由时间去应对工作中可能遇到的突发情况，留出时间惊醒“头脑风暴”；一个知觉型的人，要尽量让工作伙伴知道你对灵活性和多项方案的重视，也要意识到时间结构和程序也是必要的。

阅读资料 3.4

阅读三则

一、我的困惑

职业测评做完以后，困惑好大啊！我发现 MBTI 描述的性格特点根本就不适合我的专业！是不是根本就成功不了啊？我的性格类型是 INTP，适合的职业是“能够运用自己的专业技术和知识独立、客观分析问题的职业，科学或技术领域”，但是现在学的专业是管理，以后也愿意从事企业管理方面的工作，但是这样的性格特点是不是根本就不能成功呢？

就像前面所提到的，MBTI 的使命不是告诉你你最适合哪个工作，而是告诉你哪种工作特性适合你的职业性格，通常是提供工作组群，帮助你挖掘出个性全面因素，指导你将这些因素运用到新的工作和新的环境中，这样你的职业适变性就增强了。

我们了解职业性格的目的是看到自己的行为、做事的特点。职业性格的类型是否可以决定成功？职业价值观、职业技能、职业兴趣是否也在考虑之内？是否有一种职业是对性格有绝对的要求？同学们可以考虑这些问题。

二、流水的老总，铁打的兵

几年前，我所在的公司被另一家公司兼并，新老总找我们谈话。我想，反正命运攥在人家手里，爱咋地咋地吧。于是放开心怀，想到哪说到哪。想不到一个星期后，人事部门下调令，让我做办公室副主任，负责行政内务。我当时傻了，办公室主任需要八面玲珑，性格外向。可我是个内向的人，平时不爱言语；办公室主任需要耐心细致，可我是个有名的马大哈。此时真是进退两难，既不能一口承应，也不能说“我不行，你换人吧”——因为一个“不”字，我就下岗了。想了一天，我想通了，办公室主任也没有固定的模式，我不会八面玲珑，咱责任心强那也是大家都公认的。

被“赶鸭子上架”之后，每天早上提前半个小时上班，把每一件需要办的事都写在台历上，分轻重缓急处理。每天晚上睡觉前都要想一想明天需要安排的工作。

老总和几个副总之间的关系有时很微妙，我在他们中间很注意把握分寸，从来不说东道西，即使有人心里不痛快，在我这发泄几句，我也一笑了之，坚决不做传声筒。处理部门之间的人际关系，想办法尽量做到将矛盾消灭在萌芽中，少给领导添麻烦。

一晃两年过去了，我得到了上面的信任。可一纸调令，老总走了。新老总上任之后，有人觉得：一朝天子一朝臣，人家得用自己的班底。但出乎意料的是，新老总上任之后，继续聘任我，我们相处得依然很愉快。

我在这个岗位上一干就是5年，换了3任老总，我都是他们的“心腹”，被同事们称为“流水的老总，铁打的兵”。我努力适应了这个岗位，而且发挥了自己性情温和、办事低调的特点，得到了大家的认可。当然，这5年里，我的性格也发生了巨变，待人接物方式更灵活了，学会了见好就收、点到为止、曲线变通，也学会了应付各种性格的人。

我觉得，性格职业匹配不能光看外表，还要看潜质，放开胆子，尝试一下与自己性格不同的工作，从某种意义上说，这是个难得的机会。很多中职生在毕业以后都会有吞天吐月的野心，都有一腔鸿鹄之志的抱负，都想实现自己的人生价值，但是有时候往往在现实面前显得力不从心。这是一名网友在博客里的文章，相信很多同学在毕业以后也会遇到相类似的问题。怎样处理性格和职业的不匹配？应该怨天尤人还是该像网友一样，认清形势，调整自己，积极地行动起来？让我们一起思考。

三、早规划，早获益

有一个三年级的女孩，她的职业性格是ISTJ，即内倾型、感觉型、思考型、判断型，ISTJ型的人的特点是“特别安静和勤奋，对于细节有很强的记忆和判断；能够引证准确的事实支持自己的观点，把过去的经历运用到现在的决策中；重视和利用符合逻辑、客观的分析，以坚持不懈的态度准时地完成工作，并且总是安排有序，很有条理；重视必要的理论体系和传统、惯例，对于那些不是如此做事的人则是很不耐烦。ISTJ型的人总是很传统、谨小慎微，聆听和喜欢确实、清晰地陈述事物。ISTJ型的人天生不喜欢显露，即使危机之时，也显得很平静。他们总是显得责无旁贷、坚定不变，但是在冷静的外表之下，也许有强烈却很少表露的反应。”ISTJ型性格适合的领域有工商业领域、政府机构、金融银行业、政府机构、技术领域、医务领域。这位同学现在学的是电子专业，虽然学得也还不错，但是自己喜欢会计专业，原来就想考会计师的资格证，可是一直犹豫不决，但是现在通过对自己的探索，发现自己不但喜欢会计这个职业，而且自己的性格特点也适合这个职业，于是就打定主意报考会计师，积极准备自学，希望毕业以后做自己喜欢并且也有能力做的职业。“我现在感觉，虽然学习的劲头很足，也知道自己的路该怎么走，但是还是觉得如果早做出选择，可能走的弯路会更少一些。”

很多三年级的同学在做完MBTI之后，非常后悔自己没有更早地进行职业探索，更早地规划自己的生活，规划自己的人生。所以尽早地进行职业生涯规划是有必要的。

（二）CSMP 性格测试

1. C（Choleric）——能力型

能力型性格的人总是在实现目标、完成任务，一生都不能停下来，属于典型的工作狂。而在工作的过程中，往往又表现出热情奔放、精力充沛的特点。能力型性格的人无论是外形还是仪表仪态都显示出非同寻常的自信，并且通常喜欢穿比较深色的、显示权威的衣服，从气质上来看就是天生的领导人。

能力型性格的人是以事为重心的人，他们坚持原则的做法往往导致其偶尔会忽视一些人际关系。不仅如此，作为天生的领导人，他们的独立性非常强。对于与工作无关的社交，他们都觉得是浪费时间，因此出于实际的考虑而要求控制。做任何事情他们自己的感觉永远是对的，因此态度通常会很强硬，更别说主动道歉了。然而，尽管他们从来不承认自己有什么明显的错误，口头上也不会有任何的表示，但一旦发现问题他们通常会用实际行动去予以改善。

由于总是坚持己见，所以能力型性格的人通常都喜欢与人争论、讲道理。但值得注意的是，他们有时就容易陷入“为争论而争论，忽视结果”的陷阱之中，忘记了争论的目的究竟是什么。实际上，处理事情“有效果”比“有道理”更为重要，有效果的道理才是真正的道理。因此，对于能力型性格的人而言，一定要避免犯所谓的“比别人更正确的错误”。

能力型性格的人一般都是非常有主见的人，能够在关键的时刻当机立断做出一个决定。因此，类似消防队的队长、指挥官以及将军等职业岗位就非常适合能力型性格的人，不需要他们桎梏于细节和原因，只需要他们能够果敢地在关键时刻指出方向、做出决定。

能力型性格的人都是非情绪化的，一般不容易动真感情。面对困境时，他们强调的是迎难而上，敢于冒险和挑战，绝对不相信眼泪能够解决问题。因此，他们往往在亲情方面容易被人误解。

能力型性格的人是对别人要求严格，对自己无所谓。他们充沛的注意力与精力总是向外地集中于这个世界。健康的能力型的人物不会被内省的默想所分心，因此从不会在实际行动的世界退缩。相反，他们神采奕奕地随时准备投入新的领域。他们对这个世界的喜爱总是一再把其引导向前，从而不断地获得新的兴趣和能力。如果没有他们，也很难想象这个世界的文明进程和发达程度将会怎样。

2. S（Sanguine）——活跃型

“活跃型”性格的特点表征是非常活泼、好动、爱说话。活跃型的人能很容易地从人群中被发现，因为这种人总是笑声朗朗，脸庞如同一朵含苞待放的花儿一样随时准备开放。他们往往是人群中说话最多的人，旁人越表现出爱听，他们越讲得眉飞色舞。在他们的旁边总会有一群忠实的听众。

如果偶尔不得不停下来听别人的发言，活跃型的人坐姿也会比较特别：半个屁股坐在椅子上，另一半屁股则悬在椅子外边，同时其手脚也在不停地抖，这说明他们随时都准备出发。

活跃型人的注意力也很容易转移，喜欢新鲜的事物，乐于冒险，静下来处理事情比较难，并且偏好不断变化的环境。他们易于结识新朋友：源于他们天性中对人际交往“三宝”

（所谓的“三宝”，即“点头”“微笑”和“赞美”）的注重。

活跃型性格的人属于那种先张嘴后思考的类型，他们很容易犯“言多必失”的禁忌。但他们的优点在于知道错了就会赶快道歉，可是他们犯错误的速度总是远远大于他们道歉的速度，所以刚道完歉可能又犯错误，他们只好连声说道“对不起，对不起，我又错了”。

在日常工作生活中，活跃型性格的人往往不修边幅、马马虎虎，住所、办公桌上乱七八糟就是他们最好的写照。不注重事物的细节，做事情也没有什么条理，凡事完全依据自己的心情而定。活跃型性格的人通常不会把昨天发生的事情放在心上。而对于明天发生什么也先不做考虑，只求今天快乐即可。

活跃型性格的人通常是一群艺术爱好者，并且是很感性的情感表达者。在看完一部感人至深的电影之后，他们往往会因为其中的某个浪漫情节而感动得痛哭流涕，而只要接触到欢快的东西，他们又能够很快地转换情绪，一下子笑得前仰后合。

3. M（Melancholy）——完善型

完善型性格的人眼中没有完美的东西，因此他们在处理事物，或者与人交往当中总是抱着审慎的态度以及挑剔的眼光，通常表情都会相对严肃或者冷漠，不会像活跃型性格的人那样容易让人接近。另外，由于这个世界上没有完美的东西，所以他们活得总是很累。但也正因为他们对完美的不懈追求，所以他们通常都可以把事情做到最好。

完善型性格的人为人严谨，不愿意成为人群中的焦点。与活跃型性格的人不同，完善型性格的人随时在监视自己，与自己的思想进行对话，所以他们不能做出任何逃出其规范中的东西或者事情。他们一般都是先思考后发言，而且善于分析并且往往剖析得非常深刻，于是通常表现出来的解决问题的能力都特别强。

对于完善型性格的人而言，“要么不做，要做就做到最好”是其座右铭，因此，他们往往考虑事情非常周全详细，凡事都是三思而后行。也正因为如此，谨言慎行的他们通常都会觉得与活跃型性格的人在一起很别扭，比较反感他们那种“马虎、缺乏条理以及口无遮拦”的处事态度和风格。而且，完善型性格的人在谨言慎行方面往往还会走到另一个极端，即总是停留在思考的阶段而迟迟不行动。

完善型性格的人通常是甘愿留在幕后的人，不愿意抛头露面，心甘情愿做配角。因此，他们往往能够结交到在关键时刻能够提供有实际价值的帮助的真心朋友，虚头巴脑的承诺很少，在朋友之间都是真诚相待、相互欣赏的。

完善型性格的人是对别人要求严格，对自己也要求严格。总体来讲，他们是内向的思考者，属于悲观的一群人。但他们不会因为悲观就失去积极的意义，由于敏感，他们往往会提早发现一些危机。对于完善型性格的人而言，其生命的意义就是贡献牺牲，这是非常难能可贵的。

健康的完善型人物对每件事都很擅长，他们是所有人格形态中最具才能者，很多杰出的思想家、律师、医生、艺术家、工程师以及科学家都具备这种性格特征。如果没有他们，这个世界同样也不知要乱成什么样子，因为完善型的人是很好的规范者和策划者，世界需要他们的力量。

4. P（Phlegmatic）——平稳型

平稳型性格的人脸上总是带着微微的笑容，既不矜持勉强，也不夸张虚浮。穿着打扮也十分随和，不抢人风头，也不落后于时尚。与人相处时相对害羞和腼腆，非常保守，不愿意引人注意。在工作和生活方面也不喜好变化，工作岗位和电话都很少更换。平稳型性格的人最大的也是最明显的优点在于没有任何缺点，也没有什么特别。

与活跃型性格的人拥有大量欣赏他们的簇拥者不同，平稳型性格的人是全世界最好的聆听者，他们可以静下心来，面带微笑地听别人说任何东西，并基于聆听的结果对别人表示关心和体谅，因此，他们也容易结识真心的朋友。

平稳型性格的人很难拒绝别人，他们最难说的一个字就是“NO”，同时，为了维护好所有的人际关系，他们也很难去做出决断。需要特别指出的是，平稳型性格的人并不是没有能力做出决定，而是不容易或者害怕承担相应的责任。由此可见，平稳型性格的人以人为重心，十分在乎人际关系，但他们是在刻意地追求人与人之间的和谐。

平稳型性格的人通常对人际关系都处理得非常到位，一般情况下，尽管心里有自己的想法，但是出于避免破坏和谐的考虑，他们都会表现得任劳任怨、没有借口。这种隐忍顺从的个性特点，使他们容易成为能力型性格的人所支配的对象。同时，他们也善于调节不同人之间的矛盾，并且能够处理很多沉闷的、重复性的工作。

平稳型性格的人能够笼络人心，成就大事。虽然表面上不怎么起眼，并不十分突出，但一旦他们愿意承担责任，就往往能够成为最了不起的领袖，相当多杰出的社团领袖、国家元首以及企业家都具有这样的性格特征。这是因为平稳型性格的人具备发掘并笼络很多有才能的人士为之工作的能力，他们乐于为人才提供资源和空间，为他们搭建施展才能的舞台，并在其中平衡好各种关系，促使大家同心同德、齐心协力地把事情做好。

平稳型性格的人的情感不容易表现出来，会令别人感觉到比较轻松。作为父母，他们通常是孩子们眼中最好的父母，不会以任何标准来对孩子进行苛求；作为领导，也会让员工觉得没有压力，反而容易让员工自觉地努力工作。

平稳型性格的人是对别人不要求，对自己不苛求。他们普遍内向，乐于做旁观者，属于悲观类型。平稳型性格的人的写照是：自制、自律、实践、平静、满足、敏锐、不忸怩、情绪稳定、温和、乐观、让人安心；他们支持别人，有耐性、好脾气、不自夸，是个真好人；也正因为他们的存在这个世界才称得上“和平”。

综上所述：

（1）活跃型性格，是乐观且感性的，以人为重心，属于外向型；

（2）能力型性格，是乐观且理性的，以事为重心，属于外向型；

（3）完善型性格，是悲观且理性的，以事为重心，属于内向型；

（4）平稳型性格，是悲观且感性的，以人为重心，属于内向型。

5. 性格力量

由性格的优缺点引申出来，可以看到性格也是具有力量的，不仅如此，性格的力量还可以分为正面的力量（对应性格中的优点）和负面的力量（对应性格中的缺点），如表 3－3 所示。实际上，每个人都能够通过对自己性格力量的控制，将自己的人际关系调整到一个最好的状态。

表3-3 四型性格各自的正负力量

性格类型	积极的正面力量	消极的负面力量
活跃型性格	顺应	妥协
	善于应对人际关系	阿谀奉承，失去尊严
	适应性强	没有主见
	诙谐幽默，善于调动气氛	轻佻，不够稳重
	能够变通	前后不一致
	富有实验精神	漫无目标
	想象力丰富	多变
完善型性格	分析力特别强	鸡蛋里挑骨头，吹毛求疵
	处事脚踏实地，稳健	缺乏想象力，过于小心
	精于盘算和设计	过分吝啬
	非常讲究事实，逻辑性强	桎梏于结构和方法，缺乏远见
	原则性强	过于固执
能力型性格	充分自信	自我为中心，骄傲
	行动力和紧迫感很强	处事容易冲动，耐心不够
	强悍	给别人很大的压力
	具有冒险精神	赌性
	有恒心有毅力	无畏的坚持
	当机立断，雷厉风行	指挥性太强
	自动自发	未经授权或者越权做事
平稳型性格	善于合作	过于迁就
	谦虚礼让	否定自己
	关心体谅他人	过于为人着想
	接受能力强	过于被动
	回应力强	容易过度投入

从这个角度出发，每个人都应该主动地总结“最令自己感到自豪的三个性格优点是什么”以及“在生活和工作中自己最明显的三个性格缺点又是什么”，以此发现自己最明显的优点和缺点之后，着眼分析与之相对应的缺点和优点。从而对优点予以很好的控制，而对弱点则进行有针对性的改善。

每个人的性格都是一种组合，因此，所谓的“双重或者多重”性格只是每个人各自的性格特点而已，也同样不存在好坏之分。人的性格在形成后都会有真我的一面和戴着面具的一面，这种情况非常普遍。戴着面具的那部分性格的形成常常是因为沟通的需要，也有一些是因为“被要求”而形成的。这其中有的是被工作要求的，有的是被父母要求的，除此之外还有其他一些特殊的因素。

假如真我的一面与戴着面具的一面能够做到理性的平衡，那么这个人的性格就比较好，相对来说也比较容易成功。但要是真我的一面与戴着面具的一面矛盾太大，思维与行动之间就会陷入混乱，甚至会导致显著的分裂、不稳定和犹豫善变，人生也就很难成功了。

6. 与不同性格的人交往的秘方。

掌握了与四种不同性格的人交往相处的40条秘方，每个人都能够得心应手、事半功倍地处理自己的人际关系，使之得到改善和提升。

（1）与活跃型性格的人交往的秘方。

①了解他们对于“感染和影响他人”的强烈希望，而且注重以人为重心。

②了解他们有才华、需要舞台、乐于出风头，强烈希望获得众人的关注和称赞。

③引导他们甘愿扮演配角和分享荣誉，表现出风度而赢得众人的欣赏。

④理解他们完成任务的困难，最有效的激励就是公开表扬和奖赏他们。

⑤明白他们非常健谈的特点，在困难和质疑面前他们更多只不过是想倾诉和表达。

⑥理解他们经常说话不思考的习惯以及其对礼物和意外惊喜的向往。

⑦帮他们三思而后行，凡事规定最后的期限，避免他们承诺超过自己范围的事情。

⑧不要更多地期望他们听你说话。

⑨记住他们注意力容易转移，会忘记约会的时间，喜欢新事物，容易受环境影响。

⑩记住他们喜欢兴奋和刺激。

（2）与完善型性格的人交往的秘方。

①要了解这种内向型性格。

②理解他们是以事为重心的。

③无休止地对完美极限挑战，使他们显得很叛逆，应给予他们更大的耐心和理解。

④尝试用为什么来回应他们的问题，强迫他们自己思考，满足其自己解决问题的需要。

⑤心口一致，实话实说。

⑥要理解他们的天生悲观。

⑦即使不喜欢他们的态度，也不要阻止其畅所欲言

⑧了解他们敏感，容易受伤害，要鼓励他们说出内心感受，而且通过训练来给予帮助。

⑨了解他们需要衷心的关怀，给予客观的赞美。

⑩他们需要独处，喜欢安静，要求井然有序，帮助他们不要成为工作和家庭的奴隶。

（3）与能力型性格的人交往的秘方。

①理解他们是天生领导，想控制一切的事和人，不喜欢顺从，渴望独立和自由。

②小心不要被他们控制，同时要帮助他们保持冷静，控制其情感。

③坚持要求跟他们做适度的双向沟通，引导他们回应而不是回击不同的意见。

④给他们台阶和出路以挽回其面子，他们“置之死地而后生”的反击力量相当可怕。

⑤明白他们不是恶意的伤害，只是快人快语。

⑥工作时给他们该项目主人的感觉，但首先要就范围和性质进行说明，在划清界限的基础上向他们充分授权。

⑦了解他们喜欢公开的表扬，接受私下的批评和建议的特点。
⑧知道他们总觉得自己是对的，引导他们服从权威，团队合作。
⑨欣赏他们天生具有当机立断的能力。
⑩避免过分逼迫使他们遭受攻击，给他们台阶和出路以挽回其面子。
（4）与平稳型性格的人交往的秘方。
①要了解他们不是冒险者。
②他们不欣赏那种咄咄逼人的、高嗓门或者发脾气的能力型性格。
③要理解他们担心伤害和挫折，恐惧挑战和目标。
④理解他们渴求多接触，希望感觉是家庭和团队的一分子。
⑤了解他们内心的需求。
⑥理解他们不喜欢意外。
⑦了解他们不愿意成为先行者。
⑧了解他们以人为重心。
⑨鼓励并强迫他们做决定，承担责任。
⑩了解他们在没有冲突、没有人催促的情况下，做事情会做得最好。

（三）气质与职业

1. 气质

气质是人的个性心理特征之一，它是指在人的认识、情感、言语、行动中，心理活动发生时力量的强弱、变化的快慢和均衡程度等稳定的动力特征。气质主要表现在情绪体验的快慢、强弱，表现的隐显以及动作的灵敏或迟钝方面，因而它为人的全部心理活动表现染上了一层浓厚的色彩。它与日常生活中人们所说的“脾气”“性格”“性情”等含义相近。

在你身边的人中有的沉稳、文静，说话办事慢条斯理；有的爽快热情，精明强干；有的粗犷、暴躁；有的则纯朴、憨厚，沉着冷静：这些都是气质的不同表现。

气质是由人的生理素质或身体特点反映出的人格特征，是人格形成的原始材料之一。在新生儿期即有表现，例如有的婴儿安静，有的好哭，必然影响其父母或哺育者与婴儿的互动关系，从而影响其人格的形成。气质使个体的全部心理活动呈现独特的色彩。

与人格相比，气质有所不同。人格的形成除以气质、体质等先天禀赋为基础外，社会环境的影响起决定作用；而气质是人格中的先天倾向。

2. 气质的类型

气质是一个古老的心理学问题，气质的差异也是广泛存在的。古代的智者已注意到了这一点，并把气质化分成了不同的类型。早在公元前5世纪，古希腊著名医生希波克拉特就提出了四种体液的气质学说。他认为人体内有四种体液：血液、黏液、黄胆汁和黑胆汁。四种体液协调，人就健康，四种体液失调，人就会生病。我国古代的思想家孔子从类似气质的角度把人分为“中行”“狂”“狷”三类。他认为“狂者进取，狷者有所不为”。意思是说，“狂者”一类的人，对客观事物的态度是积极的、进取的，他们“志大言大”，言行比较强烈表现于外；属于“狷者”一类的人比较拘谨，因而就“有所敬畏不为”；“中行”一类的人则介乎两者之间，是所谓“依中庸而行”的人。我国春秋战国时期的古代医学中，曾根据阴阳五行学说，把人的某些心理上的个别差异与生理解剖特点联系起来。按阴阳的强弱，分为太阴、少阴、太阳、少阳、阴阳和平五种类型，每种类型各具有不同的体质形态和气质。又根据五行法则把人分为“金形”“木形”“水形”“火形”和“土形”，也各有不同的肤色、体形和气质特点。本书介绍比较流行的两种分类方法。

(1) 外向型和内向型。第一种分类方法把气质分为外向型和内向型两类。

外向型的人善交际，喜欢聚会，有许多朋友，喜欢交谈而不愿独自读书。易激动，行动常碰运气，凭一时冲动而不假思索，易惹麻烦，粗心大意，随便而乐哈哈。爱开玩笑，什么场合都有话可说，对一切问题都有现成答案。喜欢变化，闲不住，爱活动，常不停地做些事。富有冲动性，有攻击倾向，爱发脾气，也容易忘掉。外向型的人可以进一步分为社交型、行动型、过于自信型、乐天型和感情型。

内向型的人安静、自省，喜欢读书而不喜欢与人交往。除密友外，与他人保持距离，朋友甚少。做事有周密的计划，深思熟虑，极少冒失妄动，以适宜的谨慎态度严肃处理日常生活与事物。喜欢整齐有序的生活方式。能控制自己的情感，很少以攻击性方式行事，极少发脾气。内向型的人可以进一步分为孤独型、思考型、丧失自信型、不安型和冷静型。

在生活中我们常用内向或外向来描述一个人，其实，在现实生活中，绝对内向或外向者并不多见，绝大多数人身上都有内向和外向的双重体现，在不同的场合下会表现出不同的倾向。比如一个体格高大、爱发脾气、攻击性特别强的人却不爱与人交往，害怕在公众面前讲话。

(2) 四分法。第二种分类方法是传统的四分法。四分法把人区分为多血质、胆汁质、黏液质和抑郁质四种类型。

这种分法主要依据以下的标准：感受性、耐受性、反应的敏捷性、可塑性、情绪的兴奋性、外倾性和内倾性。每个人对同样的外部事件的感受是不同的，在做事情时所表现出来的耐受性也是不同的，有的人能长期坚持一项简单重复性的工作，而有的人则无法忍受；个体的差异还体现于反应的灵敏度上，这不仅表现于动作技能方面，还表现于记忆、理解等心理能力上。由于神经系统自身的特点，人们受外部世界的影响程度也是有差异的，有的人能很快调整自己适应变化的外界环境，而有的人则较难使自己做出改变。另外，在情绪反应方面也有很大的不同，有的人容易摆脱一种情绪状态而进入新的情绪状态，而有的人则总是带着昨天的悲喜来面对今天的生活。最后，内倾和外倾者的差异也广泛地存在。正是由于这些方面的不同，我们可以用来描述多血质、胆汁质、黏液质和抑郁质的不同表现。

3. 气质与职业

气质与职业是彼此制约、相互促进的。下面根据四分法的划分，从神经特点、心理特点、典型表现等角度来分析气质与职业之间存在的关系。

(1) 胆汁质。神经特点：感受性低，耐受性高，不随意反应性强，外倾性明显，情绪兴奋性高，控制力弱，反应快但不灵活。

心理特点：坦率热情，精力旺盛、容易冲动，脾气暴躁，思维敏捷但准确性差，情感外露但持续时间不长。

典型表现：胆汁质又称不可遏止型或战斗型。具有强烈的兴奋过程和比较弱的抑郁过程，情绪易激动，反应迅速，行动敏捷，暴躁而有力；在语言、表情和姿态上都有一种强烈而迅速的情感表现；在克服困难上有不可遏止和坚韧不拔的劲头，而不善于考虑是否能做到；性急，易爆发而不能自制。这种人的工作特点带有明显的周期性，埋头于事业，也准备去克服通向目标的重重困难和障碍。但是当精力耗尽时，易失去信心。

适合职业：管理工作、外交工作、驾驶员、服装纺织业、餐饮服务业、医生、律师、运动员、冒险家、新闻记者、演员、军人、公安干警等。

（2）多血质。神经特点：感受性低、耐受性高，不随意反应性强，具有可塑性，情绪兴奋性高，反应速度快而灵活。

心理特点：活泼好动，善于交际，思维敏捷，容易接受新鲜事物，情绪情感容易产生也容易变化和消失、容易外露，体验不深刻。

典型表现：多血质又称活泼型，敏捷好动，善于交际，在新的环境里不感到拘束。在工作学习上富有精力而效率高，表现出机敏的工作能力，善于适应环境变化。在集体中精神愉快，朝气蓬勃，愿意从事符合实际的事业，能对事业心向神往，能迅速把握新事物，在有充分自制能力和纪律性的情况下，会表现出巨大的积极性。兴趣广泛，但情感易变，如果事业上不顺利，热情可能消失，其消失速度与投身事业一样迅速。从事多样化的工作往往成绩卓越。

适合职业：导游、推销员、节目主持人、演讲者、外事接待人员、演员、市场调查员、监督员等。

（3）黏液质。神经特点：感受性低，耐受性高，不随意反应性低，外部表现少，情绪具有稳定性，反应速度不快但灵活。

心理特点：稳重、安静、沉默、考虑问题全面，善于克制自己，善于忍耐，情绪不易外露，注意力稳定而不容易转移，外部动作少而缓慢。

典型表现：这种人又称为冷静型，在生活中是一个坚持而稳健的辛勤工作者。由于这些人具有与兴奋过程相均衡的强抑制，所以行动缓慢而沉着，严格恪守既定的生活秩序和工作制度，不为无所谓的动因而分心。黏液质的人态度持重，交际适度，不做空泛的清谈，情感上不易激动，不易发脾气，也不易流露情感，能自制，也不常常显露自己的才能。这种人能长时间坚持不懈，有条不紊地从事自己的工作。其不足是有些事情不够灵活，不善于转移自己的注意力。惰性使他因循守旧，表现出固定性有余而灵活性不足。具有从容不迫和严肃认真的品德，以及性格的一贯性和确定性。

适合职业：外科医生、法官、管理人员、出纳员、会计、播音员、话务员、调解员、教师、人力人事管理主管等。

（4）抑郁质。神经特点：感受性高，耐受性低，随意反应性低，情绪兴奋性高，反应速度慢、刻板固执。

心理特点：对问题感受和体验深刻，情绪不容易表露，反应迟缓但是深刻，准确性高。

典型表现：有较强的感受能力，易动感情、情绪体验的方式较少，但是体验得持久而有力，能观察到别人不容易察觉到的细节，对外部环境变化敏感，内心体验深刻，外表行为迟缓、忸怩、怯弱、怀疑、孤僻、优柔寡断、容易恐惧。

适合职业：校对、打字、排版、检察员、雕刻工作、刺绣工作、保管员、机要秘书、艺术工作者、哲学家、科学家等。

教学案例3.3

“热心”的烦恼

小李是个热心肠，有天看到隔壁办公室的老王焦头烂额地在做一份报表。他出于好奇跑过去一看，才发现老王遇到了很难解决的一些数据问题，账总是对不上。站在旁边仔细分析了一下，小李发现老王计算的方法有问题。于是，他很热心地告诉老王正确的方法，老王认为小李的工作经验不如自己丰富，却来对自己的工作指手画脚，心里很不舒服，对小李提出的建议非但没有采纳，反而有点动怒，请小李走开。自从这件事情过后，原本相处还算融洽的两人之间产生了裂痕，关系一落千丈。

案例点评：

不同的气质类型，看问题的方法不同，不注意各自的气质差异，就容易引发矛盾。案例中，小李的气质类型与老王不同，他渴望别人的爱或良好关系，甘愿迁就他人、以人为本，要别人觉得需要自己，很在意别人的感情和需要，十分热心，愿意付出爱给别人，看到别人满足地接受他们的爱，才会觉得自己活得有价值。但是，对于小李这样有强烈欲望帮助他人的人，他们应该注意：有意愿帮助别人之前先弄清楚，别人到底是不是需要从你这里得到援助，如果别人觉得自己可以解决，并不需要你的帮助，你就算看到也应当保持沉默。等对方提出需要你的帮助的时候，你再去拉人家一把，别人也感激你，你的热心肠也不会显得突兀和不被人理解了。例如，小李在看到老王遇到计算上的问题时，可以先问一下老王：“有问题吗？需要我帮忙吗？”如果老王说：“没问题，我自己可以解决。”小李就应该保留自己的意见；如果老王说：“是啊，你帮我看一下，问题出在哪里？”表明老王的确需要外人相助，那么这个时候小李再将自己正确的方法告诉老王，问题得到了解决，老王一定也会对小李心怀感激，而不会有一开始对小李的主动帮助提出质疑的事情发生。

总之，虽然人的行为不是决定于气质，而是决定于在社会环境和教育影响下形成的动机和态度，但是气质在人的实践活动中也具有一定的意义。虽然气质与态度相比只居于从属地位，但它是构成人们各种个性品质的一个基础，因此它是一个必须加以分析和考虑的重要因素。

第四节 能力的自我认知

一、能力的含义

心理学把能力定义为一个人顺利完成某种活动所必须具备的心理特征。从定义即可看出能力对于职业活动的作用是十分重要的。人们从事任何一种活动，必要的前提是具备一定的能力，能力是影响活动效果的基本因素。同样，对任何一种职业而言，要使职业活动得以顺利进行，必须要求从业者具备相应的能力，能力是选择职业的首要的和基本的制约因素。

能力是一个人能否进入职业的先决条件，是一个人能否胜任职业工作的主观条件。无论从事什么职业总要有一定的能力作保证。没有任何能力，根本谈不到进入职业工作，对个人来讲也就无所谓职业生涯可言。人在其一生之中，要从事各种各样的社会生活和社会生产活动，必须具备多种能力与之相适应。这里所言的能力，是指劳动者从事社会生产活动的能力，亦即职业工作能力。

二、职业能力的类型

职业规划专家将职业能力分为三种类型：功能性/可迁移技能、内容性技能及适应性技能或自我管理技能。

（一）功能性/可迁移技能

人们已经获得了许多功能性技能，比如说写作、组织、计算、操作、设计和思考。这些能力帮助人们竞争。这些技能可以应用到职业世界的各个领域，基本上没有行业阻隔。在生涯规划中应当大力发展，在各行各业都可以用得上。

（二）内容性技能

学习工作内容或专业知识技能是为了从事某项工作。要辨别这样的知识、确认其为技能应该没有什么困难。人们在学校学习了许多具体的科目，如人体解剖学和生理学、发动机如何运转、计算机编程等，都是为了培养出日后能用来推销自己的技能。当人们进入某个工作领域后，熟悉里面的专业知识，一般要花 3 ~ 5 年的时间，再经过几年时间的学习、体验，他们才可能成为某个行业的行家。而这些技能，在转行之后，基本上用不上了。因此，在职业生涯规划当中，应当注意选择适合自己发展的职业领域，以求长期的职业稳定。

（三）适应性技能或自我管理技能

适应性技能或自我管理技能几乎难以被识别为技能，它们更多的时候被认为是人格特质。适应性技能的例子包括精力充沛、善于分析、强壮、善表达、机智、通情达理、精确、乐于助人、成果丰富、可靠，真诚等。只要稍微想一想，你就会意识到这些技能是非常有价值的。因为如果没有它们，你将不能胜任自己的工作。一个获得了许多专业知识，但缺乏与同事合作的能力的人会有失业的危险。实际上，更多的人被解雇就是因为他们缺乏适应技能或自我管理技能，而不是其他任何原因。

三、职业选择时应遵循的原则

人们的能力可分为一般能力和特殊能力两大类。一般能力通常又称为智力，包括注意力、观察力、记忆力、思维能力和想象力等，一般能力是人们顺利完成各项任务都必须具备的一些基本能力。特殊能力是指从事各项专业活动的能力，也可称特长，如计算能力、音乐能力、动作协调能力、语言表达能力、空间判断能力等。由此可见，能力是一个人完成任务的前提条件，是影响工作效果的基本因素。因此，了解自己的能力倾向及不同职业的能力要求对合理地进行职业选择具有重要意义。能力不同，职业选择就有差异。从能力差异的角度来看，在职业选择时应遵循以下原则。

（一）注意能力类型与职业相吻合

从能力差异的角度来看，人的能力类型是有差异的，即人的能力发展方向存在差异，对职业研究表明，职业也可以根据工作的性质、内容和环境而划分为不同的类型，并且对人的能力也有不同的要求，因而应注意能力类型与职业类型的吻合。能力水平要与职业层次一致或基本一致。对一种职业或职业类型来说，由于所承担的责任不同，又可分为不同层次，不同的层次对人的能力有不同的要求。因而，在根据能力类型确定了职业类型后，还应根据自己所达到或可能达到的能力水平确定相吻合的职业层次。只有这样，才能使能力与职业的吻合具体化。

（二）注意一般能力与职业相吻合

不同的职业对人的一般能力的要求不同，有些职业对从业者的智力水平有绝对的要求，如律师、工程师、科研人员、大学教师等都要求有很高的智商；智力在很大的程度上决定着其所从事的职业类型。

（三）注意特殊能力与职业相吻合

要顺利完成某项工作，除要具有一般能力外，又要具有该项工作所要求的特殊能力，如从事教育工作需要有阅读能力和表达能力；从事数学研究需要具有计算能力、空间想象能力和逻辑思维能力。如法官就应具有很强的逻辑推理能力，却不一定要有很强的动手能力；而建筑工应有一定的空间判断能力，却不需要良好的语言表达能力。

（四）确定职业层次

要使职业选择具体化，不仅需要确定所要从事的职业类型，还需要确定相应的职业层次。职业层次是指在同一种职业或职业类型内部，由于工作活动及其对人员要求的不同而造成的区别。一般按照工作所要求的技能和责任心程度的不同，可分为六种层次。

（1）非技能性工作。这种层次的工作简单、普通，不要求独立的决策和创造力。

（2）半技能性工作。要求在有限的工作范围里具有一些较低程度的技能知识，或具备一种高程度的操作技能。

（3）技能性工作。具备熟练的技能、专门知识和判断能力，能完成所分配的工作。

（4）半专业性和管理性工作。要求有一定的专门知识和判断能力的脑力工作，对他人有低程度的责任。

（5）专业性工作。要求有大量的知识和判断能力，具有一定的责任和自主权。

（6）高度专业性和管理性工作。要求具有高水平的知识、智力和自主性，承担更多的决策和监督他人的责任。

由以上描述可知，决定一个人职业层次的应该是他的能力水平。一般可用一个人的受教育程度或培训水平来代表他所达到的相应能力水平。因而，不同层次的工作要求不同的教育程度或培训水平，一个人的受教育水平在相当程度上决定了其所要从事的职业层次。一般来说，第五、六两个层次的工作要求经过大学和研究生教育；第三、四两个层次的工作需要大中专教育或中等程度的培训；而第一、二两个层次的工作只需要进行适当的工作培训即可。

由于人性的作用，每个人都试图登上职业阶梯的最高层次，但实际上这是不可能的，因为社会分工要求人们必须在所有领域和层次上工作。因此，当人们确定了自己的工作领域或职业类型后，还需要进一步探索自己的能力、价值观，以决定自己在所选择领域的哪个层上开始工作及想要达到的目标层次。

四、大学生一般能力的拓展

将职业能力区分为一般能力和特殊能力，只是我们从心理学角度认识职业能力的一种视角。尤其从一般能力的内涵来讲，仅将认知方面的能力纳入大多数职业活动所共同需要的能力，显然是不足以应对激烈的求职竞争的。如今，无论要在哪个行业里面站住脚，除了要在智力上达到一定要求之外，还必须拥有社会所需要的各种通用能力。从某种意义上来说，一般能力的内涵已经拓展为无论什么专业的学生要想顺利就业并尽快有所成就，都必须具备一些共同的基本能力。

（一）表达能力

表达能力是指运用语言或文字阐明自己的观点、意见或抒发思想的能力，包括口头表达能力、文字表达能力、数字表达能力、图示表达能力等几种形式。对于大学生来说，表达能力的重要性不言而喻。不仅在参加工作走向社会后，会立即强烈地意识到这一点，而且在求职就业的时候也会有深切的感受。比如，求职自荐信的撰写、个人材料的准备、回答招聘人员的问题、接受用人单位的面试等，每一个环节都需要较强的表达能力。

培养表达能力，关键在于提高表达的准确性、鲜明性和生动性。准确是对人们表达能力最基本和最首要的要求。没有准确的表达，信息就不能如实传递出来，也就失去了表达应有的作用。同时表达又需要有人来接受。只有鲜明生动的表达，才能更好地排除人们接受信息时带来的各种障碍，有利于表达目的的实现。因此，我们在培养表达能力时要尽可能向准确、鲜明、生动的方向努力。

（二）动手能力

动手能力也就是实际操作能力，它是人的智力转化为物质力量的关键，是专业工作者必须具备的一种实践能力。在现实生活中，尤其是教学、科研、生产第一线，大学毕业生实际动手操作能力的强弱，将直接影响到其作用的发挥。比如，作为一名科技人员，只懂得技术原理不行，没有操作能力，在很多情况下是不能完成技术任务的；作为一名教师，只有丰富的知识是不够的，还要有能把自己的知识传授给学生的能力。学化学的人都知道，实验能力的强弱对实验的效果有很大的影响；学电子的要使用烙铁，要求焊接速度快、质量好；操作仪器，特别是操作精密仪器的人，手指的灵活程度对调试就有影响等。因此，我们必须重视动手能力的培养。

一个人实际操作能力水平的高低主要体现在操作的速度、准确和灵活三个方面。要提高自己的动手能力关键在于多看、多练。看得多、接触得多，就可以掌握一些基本的操作程序和方法，练得多才可能真正提高自己的动手操作能力和技巧。找工作的时候，在实际操作上如果有一手或几手过硬的本领，一定会受到用人单位的青睐。

（三）适应能力

适应社会和改造社会是对立统一的两个方面。无法想象一个不能接纳社会的人能够改造世界。同学们在跨出校门之前大都有“海阔凭鱼跃，天高任鸟飞”的远大抱负，但真正在生活的激流中奋勇前进时，往往会发现现实生活不尽如人意，发现自己对现实生活的不适应。初入社会的学生，在以改造社会为己任的同时，适应社会的意识较弱，适应能力不够，面对现实生活中的消极现象常常产生不安、不满的情绪。实际上，适应社会正是为了担当社会赋予人们的职责与使命；适者生存，生存正是为了发展。只有注重自己适应社会的能力，走向社会后才能尽可能地缩短自己的适应期，充分地发挥自己的聪明才智。

适应社会的能力是素质、能力的综合反映，适应社会能力的强弱与思想品德、文化知识、活动能力、创造能力、处理人际关系的能力以及健康状况等密切相关。需要指出的是，对社会、对环境的适应是主动的、积极的适应，不是消极地等待和对困难的屈服，更不是对落后、消极现象的认同，甚至同流合污。适应要同发展结合起来，要同改造联系起来。如果只讲适应，不思进取和改造，社会和个人都无法进步。

（四）人际交往能力

人际交往能力实际上就是我们与他人相处的能力。社会上的人际关系远不如学校中的同学、师生关系那么简单。步入社会后，我们要与各种各样的人发生这样那样的关系。能否正确、有效地处理、协调好职业生活中人与人的各种关系，不仅影响我们对环境的适应状况，而且影响着我们工作的效能、心理的健康、生活的愉快和事业的成败。刚刚走上工作岗位时，由于初谙世事，阅历较浅，缺少经验，同学们往往会在各种错综复杂的关系面前茫然失措，苦于无法适应，常常感叹“工作好搞，关系难处”。因此，在学校里面就开始自觉地培养良好的人际交往能力。

培养良好的人际交往能力要做到以下三条：一是要积极大胆地参与。大学校园是优秀青年的聚集地，宽松的文化氛围为同龄人的交流提供了良好的条件，各种社团活动很多，各种社会实践机会繁多。我们应该珍惜机会，抓住机遇，大胆参与。二是要诚实守信。在人际交往方面重要的是以诚相待、以诚取信。“人无信而不立”，在处世过程中不诚实的行为，很可能导致自己终身的遗憾。三是要平等待人。人与人之间无论职位高低、工作性质如何，彼此都是平等的。如果没有这种平等的待人观念，就难以与别人建立良好的人际沟通，更不用说建立良好的人际关系。对于刚刚毕业的大学生来说，必须十分注重尊重、爱护和关心他人，从而获得他人的尊重和支持，为自己营造一个宽松、和谐的生活工作环境。

（五）组织管理能力

尽管不是每个人大学毕业后都会从事管理工作，但可以说每个人在将来的工作中都不同程度地需要组织管理才能，这是现代社会对人才提出的要求。近年来，大学毕业生中的学生干部、社团活跃分子普遍受到用人单位的欢迎，其重要原因就是用人单位非常看重组织管理能力。

要想培养自己的组织管理能力，就积极主动，抓住机遇，怀着一颗为同学服务的爱心。只要善于观察、善于取人之长补己之短，组织管理能力就能够得到提高。

（六）创新能力

创新能力是在多种能力发展的基础上，利用已知信息，创造新颖、独特、具有社会价值的新理论或新产品的能力；它是一种综合性的、高层次的思维能力和行动能力，是以智能为基础具有一定科学依据的“异想天开”。

从社会角度来讲，经济的发展、科技的进步离不开发明创新。从个人角度来说，成功成才依赖创新。创新能力包含多方面的内容，如强烈的好奇心，细微的观察力，深刻的洞察力，大胆设想、勇于探索的精神，以及提出问题、研究问题、解决问题的能力等。大学生要自觉地培养这些能力，为就业后能够创造性地工作打下扎实的基础。

（七）决策能力

决策能力就是对未来行为目标的决断和选择的能力。良好的决策能力可以实现对目标及其实现手段的最佳选择，因此能不走弯路、少犯错误，以较小的代价取得进步与成功。人的一生往往会碰到各种需要自己当机立断、痛下决心来决断的事情。对于即将毕业的大学生来说，走向社会是人生的一大转折点。面临求职择业，何去何从，别人的意见和忠告各种各样，最终要靠自己拿主意。显然，这是对自己决策能力的一次检验。在未来的工作中，各种问题及它们的变化进展都需要自己迅速做出反应，及时予以处理。

培养决策能力要从日常小事做起，不要事无巨细都请别人为自己拿主意，要养成多谋善断的习惯。这样日积月累，以后遇到重大事情时，才不至于无所适从。

（八）顽强的毅力

任何工作都不是仅仅只有想法就可以实现的，都需要脚踏实地、一步一步地工作，这就需要顽强的毅力。与社会相比，学校生活的压力相对少些，所以更应该积极、主动地锻炼自己吃苦耐劳的精神和顽强拼搏的毅力。要有进取心和求知欲望。平时还可以有意识地多参加一些诸如长跑、游泳、登山等需要耐力的项目，主动地锻炼自己的毅力。

（九）计算机和外语能力

在校期间，要刻苦学习，不断更新已有的知识。特别是计算机，近几年来发展很快，已被广泛应用于各个领域。不论是科研、教学还是生产都离不开计算机，因此要努力学习计算机的最新知识，以适应社会发展的需要。随着我国社会的发展与对外开放，特别是加入 WTO 之后，对外交流越来越多，因此我们还要努力学习外语，没有较高的外语水平，很多工作就难以胜任。目前，许多岗位在招聘时会将计算机和外语看作基本的硬件要求，如果没有相应的证书，很难通过第一轮简历筛选。

近几年来，大学生积极从事社会实践、勤工助学活动的形势喜人。在社会实践活动中学生们开展了各种形式的社会调查；校内外相结合的科学研究、科技协作、科技服务；以参加校内建设为主要内容的生产劳动；担任家庭教师等为主的智力服务活动；担当实验室辅助工作人员，从事力所能及的科研活动等，在广阔的社会舞台上锻炼了自己。

五、提高职业能力发展优势

人们都知道，职业能力是可以通过锻炼而获得、提高的。但是，能力是如何锻炼而得的呢？主要有以下几种方式与途径。

（一）发现潜能

心理学家提示，获取能力要注意扬长避短。他们发现，在 100 人中，只有 2 人能在智力测验中得分超过 130，这些人通常被称为“超常者”；而在天赋方面，每 20 个儿童中有 19 个都具有某种特殊“天赋”，这些天赋可能在脑力方面，也可能在艺术、技术、音乐、运动或其他方面。因此，发现自己的天赋才能，并进行开发是最重要的。

（二）积累知识

无法想象一个知识贫乏的人能拥有超群的能力，离开知识积累，能力就会成为“无源之水”。因此，求职者在校期间，一定要注意拓宽自己的知识面，勤奋学习，不耻下问，正如王充所说“智能之事，不学不成，不问不知”。一个人才能的大小，首先取决于掌握知识的多寡、深浅和完善程度。这是因为个别知识是构成才能的元素或细胞。需要说明的是，才能并不是知识的简单堆积，而是知识的结晶。这里的“结晶”，包含着对知识的提炼、改造和制作，包含着质的变化。掌握的知识越丰富、越精深、越完善，加工和运用知识的思想方法越正确、越先进，实现创造的技能技巧越熟练、越精湛，才能也就越优异、越高超卓绝，也就是说其能力越超群。

（三）勤于实践

能力是在实践过程中培养形成并在实践过程中表现出来的，因此实践是培养能力的重要途径。如一个人要想圆满地表达自己的观点、思想和情感，那就得在公众场合善于演讲或具有写作的有关才能，否则只能变为空想，而演讲和写作就是一个实践过程。一个人要想具有组织管理能力，那就得积极主动地、有意识地去组织一些活动，参加一些社团活动或社会工作，这些实践活动都会使其组织管理能力得到明显的提高。社团活动、各类竞赛、义务劳动、社会工作，都是实践的途径。

（四）发展兴趣

兴趣对培养能力相当重要。古今中外许多著名的科学家、文学家、艺术家，都是在强烈的兴趣驱动下取得事业成功的。如英国著名女科学家古道尔从小喜欢生物，并逐步对黑猩猩产生了强烈兴趣，于是她不畏艰险，只身进入热带森林与黑猩猩一起“生活”了十年，掌握了极其宝贵的第一手资料，为揭开黑猩猩的秘密做出了贡献。又如达尔文，起初因无兴致于医学、数学、神学，曾变为“慢班”的学生，但他对打猎、旅行、搜集标本却兴趣盎然，以至后来成为著名的生物学家。所以，杨振宁博士在总结科学家的成功之路时说：“成功的秘诀是兴趣。”因此，求职者要围绕所学专业发展自己的兴趣爱好，并以这些兴趣为契机，加强相关知识的学习和积累，注意发展自己的优势能力。

（五）超越自我

作为一个多元社会的劳动者，人们可以注意发展自己的优势能力，但仅有优势能力是不够的，必须对所有的基本能力都有所拓展，这就要求人们在注意发展兴趣能力的同时，也要超越自我，注意全面发展自己的各种实际能力。这是今后生存的需要，也是发展的需要。因为现代社会的多维竞争增加了单一能力持有者的生存难度，同时也增加了企业的生存危机感，因此，不管是否是自己的兴趣所在，人们都必须注意锻炼自己的基本能力。

六、职业能力测试工具

（一）一般能力倾向测验

一般能力倾向测验（GATB）是所有工业取向的能力倾向成套测验中历史最悠久的一套

测验，其诞生于20世纪30年代，是明尼苏达就业稳定研究机构的心理学家创建的一系列测验。明尼苏达的这些测验中除了有一个一般智力测验之外，还包括以下形式上相互独立的测验：数字能力测验、机械能力测验和心理运动能力测验。这些测验在对文秘、机械工人、销售员以及其他职业团体施测的过程中，逐渐形成了一套职业能力样本（OAPs），被试的成绩可以和这个样本进行对比。明尼苏达系列测验的这种OAP方法因此延续下来，直到美国劳工局根据工作分析和对59个测验进行因素分析后，于1947年建立GATB的测验结构，并对该测验进行了标准化。

GATB形成以来一直被广泛用于高中三年级的学生和成人的职业咨询与工作安置，成为美国就业部门的工作参考程序的核心部分，而被试的测验得分对于其就业机会也有重大影响。这套测验目前至少被译成12种语言，应用于至少35个国家。

（二）差别能力倾向测验

差别能力倾向测验（DAT）是学业取向的最流行的成套测验，最初是为初中和高中的教育与职业咨询而设计的，现在还用于基础成人教育课程和相关的课程、社区大学、职业/技术学校与大学。

差别能力倾向测验有：文字推理、数字推理、抽象推理、文书速度和准确性、观察能力测试、机械推理、空间关系、判断能力测试、语言使用等。

1. 文字推理

这个分测验测量的是利用文字理解、思维和推理的能力。文字推理是对学校成绩最好的预测指数，尤其是对学术性的科目和文科科目。它可能比其他能力更能影响一个人的职业能力和成功。几乎没有哪一项工作不要求使用文字。许多工作更是以文字为主导，比如律师、教师、销售员、商业主管、牧师、作家、演员和记者。

2. 数字推理

这个分测验测量的是利用数字理解、思维和推理的能力。数字能力在物理科学、数学、计算机编程中都很重要，在工程、技术、会计、商业、计算机科学、商店销售、簿记和许多技能性行业也是必需的。

文字推理和数字推理之和，是一般学校能力的良好预测指数。此项得分高的学生倾向于在大学中发展良好并能顺利过渡到专业性工作以及工商业中的管理、督导和行政岗位上。

3. 抽象推理

测量用符号而不是用文字和数字理解思想的能力。它测验的是个人在没有文字引导时是如何解决问题的。问题以大小、形状、位置和数量等任何没有文字和数字的形式呈现。当你将抽象推理、空间关系和机械推理的得分加起来以后，就可以估计你在许多机械、技术和技能性工作中能在多大程度上取得成功。

4. 文书速度和准确性

测量你在保证速度和准确性的情况下，观察和标记文字和数字的能力。它试图测量你在办公室、实验室、商店、仓库及其他需要将事物存档和检查的地方记录、复印和检查等文书工作的能力。测验的问题很简单，速度是关注的焦点。许多工作都涉及文书的速度和准确性，例如存档、订购、写地址、保存记录、打字、复印和处理技术和科学资料等。

5. 观察能力测试

测量你推理符号和形状的能力如何；要求你必须从视觉上收集有关的信息。许多科学、信息研究以及关注细节的领域中都必须具备这种能力。

6. 机械推理

测量你对控制简单仪器、机械、工具和运动的物理定律和因素的理解。具有良好机械推理能力的人擅长学习如何装配、操作、维修机械和设备。在机械推理上得分高而文字和数字推理能力得分低于平均水平的人，应该考虑从事技能性行业的工作或学徒工作。

7. 空间关系

测量三维推理或想象固体物体和结构形状的能力。它试图测量你通过看平面规划图而在脑中形成具体事物形象的能力。在这一项上得分高的人，可以从事建筑师、制图、各种设计工作、工程、工具和模型制作、建筑等职业。

8. 判断能力测试

测量你能根据已有的信息得出合乎逻辑结论的能力。它需要你的注意力能够持续并集中。如果你获得高分，你将会在许多需要以判断力来解决问题的领域中获得成功。

9. 语言使用

测量准确地使用标点、大写字母和语法的能力。要求大学教育水平的工作都涉及较好的语言使用能力，在工商界的办公室和管理职位、写作和记者行业也对恰当的语言表达能力有较高的要求。

阅读资料3.5

关于职业能力倾向的描述

以下是一些职业能力倾向及描述。

(1) 抽象推理：能够脱离具体实物的存在理解思想的能力；不是用词汇和数字，而是用符号或图像表达概念。

(2) 听觉辨别：区分不同声音（对音乐家尤为重要）的能力。

(3) 文书能力：记录、复制、存档、校对、识别细节、避免拼写和计算错误的能力。

(4) 颜色辨别：察觉颜色的相似性与不同以及感知不同深浅的颜色的能力；观察颜色之间的协调性的能力。

(5) 眼—手—足协调：在视野范围内手—足协调运动反应的能力。

(6) 手指灵活性：手指迅速、敏捷、精确地操纵微小物体的能力。

(7) 形状感知：进行视觉对比、观察物体和图画的形状及阴影的细小差别的能力。

(8) 语言使用：使用词汇、语法、标点的能力。

(9) 机械推理：理解物理定律、机械、工具、机器设备的能力。

(10) 记忆：回忆已发生事件或保留学习信息的能力。

(11) 运动协调：四肢和身体在保持一定速度、姿势和精确性的情况下，有节奏地精确运动的能力（对运动员和舞蹈演员很重要）。

(12) 数字能力：迅速、准确地理解数字和进行数学推理的能力。

(13) 说服能力：提供可信服的理由或劝说他人采纳自己观点的能力。

(14) 身体力量：运用身体肌肉去完成搬、运、抬举重物的能力。

(15) 敏捷：思维敏捷，或身体以一定速度、灵敏度和准确性运动的能力。

(16) 社会技能（同感）：理解他人和与人相处的能力，感同身受地体会他人处境的能力。

(17) 空间能力：在头脑中描绘各种形状和大小的三维对象的能力。

(18) 文字推理：理解文字表达的思想或概念的能力；使用文字思维和推理的能力。

(19) 词汇：理解和准确使用词语含义的能力。

（三）瑞文推理能力测验

瑞文智力测验则是纯粹的非文字智力测验，是英国人瑞文在1983年设计的一个智力量表，简称瑞文智力测验。这是一套使用方便、用途广泛的智力测量工具，至今仍为国际心理学界和医学界所使用。由于该测验是非文字的，因而测验的结果较少受特殊文化背景的影响。

瑞文测验的实用价值突出表现于它的适用范围之广。不同年龄、从事不同职业、说不同语言、有不同文化背景的人都可以用，可以用它做工具，进行跨文化的研究、多年龄组的研究、正常儿童和聋哑儿童的比较研究等；医学上也可以用它作为诊断和研究的辅助工具。此外，瑞文测验使用方便，经济实用，且测验结果也比较可靠。

第五节　价值观的自我认知

教学案例3.4

案例1　佳文的困惑

佳文已经大学三年级了，在考虑找工作的问题。他看到自己的表哥在一家外企工作，表面上风光无限，其实累得要命，加班到深夜两点是常有的事。他很疑惑：是否一定要找一份收入很好但很累的工作来满足自己的虚荣心？

案例2　秋兰的故事

秋兰在银行工作了十年，30岁出头的她，猛然发现自己常常在盘算还有几年就可以退休。

当初，她毕业考进银行，同学们都很羡慕，父母高兴得到处炫耀，上菜市场还不忘带着她去光宗耀祖一番。考进银行是对自己能力的一种肯定，但是到银行上班却是自己始料未及的。秋兰知道自己喜欢和人接触的工作，喜欢扮演大姐的角色，帮大家解决问题，虽然银行的文书事务工作可以做，且做得不错，可是她并不感兴趣，常常问自己："这就是我想要的生活吗？"

她喜欢慈善家的精神，希望从助人的过程中得到快乐。银行的工作和自己的价值观不相符，她早就心知肚明，这半年来升迁上的不如意，让她更加怀疑这份工作的意义。仔细思量，她很清楚离职是现实上最不理智、经济上最不划算的决定（理想与现实的冲突），但是情感上她真的很想换一换工作环境。有一天，她从广播上得知市生命线在招募工作人员，有一连串助人的辅导训练，包括一阶段、二阶段的训练课程……秋兰想通了，为了现实，她继续待在银行；为了理想，她到生命线去工作，两全其美，对自己、对家人都有交代。对于过程的辛苦，她相信自己撑得过来。

这样的例子在生活中是很常见的。其实好多毕业生都面临这样的问题：升学还是就业？想升学的同学也并非确定自己是否真的想读，只是现在就业形势严峻，随大流的情况很多。每个人都有诸多的考虑，一方面，想升学，但又觉得自己想工作、想赚钱，不想再在学校里浪费大好的时光；另一方面，大家都想拿高学历，我不拿就没面子。就业时也面临多重的困惑与问题。“鱼与熊掌，到底要什么？或者，哪个是鱼，哪个是熊掌？”“什么是工作？什么是最适合自己的工作？”“在哪项工作中，我能真正开开心心地投入并实现自己的价值？”等等。

人是否面临这样的选择？是否已经做出最适合自己的选择？还是迫于形势根本没得选择？清楚自己到底在意和重视的是什么吗？其实这个问题搞清楚了，所有的疑惑也就迎刃而解了。于是就产生了这样一个问题：如何清楚、明确自己所重视的是什么呢？对自己来说，到底什么才是最重要的呢？这些问题的答案就构成了自己的价值观。而当这些问题应用到工作中时，就成为职业价值观。

一、职业价值观含义

理想、信念、世界观对于职业的影响，集中体现在职业价值观上。俗话说“人各有志”，这个“志”表现在职业选择上就是职业价值观，它是一种具有明确的目的性、自觉性和坚定性的职业选择的态度和行为，对一个人职业目标和择业动机起着决定性的作用。

职业价值观是价值观的重要组成部分，是人们对职业活动所带来的利益的社会判断取向，有人注重职业活动的过程本质，有人注重职业活动的结果，有人注重职业活动的环境等，人们的职业价值观不同，所选择的职业也有所差别。职业价值观是人们依据自身的需要对待职业、职业行为和工作结果的比较稳定的、具有概括性和动力作用的一套信念系统。它是个体一般价值观在职业生活中的体现；它不但决定了人们的择业倾向，而且决定了人们的工作态度；它是个体在长期的社会变化中所获得的关于职业经验和职业感受的结晶；它属于个性倾向范畴。

阅读资料 3.6

小故事——渔夫与商人的对话

一个美国商人坐在墨西哥海边一个小渔村的码头上，看着一个墨西哥渔夫划着一艘小船靠岸。小船上有好几条大黄鳍鲔鱼，这个美国商人问渔夫：“要花多少时间才能抓这么多？”墨西哥渔夫说：“一会儿工夫就抓到了。”美国人接着问道：“你为什么不待久一点，好多抓一些鱼？”墨西哥渔夫觉得不以为然，这些鱼已经足够一家人生活所需了！

美国人又问：“那么你一天剩下那么多时间都在干什么？”墨西哥渔夫解释：“我每天睡到自然醒，出海抓几条鱼，回来后跟孩子们玩一玩，再跟老婆睡个午觉，黄昏时晃到村子里喝点小酒，跟哥儿们玩玩吉他，我的日子可过得充实又忙碌呢！”

美国人不以为然，帮忙出主意，就说：“我是美国哈佛中职企管硕士，可以帮你忙！你应该每天多花一些时间去抓鱼，到时候就有钱去买一条大一点的船，再买更多渔船。然后你就可以拥有一个渔船队，可以自己开一家罐头工厂。如此你就可以控制整个生产、加工处理和行销，然后可以离开这个小渔村，搬到墨西哥城，再搬到洛杉矶，最后到纽约，在那里经营不断扩充的企业。”

墨西哥渔夫问：“这要花多少时间呢?”

美国人回答：“十五年到二十年。”

“然后呢?”

美国人大笑着说：“然后就可以在家当皇帝了！时机一到，就可以宣布股票上市，把公司股份卖给投资大众。到时候你就发了！可以几亿几亿地赚！”

“然后呢?”

美国人说：“到那个时候你就可以退休了！可以搬到海边的小渔村去住。每天睡到自然醒，出海随便抓几条鱼，跟孩子们玩一玩，再跟老婆睡个午觉，黄昏时，晃到村子里喝点小酒，跟哥儿们玩玩吉他喽!”

墨西哥渔夫疑惑地说：“我现在不就是这样子吗?”

感受与分享：读完这个故事，每个人都会有不同的感受，有人觉得渔夫没有志向，只满足于当前的享受；而有人则会认为商人是多管闲事，多此一举，渔夫现在的生活就很好。

“仁者见仁，智者见智”，那么你又想到了什么呢？想过什么样的生活？想要的是什么？什么东西对你而言是有价值的？什么样的工作因素会特别打动你，让你毅然选择某份职业？请与同学分享感受。

二、价值观的分类

阅读资料 3.7

职业分类

职业专家通过大量的调查，从人们的理想、信念和世界观角度把职业分为以下九大类。

1. 自由型（非工资工作者型）

特点：不受别人指使，凭自己的能力拥有自己的小“城堡”，不愿受人干涉，想充分施展本领。

相应职业类型：室内装饰专家、图书管理专家、摄影师、音乐教师、作家、演员、记者、诗人、作曲家、编剧、雕刻家、漫画家等。

2. 经济型（理想型）

特点：他们断然认为世界上的各种关系都建立在金钱的基础上，包括人与人之间的关系，甚至父母与子女之间的爱也带有金钱的烙印。这种类型的人确信，金钱可以买到世界上所有的幸福。

相应职业类型：各种职业中都有这种类型的人，商人为甚。

3. 支配型（独断专行型）

特点：相当擅长组织的一把手，飞扬跋扈，无视他人的想法，为所欲为，且视此为无比快乐。

相应职业类型：进货员、商品批发员、旅馆经理、饭店经理、广告宣传员、调度员、律师、政治家、零售商等。

4. 小康型

特点：追求虚荣，优越感也很强。渴望能有社会地位和名誉，希望常常受到众人尊敬。欲望得不到满足时，由于过于强烈的自我意识，有时反而很自卑。

相应职业类型：记账员、会计、银行出纳、法庭速记员、成本估算员、税务员、核算员、打字员、办公室职员、统计员、计算机操作员等。

5. 自我实现型

特点：不关心平常的幸福，一心一意想发挥个性，追求真理。不考虑收入、地位及他人对自己的看法，尽力挖掘自己的潜力，施展自己的本领，并视此为有意义的生活。

相应职业类型：气象学者、生物学者、天文学家、药剂师、动物学者、化学家、科学报刊编辑、地质学家、植物学家、物理学者、数学家、实验员、科研人员等。

6. 志愿型

特点：富于同情心，把他人的痛苦视为自己的痛苦，不愿干表面上哗众取宠的事，把默默地帮助不幸的人视为无比快乐。

相应职业类型：社会学者、导游、福利机构工作者、咨询人员、社会工作者、社会科学教师、护士等。

7. 技术型

特点：性格沉稳，做事组织严密，井井有条，并且对未来充满平常心态。

相应职业类型：木匠、农民、工程师、飞机机械师、野生动物专家、自动化技师、机械工、电工、火车司机、公共汽车司机、机械制图等。

8. 合作型

特点：人际关系较好，认为朋友是最大的财富。

相应职业类型：公关人员、推销人员、秘书等。

9. 享受型

特点：喜欢安逸的生活，不愿从事任何挑战性的工作。

相应职业类型：无固定职业类型。

许多职业价值观的相关研究都集中于诸如性别、年龄、教育背景、所学专业等个人因素与职业价值观的关系。职业价值观的影响因素有以下几个方面。

（1）性别因素。男职工比女职工更重视职业价值观的内在价值，性别因素影响在大学生职业价值观的内容上表现不明显。男女大学生职业动机具有比较强的一致性，女生的职业选择自主性水平较男生低，而男生比女生择业更有信心。

（2）年龄因素。不同年龄的人有独特的社会经验，对其职业价值观有不同的影响。年龄越小，越重视职业价值观，在择业时更多地考虑主观感受。年轻（30 岁以下）的企业职工与中年（30 岁以上）的职工在职业价值观上有显著性差异，中年职工考虑问题更加多元化，选择职业时注重的现实因素增多，寻找理想职业的难度会增大。

(3) 教育背景。教育不同，职业价值观也会不同。文化程度较高的人，职业需求也越高，这些人抱负较高，在职业发展中注重内在价值，希望工作中能施展自身才能，最大限度地发挥自己的潜力，实现自身价值。

(4) 所学专业。个人的专业不同也会影响其职业价值观。文科大学生在“创造性”“同他人合作”“稳定性和将来的保障”“地位和名声”等职业价值项目上，看得比理科大学生更重要。而他们在考虑职业价值时常常有意无意地与自己未来所从事的工作联系在一起。

(一) 斯普朗格尔的价值观分类

美国组织行为学家斯普朗格尔（E. Spranger）最早对人的价值观进行归类，他将价值观分为下列六类。

理性价值观，以知识和真理为中心，强调通过理性批判的方式发现真理。

唯美的价值观，以形式、和谐为中心，强调对审美、对美的追求。

政治性价值观，以权力和地位为中心，强调权力的获取和影响力。

社会性价值观，以群体他人为中心，强调人与人之间友好、博爱。

经济性价值观，以有效实惠为中心，强调功利性和实务性，追求经济利益。

宗教性价值观，以信仰教义为中心，强调经验的一致性及对宇宙和自身的了解。

当然，没有哪个人是绝对属于某一种类型的。一个人并不是只具有一种类型的价值观。实际上，六种类型在不同的人有着不同的配置。根据奥尔波特（G. W. Allport）等人的调查，这六种价值观在美国社会中起中心作用，但哪些最为主要在看法上有分歧，在美国以第三种、第五种居多。他们还发现：不同职业的人对这六种价值观的重视程度不同，形成了不同的优先顺序，反映了不同的价值体系。

(二) 罗可齐的价值观调查

米尔顿·罗可齐（Milton Rokeach）设计了罗可齐价值观调查问卷（Rokeach Value Survey，RVS），包括两种价值观类型，每一种类型有 18 项具体内容。第一种类型称为终极价值观（Terminal Values），指的是一种期望存在的终极状态，是人一生中希望实现的最根本的目标。诸如舒适的生活、成就感、世界和平、平等、自由、快乐、自尊等。另一种称为工具价值观（Instrumental Value），指的是人喜欢的行为方式或实现终极价值观的手段。诸如勤奋工作、襟怀开阔、清洁、勇敢、宽容、富于想象力、顺从、负责、自律等。

实践研究表明，不同人群的 RVS 价值观有较大差异。调查说明，社区工作者认为平等是最重要的终极价值观，而公司管理者和工会会员却分别将其排在第 14 位和第 13 位；社区工作者将“助人为乐”排在工具价值观的第 2 位，而公司管理者和工会会员却将其排在第 14 位。这些差异表明，人们要想对具体问题达成一致意见是有困难的。

职业生涯研究中，对工作价值观有大量的分析。斯蒂芬·P·罗宾斯（Stephen P. Robbns）总结了这一方面的工作，将美国劳动力大军不同时期占主流地位的工作价值观整合为 4 个阶段，将美国员工根据他们进入劳动力队伍的不同年代划分为个群体，由于多数人在 18 ~ 23 岁开始工作，因而这些时代与员工年龄有着紧密的联系。

美国社会的主流价值观是新教理论，在 20 世纪 50 年代末以前进入美国劳动市场中的人普遍崇尚新教理论，忠诚于雇主，视努力工作为天职，终极价值观是舒适的生活和家庭安全。

在20世纪60年代至70年代中期进入美国劳动力大军的员工深受人权运动、越南战争和生育高峰的影响，多数人接纳存在主义哲学，更注重生活质量而不是财富积累的多少，对自主的向往使他们对自己而不是对组织忠诚，把自由和平等看得更高。

而20世纪70年代中期到80年代末进入工作领域的人反映出美国社会向传统价值观回归的倾向，他们更强调获得成就、取得物质上的成功。这代人受里根保守政策、信息技术发展、创业风潮的影响，信仰实用主义，把组织看作职业生涯的工具。终极价值观的成就感和社会认同感放在较高的位置。

最后一类人就是现在的X代，追求灵活性、生活的选择权、工作满意的实现。家庭和社会关系对这群人是非常重要的，金钱成为重要的职业绩效评判指标。为了获得更多的选择范围，他们宁愿舍弃提薪、头衔、保险和晋升机会。他们对友谊、幸福和快乐评价更高。

三、职业价值观的作用

价值观是人们用来区分好坏标准并指导行为的心理倾向系统。

心理学将价值观归为个性倾向性的一种。个性倾向性决定人的心理活动的选择性、对事物不同的态度及各种行为模式，标志着一个人憧憬什么、企求什么、争取什么、坚信什么、喜欢什么、嫌弃什么和什么驱使他活动等。其中，价值观为人自认为正当的行为提供充分理由，是浸透于整个个性中支配着人的行为、态度、观点、信念、理想的一种内心尺度。这种尺度具有以下四种特征：首先，价值观具有主观性，每个人对于得失、荣辱、福祸、善恶的标准都不一样，主要取决于自身需要。其次，价值观具有选择性，价值观是我们出生后在社会实践中逐渐萌发和形成的。儿童时期的价值观主要源于对父母和亲近的人的模仿，到了青年期，随着自我意识成熟，我们会主观地、有意识地进行自由选择。再次，价值观具有稳定性，一个人的价值观一旦形成，就相对稳定、持久，不易发生变化。最后，价值观具有社会历史性，时代的变化、生活的变迁会改变人们的观念，所以价值观会表现出一定的社会属性。

（一）价值观与职业息息相关

每个人都有一套独一无二的价值系统。职业生涯规划中，当你为了制定一个明智的职业决策而寻求自我认知时，你需要明确哪种价值最符合自己的个性。

对职业价值观的探索是职业生涯规划的基础。如果在职业生涯中找到了自己的价值，那工作就会变得有意义、有目的；工作就会是一种乐趣而不是诅咒。如果工作没有使你得到满足，生活就会变得乏味、单调而令人烦躁。

（二）价值观，职业成功的关键核心

这里的职业成功是指在事业中取得非凡成就，或为社会做出突出贡献。在价值观多元化的今天，人们可以因工作满足了家庭和谐的需要而感到成功。但是，如果人们关心自己或他人能否在职业中取得突出成就，就要把握好生涯规划中价值观这一要素。

心理学家布鲁姆对世界上最优秀的钢琴家、雕塑家、数学家、神经病学家、奥运会游泳选手和网球运动员进行了一项有趣的调查，最终发现，决定未来取得卓越成就的首要因素不是“天才”，而是“动机”和“奋斗目标”，他们都属于价值观的内涵。

相反，有些人的职业价值观会反抗事业上的成功。就是所谓的成功恐惧。你有过“不敢成功”的经验吗？例如，为了使自己能被一个群体接受，你有意隐藏自己的职业才能。你是否曾为此而在比赛中故意输给别人？你是否有时为了讨好朋友而“明知故问”？几乎每个人都在特定的情境中这么做过。所有的这些行动都包含着一种成功恐惧，即积极地避免成功。很明显，这种恐惧会抑制一个人取得职业成功的努力，最好在规划生涯时识别出来。

阅读资料 3.8

对成功态度的测试

下面有六个问题。看看你同意哪些，不同意哪些。

(1) 只有我做得比别人都好时我才高兴。

(2) 成就博得尊敬。

(3) 把我经手的每一件事情都做得漂漂亮亮是最重要的。

(4) 成功付出的代价总是大于成功所获得的奖赏。

(5) 我相信，成功者往往是孤独的和忧郁的。

(6) 我认为现在的社会过于强调“成功”。

如果你同意前三项陈述，表明你对成功持积极的态度；如果同意后三项陈述，表明你也许有避免成功的倾向。但是，为什么有人会避免成功呢？通常是出于以下原因：①要成功就必须改变自己已有的“自我概念”，而有些人不愿改变；②要成功就可能成为“出头鸟”，而有些人害怕因此而被自己所属的群体拒绝；③对一位“成功者”往往会有些额外要求，而有些人则害怕背那些额外包袱。

四、职业价值观测试工具

(一) 埃德加·施恩 (Edgar Schein) 的职业锚测试

施恩引入职业锚概念，是为了认清各种不同的工作倾向。人们自我感知的才能、动机和价值观等构成了人们对自身的职业定位，职业锚又是人们自己的职业观念的核心。此外，职业锚也可为选择职业提供一种基础；因为人们在选择工作或组织时，所做的决定往往与对自己的看法一致。但是，人们又只有通过若干年的工作经验及实际考验，才能完全清楚、懂得自己的职业锚到底应该在哪里。施恩根据自己对斯隆管理学院男性毕业生长期研究的结果发现了 8 种类型的职业锚。

(二) WVI 工作价值观问卷

WVI 工作价值观量表，是美国心理学家萨伯于 1970 年编制的，用来衡量价值观——工作中和工作以外的——以及激励人们工作的目标。量表将职业价值分为 3 个维度：一是内在价值观，即与职业本身性质有关的因素；二是外在价值观，即与职业性质有关的外部因素；三是外在报酬，共计 15 个因素。

工作价值观问卷是用来测量和工作满意状况有关的价值观。其实在一般价值观中已经包含工作价值观，只是不够具体化。工作价值观是人生目标和人生态度在职业选择方面的具体体现。它对一个人的职业目标和择业动机起着决定性的作用。对工作价值的研究是职业生涯规划的基础。

（三）罗克基价值观调查表

罗克基价值观调查表（Rokeach Value Survey）包括两种价值观序列（每个序列有18种价值观）。人们按照各种价值观在个人生活中作为指导原则的重要性对它们进行排序。第一序列包括“目的”价值观，或者说是与人们希望从生活中获得什么有关的价值观；而第二序列则由“工具”价值观组成，即与其为人处世方式有关的价值观。该调查表的一个重要方面是按价值观的相对重要性排序，这表明人们必须依照他们自身内部的价值观体系来指导他们做出选择。

（四）人格投射测试

投射测验是一种极为特殊的人格探查方法，其特点是以间接的方法揭示人们无意识的或内隐的愿望、想法及需要。心理问卷技术是直接探查可观察到的或外显的人格特质的方法。

所谓投射是指个人把自己的态度、愿望、情绪、动机等人格特征不自觉地反映于外界事物或他人的一种心理现象，即个人的人格结构对感知、组织及解释环境的方式发生影响的过程。投射测验就是通过受测者对这种结构不明确的、模糊不清的刺激的反应来分析、推断其相应的人格特征。

投射测验的答案没有“对”和“错”之分，因此，受测者不需要通过“伪装”来掩饰什么。此外，由于投射测验的答案不限于少数几个选择答案，因此，受测者的报告可以提供非常丰富的信息。

阅读资料3.9

心理投射测验实例

以下是五个阐明生活目标和职业选择之间重要关系的例子，请标出你最能认同的一个。

A最想要的就是金钱。由于家境贫寒，A一心想过衣食无忧的富裕生活。这种愿望十分强烈，以致他想在实现目标之前一直保持单身。A的一些朋友认为他思维狭隘且自私，但A毫不在意。他在目标的激发下进行了全方位的职业搜索，成功地成了一个注册会计师，实现了他的梦想。尽管失去了朋友，但A变得比他的这些朋友们都富有。

B有两个生活目标。一是旅行；另一个是要促进世界人民的相互理解。B为达到她的目标奋斗了很长一段时间。结果，当她成为旅行代理商时，已到了不惑之年。由于参加了继续教育课程，B会说两种外语。在旅行中，B以“亲善大使”的姿态辛勤工作。B告诉她的朋友：“当我发现某些事情更为重要而需要我为之献身时，我会全身心投入。我希望不久后能发现一个更好的生活目标。”

C职业高中毕业后在建筑行业干了三年。他从未过多想自己的职业生涯，直到遇见了一个特别的女孩。在C的生活中，第一次想拥有一个属于自己的美好未来。从那时起，他们两个人就一起忙碌起来了。现在C已拿到本科文凭，而且成为一名建筑设计师。

D从一位小学老师那里得知自己有艺术才能。后来，D听了家人劝告，接受学校教育，考上大学，进入了外企工作。在变换了一个又一个无法令她满足的工作之后，她开始反思。正巧，一位艺术家的成功给了她灵感，她觉得自己也可以做得同样出色。于是，她到美术学院进修。今天，D已是一位成功的商业艺术家，并且被时常邀回到她的母校做演讲。

E厌倦了现在整天都要在电脑前的工作，决定给自己放一个长假。他除了一边旅游，结交新的朋友外，还一边利用一切手段了解有前景的工作机会。他发现保险精算师现在及可预见的未来将是中国就业市场中的枪手职业：不算累，但收入却很高，在美国已被认为是最令人羡慕的职业。E一直数学很好，电脑又是他的强项。因国内精算领域没有什么学校可选，E决定出国深造。他对自己的未来充满信心。

参考答案：心理投射需要分析人员具有心理学知识和经验。分析时不仅要基于被试者所表达的语言，还要结合其表达时的语气语调和身体语言。对于以上5个例子，即使不同的被试者都认同一个例子，结果也会因人而异。以下分析只是一些较为可能的答案：

认同A的人可能会有较强的成就欲；适合从事单打独斗的工作，如保险销售。

认同B的人可能有较强的亲和力，喜欢从事与人打交道并为人服务的工作，如人力资源、工会工作。

认同C的人可能十分注重人际关系，把情感、精神激励看得比物质激励更重。

认同D的人可能具有较强的责任感，善于自我激励，是一个可以被充分授权的人。

认同E的人可能思想相当开放，不太爱受约束，喜欢从事有较大自由度的工作。

（五）职业成就动机量表（VAMS）

成就动机是指个人对自己认为重要或有价值的工作，不但愿意做，而且力求达到更标准的内在心理过程。简而言之，就是要求获得优秀成绩的欲望。个人的年龄、性别、能力、成败经历、努力程度等主观因素，以及工作性质、任务难度、社会环境等客观因素都是成就动机个别差异形成的原因。

（六）工作满意度量表（OST）

工作满意度表现了人们对工作的适应程度，并非每个人都满意自己的工作，或者说，每个人对自己的工作的满意度其实是有差别的，以至于所谓的满意其实是个相对的值。通过这个测验，能客观了解自己的工作满意程度，这对人们未来的人生选择和定位是很有帮助的。

（七）职业价值观测试量表

职业价值观测试量表，来自于一个名为“信息交互指导系统”（System of Interactive Guidance and Information，SIGI PLUS）的职业指导和规划决策系统。它概括了重要的价值观，容易看出，各项价值观也是我们进行职业选择时重点考虑的因素。其中前8项与工作相关，指与个人从事的具体工作相关的价值观；后8项与职业相关，是与职业本身相关的价值观。

阅读资料3.10

对工作选择的测试

通过对比，你能将它们按最重要到最不重要的顺序排列出来吗？

1. 与工作相关的价值观

晋升：你希望能够按照预期的步骤被提升，或者直接步入一个更高级的职位。你想避开没有发展前途的工作。

机遇：你希望用自己的能力去解决问题，工作不太容易，但它能带给你成就感。

交通便利：你希望工作离家很近，来回不需要很长时间。你还希望有便捷的公共交通工具，或者能与人合伙开车。

灵活机动的时间：你希望有一个灵活的时间表，只要你能投入所需的时间，就可以调整自己的工作时间表。

福利：你希望自己的工作能够提供除了报酬以外的福利，如医疗保险、学费补助、儿童保育服务等。

在职学习：你希望学习新的技能和思想，以便从事一项更高级的工作；或者，仅仅是为了享受学习本身的乐趣。

愉快的工作伙伴：你希望和令人愉快的人在一起工作，他与你有共同的兴趣和观点，易于相处。

固定的工作地点：你希望工作地点稳定。

2. 与职业相关的价值观

对社会的贡献：几乎所有的工作都对社会有贡献，但你希望自己的工作的贡献在于提高社会整体的健康、教育和福利水平。

高薪：你希望有这样一个职业，这个职业的平均收入比其他职业要高（这里的平均指的是最高和最低收入的中间值）。

独立：你希望自己做老板，自己做决策，没有压力、无拘无束地工作，而不必每日一丝不苟地听从指令。

领导能力：你希望领导别人，吩咐他们做事，并对自己及下属的行为负责。当事情出错时，你愿意承担责任。

休闲：你希望工作时间短或者休假时间长，你感到在业余时间内所得到的满足感对你很重要，因此不希望工作打扰你的休闲活动。

声望：你希望自己的工作能得到别人的尊重，他们愿意听从你的观点、寻求你的帮助。

保障：你希望工作不要因经济衰退，或在技术、政府开支及社会趣味方面的变化而变化不定，避免周期性地上下波动。

多样性：你希望参与不同的活动，解决不同的问题，和不同人交流，去到不同的地方，而不是一成不变地工作。

五、价值观与职业决策

阅读资料 3.11

不能放弃最看重的东西

刘先生于2004 年毕业于浙江某高校环境工程专业。那年高校毕业大军占据了求职队伍的大半江山，竞争压力非常大，而刘先生学的环境工程专业又比较冷门，找工作的难度相对更大。后来，父母托关系帮他在当地的自来水厂找了份工作，刘先生原以为这份工作是做污水处理以及相关技术的，而且自来水厂是事业单位，虽然工资不是特别高，但是各方面的福利待遇很不错，所以他很庆幸自己找到了这样一份工作。

工作了一段时间之后，刘先生发现这份工作毫无技术含量，自己就是在厂里打杂的。可是碍于关系及薪水待遇的问题，刘先生迟迟没有选择其他工作，这样一拖就是三年。于是，刘先生开始觉得进退两难。

按照阿尔波特等人的价值观分类不难看出，刘先生身上理论型的价值取向是非常明显的。理论型的人喜欢钻研，求知欲强，所以刘先生对自己的专业适应得很好，刚在自来水厂找到工作的时候也相信自己可以做好污水处理和相关技术工作。只是没想到，进入自来水厂之后，刘先生并没有从事自己认同的技术工作，而是在“毫无技术含量”地“打杂”，这样的工作显然与刘先生的职业价值观不吻合。价值观就好像一个过滤器，决定了什么对我们最重要，什么对我们不重要，什么是有意义、有价值的，什么是无聊、乏味的。如果我们的价值观与所从事的职业相吻合，我们会觉得很开心、很带劲。如果不相吻合，那么就会感到很无奈、很痛苦，而这些感受通常是金钱和威望不能弥补的。

不同的职业在满足我们的价值愿望时，效果是不一样的。表 3 - 4 列举了三种大家比较熟悉的职业，比如牧师可以满足我们宗教、社会等方面的价值需求，但不能实现理论、经济等价值；采购代理商能满足我们经济、理论方面的价值需求，但可能对审美、宗教等价值需求则难于满足；而工业工程师只能满足理论、政治方面的价值需求，对于宗教、社会等价值需求却很难满足。

表 3 - 4　三种典型职业的价值排序

排序	牧师	采购代理商	工业工程师
1	宗教	经济	理论
2	社会	理论	政治
3	审美	政治	经济
4	政治	社会	审美
5	理论	审美	宗教
6	经济	宗教	社会

现实中，没有哪个人能够绝对地属于哪一种价值类型，我们大都是不同类型、不同程度的组合。有时候也许我们会希望所有价值观能获得全方位的满足，但事实上，任何一种职业都很难同时满足多种价值追求，我们只能选择满足其中最重要的一部分。因此，如果要通过价值观选择职业，我们首先要明确自己最看重的价值和最不看重的价值，然后再选择那些能相对满足自己所重视的价值的职业。比如，理论型的人适合做科学家、大学教师、时事记者；经济型的人适合经商、投资等活动；审美型的人可以选择艺术类、策划类的职业；社会型的人做社工、职业咨询师会比较愉快；而政治型的人适合做职业经理人、政府官员；宗教型的价值取向在我们国家比较少，而在西方，牧师是典型的宗教型职业。

价值观决定了我们想要什么样的生活，职业决定了我们实际上会过什么样的生活。所以一定要选最符合自己价值观的职业，它决定了你能否过上想要的生活。

阅读资料 3.12

阅读、思考与选择

每个人都希望拥有一套独一无二的价值系统。生涯规划中，当为了制定一个明智的职业决策而寻求自我认识时，需要明确最符合自己个性的价值观是什么。

我们可以通过自己的思想、语言和行为来表达自己的价值观。然而，自己是否能清楚地意识到它们的存在呢？人们越是能清楚地意识到自己的价值体系，就越能了解自己。如果想了解自己，想知道自己为什么会像现在这样处事，那就不能忽视探索自己的价值体系。

在童年早期，价值体系开始形成。它是通过与周围环境的接触，以及在周围环境中的体验而形成的。通过与父母、兄弟姐妹、亲戚、邻居、朋友、老师、各种机构、所生活的整个社区和社会的交往，我们获得了各种价值观，逐渐形成了自己的个性。我们还从自己所读到的报纸杂志，从自己在电视电影、收音机和戏剧里看到、听到的东西里吸取各种价值观。

一次价值观的探索将使生活更有方向感。如果生活没有方向，那它就会变得漫无目的、死气沉沉、没有追求、没有意义，缺少目的和价值的生活将使人无精打采、绝望万分，进而会得一种被精神分析学家维克特·弗兰克尔称为“心理性神经官能症”的疾病。这里，并不是想要详细地说明我们日常生活中感到空虚、提不起兴趣、冷漠和愤世嫉俗的原因，而是想要指出：找出并且明确自己的价值体系将有助于避免或摆脱这种不愉快的生存状态。

但是，当真正想要试着去了解自己的体系时，我们也有可能会感到迷惑。与以往年代相比，今天想要形成清晰的价值体系可能要更难一些。生活方式的改变已经削弱了家庭的联系。价值观冲突导致分居、离婚和家庭破裂的比例增加。沟通渠道的激增，包括从收音机、电影、电视到连环画、音乐等，也带来了各种价值之间日益激烈的相互竞争。不同的价值取向随着晚间新闻进入我们的卧房。现在的人们有更多的沟通手段，交通也更为发达，因此也就面临着更多新的思想、新的生活方式、新的事物、新的习俗、新的行为及新的信仰。更高级尖端的技术、更强烈的刺激、更广泛的多元化及知识大爆炸有着它们的代价：在这个如此纷繁复杂的世界中，一个人想搞清楚自己的价值体系是很困难的，而人们也会感觉困惑。

学会理解自己的价值体系需要花费我们一生的时间。如果你迄今为止还没有开始探索，那么现在是时候了。不可否认，对价值体系的研究是复杂的，因为它无时无刻不在变化，但是我们必须努力做出尝试。在进行职业生涯规划的时候，我们所关心的问题实际上就构成了一系列的职业价值观。同时，职业价值观也是生活价值观的一部分。了解这些价值观将有助于回答下面三个根本的问题：“我是谁?”“我适合做什么工作?”“我的生命有什么意义?”

对职业价值观的探索是职业生涯规划的基础。如果在职业生涯中找到了自己的价值观，那你的工作就会变得有意义、有目的；你的工作就会是一种乐趣而不是一种诅咒。如果工作没有使自己满足，生活就会变得乏味、单调而令人烦躁。

也许你对“我工作的重心是什么”这个问题已经迷茫了很久，但是从现在开始不要再在原地打转，而是积极地去认识自己，澄清自己的职业价值观，行动起来，开始探索自己，规划自己，为自己的将来铺出一条光明的大道，使自己的职业生涯之路光明、精彩。

教学案例3.5

案例两则

1. “鱼与熊掌”如何选择

面对两家大公司的Offer，不知道该如何选择。人们常说“鱼与熊掌不可兼得”，但在现实生活中，哪个是鱼、哪个是熊掌？什么样的工作才是“好工作”，或者说是最适合自己的工作？

答：什么样的工作才是“好工作”，这个问题没有绝对的标准答案。就像人们常说的“萝卜青菜，各有所爱”，对于不同的人而言，“好”的意义是不同的。因此，重要的是弄清楚对你而言什么才是“好”的、是适合自己的。而你的“好”的标准，就是你的价值观。价值观是高度个人化的，因此需要花时间去探索、澄清。只有清楚了自己想要的、喜欢的是什么，什么东西最重要，你才有了选择的标准，才能在选择中有所取舍。越清楚自己的需要，取舍起来就越容易。需要注意的是：一定要认清“二者不可兼得”的现实，学会放弃“好”的，选择“最好”的。放弃也是一种必要的能力。

另外，需要注意不同的机构有着不同的价值观，也就是通常所说的企业文化，它反映出一个企业所追求的目标与重视的价值。选择工作时，同样需要考虑到个人价值与企业文化的匹配。因为同一行业的机构，彼此之间所重视的价值可能会有很大的不同，例如，一家公司可能会非常重视员工的独立与创新，而另一家公司却更提倡合作与互助，那么充满野心、独立而进取的销售人员也许就更适合在第一家公司的环境中工作。可以通过公司的网站、文字介绍及人物访谈等方式了解组织机构的价值观。

2. “孰轻孰重”——我的抉择

每个人都希望做自己喜欢的事，可是父母坚持认为我应该从事更有“钱”途的工作。他们让我学的专业我一点都不喜欢。怎么办？

答：他人的价值观会对我们造成影响。之所以会如此，其实同样是自己的一种选择。也就是说，面对他人的价值观，我们可以选择不同的态度与回应，可以非常抗拒，可以一味顺从，可以不理不睬，也可以带着开放的态度去了解并判断它是否适合于自己。那么对于父母的意见，为什么常常感到难以违抗却又心不甘情不愿呢？其实，这背后往往隐藏着另一项重要价值观：就是与父母有一个良好的关系，要被他们认可、喜爱。我们如果认识到这一点往往就会把这个困境看作两种价值观之间的冲突：一方面，做自己喜欢的事情；另一方面，希望得到父母的赞许。那么，这时你需要考虑：“如果必须在二者之间做出选择，哪一样对我更重要呢？”事实上，妥协和放弃也是一种能力。现实生活中的确经常出现“鱼与熊掌不可兼得”的状况。如果父母的赞许对你而言是更重要的，那么起码在按照他们的意见生活的时候，可以不必怨天尤人，而能够接受说“这是我的价值选择”。此外，还可以考虑一下目标和手段的问题：得到父母的赞许，是否就一定意味着听从他们的建议呢？与他们心平气和地沟通交流，是否也有可能帮助双方消除分歧、维护一种良好的关系呢？

第六节 自我分析的方法

一、自我分析的主要方法

自我分析的方法主要有：橱窗分析法、心理测试法、SWOT 分析法。通过这几种方法的分析测试，全面了解自己，认识自己，并以此为基础规划和设计自己。

（一）橱窗分析法

美国心理学家 Joe Lufthe 和 Harry Ingam 根据“自己知道—自己不知”和“他人知道—他人不知”这两个维度，将人际沟通划分为四个区，即开放区、盲目区、隐秘区和封闭区，人们将此理论也称为乔哈瑞之窗。此理论开始时用于人际沟通，职业顾问发现，这个工具也可用于职业规划中进行自我评价。乔哈瑞之窗，能帮助我们自我评价，了解别人对自己的真正看法，提高自我评价的准确度。

心理学家把对个人的了解比喻成一个橱窗。为了便于理解，可以把橱窗放在一个直角坐标系中加以分析。坐标的横轴正向表示别人知道，负向表示别人不知道；纵轴正向表示自己知道，负向表示自己不知道。坐标橱窗可用图 3－3 表示。

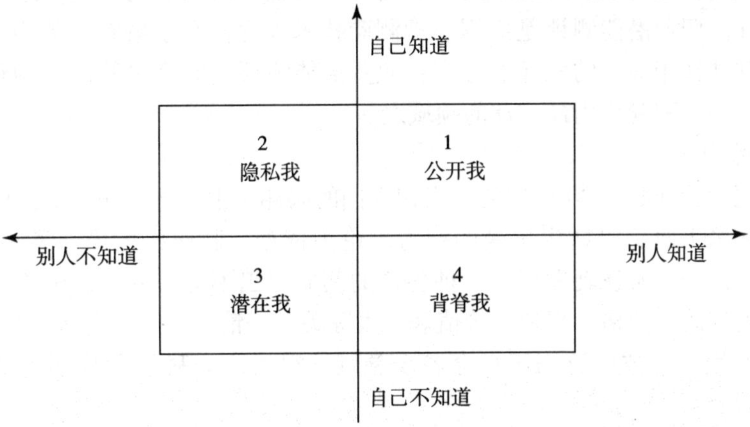

图 3－3 坐标橱窗

这个坐标橱窗图明显地把自我分成了四部分，即四个橱窗。

橱窗 1 为“公开我”，这是自己知道、别人也知道的部分，属于个人展现在外和无所隐藏的部分。

橱窗 2 为“隐私我”，这是自己知道、别人不知道的部分，属于个人内在的隐私和秘密的部分。

橱窗 3 为“潜在我”，这是自己不知道、别人也不知道的部分，是有待进一步开发的部分。

橱窗 4 为“背脊我”，这是自己不知道、别人知道的部分，就像自己的背部一样，自己看不到，别人却看得很清楚。

在进行自我剖析时，重点是了解橱窗3“潜在我”和橱窗4“背脊我”这两部分。

“潜在我”是影响一个人未来发展的重要因素。因为每个人都有巨大的潜能，许多研究都表明，人类平常只发挥了极小部分的大脑功能，如果一个人能够发挥一半的大脑功能，将轻易地学会40种语言，背诵整套百科全书。苏联著名心理学家奥托指出，一个人所发挥出来的能力，只占他全部能力的4%。控制论的奠基人N·维纳指出：“可以有把握地说，每个人，即使他是做出了辉煌成就的人，在他的一生中利用他自己的大脑潜能还不到百亿分之一。”

由此可见，认识与了解“潜在我”，是自我剖析的重要内容之一。了解“潜在我”的主要方法是积极性暗示法。如惠普公司所采用的一份书面的自我访谈记录、一篇24小时活动日记、个人生活方式描述以及个人兴趣和价值观的问卷调查，都是力图更深入地剖析、认识和激发个人的潜能。

“背脊我”是准确对自己进行评价的重要方面，如果一个人诚恳地、真心实意地对待他人的意见和看法，就不难了解“背脊我”。当然，这需要开阔的胸怀、正确的态度和有则改之、无则加勉的精神，否则，就很难听到别人的真实评价。惠普公司那种采用利用两位有着密切关系或较重要意义的人的访谈记录来了解他们的做法，就是用旁观者的角度来评价和认识职业生涯规划当事人。

（二）心理测试法

要成功地规划自己的职业生涯道路，正确选择适宜自己发展的职业，最好的方法是进行职业潜能测评。职业潜能测评是应用心理测验技术来评价和了解自身能力、兴趣、个性等方面特点，并选择相适应的职业的过程：职业潜能测评是心理测验的一种重要类型，职业指导领域也是心理测验应用最广泛的领域之一。

1. 心理测验内涵

科学的心理测验开始于20世纪初，当初人们的兴趣集中在智力测量上。1905年，法国心理学家比奈和医生西蒙以斯皮尔曼的智力理论为依据，制作出世界上第一个智力测验。从此，心理测验运动开始蓬勃发展，各种各样的测验层出不穷，并且逐渐不再限于能力的测量，而扩展到气质、性格、兴趣、价值观、人际关系、情绪和动机等大量的心理学领域。心理测验一经产生，便被广泛用于社会各个领域，很快成为科学心理测验的主要技术和工具。

心理测验是通过测评人的少数行为来推论其某一领域全部行为及其内在心理特性的测验。之所以通过部分来推论整体，主要是因为在一次测验中不可能囊括与测试相对应的全部行为领域。比如测量人的智力，人的智力这一特质包含了言语理解、推理、记忆、数字运算、知觉速度等多种因素。

2. 心理测验的特性

和物理测量相比，心理测验更复杂。概括来说，心理测验有以下三个特性。

（1）心理测验的间接性。

物体的物理特征是看得见、摸得着的，比如人的高矮胖瘦、物的长短轻重等。因此，物理测量可以直接以某种测量工具测出人或物的物理特征水平。然而，人的心理特质却是内在的，看不见也摸不着，不可能直接进行测量。比如说，我们不可能将一个人的智力拿出来，用某种工具直接进行测量。因此，心理测验往往是通过人们在面对问题情境时所表现出来的外显行为来推论其心理特质，比如智力高的人往往在涉及智力的任务中表现得既快又准确；气质外向的人往往表现出活泼、热情、善于社交、合作性高等行为特点。因此，心理测验可以通过人的外在行为模式推知其内在的心理特质水平，它具有间接性。

（2）心理测验的相对性。

对于任何测量而言，都必须有参照点这一测量要素，即把事物及其属性数量化时，必须有一个计算的起点。一般情况下，每个人的心理测验结果都在一个连续体上占据一个位置，我们只是从人与人之间的相对位置上，对一个人的某种心理特质水平做出判断，所以说心理测验又是相对的。

（3）心理测验的客观性。

对于任何测量，客观性是最基本的要求。然而，任何测量都不可能是百分之百的客观准确，因为任何测量都有误差，心理测量更不例外。如何尽可能地控制和减少误差，使测量结果尽可能地客观可靠，是心理测量学家长期努力的目标。

3. 心理测验的作用

对于心理测验，长期以来存在两种极端的观点：一种是测验万能论；另一种是测验无用论。前者认为心理测验可以从各个方面对个体做出迅速有效的测评，因而盲目崇拜测验，甚至以一次测验成绩定终身；后者认为心理测验误差大，根本没有科学性，结果既不可靠也不准确，因而全盘否定测验，甚至排斥测验。这两种观点显然都是片面的。心理测验自产生以来，长期而广泛地应用于社会各个领域。在其应用过程中，心理测验既显示了非凡的使用价值，同时也表现出一定的不足之处。

我们通常是将测验结果作为辅助决策的依据之一，在决策时还应该结合其他测评技术、结合个体的其他信息进行全面的分析。就职业生涯规划而言也是同样如此，职业指导测评可以帮助我们更清楚地认识自己之所长、自己之所好，了解适宜自己发展的职业，但在最终决定职业生涯发展道路时则必须结合社会需求、薪金、人际关系、地理位置等多方面因素综合考虑。

阅读资料 3.13

心理测验

心理测试法是通过回答有关问题来认识自己、了解自己。测试题目是由心理学家们经过精心研究设定的，只要如实回答，就能大概了解自己的有关情况。这是一种简便易行的自我剖析方法。在自测回答问题时，切忌寻找标准答案，而应该是自己怎么想、怎么认识就怎么回答，这样的测试才有实际意义。自我测试的内容和量表很多，如性格测试、气质测试、情绪测试、智力测试、技能测试、记忆力测试、创造力测试、观察力测试、应变能力测试、想象力测试、管理能力测试、人际关系测试、行动能力测试等，可供选择和使用。

由于现代计算机软硬件技术的发展，自我测试法往往可采用计算机测试的方式进行。计算机测试法操作方便，其科学性、准确性也相对较高。当前，用于测试的软件多种多样，许多网站也开设了网上测试。国内外常用的几种测试方法如下。

（1）人格测试。人格是个人带有一定倾向性、比较稳定、本质的心理特征的综合，包括气质、能力、性格、兴趣等心理特征。目前，常用的人格测试方法有明尼苏达多项人格测验（MMPI）、卡特尔16种人格测验、艾森克人格问卷测试及瑟斯顿人格测验等。

（2）智力测试。智力具有抽象性与隐蔽性的特点，难以把握。有必要了解一些智力测试的方法，以便于开发与选择合适的智力测验工具，提高自我剖析的水平。常用的智力测试有史丹福—比纳智力量表、韦克斯勒智力量表和瑞文推理量表，以及威斯曼人员分类测验（PCT）、基本成就测验（FAS）、高级人员测验（APT）等。

（3）能力测验。能力测验内容较多，有文职人员能力与机械能力两种测验。文职人员是指工作地点在办公室，从事创造力要求较低的脑力劳动者，例如，会计员、簿记员、出纳员、秘书、干事等。其测验方法有以下几种：明尼苏达办事员测验、一般办事员测验、短期雇佣测验（SET）等。机械能力测验，包括感觉和动作能力、空间关系的知觉、学习机械事物的能力以及理解机械关系的能力等。测验方法有：明尼苏达拼板测验、贝内特理解测验等。

（4）职业倾向测验。职业能力的大小及其发展，与任职者对职业的倾向与兴趣有很大关系。职业兴趣的测试目前有以下几种：爱丁堡职业倾向问卷、男性职业兴趣问卷表、库德职业偏好记录、明尼苏达职业兴趣问卷表等。

通过自我剖析认识自身的条件，进行比较准确的自我评价，并对此做深层次的分析，以便根据自身的特点设计自己的职业发展方向和目标。

二、职业选择实践中自我了解的方法

在进入职业以前，必须了解自己。更多地了解自我的一个重要的出发点是自我省察。为了达到自我了解，必须收集关于自身的有效信息。自我了解是指关于自己的知识，除了生理方面外，更重要的是精神和情绪方面。

自我是一个很复杂的概念，它通常是指一个人的总体品质或特征。为了帮助澄清自我的含义，有时需要将我们投射在外部世界的自我和内部的自我进行区分。公共自我是个人对外开放，且让他人真正了解到的部分，而私有自我是个人真实的部分。一个相类似的区分是实际自我和理想自我。许多人把自己想象成自己所希望的理想状态。

以下信息，可以帮助人们在职业选择前，对自我进行了解。

（一）人类行为的一般性信息

当学习了人类的一般性知识，同时也获得了关于自我的知识时，我们往往将获得的一般性知识与自己所处的特定情境联系起来。例如，认识到私人关系出现冲突的原因，可能是资源有限，即并不是所有人都能拥有自己想要的一切资源。这一点如何与自己联系起来呢？举个例子："为什么我最近对同事恼火？原来，他最近获得了晋升，而我还在重复以前的工作。"

在将关于人类的一般性事实和观察结果与自身相联系时，注意不要误用信息。来自于他人的反馈会帮助你避免自我反省（省察自我）的缺陷。

（二）来自人们的非正式反馈

反馈是告诉人们关于自己的行为状况的信息。有时可以获得他人自发性的反馈，或者可以向他人寻求反馈。有一位负责搬运订单的专员，在同事开始将他称为“网速”的时候，其增加了一些信心。他得到这个称呼的原因是他处理订单的速度很快。他的经历表明，自我理解的最有价值的信息，是在生活中的那些重要人士如何看你。尽管这种类型的反馈有时会让人们感到不适，但往往它能准确地反映出其他人如何认识自己。

可能有人会说，因为朋友看重你们之间的友谊，所以，他们从来不会对你做出真实的评价，而宁愿说出一些奉承的话语。但是，如同经验所表明的，如果你强调他们观点的重要性，那么大部分人士会给出一些建设性的意见。但并不是所有人的建议都是有益的，也需要博采众长。

（三）来自于主管（上司或老师）的反馈

所有的主管会向他们的下属提供正式和非正式的反馈。正式的反馈可能是绩效评估。在绩效评估期间，主管将会表明，你做得好还是不好。这些观察成为人事记录的一部分。非正式的反馈发生在当主管和你讨论你的工作绩效，但并不对这些观察进行记录的时候。这种方式获得的反馈会帮助你了解自己。

（四）来自于同事的反馈

在组织中，一个日渐频繁的措施是同事评估。尽管同事并不一定对相互评估负有全部责任，但是，他们的观点会受到严肃对待。

（五）来自于自我测验的反馈

许多自助的书籍、个人心理测试，通常为你的喜好、价值观和个性特征提供有价值的线索。但这类自我评估问卷，不应该与那些科学研究的测验相混淆，那是你应该在咨询机构、指导部门或求职时遇到的测验。

通过自我省察问卷获得的有价值的信息的多少，决定于你是否坦率，因为这些自助的测验没有外部的裁判员参与。同时需要注意到，我们都有一定的盲点。例如，大部分的人相信他们在与人交往时具有相当多的超过平均水平的技能。

（六）心理治疗和职业咨询中获得的见识

许多人通过与心理医生或职业顾问的讨论，来寻求自我了解。心理治疗是通过与心理健康专业人士的讨论，来解决情绪问题的一种方法。但是，很多人参与心理治疗的主要目的是获得对于他们自身的认识。一个典型模式是，临床心理医生帮助病人诊断他们自我防御行为的模式。例如，当事情进展很顺利的时候，某些人会无意识地破坏人际关系，或者在工作中表现得很糟糕。临床心理医生会指出这种行为的自我防御模式。这种类型的自我认识经常——但不总是——导致行为的有意义变化。

（七）两个自我了解的陷阱

自我省察是职业选择中的积极力量。但是，自我省察也有两个消极面，或者称为陷阱。其中的一个是，关注自我会强化或突出缺点，如同凝视镜子会清楚地显现出我们脸上的每一处瑕疵和皱纹。这类情景会不可避免地促使人们更加自省，并且成为自己关注的目标。当人们谈论到自己、回答自我测试、站在观众或相机前面、观看录像片段中的自我时，人们会变得更加注重自我省察，并且与某些行为的仲裁标准加以比较。这种与标准的比较通常导致负面的自我评价，并且当人们发现自己没有达到标准时，会导致自尊降低。所以我们在头脑中应该意识到自我省察的陷阱，这样会帮助我们降低不必要的低估，因此会有助于收集关于自我的反馈。

与低估相反，通常也会有很多人士倾向于高估他们的能力，诸如认为自己应该得到更大的提升，或者在每门功课上都得优秀。人们会高估他们能力的一个特定领域是在道德方面。很多人都深受“假道学”综合征之苦，例如，一项对大学生的研究结果表明，他们一贯性地高估自己的慷慨或无私。在一项研究中，84%的大学生最初预测他们会和自己的同伴合作，但事实上，只有61%的人能这样做。

对于这两种自我了解陷阱的矫正方法是，寻求其他人诚实且客观的反馈，来帮助补充你的自我评估。在学校运动项目中，同伴之间的竞争，以及工作中的争论，会帮助你更加现实地评估你自己。

阅读资料 3.14

非正式的自我测评

个人在自我测评的过程中可以采用各种非正式的技术。例如，一种通行的方法包括以下数据收集方式。

（1）书面个人简历：个人的生活经历，包括学历、爱好、工作经历，自己生活中重要的人，生活中的转折点，所做的主要决定，对将来的规划等。

（2）全天日记：按先后顺序记叙24小时发生的事情，共记2天，即周末1天，其他时间1天。

（3）记述生活方式：形象化地记载个人的生活情况。

非正式的自我评价计划还包括以下活动：

（1）把重要的工作价值观进行排序；

（2）分析生活中的“峰点”（高峰和低谷）；

（3）写一个现在死亡和将来死亡的讣告；

（4）分析你对近期工作的满意之处和不满意之处；

（5）描绘一种理想的工作；

（6）想象一下你将来的生活。

还有一些能帮你更好地理解这些问题的自学教材，你可以到商店中购买，例如CD-ROM，录音带和录像带等。其中最著名的书之一要算理查德·N·波尔斯的著作——《你的降落伞是什么颜色》。这本书从1970年出版以来每年都再版一次。它能帮助你集中注意以下若干因素，即自己喜欢的工作场所、喜爱的技能，以及期望的薪酬结果。

本章小结

本章从自我分析的基本内容入手，探讨了自我分析的基本理论与方法；分别从职业兴趣的自我认知、性格的自我认知、能力的自我认知及价值观的自我认知等几个方面让学生综合地开展自我分析，找到职业的契合点。本章重点介绍了霍兰德的职业倾向测验、MBTI心理测评工具、CSMP性格测试以及几种价值观测评的方法，让学生学会科学分析自我、了解自我，更好地实现人职匹配。

主要概念

橱窗分析法　SWOT分析法　职业价值观　职业性格　职业兴趣　职业能力

复习、思考与训练

（1）什么是兴趣？可以分为哪几种类型？
（2）什么是性格？MBTI理论从哪几个方面解释人的性格？
（3）什么是一般能力？什么是特殊能力？二者有什么区别？
（4）什么是职业价值观？职业价值观与职业的关系如何？

扩展阅读材料

拍卖你的生涯

朋友参加过一堂很别致的讲座，对我详细地描绘了一番。她说：讲座叫作“拍卖你的生涯”。外籍老师发给每人一张纸，其上打印着数十行字。

1. 豪宅。
2. 巨富。
3. 一张取之不尽用之不竭的信用卡。
4. 美貌贤惠的妻子或英俊博学的丈夫。
5. 一门精湛的技艺。
6. 一个小岛。
7. 一所宏大的图书馆。
8. 和你的情人浪迹天涯。
9. 一个勤劳忠诚的仆人。
10. 三五个知心朋友。
11. 一份价值50万美元并每年可获得25%的收入的股票。
12. 名垂青史。
13. 一张免费旅游世界的机票。
14. 和家人共度周末。
15. 直言不讳的勇敢和百折不挠的真诚。

大家先是愣愣地看着这些项目，之后交头接耳地笑，感觉甚好。本来嘛，全世界的美事和优良品质差不多都集中在此了。

老师拿起一把小锤子，轻敲讲台，蜂房般的教室寂静下来。老师说（他能讲不很普通的普通话）：“我手里是一把旧锤子，但今天它有某种权威——暂时充当拍卖锤。我要拍卖的东西，就是在座诸位的生涯。”

课堂顿起混乱。生涯？一个叫人迷茫的词语。我们大致明白什么是生存，什么是生活，但很不清楚什么是生涯。我们只是一天天随波逐流地过着，也许 70 岁的时候，才恍然大悟，但这时生涯已在朦胧中越来越淡了。

老师说，一个人的生涯，就是你人生的追求和事业的发展。它可以掌握在你自己手中。性格就是命运。生涯从属于你的价值观。通常当人们谈到生涯的时候，总觉得有太多的不可把握性埋藏在未知中。其实它并非想象中那般神秘莫测。今天，我想通过这个游戏，让大家比较清晰地看到自己的爱好，预测自己的生涯。

大家听明白了，好奇地跃跃欲试。

我相信在每一个成人的内心深处，都潜伏着一个爱做游戏的天真孩童，只不过随着时光流逝，成人的心里都蒙上了世故的尘土。

成年以后的我们，远离游戏，以为那是幼稚可笑的玩闹。其实好的游戏，具有开发人的智慧、通达人的思维、启迪人的感悟、反省人的觉察的力量。当我们做游戏的时候，就更接近了真我。

老师说："我现在象征性地发给每人 1 000 元钱，代表你一生的时间和精力。我会把这张纸上所列的诸项境况，裁成片，一一举起，这就等于开始了拍卖。你们可以用自己手中的积蓄，购买我的这些可能性。100 元钱起叫，欢迎竞价。当我连喊三次，无人再出高价的时候，锤子就会落下，这项生涯就属于你了。注意，我说的是可能性，并非是真正的事实。它的意思就是——你用 999 元竞得了豪宅，但并不等于你真的拥有了一片仙境般的别墅，只是说你将穷尽一生的精力，来为自己争取。相信只要你竭尽全力，把目标当成整个生涯的支撑点，那么达到的可能性就会增大。"

教室里的气氛，骚动之后有些沉凝。这游戏的分量举轻若重，它把我们人生的繁杂目的形象化了——拼此一生，你到底要什么？

老师举起了第一项拍卖品——拥有一个小岛。起价 100 元。全场寂静。一个小岛？它在哪里？南半球还是北半球？大西洋还是太平洋？面积如何？人口多少？有无石油和珊瑚礁？风光怎样？

疑声鹊起，大家迫切希望提供更详尽的资料，关于那个小岛，关于风土人情。老师一脸肃然，坚定地举着那个纸片，拒绝做更进一步的解说。

于是，我们明白了。小岛，就是小小的平平凡凡的一个无名岛。你愿不愿以一生作赌，去赢得这块海洋中的绿地？

终于，一个平日最爱探险、充满生命活力的女生，大声地喊出了第一个竞价——我出 200！

一个男生几乎是下意识地报出：500！他的心思在那一瞬很简单，买下荒凉岛屿这样的事，就该是男子汉干的。

但那名个子不高但意志顽强的女生志在必得。她涨红了脸，一下子喊出了……1 000！

这是天价了。每个人只有 1 000 元钱的储备，也就是说，她已下了以毕生的精力，赢得这个小岛的决心。别的人，只有望洋兴叹了。

那个男生有些悻悻地说，竞价应该一点点攀升，比如她要出 600，我喊 700……这样也可给别人一个机会。

老师淡然一笑说，我们只是象征性地拍卖，所以可能不合规矩。大家要记住，生涯也如战场，假如你已坚定地确认了自己的目标，就紧紧锁定它。机遇仿佛闪电的翎毛。大家明白了竞争的激烈，肃静中有了潜藏的紧迫和若隐若现的敌意。

拍卖的第二项是美貌贤惠的妻子和英俊博学的丈夫。

我原以为此项会导致激烈的竞拍，没想到一时门可罗雀。也许因为它太传统和古板，被其他更刺激的生涯吸引，大伙不愿在刚开场不久，就把自己的一生拴入伴侣的怀抱。好在和谐的家庭，终对人有不衰的吸引力，在竞争不激烈的情形下，被一位性情温和的男子以700元买去。

我把指关节攥得紧紧，如果真有一把钞票，会滴下浑浊的水来。到底用这唯一的机会买回怎样的生涯？扒拉一下诸样选择，自己中意的栏目有限，和同志们所见略同也说不准。定谋贵决，一旦确立了自己的真爱，便需直捣黄龙，万不可游移吝惜。要知道，拍的过程水涨船高，步步为营。倘稍一迟缓，被他人横刀夺爱，就悔之莫及了。

拍到"取之不尽用之不竭的信用卡"时，出现了空前激烈的争抢。聪明人已发现，所列的诸项，某些外延交叉涵盖，可互相替代。有同学小声嘀咕，有了信用卡，巨富不巨富的，也不吃紧了，想干什么，还不是探囊索物？于是信用卡成了最具弹性和热度的饽饽。一时群情激昂，最后被一女生掳走。

其后的诸项拍卖，险象环生。有些简直可以说是个人价值取向甚至隐秘的大曝光。一位众人眼中极腼腆内向的男同学，取走了免费旅游世界的机票，让人刮目相看。一位正在离婚风波中的女子，选择了和情人浪迹天涯，于是有人暗中揣测，她是否已有了意中人？一位手脚麻利、助人为乐的同学，居然选了勤快忠诚的仆人，让全体大跌眼镜。

细一琢磨，推算可能他一直都是一个勤快人，但其已经厌烦这种勤快的感觉，但又无力摆脱这约定俗成的形象，出于补偿的心理，干脆倾其所有，买下对另一个人的指挥权吧。一旦咀嚼出这选择背后的韵味，旁观者就有些许酸涩。

一位爱喝酒的同人，一锤定音买下了"三五个知心朋友"，这让我想立即狠狠掴自己一掌。从前，我劝过他不要喝那么多的酒，他笑说，我喜欢和朋友在一起。我不死心，便再劝，他却一直不改。此番看了他的选择，我方晓得朋友在他的心秤上如此沉重。我决定——该闭嘴时就闭嘴吧。

光顾了看别人的收成，差点耽误了自己地里的活计。同桌悄悄问，你到底打算买何种生涯？

我说，没拿定主意啊。我想要那座图书馆。同桌说，傻了不是？我看你不妨要那张价值50万美元且年年递增25%的股票，要知道这可是一只会下金蛋的火鸡。只要有了钱，什么图书馆置办不出来呢？你要把图书馆换成别的资产，就很困难了。如今信息时代，资料都储藏在光盘里，整个大英博物馆也不过是若干张碟的事。图书馆是落后的工业时代的遗物了……

他话还没说完，当看到老师举起一张新卡片时，便见利忘友，立刻抛开我，大喊了一声：嗨！这个我要定了。1 000！

我定睛一看，他倾囊而出购买回来的是一门精湛的技艺。我窃笑道，你这才是游牧时代的遗物呢，整个一小农经济。他很认真地说："我总记着老爸的话，家有千金，不如薄技在身。"我暗笑，哈，人啊，真是环境的产物。

好了，不管他人瓦上霜了，还是扫自己门前的雪吧。同桌的话也不无道理。有了足够的钱，当然可以买下图书馆或是任何光碟。但你有这些钱之前，你就干瞪眼。钱在前，还是图书馆在前？两者的顺序便有了原则的不同。我愿自己在两鬓油黑、耳聪目明之时，就拥有一座窗明几净、汗牛充栋、庭院深深、斗拱飞檐的图书馆。再说，光碟和图书馆哪能同日而语？我不仅想看到那些古往今来的智慧头脑留下的珍珠，还喜欢那种静谧幽深的空间和气氛，让弥漫在阳光中的纸张味道鼓胀自己的肺……这些，用钱买来的新书和光碟，仿得出来吗？

正这样想着，老师举起了"图书馆"，我也学同桌，破釜沉舟地大喊了一声：1 000！

于是，宏大的图书馆就落到了我的手中。那一刻，虽明知是个模拟的游戏，心中还是扩散起喜悦的巨大涟漪。

拍卖一项项进行下去，场上气氛热烈。我没有参加过实战，不知真正的拍卖行是怎样的程序，但这一游戏对大家心灵的深层触动是不言而喻的。

当老师说，游戏到此结束。教室一下静得不可思议，好像刚才闹哄哄的一干人，都吞炭为哑或羽化成仙去了。

老师接着说，有人也许会在游戏之后，思索和检视自己，产生惊讶的发现和意料外的收获。有一个现象，不知大家发现没有，有三项生涯，当我开价 100 元之后，没有人应拍，也就是说不曾成交。这种卖不出去的物品，按规矩，是要拍卖行收回的。但我决定还是把它们留下。也许你们想想之后，还会把它们选作自己的生涯目标。

这三项是：

1. 和家人共度周末。

2. 名垂青史。

3. 直言不讳的勇敢和百折不挠的真诚。

同学大眼瞪小眼，刚才都只专注于购买各自的生涯，不曾注意被遗落冷淡的项目。听老师这样一说，就都默然了。我一一揣摩，在心中回答老师。

和家人共度周末？老师别恼。没有人购买它作为自己的生涯，原因可能是多方面的。有人以为这是很平淡的事，不必把它定做目标。凡夫俗子们，估摸着自己就是不打算和家人共度周末，也没有什么地方可去。一件被迫的几乎命中注定的事，何必要选择？还有的人，是一些不愿归巢的鸟，从心眼里就不打算和家人共度周末。现今只有没本事的人，才和家人共度周末。有本事的人，是专要和外人度周末的。

青史留名？可叹现代人（当然也包括我），对史的概念已如此脆弱。仿佛站在一个修鞋摊子旁边，只在乎立等可取，只在乎急功近利。当我们连清洁的水源和绵延的绿色都不愿给子孙留下的时候，拥挤的大脑中，如何还存得下一块森严的石壁，以反射青史遥远的回声？

勇敢和真诚？它固然是人类曾经自豪和骄傲的源泉，但如今怯懦和虚伪，更成了安身立命的通行证。若预定了终生的勇敢和真诚，就像把一把利刃悬在了自己的颅顶，需要怎样的坚韧和稳定？我们表面的不屑，是因为骨子里的不敢。我们没有承诺勇敢的勇气，我们没有面对真诚的真诚。

游戏结束了，不曾结束的是思考。

在弥漫着世俗气息的"我"之外，以一个"孩子"的视角，重新剖析自己的价值观和生存质量，内心就有了激烈的碰撞和痛苦的反思。在节奏纷繁的现代社会，我们一天忙得视丹成绿，很难得有这种省察自我的机会。这一瞬让我们返璞归真。

人生的重大决定，是由心规划的，像一道预先计算好的框架，等着你的星座运行。如期改变我们的命运，请首先改变心的轨迹。

（资料来源：毕淑敏：《爱怕什么》，华夏出版社 2000 年版）

上帝为每一只笨鸟都准备了一个矮树枝

对别的孩子来说，生在一个爸爸是政府官员、妈妈是大学教授的家庭，相当于含着金钥匙。但对于我来说，这却是一种压力，因为我并没有继承父母的优良基因。

两岁半时，别的孩子唐诗宋词、1～100 已经张口就来，我却连 10 以内的数都数不清楚。上幼儿园的第一天我就打伤了小朋友，还损坏了园里最贵的那架钢琴。之后，我换了好多家幼儿园，可待得最长的也没有超过 10 天。每次被幼儿园严词“遣返”后爸爸都会对我一顿拳脚相加，但雨点般的拳头没有落在我身上，因为妈妈总是冲过来把我紧紧护住。

爸爸不许妈妈再为我找幼儿园，妈妈不同意，她说孩子总要跟外界接触，不可能让我在家待一辈子。于是我又来到了一家幼儿园，那天，我将一泡尿撒在了小朋友的饭碗里。妈妈出差在外，闻讯赶来的爸爸恼怒极了，将我拴在客厅里。我把嗓子叫哑了，手腕被铁链子硌出一道道血痕。我逮住机会，砸了家里的电视，把他书房里的书及一些重要资料全部烧了，结果连消防队都被惊动了。

爸爸丢尽了脸面，使出最后一招，将我送进了精神病院。一个月后，妈妈回来了，她第一件事是跟爸爸离婚，第二件事便是接我回家。妈妈握着我伤痕累累的手臂，哭得惊天动地。在她怀里我一反常态，出奇的安静。过了好久，她惊喜地喊道：“江江，原来你安静得下来。我早说过，我的儿子是不被这个世界理解的天才！”

上了小学，许多老师仍然不肯接收我。最后，是妈妈的同学魏老师收下我。我的确做到了在妈妈面前的许诺：不再对同学施以暴力。但学校里各种设施却不在许诺的范围内，它们接二连三地遭了殃。一天，魏老师把我领到一间教室，对我说：“这里都是你弄伤的伤员，你来帮它们治病吧。”

我很乐意做这种救死扶伤的事情。我用压岁钱买来了螺丝刀、钳子、电焊、电瓶等，然后将眼前的零件自由组合，这些破铜烂铁在我手底下生动起来。不久，一辆小汽车、一架左右翅膀长短不一的小飞机就诞生了。

我的身边渐渐有了同学，我教他们用平时家长根本不让动的工具。我不再用拳头来赢得关注，目光也变得友善、温和起来。很多次看到妈妈晚上躺在床上看书，看困了想睡觉，可又不得不起来关灯，于是我用一个星期帮她改装了一个灯具遥控器。她半信半疑地按了一下开关，房间的灯瞬间亮了起来，她眼里一片晶莹，“我就说过，我的儿子是个天才。”

直到小学即将毕业，魏老师才告诉了我真相。原来，学校里的那间专门治疗受伤设施的“病房”是我妈妈租下来的。妈妈通过这种方法为我多余的精力找到了一个发泄口，并“无心插柳柳成荫”地培养了我动手的能力。

我的小学在快乐中很快结束了。上了初中，一个完全陌生的新环境让我再次成了被批评的对象——不按时完成作业、经常损坏实验室的用品，更重要的是，那个班主任是我极不喜欢的。比如逢年过节她会暗示大家送礼，好多善解人意的家长就会送。

我对妈妈说：“德行这么差的老师还给她送礼？简直是助纣为虐！你要是敢送，我就敢不念。”这样做的结果是我遭受了许多冷遇，班主任在课上从不提问我，我的作文写得再棒也得不到高分，她还以我不遵守纪律为由罚我每天放学打扫班级的卫生。

妈妈到学校见我一个人在教室扫地、拖地，哭了。我举着已经小有肌肉的胳膊对她说："妈妈，我不在乎，不在乎她就伤不到我。"她吃惊地看着我。我问她："你儿子是不是特酷?"她点点头，说："不仅酷，而且有思想。"

从此，她每天下班后便来学校帮我一起打扫卫生。我问她："您这算不算是对正义的增援?"她说："妈妈必须站在你这一边，你不是一个人在战斗。"

初中临近毕业，以我的成绩根本考不上任何高中。我着急起来，跟自己较上了劲儿，甚至拿头往墙上撞。我绝食、静坐，把自己关在屋子里，以此向自己的天资抗议。

整整四天，我在屋内，妈妈在屋外。我不吃，她也不吃。第一天，她跟我说起爸爸，那个男人曾经来找过她，想复合，但她拒绝了。她对他说："我允许这个世界上任何一个人不喜欢江江，但我不能原谅任何人对他无端的侮辱和伤害。"第二天，她请来了我的童年好友傅树："江江，小学时你送我的遥控车一直在我的书房里，那是我最珍贵、最精致的玩具，真的。现在你学习上遇到了问题，那又怎样？你将来一定会有出息，将来哥们儿可全靠你了!"

第三天，小学班主任魏老师也来了，她哭了："江江，我教过的学生里你不是最优秀的，但你却是最与众不同的。你学习不好，可你活得那么出色。你发明的那个电动吸尘黑板擦我至今还在用，老师为你感到骄傲。"

第四天，屋外没有了任何声音。我担心妈妈这些天不吃不喝会顶不住，便蹑手蹑脚地走出了门。她正在厨房里做饭，我还没靠前，她就说："小子，就知道你出来的第一件事就是想吃东西。"

"妈，对不起，我觉得自己特别丢人。"妈妈扬了扬锅铲子："谁说的！我儿子为了上进不吃不喝，谁这么说，你妈找他拼命。"半个月后，妈妈给我出了一道选择题："A：去一中，本市最好的高中。B：去职业高中学汽车修理。C：如果都不满意，妈妈尊重你的选择。"我选了B。我说："妈，我知道，您会托很多关系让我上一中，但我要再'辜负'您一次。"妈妈摸摸我的头，"傻孩子，你太小瞧你妈了，去职高是放大你的长处，而去一中是在经营你的短处。妈好歹也是大学教授，这点儿脑筋还是有的。"

就这样，我上了职高，学汽车修理，用院里一些叔叔阿姨的话说：将来会给汽车当一辈子孙子。

我们住在理工大学的家属院，同院的孩子出国的出国、读博的读博，最差的也是研究生毕业。只有我，从小到大就是这个院里的反面典型。

妈妈并不回避，从不因为有一个"现眼"的儿子对人家绕道而行。相反，如果知道谁家的车出现了毛病，她总是让我帮忙。我修车时她就站在旁边，一脸的满足，仿佛她儿子修的不是汽车，而是航空母舰。

我的人生渐入佳境，还未毕业就已经被称为"汽车神童"，专"治"汽车的各种疑难杂症。毕业后，我开了一家汽修店，虽然只给身价百万元以上的座驾服务，但门庭若市——我虽每天一身油污，但不必为了生计点头哈腰、委曲求全。

有一天，我在一本书中无意间看到这样一句土耳其谚语："上帝为每一只笨鸟都准备了一个矮树枝。"是啊，我就是那只笨鸟，但给我送来矮树枝的人，不是上帝，而是我的妈妈。

（资料来源：枫叶教育网，www.fyeedu.net/inf07159738—1.htm）

这是个非常感人的故事，它让我们明白——每个来到这个世界的人都可以是快乐的天才，关键要学会找到合适的“树枝”。每个人都有其独特的能力，以及自身独有的优势。比如，有的人言语能力一般，但数理能力超强；有的人社会交往能力一般，但动手能力却非常出色……因此，成功的关键一步是要清楚地了解自己的能力，并想办法最大限度地发挥自身的优势。能力，是一个人可否进入职业的先决条件，是能否胜任职业工作的主观条件。无论从事什么职业总要有一定能力做保证。没有任何能力，根本谈不到进入职业工作，对个人来讲也就无所谓职业生涯可言。

第四章　职业社会认知

教学目标

学习完本章后，学生应掌握的重点：

1. 了解行业、产业和职业的分类；
2. 了解人力资源市场；
3. 学会分析外部环境；
4. 认识职业世界的维度、途径和方法。

导入案例

都市白领的职业世界

——《杜拉拉升职记》

《杜拉拉升职记》讲述了普通职员杜拉拉晋升为职场精英的故事。杜拉拉的升职轨迹如下：27 岁，行政秘书，月薪 3 000 元；28 岁，行政秘书，月薪 3 500 元；29 岁，销售总监秘书，月薪 6 000 元；30 岁，HR 主管，月薪 12 000 元；33 岁，HR 经理，月薪 25 000 元。

小说的主人公杜拉拉是典型的中产阶级代表，她没有背景，受过较好的教育，靠个人奋斗获取成功。小说中拉拉在外企的经历跨度八年，拉拉从一个朴实的销售助理，成长为一个专业干练的 HR 经理，见识了各种职场变迁，也经历了各种职场磨炼。

杜拉拉的成功靠什么呢？相信很多看了这部小说的人都在试图寻找答案。网上甚至总结出杜拉拉成功的六大定律、七大法则，希望按图索骥，帮助职业新人适应职场，早日成为职业精英。

有专业技能、高情商、勤奋、时尚等，杜拉拉身上有许多值得职业人士学习的优点。其中最关键的一点就是她去熟悉并适应职场。也许看过作品的人一定会记得这样一个细节，杜拉拉刚进公司的时候，用心地倾听人力资源部门关于公司情况的介绍，并通过同事了解并熟悉公司的基本制度、组织架构、薪酬福利以及人际关系等，这些为她找到职场奋斗方向奠定了基础。

“比别人多用心一点，你就离成功近一点”，这是杜拉拉给每一位渴望走进职场、获得职场成功的大学生的一个重要启示。

职场对于大学生来说，既无限向往，又因为陌生而心生畏惧。在学校学习期间，我们能为将来踏入职场做些什么呢？除了上一章我们已经学习过的认识自己，进而提升自己外，这一讲的有针对性地探索职业世界更是必不可少的。

只有充分地了解职业相关的信息，我们才能知道不同职业对人才职业素养的不同要求，才能知道自己究竟能做什么，才能明白自己到底适合什么样的行业和职位。

【思考与讨论】

你了解的职业有哪些？你能讲述某个职业的具体内容吗？

第一节 行业职业概述

一、行业的分类

（一）行业分类

行业是根据生产单位所生产的物质或提供的服务的不同而划分的，其揭示了就业者所在单位的性质。中国的行业结构主要按企、事业单位和机关体以及个体从业人员所从事的生产或其他社会经济活动的性质来确定。传统上，中国将行业分为13个门类，每个门类又分大、中、小共三个级别。这13个门类介绍如下：一是农、林、牧、渔、水利业；二是工业；三是地质普查和勘探业；四是建筑业：五是交通运输、邮电通信业；六是商业、公共饮食业、物资供销和仓储业；七是房地产管理、公共事业、居民服务和咨询服务业；八是卫生、体育和福利事业；九是教育、文化艺术和广播电视事业；十是科学研究和综合技术服务业；十一是金融、保险业；十二是国家机关、党政机关和社会团体；十三是其他行业。

《财富中国》根据发达国家的行业界定与行业演变规则，对中国的行业进行重新分类：一是机构组织；二是农林牧渔；三是医药卫生；四是建筑建材：五是冶金矿产：六是石油化工：七是水利水电；八是交通运输；九是信息产业；十是机械机电；十一是轻工食品；十二是服装纺织：十三是专业服务：十四是安全防护：十五是环保绿化；十六是旅游休闲；十七是办公文教；十八是电子电工；十九是玩具礼品；二十是家居用品；二十一是物资专材；二十二是包装用品；二十三是体育用品。

（二）热门行业分析

行业是否景气与热门将对大学生求职就业产生重要影响。据有关专家预测，未来中国热门行业中技能化、复合型实践人才将走俏。机械专业、电子类专业、医药、建筑工程等贴近百姓生活的专业将走俏人才市场。随着服务产业的逐步升级，加快发展新型现代服务产业成为解决就业压力的重要举措。信息服务行业、文化传媒业、旅游业、金融业、生物制药产业、新材料产业、房地产、汽车制造业八大行业将是就业市场的热门行业。

1. 信息服务行业

21世纪，发展最快的是信息产业，信息技术将成为经济发展的主要手段和工具。在中国，信息服务业的历史已有20多年了。但其人员数量还不多，一些大城市咨询公司仅一两千家，人员不足万人。近年信息服务业无论从深度和广度都有迅速发展。2014年，信息技术服务产业运行态势良好，产业规模不断扩大。统计数据显示，1—9月，我国软件和信息技术服务业增速稳中趋缓，实现业务收入26 815亿元，同比增长20.6%。其中，数据处理和存储服务实现收入4 785亿元，同比增长24.6%，增速继续保持在全行业首位，高出全行业平均水平4个百分点；集成电路设计、信息系统集成服务和信息技术咨询服务分别完成收入757、5 551和2 845亿元，同比增长20.7%、20.2%和20.4%。据估计，未来我国信息服务的就业人员将达到700万~900万人。

（1）展望未来，在国家政策、社会需求和产业资金等多方面有利因素的驱动下，信息技术服务业将保持有力增长。随着我国经济转型成效逐步扩大，产业得到了新的驱动力量和发展机会。一是高速发展的信息消费，逐渐成为推动我国经济增长的主要因素，不断深入社会经济和社会组织形式，带动数字内容、移动互联网等产业发展，信息平台建设和对接需求大大增加；二是随着以云计算、移动互联和大数据为代表的技术不断创新和突破，产业发展方向愈发明显。

（2）由于该行业的技术经济特点，国内市场的竞争态势必将呈现寡头垄断的格局（经过以中国电信分拆为主线的行业重组，目前我国共有通信运营企业3家：中国电信、中国移动和中国联通），这一市场格局将能使该行业保持较高的盈利水平。

（3）就国际竞争来说，该行业不具备跨国贸易性，国际竞争只能通过跨国公司的直接投资进行。目前，我国对该行业的行政性管制程度很高，跨国公司要通过直接投资进入中国市场，估计需要一个较长期的渐进过程，而且也只能采取和国内现有企业合资的方式进入中国市场。

2. 文化传媒业

目前，我国文化传媒业是一个典型的朝阳产业，从发展趋势上看，也是一个高收入的弹性产业。就现阶段而言，文化传媒业还只能说处于发展的初期，未来的市场空间很大，能支持该产业在较长的时期内保持较高的发展速度，有很大的发展潜力。

文化传媒业虽然技术性和资金方面的进入门槛不高，但行业的管制程度较高，政策性的进入门槛较大，因而，该行业一般能得到较高而且比较稳定的收益。目前，我国文化传媒业的市场化程度还不高，但市场化是一个趋势，在市场化的过程中，我国企业将可能面临西方跨国公司越来越大的进入压力。由于该产业的市场区域性特征比较明显，在其他世界各国，文化传媒业都属于政府管制程度较高的产业，因此，在国内市场，我国企业不会处于竞争的不利地位。

3. 旅游业

近年来，随着国民经济的迅速发展，中国的国际旅游和国内旅游业也日益兴旺和发达起来了。1997年，中国旅游人数达7 000万人次，旅游收入800亿元。旅游业的发展，不但增加了中国非贸易外汇收入，增进了中国人民同世界各国人民交往的友谊，而且促进了中国的对外开放，开辟了新的就业门路，对于提高民族素质等都有积极作用。据预测，未来10年全世界国际旅游者达9亿~10亿人次，旅游业工作人员3.7亿人，将创产值15亿美元。中国旅游人数达两亿人次，旅游业从业人员2 700万人，是中国服务业就业人数较大的行业。

（1）旅游业是典型的高收入弹性的产业，即随着经济的发展和人民收入水平的提高，旅游消费在人们消费总额中的比重将逐步增大，人们收入中的更多部分将投入旅游中。因此，一个国家一旦经济发展解决了老百姓的温饱和生存问题，旅游业就必将进入一个快速发展的轨道。

可以说，在我国目前的经济发展水平和消费结构下，旅游业已经进入了快速发展时期，从我国旅游市场的发展现状来看，旅游业在我国还处于发展的初期，因此，目前的快速发展的势头仍将继续保持下去。

（2）旅游市场的区域性特征十分明显，属于区域内竞争性行业，而且进入门槛也不高，因此，国内旅游业一般不会面临外国竞争者或跨国公司的很大竞争压力。

（3）旅游业虽然成长性非常好，但由于进入门槛不高，竞争比较激烈，盈利水平一般不是很高，但旅游业内部各子行业和企业的情况有所不同，建议投资者关注行业内在旅游资源和旅游网络方面有明显优势的企业。

4. 金融业

金融业包括保险、银行、证券和信托投资业。金融业也是一个典型的高收入弹性产业，随着国民经济发展水平的提高和人们收入的逐步增长，金融业也将得到快速的发展。从我国经济发展的趋势看，金融业的潜在市场很大，该产业发展的空间非常大。

由于该行业的特点，金融业竞争格局的发展趋势必将呈现出一种垄断竞争的格局，由于其自身的特点所引起的政策性的进入门槛也比较高，因而，从整体上看，金融业是一个盈利能力比较强的行业。

金融业的国际竞争是通过跨国金融企业的直接投资进行的，目前我国的金融企业从总体上讲，竞争力弱于西方的金融跨国公司。但是，我国对该行业的行政性管制程度较高（任何国家对该行业的管制都比一般竞争性产业要严格），国外跨国金融企业要通过直接投资进入中国市场，估计需要一个较长期的渐进过程，而且一般会采取和国内现有企业合资的方式进入中国金融业。

5. 生物制药产业

21 世纪初，中国将进一步发展医疗和生物工程事业，工作重点将逐步从预防医学转向保健医学的研究和普及。据预测，21 世纪末，中国从事卫生医疗和保健医疗以及生物医学工程开发的就业人数将达 1 200 万人，未来从业人数将增至 1 500 万人。

医疗职业是指与疾病治疗、预防有关的需要专业知识的行业，从事本行业的人员要经过正规院校的训练，并在专家指导下取得经验。

（1）随着经济的发展和生活水平的提高，人们对自身的健康越来越关注并给予了越来越大的投入。生物药物是由生命基本物质所制得的药物，具有针对性强、不良反应低、易被人体吸收等特点，尤其在治疗严重危害人类健康和生命的疾病，如心脑血管病、肿瘤及病毒疾患方面受到欢迎，因而生物制药具有非常广阔的发展空间。

（2）生物制药行业的技术含量高，产品附加值非常大。因此，尽管该行业的国内市场竞争比较激烈，但是，一个企业只要能成功地开发出新产品并被消费者所认可，该企业就能获得很高的盈利水平。

（3）就生物制药产业的国际竞争形势来看，尽管从总体上看，特别是在科研投入和新产品开发方面我们还落后于发达国家，但是，应该说我国企业并没有处于明显的竞争劣势。这样说主要有两个方面的原因：一方面，与国外产品相比，我国生物药物具有明显的价格优势，较低的价格有利于临床的广泛使用；另一方面，由于药品的特殊性，无论是国际贸易还是跨国直接投资，政府对其都有严格的管制政策。

6. 新材料产业

新材料产业有很大的市场前景：一是由于技术进步以及新兴产业的发展，一些新材料相对于传统材料来说，在性能和成本方面有明显的优势；二是出于环境保护的考虑和资源的限制，一些新材料有较大的优势。

新材料产业涉及的范围比较广，包括稀土、磁性材料、金刚石材料、新能源材料、特殊陶瓷材料、光电子、信息材料、智能材料以及生物医用材料等行业。这些行业除少数拥有资源垄断性之外，大多数是竞争性行业，尽管竞争比较激烈，但由于这些行业的技术含量高，产品附加值大，因而大多数企业的盈利水平比较高。

对于设计范围广泛的新材料产业，笔者认为，有两类企业值得投资者关注：一是在资源占有上有明显优势的企业；二是技术开发上有明显优势的企业。

7. 房地产

房地产是一个周期性的行业，它的发展与国家的经济增长，与地方经济发展水平密切相关，也被视为经济发展的“晴雨表”。2014 年以来国内房地产市场进入调整期，住宅需求逐渐回归理性，商业市场过剩风险显现，而城镇化人口聚集以及产业快速升级推动产业地产逐渐活跃，产业地产俨然被各界看成一片新蓝海。

IMF2014 年的报告数据显示，房地产行业至少创造了 14% 的中国城镇就业岗位。房地产行业快速发展，市场分工细化也为求职者提供了更多的就业岗位。房地产行业由设计、开发、销售、物业管理等部门组成，由此衍生出营销代理、装潢设计、中介店铺、贷款服务等行当，分工越来越细，职位越来越多。

8. 汽车制造业

从我国现阶段的经济发展水平，消费结构的变化及公路等基础设施建设的情况看，我国即将进入一个对汽车需求快速增长的时期，可以说我国现在是世界上最大的潜在汽车市场，而且，这种潜在的市场正在逐步发展成现实的市场。

汽车工业已被明确为我国需要大力发展的支柱性产业，已经得到国家产业政策的大力扶持。在世界范围来看，汽车产业是一个典型的寡头垄断产业，目前，我国的汽车企业和一些跨国汽车公司比较，比较弱小，加入 WTO 以后我国汽车企业既面临很大的竞争压力，也面临很好的发展机会。

在以上这些需求较热的行业中，其岗位需求呈现以下特点：从经济类型看，国有经济单位、集体经济单位、其他经济类型单位人员需求接近六成，其中有限责任公司、私营企业和外商投资企业人员需求较多。中小企业是就业岗位的主要增长点，其人员需求占总需求的 80% 左右。从行业结构看，信息传输、计算机服务和软件业及房地产业需求较多。其中租赁和商务服务业人员需求居各行业之首，信息业居第二位，房地产居第三位。此外，批发与零售业，交通运输、仓储和邮政业，住宿和餐饮业人员占总需求的 3/4。从地域分布看，西南地区和东北地区的需求较多；城市近郊区城镇单位人员需求高于城区单位、远郊区县城镇单位人员需求。

二、产业的分类

（一）产业的概念

1. 观点总结

在英文中，产业（Industry）既可以指工业，又可以泛指国民经济中的各个具体产业部门，如工业、农业、服务业，或者更具体的行业部门，如钢铁业、纺织业、食品业、造船业等。

在传统社会主义经济学理论中，产业主要指经济社会的物质生产部门，一般而言，每个部门都专门生产和制造某种独立的产品，在某种意义上每个部门也就被称为一个相对独立的产业部门，如“农业”“工业”“交通运输业”等。

早期西方传统的产业组织理论对产业概念的定义是指生产同类产品或提供同类服务的企业（具有紧密替代弹性）的集合。后来的研究者均在这一基础上对产业概念的界定问题进行研究，并达成了一定的共识，认为产业是介于宏观和微观之间的集合概念，属于中观层次的经济学范畴。对于微观经济中的单个企业来说，产业是具有相同性质企业群体的集合；对于宏观经济而言，产业是国民经济基于共同标准而划分的部分。

不同的资料、不同的研究者对“产业”的理解定义不同，下面介绍不同资料、不同人员对此的定义。

（1）《辞海》。

产业是指由利益相互联系的、具有不同分工的、由各个相关行业所组成的业态总称，尽管它们的经营方式、经营形态、企业模式和流通环节有所不同，但是，它们的经营对象和经营范围是围绕着共同产品而展开的，并且可以在构成业态的各个行业内部完成各自的循环。

（2）杨治（中国人民大学教授）。

“产业”概念是居于微观经济的细胞（企业和家计）与宏观经济的单位（国民经济）之间的一个“集合概念”。产业是具有某种同一属性的企业集合，又是国民经济以某一标准划分的部分。

（3）苏东水（国内外享有盛名的管理学家、经济学家和社会活动家）。

产业，即具有某种同类属性的具有相互作用的经济活动组成的集合或系统。

（4）杨公朴（教授，博士生导师，享受国务院特殊津贴）。

在产业组织层面上，“产业”是指“生产同类或有密切替代关系产品、服务的企业集合”。

当研究整体经济复杂运行中的企业间错综复杂的中间产品或最终产品的供给与需求关系，或者说当需要考察整个产业的状况，以及不同产业间的结构与关联时，“产业”可以界定为“具有使用相同原材料、相同工艺技术或生产产品用途相同的企业的集合”。

（5）简新华（武汉大学经济与管理学院教授、博士生导师）。

产业是指国民经济中以社会分工为基础，在产品和劳务的生产和经营上具有某些相同特征的企业和单位及其活动的集合。在国民经济中，从各类物质生产部门到提供各种服务的各行各业，都可以称为产业。

2. 产业和行业的区别

《辞海》对“产业”和行业的定义是这样的：

产业是指由利益相互联系的、具有不同分工的、由各个相关行业所组成的业态总称，尽管它们的经营方式、经营形态、企业模式和流通环节有所不同，但是，它们的经营对象和经营范围是围绕着共同产品而展开的，并且可以在构成业态的各个行业内部完成各自的循环。

行业一般是指其按生产同类产品或具有相同工艺过程或提供同类劳动服务划分的经济活动类别，如饮食行业、服装行业、机械行业等。

国家统计局于2013年1月14日印发的《三次产业划分规定》中，将国民经济划分为20个产业，96个行业。

（二）产业的分类

1. 产业的分类

第一、第二、第三产业，是根据社会生产活动历史发展的顺序对产业结构做出的划分。它大体反映了人类生活需要、社会分工和经济发展的不同阶段，基本反映了有史以来人类生产活动的历史顺序，以及社会生产结构与需求结构之间的相互关系，是研究国民经济的一种重要方法。

产品直接取自自然界的部门称为第一产业，即农业，包括种植业、林业、牧业和渔业；对初级产品进行再加工的部门称为第二产业，即工业（包括采掘工业、制造业、自来水、电力蒸汽、热水、煤气）和建筑业；为生产和消费提供各种服务的部门称为第三产业，即除第一产业、第二产业以外的其他各业。根据我国的实际情况，第三产业可以分为两大部门：一是流通部门；二是服务部门。

20世纪80年代初，中国开始采用三次产业的分类来核算国民生产总值，以便从不同角度反映和研究社会经济各部门的发展规模、结构和水平。1985年，中华人民共和国国家统计局提出了中国三次产业划分的意见：

第一产业是指农、林、牧、渔业（不含农、林、牧、渔服务业）。

第二产业是指采矿业（不含开采辅助活动），制造业（不含金属制品、机械和设备修理业），电力、热力、燃气及水生产和供应业，建筑业。

第三产业即服务业，是指除第一产业、第二产业以外的其他行业。第三产业包括：批发和零售业，交通运输、仓储和邮政业，住宿和餐饮业，信息传输、软件和信息技术服务业，金融业，房地产业，租赁和商务服务业，科学研究和技术服务业，水利、环境和公共设施管理业，居民服务、修理和其他服务业，教育，卫生和社会工作，文化、体育和娱乐业，公共管理、社会保障和社会组织，国际组织，以及农、林、牧、渔业中的农、林、牧、渔服务业，采矿业中的开采辅助活动，制造业中的金属制品、机械和设备修理业。

2. 第三产业的发展和结构

近半个世纪以来，第三产业得到了迅速的发展。20世纪70年代以来，世界上绝大多数国家的第三产业的发展速度超过了第一产业和第二产业的发展速度。社会中的劳动力和生产资料大量地从直接的物质生产部门向非直接的物质生产部门转移。现在，在发达资本主义国家，第三产业在经济生活中已占有十分重要的地位，许多国家的国内生产总值的增长主要是靠第三产业的发展。在经济落后的国家和地区，因为第一、第二产业不够发达而限制了第三产业的发展，第三产业在国民经济中的比重也较低，从世界范围内观察，随着科学技术进步的发展，今后第三产业的产值在国内生产总值中的比重，以及第三产业从业人员在全部就业人员中的比重都将进一步提高。

随着现代社会经济的发展，第三产业内部的结构也在发生变化。从多数国家第三产业的内部结构来看，商业一直占据第一位。现在有的国家，如美国，服务业的就业人数已经超过了商业中的就业人数，在第三产业中占据了第一位。在服务业中，大致可以分为生产服务业和生活服务业，前者是为物质资料的生产提供服务的行业，后者是为个人生活或公共生活提供服务的行业。服务业又可按其技术的新旧，分为传统的服务业和新兴的服务业。传统的服务业，如旅游业、饮食业、修理业等；新兴的服务业，如信息咨询服务业、计算机服务业等。在发达国家，近年来新兴的服务行业不断涌现并迅速发展，发展速度大大超过了传统的服务行业。新兴的第三产业的各种服务又和传统的第三产业相融合，彻底改造了传统的第三产业各部门，使它们向着现代化前进，这就使整个第三产业的劳动生产率和经济效益大为提高。此外，教育、科研、卫生等为提高科学文化水平和居民素质服务的部门的增长速度也很快。

3. 第三产业的性质和重要作用

虽然，第一产业、第二产业是直接从事物质资料生产的产业部门，第三产业不是直接从事物质资料生产的部门，它们在产品上有物质形态和非物质形态的区别，但是，它们都是从事生产劳动的，都生产出一定的劳动产品，都是一种产业部门。马克思把社会消费品区分为商品和服务两大类。以服务形式存在的服务消费品也是一种产品，它是构成社会财富的重要内容。马克思说："服务本身有使用价值，由于他们的生产费用，也有交换价值。"① 在商品经济条件下，以服务形式存在的产品也是商品，它同一般商品一样，具有使用价值和价值。服务产品具有能够满足人们某种需要的特殊的使用价值。在服务产品中凝结着服务劳动，它同样是人类的脑力劳动和体力劳动的结晶，服务劳动者为社会提供了服务，他们的劳动消耗便形成服务产品的价值。根据对第三产业的性质，在国民生产总值的统计中，不仅应当包括第一产业和第二产业所生产的物质资料形态的产品的增加值，而且应当包括第三产业所生产的各种非物质形态产品的增加值。物质资料生产部门的增加值相当于国民收入加上固定资产折旧；非物质资料生产部门的增加值等于这些部门的纯收益(包括劳动报酬和其他收益）加上固定资产折旧。

在当代国民经济结构中，第三产业已经占有极为重要的地位。第一、第二产业是发展第三产业的物质基础，第三产业的发展又反作用于第一、第二产业，从更加广阔的领域为第一、第二产业的发展创造有利的条件，主要表现在：①第三产业的发展，建立了为生产服务的部门，促进了社会分工的深入发展，提高了生产社会化的程度，促使第一、第二产业的企业能够大大提高劳动生产率。②第三产业的发展，建立了为生产服务的流通部门，缩短了生产过程和流通过程，促进了整个社会经济效益的提高。③第三产业的发展，便于第一、第二产业部门之间的联系和协调，并且及时反映出社会需求的变化，能够促使国民经济结构日益趋于合理化。④第三产业的发展，特别是其中交通运输业、邮电通信业的发展，便于加强经济发达地区和经济落后地区的联系，在它们之间建立互相补充的关系，发挥各自的经济优势，促进各地区资源有效利用和经济效益的提高，有利于整个国民经济的协调、顺利发展。⑤第三产业中生活服务部门的发展，提高了消费的质量，扩大了服务消费的规模，推动了消费结构的变化，促进了人们生活消费的发展，有利于更好地满足人民群众的物质生活需要。⑥第三产业中为提高科学文化水平服务的部门的发展，对整个社会精神文明的提高，对于更好地满足人民群众的精神生活需要，对于社会生产的发展具有重要的作用。

---

① 《马克思恩格斯全集》第26卷，第160页。

在现代社会经济发展中，要十分重视第三产业的发展，要改变那种只重视发展第一、第二产业，而不重视发展第三产业的观念。要把第三产业真正作为一种产业来对待、兴办，要改变单纯追求第一、第二产业的总产值，而忽视第三产业产值的倾向。当然，发展第三产业要以第一、第二产业的相当发展为条件，它受到物质资料生产的承担能力和居民收入水平的限制，不能脱离第一、第二产业的需要和人民生活水平的提高而超前增长，不能不顾客观条件而盲目追求全面现代化的第三产业体系。总之，第一、第二、第三产业必须互相适应、协调发展，从而促进整个社会经济的迅速发展和社会经济效益的提高。

三、职业的分类

（一）职业分类概念

职业分类是指采用一定的规则和标准，依据一定的分类原则，对从业人员所从事的各种专门化的社会职业，按照其活动的不同性质、对象、内容、形式、功用和结果进行的类型划分和归总的过程。

科学的职业分类是职业社会化管理的平台，也是职业自身发展的需要。一个国家职业体系结构的形成，为人们了解社会领域的总体状况奠定了基础，也增强了人们的职业意识，促使人们提高自身的职业素质。通过对职业分类的具体研究，可以看出它具有以下几个特征：

1. 产业性特征

一个国家，一个社会，就大的方面可以分为三类产业：第一产业包括农业、林业、牧业和渔业等；第二产业是工业和建筑业，工业包括采掘业、制造业等；第三产业是流通和服务业。在传统农业社会，农业人口比重最大；在工业化社会，工业领域中的职业数量和就业人口显著增加；在科学技术高度发达和经济发展迅速的社会，第三产业职业数量和就业人口显著增加。

2. 行业性特征

行业是根据生产工作单位所生产的物品或提供服务的不同而划分的，行业主要是按企业、事业单位，机关团体和个体从业人员所从事的生产或其他社会经济活动的性质的同一性来分类的，可以说行业表示了人们所在的工作单位的性质。

3. 职位性特征

所谓职位是一定的职权和相应的责任的集合体。职权和责任的统一形成职位的功能，职权和责任是组成职位的两个基本要素；职权相同，责任一致，就是同一职位。在职业分类中的每一种职业都含有职位的特性，比如大学教师这种职业就包含有助教、讲师、副教授、教授等职位，再如国家机关公务员包括科级、处级、厅（局）级、省（部）级等职位系列。

4. 组群性特征

无论以何种依据来划分职业都带有组群特点，如科学研究人员中包含哲学、社会学、经济学、理学、工学、医学等，再如咨询服务事业包括科技咨询工作者、心理咨询工作者、职业咨询工作者等。

5. 时空性特征

随着社会的发展和进步，职业变化迅速，除了弃旧更新外，对于同一种职业活动的内容和方式也发生变化，所以职业的划分带有鲜明的时代性。从大的方面来说，在职业数量较少的时期，职业与行业是同义语，但现在职业与行业是既有联系又有区别的两个概念，在职业划分中，行业一般作为职业的门类。在空间上职业种类分布有区域、城乡、行业之间或者国别上的差别。

（二）职业分类的方法

1. 国际标准职业分类法

从世界的角度来看，联合国劳动领域的专业性组织——国际劳工组织（ILO）在 20 世纪 40 年代末，开始组织许多国家的有关专家和国际组织，共同编制职业分类的工具书。1958 年国际劳工组织的工作机构——国际劳工局颁布了第一部《国际标准职业分类》，它成为各国编制职业标准的依据和各国间交流的标准。

国际标准职业分类体系，是一个“提供了包括全部文职工作人员在内的系统化的分类结构”。在这个体系中，包括 8 大类、83 个小类、284 个细类、1 506 个职业项目。在这一分类体系中，每一个职业都有一个五位的职业编码、一个名称、一个定义，职业定义说明该职业工作者的一般职权、主要职责和任务。

2. 国家标准编码法

（1）国外的国家职业分类标准。许多国家的政府，都组织本国的有关部门和专家学者编制职业分类的本国标准。各个国家的经济社会条件不同，又有不同的管理需要，因此其国家职业分类标准就有所不同。

加拿大组织 300 个专家经过七年编制的《加拿大职业分类词典》于 1971 年出版。该词典包括 7 000 多个职业名称词条，其职业词条的内容包括：定义和职责、考核和提升要求、从业者必须具备的各方面条件和素质等。该词典内容丰富全面，概念清晰，描述翔实，具有很高的实用价值，社会用途面非常广泛，是一部具有很大国际影响的工具书。

此外，美国劳工部的职业分类目录，也是具有较大影响的实用性职业分类标准。

（2）我国的国家职业分类标准。我国的职业分类有两种标准：一种是依据在业人口本人所从事的工作性质的统一性进行分类；另一种主要是按企业、事业单位、机关团体和个体从业人员所从事的生产或其他社会经济活动的性质的同一性分类，即按所属行业分类。

我国颁布的《中华人民共和国职业分类大典》（以下简称《大典》），比照国际标准，把职业分为大类、中类、小类和职业四个层次，2015 新版《大典》职业分类结构为 8 个大类、75 个中类、434 个小类、1 481 个职业。职业分类大典中的“职业”，是我国分类体系中的最基本类别，内容包括职业编码、职业名称、职业概述、职业定义、职业内容描述，以及归属于本职的工种的名称和编码。

《大典》将我国职业归为 8 个大类，它们分别是：

第一大类：党的机关、国家机关、群众团体和社会组织、企事业单位负责人，其中包括 6 个中类、15 个小类、23 个职业；

第二大类：专业技术人员，其中包括 11 个中类、120 个小类、451 个职业；

第三大类：办事人员和有关人员，其中包括 3 个中类、9 个小类、25 个职业；

第四大类：社会生产服务和生活服务人员，其中包括 15 个中类、93 个小类、278 个职业；

第五大类：农、林、牧、渔业生产及辅助人员，其中包括6个中类、24个小类、52个职业；

第六大类：生产制造及有关人员，其中包括32个中类、171个小类、650个职业；

第七大类：军人，其中包括1个中类，1个小类，1个职业；

第八大类：不便分类的其他从业人员，其中包括1个中类，1个小类，1个职业。

进入21世纪以来，随着经济社会发展、科技进步和产业结构调整升级，我国的社会职业构成和内涵发生了很大变化。2015年7月29日，国家职业分类大典修订工作委员会全体会议在北京召开，会议审议并颁布2015版《大典》。新版《大典》维持8个大类、增加9个中类、21个小类。其中，新增了347个职业，具体来说，新增的职业包括“快递员”“网络信息安全管理员”“文化经纪人”“动车组制修师”“风电机组制造工”等；同时，还有894个职业被取消，例如“收购员”“平炉炼钢工”“凸版和凹版制版工”等。2015版《大典》还结合了我国实际，新增加了绿色职业标识，主要是对具有“环保、低碳、循环”特征的职业进行了研究分析，将部分社会认知度较高、具有显著绿色特征的职业，标示为绿色职业，这也是我国在职业分类方面的首次尝试。此次修订共确定了127个绿色职业（如环境监测员、太阳能利用工、轮胎翻修工等职业），统一以汉语拼音首字母“L”进行标识。

3. 部门工作标准法

对于不同政府部门来说，由于所进行职业方面的管理内容不同、角度不同，因而也有着特定的职业分类。政府劳动部门从就业、劳动管理、职业技能的角度进行分类；政府教育部门从学校专业设置和学生职业选择的角度分类，例如，我国政府劳动部门制定了工人类别的“工种目录”；政府教育部门所设的学科分类、专业设置与职业分类也有着相当紧密的关系，如税务专业、金融专业、机械专业、文秘专业、计算机专业等。

4. 职业指导分类法

职业指导是一个涉及面广泛、意义重大的领域，从对人进行职业指导工作的角度来说，有着若干种职业分类方法，而且这些分类与心理学对“人”的划分紧密联系。职业指导领域的职业分类方法主要有：

（1）霍兰德分类法。这一方法把职业分为实用型、研究型、企业型、常规型、艺术型和社会型六大类。这是一种非常重要应用极为普遍的分类法。

（2）教育学科分类法。这一方法把专业大类分为人文科学、社会科学、理科、工科、农学、医科、家政、教育、艺术、体育10种，职业则与之近似或者相关。

（3）DPT分类法。这一方法把职业分为：与资料打交道为主的工作（D），与人打交道为主的工作（P）和与事物打交道为主的工作（T）三种。有的学者还增加了“思维性工作”（i）的内容，称这一方法为DPTi分类法。

5. 人力资源管理实用分类法

从现实人力资源管理的角度看，职业或者工作、岗位，首先是体力、脑力两个最大的类别（对应于我们常说的“工人”“干部”）。

进一步来说，能够为用人单位掌握、用于招聘选拔人员和进行岗位管理的职业，可以划分为科学研究、工程技术、经济工作、文化教育、文艺体育、医疗卫生、行政事务、法律公安、生产工人、商业工作、服务工作和农林牧渔12个类别。

第二节 人力资源市场

一、人力资源市场

（一）人力资源市场的概念

人力资源市场是将传统的由人事部门组建的人才市场、劳动保障部门组建的劳动力市场（或职业介绍机构）以及教育部门组建的高校毕业生就业市场统一融合而成的现代人才服务平台。

（二）人力资源市场的类别

人力资源市场就目前来讲，主要分为以下两类：公共就业服务体系和经营性服务体系。

1. 公共就业（人才）服务体系

公共就业服务是指由政府出资，向劳动者提供的公益性就业服务。这类服务体系的载体主要是原劳动、人事部门设立的以促进就业为根本宗旨的事业单位。

其性质主要包括四个要素：以促进就业为目的；以提供公益服务来定性；以政府服务公众的职能作为定位；由公共政策、公共财政给予保障和支持。

其功能作用主要包括以下几个方面：对城乡所有劳动者提供基本、均等的就业服务；对就业困难群体提供援助性就业服务；对不同时期重点群体提供专门的就业服务；对用人单位用人提供通用性服务；承担就业和人才政策的具体实施；对就业与失业进行社会化管理等工作职能；受政府部门委托，为用人单位和劳动者提供基本人力资源和社会保障事务代理服务。

2. 经营性服务体系（职业中介）

经营性服务是指由经营性机构为用人单位和劳动者有偿提供的职业中介和相关服务，其服务载体主要包括从事人力资源服务的国有企业、民营企业、中外合资企业和原人事、劳动系统所属服务机构自办或以股份形式合办的企业。

其性质主要包括四个要素：以促进竞争性人群就业和满足用人单位特别需要为目的；以提供有偿中介服务来定性；以企业化经营来定位；以自主经营、自负盈亏为运行保障。

其功能作用主要包括三个方面：按照国家政策，经行政许可从事职业中介、培训、人力资源外包服务、人力资源派遣、管理咨询等服务业务；对用人单位或劳动者按其所需提供针对性的专业服务；按照国家政策和政府购买成果的要求，为一般劳动者提供公益性就业服务。

二、大学生就业市场

（一）大学生就业市场的概念

大学生就业市场是大学生就业与用人单位需求有效对接的主要平台，在人才配置中起基础性、导向性、调节性作用，能够为高校毕业生就业创业提供快捷、有效、全面、高质量的服务。国家通过大学生就业市场实现对毕业生这一宝贵人才资源的合理配置，促进人才的合理流动，达到人尽其才、才尽其用的根本目的。

（二）大学生就业市场的类别

大学生就业市场是在社会主义市场经济体制下，以高校毕业生为主体的就业市场，是毕业生求职择业和用人单位招贤纳士、选拔人才的场所，是高校毕业生就业制度的重要组成部分。就目前而言，大学生就业市场可分为有形市场和无形市场两大类。

1. 有形市场

有形市场是指有固定场所、地点、举办时间及特定对象参加的，在某一时间内把用人单位与毕业生组织在某一场所，为双方进行交流和双向选择提供的就业平台，目前大学生的有形市场大体分为以下几种：

（1）以学校为主体单独举办的毕业生就业市场。这种就业市场一般以招聘会、供需见面会等形式出现，也是大学生就业市场中最主要的一种就业市场。由学校单独出面举办的就业市场，其优点在于邀请的用人单位有很强的针对性，往往与学校专业相结合，对高校来说很容易形成固定的用人单位群体。

（2）学校联办的毕业生就业市场。主要是指由两所或若干所高校联合举办的就业市场。这种就业市场的最大特点是，集中各高校的用人单位的资源，强强联合，优势互补，市场规模很大，参会的单位也比较多，涉及的招聘专业也比较齐全，具有一定的代表性。目前具有代表性的就业市场，如教育部在沪西片直属四高校即上海交通大学、华东师范大学、华东理工大学、东华大学每年12月联合举办的毕业生双向选择会，无论规模还是用人单位层次在上海甚至在华东地区各高校毕业生中都有一定的影响力。由于这种类型的就业市场具有很强的辐射性和影响力，招聘单位的质量也比较高，因此也提高了就业市场的效能。

（3）地区性、区域性的就业市场。如各地方教育主管部门或各人事局举办的为本地毕业生就业服务或为本地用人单位招聘服务的就业市场。这种形式的就业市场最大的优点在于，能够比较准确地反映出这个地区或区域性的人才需求趋势。

（4）企业的专场招聘会，也称宣讲会。这是由用人单位单独来高校以招聘本企业所需人才为目的举办的小型招聘会。这种就业市场时效性强，招聘效果也十分明显，尤其为知名企业、跨国公司所推崇。

2. 无形市场

与有形市场相反，无形市场没有固定的场所和地点，由用人单位和毕业生自行自主地选择通过某种媒介和交互平台进行交流和沟通。随着信息技术的高速发展，高校的无形市场发展迅速，在大学生就业市场中所占的地位日显重要，所起的作用也越来越大。目前无形市场已经不是简单地通过电话、邮件、报刊和计算机网络及其他通信和传播手段来完成双方的交流和联系，而是借助信息科技的高科技手段，利用Internet技术建立起各类就业网站、求职网站，为大学生就业市场提供了更宽阔的发展领域。凭借信息快速、便捷和方便灵活的特点，使用人单位和毕业生之间打破时间、区域、场所的限制，提高了就业工作效率，减少了招聘成本，深受广大高校毕业生和用人单位的欢迎。现在各高校普遍应用就业网络进行毕业生就业管理，建立毕业生就业信息网络系统。

（三）大学毕业生就业市场的特征

大学毕业生就业市场呈现多样性，现总结其主要特征如下：

1. 公益性

毕业生就业市场以促进毕业生就业创业为宗旨，构建毕业生、用人单位之间安全、可靠的平台，为高校毕业生就业创业提供快捷、有效、全面、高质量的服务。

2. 市场主体的特殊性

在毕业生就业市场的举办过程中，学校是基础，以政府为主导，市场则起调节作用。因此，毕业生就业市场的组织主体可以是政府教育部门，也可以是高校。市场的就业主体是高等院校毕业生，这是一个高附加值的特殊群体，具有良好的可塑性。但是，正是由于这个主体都是大学毕业生或研究生，学历层次差别不大，年龄也较为集中，因此在就业过程中竞争会更加激烈。

3. 时效性

我国现行的大学生就业政策规定，毕业生就业必须在有限的时间内完成。全国有几百万名应届高校毕业生，一般要求他们在半年内落实工作单位，现在择业期延长为两年。各级主管就业部门对每年的毕业生就业市场的运行日程都有一个大致安排，从用人单位到高校招聘，到毕业生落实就业单位、签约，以及未能落实或重新落实单位等都有具体的时间规定。如果毕业生在两年内不能落实就业单位，就要离开这一市场而转到其他就业市场择业或待业。

4. 区域性

毕业生就业市场的主办者多以各省市教育部门、高校或行业主管部门为主体，不论谁举办，这些就业市场的用人主体一般都是本地区的，同时也是针对本地区的高校毕业生服务的，表现出较强的区域性。

5. 集中性

我国每年都有几百万名大学生集中进入社会就业。从人数到时间，都呈现集中性的特点。用人单位和毕业生在一个相对固定的时间和场所集中招聘或应聘。特别是校际或院校内举办的人才交流会，表现在专业方向上，更具有集中性的特征。其集中性的特征有利于供需双方直接签约，减少中间环节，提高供需双方的效率和效益。

6. 影响性

高校毕业生就业市场涉及面广，任何一个毕业生就业都牵动着毕业生本人、家长、亲朋好友等的关心，为社会所关注，影响极大。

三、毕业生就业市场的职能和作用

（一）高校毕业生就业市场的基本职能

毕业生就业市场就目前来看，包括以下两大基本职能：

1. 信息交流

毕业生就业市场是毕业生与用人单位供需双方进行双向选择，实现求职和招聘的必要场所，而充分交流就业信息与求职信息又是供需双方进行双向选择的基础和前提，因而，促进信息交流是毕业生就业市场的首要职能。毕业生就业市场需要通过收集和整理各种就业信息，并通过适当的方式对所有毕业生公开，供毕业生了解和进行选择。这些就业信息既包括国家宏观的政治、经济形势，也包括有关的就业政策、规定，还包括各用人单位的基本情况和具体的用人需求，是各种与毕业生就业信息有关的集合。同时，市场也要向用人单位提供各个高校的专业介绍和生源情况，提供具体的求职者的应聘信息，方便用人单位进行招聘。市场信息能否实现共享、交流是否充分，直接决定了市场作用能否有效发挥，人才配置是否合理。

2. 就业服务与管理监督

省高校毕业生就业市场是履行省政府公共职能的公益性服务市场，其宗旨是为毕业生和用人单位提供政策咨询、就业指导、供需见面、创业培训等就业创业综合服务。目前，毕业生就业市场应当提供以下就业服务：向毕业生和用人单位提供就业政策和规章咨询；办理毕业生就业调整改派、就业代理等一系列手续。实行一站式服务。为求职毕业生提供就业指导和职业介绍；为需要培训的求职毕业生推荐培训单位；公开发布需求信息、供求分析信息和职业培训信息；办理求职登记；对就业困难毕业生进行就业援助；举办毕业生求职和用人单位招聘双选活动；完成国家和省规定的其他有关服务。

省高校毕业生就业市场通过建立用人单位准入制度、用人单位招聘毕业生和毕业生应聘信用制度及信息公开制度等完善的制度，加强市场管理与监督，切实维护进入市场的毕业生和用人单位权益，维护毕业生市场的正常秩序，促进市场健康发展。

（二）毕业生就业市场的作用

毕业生就业市场对于促进市场上人才供需双方互动起着重大作用，主要作用介绍如下：

1. 市场配置作用

毕业生就业市场是通过市场的调节作用，实现对毕业生这一宝贵人才资源的合理配置，促进人才的合理流动，达到人尽其才、才尽其用的根本目的。大学生要依据人才价格信息、个人与职业匹配情况和人才竞争的激烈程度等因素来决定是否就业。用人单位则是根据工作要求、经营状况和社会平均人才价格等信息决定对毕业生是否录用。毕业生就业市场就是依靠市场竞争机制，通过这些供求规律、价值规律等基本规律最终决定人才的组合与配置。多年就业实践的经验表明，高校毕业生就业市场在毕业生就业中发挥了不可替代的基础性作用，80%以上的毕业生是通过这一市场实现就业的。因此，高校毕业生就业市场已经成为毕业生求职、就业的主渠道。

2. 市场导向作用

毕业生就业市场当中毕业生的就业状况，从根本上讲，反映的是高等学校人才培养与市场需求之间的适应程度。认真分析用人需求与毕业生就业的状况和存在的问题，有利于高等学校树立科学发展观，转变办学思路，加强学科建设，调整专业设置和教学计划，推动教育教学改革。提高学校人才培养的针对性和适用性，增强学校主动适应社会与经济发展需要的能力。毕业生就业市场建立就业预测制度（预测主要包括毕业生的生源状况、需求状况、就业状况及其他信息），加强对就业形势的研究，定期公布就业预测情况，不但对高等教育的改革起到导向作用，同时也为相关部门制定和调整有关毕业生就业政策提供了重要参考和依据，作用十分明显。

3. 市场调节作用

毕业生就业市场为毕业生和用人单位引入公平竞争机制。优胜劣汰是市场经济的主要特点，毕业生就业市场也不例外。毕业生在就业市场中取胜的直接原因，就是自身的竞争实力。当竞争实力较弱时就业相对来说就比较困难，毕业生甚至会被淘汰出局。毕业生为了找到一份理想的工作，根据市场需求和个人意向，不断调整自己的知识结构或择业方向，以增强自己的实力。可以说，市场竞争机制有力地激发了毕业生的求职欲望，调动了毕业生的学习积极性。毕业生就业市场也使用人单位之间的竞争更加激烈。

第三节　外部环境分析

有一句广告词非常经典："心有多大，舞台就有多大。"作为新时代的弄潮儿和主角的大学生们，从学校的"小舞台"到社会的"大舞台"，是否已经做好了充分的准备？如何在聚光灯下尽情地展示自己的才华和舞姿呢？对于这个"大舞台"自己又了解多少？越来越多的大学生都开始进行职业生涯规划，而一份有效的职业生涯规划，要求我们全面认识、了解自己，也要清晰地认识外部环境特征，以评估职业机会……

为了更好地进行职业选择与职业生涯规划，必须对外部环境进行分析，通过外部环境分析，弄清环境对职业发展的要求、影响及作用，对各种影响因素加以衡量、评估，并做出反应。

一、社会环境分析

我们将所选职业放在社会环境中分析，才能坚定职业方向和职业目标。

（一）社会环境分析的概念

所谓社会环境分析，就是对我们所处的社会大环境的分析，了解所在国家或地区的政治、经济、法制建设发展方向，以寻找各种发展机会。

（二）社会环境分析的内容

中国现在正处于近两百年以来最好的历史时期。虽然社会上还有许多体制弊端，还有许多没有解决的矛盾，但是政治上比较稳定，法制化进程已经开始，市场经济已经初步形成并步入正轨。21 世纪的中华大地充满各种人才成长发展的机遇。

但是我们也要看到，人才的竞争日趋激烈，大学生就业难、失业率居高不下等，都使当前的就业环境看起来不容乐观，这就更需要在分析社会现状的基础上，有针对性地做好自己的职业生涯规划。对社会环境因素的了解主要包括以下几方面：（1）社会政策。主要是人事政策和劳动政策。（2）社会变迁。如知识经济和信息化社会的发展，就会对人的职业生涯发展产生较大影响。（3）社会价值观。其会随着社会的不断发展和进步而发生不同程度的变化，从而影响社会对人的认识和对职业的要求。（4）科学技术的发展。科技的发展会带来理论的更新、观念的转变、思维的变革、技能的补充等，而这些都是职业生涯规划中不可或缺的要素。

二、行业环境分析

（一）行业环境分析概念

所谓行业环境分析包括对目前所从事行业和将来想从事目标行业的分析，具体包括行业的发展状况、国际国内重大事件对该行业的影响、目前行业优势与问题何在、行业发展趋势如何等。

（二）行业环境分析内容

行业环境分析包括对目前从事或拟从事的目标行业的环境分析，其内容应包括行业的发展状况，国际、国内重大事件对该行业的影响，目前行业的优势与问题，行业发展趋势等。

在分析行业环境时，一定要结合社会大环境的发展趋势。科学技术的飞速发展会使某些行业如同夕阳般坠落，逐渐萎缩、消亡，更有许多极具发展前途的朝阳行业不断出现并发展起来。同时，还要注意国家政策的影响，了解国家对某一行业的相关政策支持与否，等等。要尽量选择那些有前景、发展空间广阔的行业。例如，我国近年来重点抓环境保护，推行可持续发展战略，保护生物多样性，在农业生产中控制化学制品的使用，开发“绿色食品”等，使环境保护产业如初生朝阳，充满生机，致使环保设备生产、环保技术咨询等行业迅速发展，从而提供了大量就业岗位。而这时如果不了解情况，为了一时利益，盲目进入那些污染后果严重的行业谋职，必会给自己的职业生涯造成严重的不良后果。

三、企业环境分析

（一）企业环境分析

所谓企业环境分析，就是个人在选择企业时有必要通过个人可能获得的一切渠道来了解心仪的企业有关情况，并进行相关分析。比如，可以通过公司所在地的新闻出版机构的新闻线索，来了解该企业产品及服务的详细情况和富有深度的财政经济状况；通过有关书籍和企业发展史、当地各种商业活动、企业人物获奖的细节，也能了解到可供参考的资料信息。另外，公司的网站介绍信息也会透露一些企业文化的有关线索，至少可以通过参观或参加面试时的谈话资料和知识背景来充分了解企业环境。

（二）企业环境分析内容

企业环境一般包括单位类型、企业文化、发展前景、发展阶段、产品服务、员工素质、工作氛围等多方面内容。进行企业环境分析，首先要确定自己适合什么样的企业文化、什么样的环境，从而找到真正适合自己要求的公司。我们大部分人会面临这样一个严酷的事实：我们必须长期、努力地工作，如果用几年的时间做自己并不适合的工作（这种情况很常见），那么就是在浪费生命、浪费组织的信任。

企业环境分析包括：用人单位的声誉和形象是否良好；企业实力怎样；企业在本行业中的地位、现状和发展前景怎样；所面对的市场状况如何；产品和服务在市场上的发展前景怎样；能够提供哪些工作岗位，是否适合自己；有无良好的培训机会；企业领导人怎样，是否先进开明；企业管理制度怎样；企业文化是否与自己吻合；企业的福利待遇是否完善等若干方面，具体包括以下三个方面：

1. 企业实力

企业实力通过多方面体现：企业在社会中的地位和声望如何；企业目前的产品、服务和活动范畴是什么；企业的发展领域在哪些方面；发展前景如何；战略目标是什么；技术力量和设施是否先进；在本行业中是否具备很强的竞争力；是发展扩张，还是倒退紧缩；是否处于很快就会被吞并的地位；谁是竞争对手；企业目前的财政状况如何；要仔细观察是真正在“做大”“做强”，还是空有其壳；有没有长久的生命力；企业的组织结构是怎样的；是扁平的还是等级制的；等等。

2. 企业领导人

企业主要领导人的抱负及能力是企业发展的决定性因素，个人在职场的发展如何很大一部分来自于领导者。很多成功的大企业都有出色的企业家作为掌舵领航人。当然炒老板鱿鱼也是职场的一道家常菜。因此，要了解企业主要领导人是真心要干一番事业，还是想捞取名利，管理先进开明吗？他有足够的能力带领员工开创新天地吗？他有没有战略眼光和措施？他尊重员工吗？

3. 企业文化和企业制度

除了很好的福利、吸引人的薪酬、舒适的工作环境和出色的管理之外，优秀的企业还会创造积极的企业文化，让员工感到快乐和受尊重，也使员工工作更有创造性。员工与企业相互配合是否良好的关键在于企业文化。因此，在求职时选择什么样的企业文化氛围让你觉得最舒服，才是至关重要的。

企业制度涉及的范围比较广，包括管理制度、用人制度、培训制度等，尽可能了解这些信息，了解企业在组织结构上的特征与发展变化趋势，分析这种安排对自己的未来可能带来什么样的影响，特别要注意企业用人制度如何，能否提供教育培训机会，提供的条件是什么；自己将来有没有可能在该企业担任更高级的职务或担负更大的责任；个人待遇提升的空间有多大；是基于能力还是工作年限；企业的标准工作时间怎样；是固定的还是可以变通的；当然也还要考虑企业提供的薪酬和福利待遇与行业内其他公司比较如何。

总之，通过以上分析，应理出一条清晰的线索，确定自己的职业生涯在这个企业有没有足够的发展空间，衡量自己的目标能够在该企业得以实现的可能性。

四、职位分析

（一）职位分析的概念

职位分析是指了解组织内的一种职位并以一种方式把与这种职位有关的信息描述出来，从而使其他人了解这种职位的过程。

（二）职业分析的内容（见表4－1）

表4－1　职位环境分析工具

职业环境分析维度	具体分析（以人力资源举例）
该职业是否能在社会分工中长期存在，当前发展趋势如何	所有组织都会涉及人力资源管理，只要有组织和人存在，这个职业就会长期存在。当前，人力资源管理已经从简单的事务管理发展为专业的管理行为，在企业生产经营中扮演越来越重要的角色，处于一个价值上升的通道中
所选职业需要哪方面的专业知识技能	①需要用到人力资源规划、开发、薪酬管理、劳动关系管理、绩效管理等专业的人力资源知识；②需要企业经营、组织行为学、心理学等知识；③需要有良好的沟通能力、亲和力、人际交往能力
所选职业专业知识技能是否有足够的深度，知识经验积累时间需要多长	该职业要做到较高层次需要的知识较多，需要进行至少10年的时间积累和不断的理论学习才能得到较高层次的认可
该职业是如何创造价值的	通过有效的人力资源管理活动，使所在组织具备竞争所需要的组织能力和员工能力，从而提升组织竞争优势和效率
该职业可否带来所期望的报酬水平	按照当前的市场情况，在经济发达的地区，如广州、深圳、上海等地，国内中型企业人力资源经理的年收入水平在15万～20万元，大型企业人力资源经理年收入在20万～30万元，该职位工资在外资企业水平中相对更高，该职业可以达到预期报酬水平
需求满足程度	物质需求满足：其带来的收入水平可以满足求职者对生活品质的要求，可以提供家庭住房、汽车、教育和旅游。 精神需求满足：这是一个求职者愿意从事的职业，是可以实现自我价值的职业
分析结论	该职业是一个处于往上发展的职业，且有足够的职业深度，所带来的报酬能够满足求职者对物质和精神上的需求，因此是理想的职业

五、家庭环境分析

（一）家庭环境分析的概念

家庭环境分析指的是对家庭软、硬环境的分析。家庭软环境，是指笼罩着特定场合的特殊气氛或氛围，它诉诸人的内在情绪和感受，对人起着潜移默化的作用，是家庭生活中人与人之间相互联系时所形成的一种气氛；家庭硬环境，是指特定的物质条件，它是人得以发展的基础条件。

每个人从出生开始就受到家庭环境的影响，这种影响往往是多方面的、深远的。个人职业发展规划的确立，往往同自身的成长经历和家庭环境相关联。个人在成长过程中，在不同时期也会根据自己的成长经历和所受教育的情况，不断修正、调整，并最终确立职业理想和职业计划。因此，正确而全面地评估家庭情况才能有针对性地设计适合自己的职业规划。

（二）家庭环境分析的内容

家庭环境分析主要是分析家庭环境对职业生涯规划产生的影响，主要包括：家庭成员的社会关系；家庭成员对我们就业的态度和期望的发展方向；家庭经济状况；家庭的教育背景；家庭成员的工作性质；家庭成员所从事的职业类型等，具体包括以下三个方面：

1. 家庭教育的影响

一个人所受的家庭教育方式不同，在长期的潜移默化中所形成的价值观和行为模式就会有所不同，从而形成的职业理想和职业目标就会有所差异。

家庭教育方式可以分为专制型、溺爱型、民主型和忽视型。专制型的父母在家里操纵着子女的一切，用权力和强制性的训练使孩子听命，享有无上的权威。父母从来不考虑子女的思想感受，只从父母的主观意志出发，总是代替子女思考，强迫子女接受自己的看法和认识，子女必须按照父母的认识和意志去活动，不能超越父母的指令。这种类型的父母对子女要求过分严厉，有过高的期望，缺少宽容，有太多的限制，过分地不允许，教育子女语言和方法简单，态度生硬。这种教育方式下的毕业生经常处于被动、压抑的状态，缺乏自制能力，往往会形成两种截然不同的职业生涯规划个性：一种表现为顺从、懦弱、缺乏自信、孤独、性格压抑，自卑，择业时唯唯诺诺，缺乏独立判断和处理的能力；另一种表现为逆反心理强、冷酷无情、有暴力行为，择业时往往会独断专行。

溺爱型父母一般很少向子女提出要求或施加控制，对孩子的爱缺乏理智和分寸，即使子女提出过分要求，往往也采取“听之任之”的态度，对孩子百依百顺、姑息迁就。这种教育方式下的毕业生经常可以无拘无束，任性胡为，往往会形成两种截然不同的职业生涯规划个性：一种为依赖型；另一种为好高骛远型。

民主型父母给孩子自由发展空间，平等地对待、尊重和信任孩子，能与孩子相互沟通，交流各自的看法，鼓励孩子上进，孩子可以按照自己的爱好和兴趣发展，父母也为孩子的发展提出建议，理性地指导孩子成长，对其缺点错误能恰如其分地批评指正，提高孩子的认知能力。父母遇事总是先给孩子讲道理，从不打骂。即使有时父母错了，也会真诚地给孩子道歉。这种教育方式下的毕业生，个性得到充分发展，也容易产生发挥自身潜能的动力，在择业上表现出的主动性也较强。

忽视型父母对孩子既缺乏爱的情感和积极反应，又缺少行为的要求和控制，亲子间交往甚少，父母对孩子缺乏基本关注与了解，对孩子的一切行为举止采取不加干涉的态度，给孩子一种被忽视的感觉。这样的父母认同“树大自然直”的观念，对孩子采取漠不关心、放任自流的教养方式。这种现象多存在于工作繁忙、交际应酬多、业余时间少的父母，一心扑在自己的工作学习上，很少与孩子交流沟通，忽视了孩子的内心世界和需要。这样教育方式下的毕业生在做职业生涯规划时通常不会征求家庭意见，随意做出职业抉择。

2. 家庭经济状况的影响

职业生涯规划往往受家庭经济状况的制约，如品行皆优而自动放弃免试读研资格的小章所说：“父母年事已高，体弱多病，我需要先找一个工作以减轻他们的负担，等到条件成熟我会再考回学校来的。”小朱是某校中文系的毕业生，从跨入大学的那天起便立志成为一名记者，但最后在毕业生就业协议书上签下的不是某某报社，而是一家企业，在收起协议书的一刻，他感慨万千，那是一种放弃曾经无限痴迷的梦想之后无奈的叹息：“我没有冒险的资本，我不能那么自私，只为我自己潇洒而不考虑家人，一份高薪稳定的工作对我来说比较适合，至少在最近几年应该如此。也许有一天，当我还有那份痴迷和激情，而我又能找到更好的起点时，我还会重新选择。”

3. 家庭心理因素的影响

健康的身体是孩子生存和发展的必要物质基础，孩子们有了强健的身体，才能有充分的精力进行学习、活动，家长除了为子女提供他们生长发育所必需的结构合理的饮食外，还要督促教育子女积极参加体育锻炼。然而，除了生理健康外，同等重要的是心理健康。目前，许多家长只注意到了子女生理上的健康，而忽视了心理健康。比如许多家庭的子女存在一些缺陷，如遇事漠不关心、胆怯、懦弱、依赖性强、意志薄弱、贪慕虚荣、自私、任性等，造成孩子在与人交往上遇事退缩，产生不少心理障碍。

第四节　认识职业世界

一、认识职业世界的维度

认识职业世界的维度，包括专业探索、行业探索和职业探索三个方面。

（一）专业探索

专业探索作为认识职业世界的一个重要维度，内涵丰富，具体介绍如下。

1. 专业探索

专业探索，其实就是在对本专业调研中了解专业毕业后所能从事的职业，从而有效地规划大学生活。专业分为对本专业的探索和对自己喜欢的专业探索，其实目的都是有效充分地利用大学时间来有针对性地为就业而学好专业。

2. 专业探索的具体内容

（1）专业调研。

这是整个专业探索的核心任务，具体内容包括：这个专业是什么；这个专业学什么；这个专业有哪些名校、名师；与此专业相关的专业有哪些；这个专业对社会和生活的价值；这个专业毕业后都能做什么工作；学这个专业的名人都有谁，成就怎样；在这个专业领域权威的企业有哪些；学这个专业的上几届师长的目前状况怎样；怎样才能学好这个专业，学习的圈子和资源都有什么。

（2）专业选择。

如果你发现自己不喜欢目前所学的专业，就要探寻自己可能喜欢的专业；充分利用相关信息，浏览专业设置目录和说明；在了解整体中确定几个专业大类（如文、理、工、法、管大类）；在了解大类和专业中确定专业小类（如管理大类中分公共管理小类、工商管理小类等）；在了解各个小类和专业中确定 10 个专业（如工商管理小类中的人力资源管理，公共管理类中的行政管理等）；针对每个专业进行“专业 10 项”的调研，最后确定三个目标专业。

（3）专业学习。

专业的学习有以下要求和方法：自编一个专业通论教材、明确30个概念、抄写一本厚厚的专业通论教材、制作一个专业学习和发展手册、拜访50个专业相关的人士、一篇原创的专业论文、翻译一本外文的专业通论教材、一个月的专业相关工作实习。如你能运用其中的三个方法坚持半年，那你一定是这个专业的小专家了，也为日后的职业探索、职业定位奠定了坚实的基础。

（4）确定适合专业。

专业探索的最后结果表现为，确定一个自己喜欢和适合的专业，那如何掌握和衡量呢？这里有以下几项参考：熟悉专业通论教材、能写与专业相关的文章、知道专业领域的最新活动和进展、能和专业领域对话、明确专业的毕业出路是什么、喜欢读该专业方面的书、总去听该专业的课并且很愿意发表言论、愿意和别人分享对此领域的看法和见解。如果你符合这其中的三条以上，那你有资格说你确定了你所喜欢的专业。在收集与分析信息时，可以询问现在的任职者，他从事了哪些和本职无关的工作，或者他认为他从事的这些工作应该由哪个部门去做，就可以区分出他的、别人的和他还没有做的工作。

（二）行业探索

行业探索有助于认识职业世界，它包含丰富的内容，现予以具体分析。

1. 行业探索

行业探索，就是通过理论分析和实际调研的方式对一个行业进行全方位解读，行业是社会分工的大类，通过了解行业能让个人很好地认识职业世界。

2. 行业探索的具体内容

如何了解一个具体的行业呢？经过我们的研究，行业中有一些通用的研究因素，通过研究这些因素就可以很全面地认识一个行业。

（1）这个行业是什么？

100个人对行业会有100个定义，这个项目就是集众家之长，包括政府、协会、个人对行业的定义。每个定义都是对行业不同层面的阐释，而定义又是很精辟、全面的介绍，所以深入仔细地搜集关于行业的定义、观点是十分有益于加深行业了解的。

（2）行业对生活和社会的作用及发展前景、趋势。

明确行业对社会和生活的作用，每个行业在社会中都是有其特定功能的，在了解行业对生活和社会的影响之后，就可以在一定程度上了解它的发展前景和趋势，从而可以在选择行业和确定发展方向时有长期的准备。

（3）行业的细分领域。

行业是大类，在行业内部还是有不同分类的，了解不同的行业分类有助于全方位地了解行业。分类的标准决定了具体的分类，可以选择政府、协会的分类标准，以此为线可以很快掌握和厘清行业发展的脉络，也是个人了解行业发展空间的重要依据，如金融业就分为银行、保险、证券、基金等。

（4）国内外标杆企业的调研。

当了解不同行业细分领域后，就可以找到此领域的标杆公司了。标杆公司是此领域此行业的代表，当调研国内外的标杆公司时，我们所能把握的方向也是国际化的。同时对比国内外不同标杆公司的差距，很利于自己了解行业的核心竞争力。需要注意的是，要对每个行业的标杆公司进行不同程度的企业探索，从而让自己的行业探索更加全面。

（5）行业的人力资源需求状况及趋势。

了解这个行业都需要什么样的人才，当我们盘点完行业的需求状况之后就可以加速自己的职业选择，也为个人的职业定位（确定具体的职业）做出可能的探索，还要对行业的未来需求做些整理和分析，便于自己站在未来的角度做选择。

（6）从事行业需要具有的通用素质和从业资格证书。

每个行业都有一定的入行要求，这些就表现为通用素质和从业证书，从业证书是证明素质的一种手段，如法律从业人员需要通过司法考试；会计从业人员需要会计上岗证。一般来说，通用素质是由这个行业长期发展所决定的，具备了就比较容易发展，否则就会出现问题；大学生可以通过掌握通用素质和考取从业资格证书作为入行的敲门砖。

（7）哪些名人做过或在做这个行业。

了解行业的标杆人物是进一步了解行业的有效手段，每个行业都有行业的代表人物，正如一说到互联网就想到马云，调研行业标杆人物的奋斗轨迹、目前状态等，可以加深对行业的了解，也为自己进入行业提供了一个参照。

（8）行业的著名公司老总或人力总监的介绍和言论。

整理和访问行业老总、人力资源总监等的个人介绍、言论思想是职业访谈的一种高端调研，因为行业老总左右着企业的发展，人力资源总监左右着企业人才的招募，所以从两个层面来了解可以更全面地了解行业的发展状态和人才状况，也可以进一步拓展行业知识，同时可以进一步扩大标杆人物的作用，此项侧重他们对这个行业的评价。

（9）职业访谈，一般职员、部门职员的一天。

和行业的高端人物交流是比较困难的，尤其是行业的标杆人物，但和公司的一般职员交流就会很顺畅。这个访谈也是实际调研的主要部分，你可以和做过或正在做这个行业的一般职员交流，去询问他们以上的项目，在交流中验证和拓展你对行业的了解，尤其是要加强对所希望从事的部门或岗位的人的访谈，这样可以有效地了解职业的具体要求。

（10）校园职位及大学生的一般能力要求。

当进行行业的九项调研后，还应对能够应聘的校园职位进行盘点，因为这才是大学生可望又可即的。一些企业有校园招聘，校园招聘中所列的岗位就是面向大学生的，毕业生可以总结这个企业三年来的校园招聘岗位，当了解十家企业的招聘岗位后，就可以合并、整理那些岗位，从而在一定程度上了解行业的校园职位。每个岗位在招聘时都会列出任职资格，当你整理相同岗位的任职资格后就可以在一定程度上明确一般能力要求了，如你确定一个岗位（定岗）并按其任职资格去努力，那你在毕业后是很容易如愿以偿的。

（三）职业探索

相关职业探索方面的知识介绍如下：

1. 职业探索

职业探索，是对你喜欢或要从事的职业进行理论分析和实际调研的过程，目的是对目标职业有充分了解，并在明确和职业的差距中制定求职策略，从而有效地规划大学生活。

2. 职业探索的具体内容

（1）职业描述。

职业描述，即定义职业的内涵，具体包括：职业名称、各方对其的定义。职业描述是对职业最精练的概括和总结，是透彻理解职业和调研职业的基础。在罗列和学习别人对一项职业的看法后，也要给这个职业下一个自己的定义，为自己的职业报告做好第一手准备。（可以参照联合国国际劳工组织、美国和加拿大的职业展望手册，中国的国家劳动和社会保障部，很多职业分类大典都有对职业的详细介绍。）

（2）职业的核心工作内容。

每个职业都有核心的工作职责，职责背后对应的就是工作内容。了解职业的核心工作内容，有利于了解完成工作内容背后必须胜任的工作能力，这样就很容易找到职业和自身之间的差距。成熟的职业都有权威人事部门给其总结确定的核心工作内容，一些企业的招聘广告中也有对工作内容的描述。作为大学生求职者，可以请教一些行业协会，或是从事此职业的资深人士，一般企业的人事部门和直接部门经理也有对职业的具体感悟。

（3）职业的发展前景及其对社会和生活产生的影响。

职业的发展前景是国家、社会等对这个职业的需求程度。具体包括三个问题：第一，职业在国家阶段发展中所起的作用；第二，职业对社会和大众的影响；第三，职业对生活领域的影响。也就是说，不仅要知道这个职业对国家、对社会、对行业有价值，也要知道这个职业对大众、对生活的影响，人们对其的依存度和声望度怎样。

（4）薪资待遇及潜在的收入空间。

职业是社会分工的产物，职业根据参与社会分工的量来确定相应的报酬，在不同的行业、企业、岗位上还有一些潜在的收入空间。福利待遇是择业的关键因素之一，所以在考量职业时要重点调研职业的薪资状况。

（5）岗位设置及不同行业、企业间的差别。

岗位设置，一般来说是指一个职业是有一系列岗位划分的，而不同行业、不同性质和规模的企业对岗位的划分和理解也有很大不同，可能同一个名称的工作内容完全不同。了解职业的岗位设置能加深对职业外延的理解，有针对性地与自己进行比较。一般来说，人事权威网站、职业分类大典、业内资深人士是比较了解这个职业的具体岗位设置情况的。

（6）入门岗位及其职业发展道路。

入门岗位是指针对应届毕业生的工作，职业中的一些中低端岗位是面向大学生开放的。作为大学毕业生，要了解一个岗位对应的职业发展道路是什么，这个岗位有哪些发展途径，最高端的岗位是什么。即使自己很看好这个职业，但你最终也是要做工作的，而入门岗位就是提供给大学生的敲门砖，所以，作为毕业生应了解自己能通过哪些岗位进入这个职业。从企业的每年校园招聘里就能看哪些岗位是针对应届生的，一些校园招聘网站也可以找到这些信息。

（7）职业标杆人物。

职业标杆人物，就是在这个领域谁做得最好，他是怎么做到的，都取得了什么成绩，遇到了什么困难，具备什么素质等。每个职业都有一流的人物，无论国内还是国外的。研究职业标杆人物可以让自己了解他的奋斗轨迹，加深对职业的了解，也会让自己找到在这个职业领域奋斗的途径。

（8）职业的典型一天。

职业的典型一天，更多是在访谈中完成的，毕业生要知道这项工作的一天怎么过来的，从早上到回家的时间怎么安排的。了解职业的典型一天是判断自己是否适合这个职业的重要指标，如果你不想过像这个职业那样的一天，如果你不想有这个职业那样的一天，就不用再为之而努力去学习、去准备、去从事这项职业了，所以这个过程很关键。尤其是这个工作对个人生活的影响，看自己能否接受。职业的典型一天，在核心工作内容中会有涉及，但具体到个人的资料就不多了，所以更多的还是要你去访谈做这个职业的人，这样也才更真实。

（9）职业通用素质要求及入门具体能力。

职业通用素质要求，是指从事这个职业的一般的、基本的要求，主要是通用素质能力，也就是能把这个工作做好所要具备的能力。通过对职业外在素质要求的了解，对比自己是否能够胜任，还有哪些要加强和补充的能力，从而可以将它规划到大学生活里。其实每个岗位的岗位描述中的任职资格都有相关介绍，只是这次要把其整理出来，尤其要加上职业访谈中的内容，列出 10 项最常用的能力，然后与自己一一对照，可以促进发现和认识自我。

（10）工作与思维方式及对个人的内在要求。

工作方式和思维方式是你做好做精工作的保证，有些工作对人的内在要求是很高的，如态度等，这些是从你的内在来判断自己是否适合和喜欢一个职业的核心标准。从内在出发来判断是否喜欢是科学的，因为职业是客观的，只是因为选择了职业才会有是否愿意做、适合做等问题的产生，所以当对职业全方面考量之后，最后一关就是对职业所要求的内在盘点。岗位描述中的任职资格也会有对其内在素质的要求，还有业内普遍认为的个人素质，要注意考虑不同行业、不同类型企业的差异。

二、了解职业世界的途径和方法

从不同的角度了解工作世界的核心内容之后，大学生还需要掌握一定的途径和方法来深入探索工作世界，更好地融入职场社会。

对于高等教育体制下的大学生来说，最好的了解职场社会的方法和途径就是实践，通过自我的亲身经历来感受职场，体会“人在职场”所要具备的能力和面临的挑战，从而将自己学习与探求的理念再投入实践，实现良性循环。

大学生可以通过各种形式的实践来深入探求职场社会，训练职业素养，锻炼职业能力，提升就业综合素质。

（一）积极参加课外活动，培养综合素质，适应职场需求

恒基伟业人力资源部经理袁裴认为：“职场上有其游戏规则，导致职场成功的往往是非学历因素，如何对待突发事件、如何进行团队合作、如何沟通汇报工作、如何解决工作难题、如何推销自己，这些都是大学生最需要了解和亟待掌握的。”了解职场需要的这些导致职业生涯成功的非学历因素，可以通过大学校园中的活动实践来习得。大学生借助参加大学校园丰富多彩的课外活动、形式多样的各种社团活动、各级各类的学生社会工作实践，就能获得职场社会需求的多种能力，与工作世界更好地贴合。

（二）积极参加社会实践，增加社会阅历，提高工作能力

对于大学生而言，缺乏实际的工作经验是较为普遍的问题。但是现在的职场，很多用

人单位要求应届毕业生具有一定的工作经验，看起来似乎是苛求，其实不然，工作经验也可以在大学培养。大学生有比较充裕的时间，比如双休日、节假日、将近两个月的寒暑假期，可以在学习之余，利用节假日参加一些社会实践活动，了解工作世界，增加阅历，积累经验，增长才干。

现在很多企业尤其是大型企业，针对还在校园的大学生设立了很多实习职位，这些职位分布在企业的各个部门，可以锻炼学生多方面的能力，丰富学生职场的知识与信息，让企业成为学生职业素质培养的第二课堂。要想使学生掌握职业能力中的一些关键技能，没有长期的实践是不可行的。在国外，特别是在英国和美国重视就业能力开发的国家，企业成为学生的长期实践基地相当普遍。在我国，实习和一些社会实践活动在这方面起着一定的作用。

大学生要善于发掘企业实习岗位的信息资源，亲身走进企业，将自己的所学运用到实际工作环境中，并且尝试找到工作实践对于自己大学学习生活的差异反馈，不断调整自己学习与探索的方式，使自己能够发现最大程度了解职场、实现自我职业期望的途径与方法。

（三）生涯人物访谈法

生涯人物访谈法方法独特，更能从榜样中学习、了解职业世界，现具体介绍如下。

1. 职业生涯人物访谈

职业生涯人物访谈，是通过与一定数量的职场人士（通常是自己感兴趣的职业从业者）会谈而获取关于一个行业、职业和企业“内部”信息的一种职业探索活动。

通过访谈，了解该职业岗位的实际工作情况，获取相关职业领域的信息，进而判断自己是否真的对该工作感兴趣，这实际上是一次间接、快速的职业体验。此外，我们还可以和生涯人物建立长期联系。

2. 进行职业访谈的步骤

开展一次有效的生涯人物访谈，我们一般可以按照以下流程来进行：

（1）认识和了解自己。

加强对自己的了解和认识，可以借助一定的工具（如霍兰德职业倾向测试、职业能力测量表、职业价值观自测量表或测评软件）分析自己的兴趣、性格、技能和工作价值观（注意：可以使用各种测评工具或软件，但不能迷信）。

（2）寻找生涯人物。

结合自己的兴趣、技能、工作价值观、教育背景和已掌握的职业知识列出未来可能从事的几个职业，然后在每个职业领域寻找三位以上的在职人士作为生涯人物。生涯人物可以是自己的亲人、老师和朋友，可以是他们推荐的其他人，也可以借助行业协会、大型同学录或某个具体组织的网页来寻找其他职场人士。

（3）拟定访谈提纲。

结合目标职业信息设计访谈问题，对生涯人物的访谈可以围绕以下要点进行：行业、单位名称、职业（职位）、工作的性质类型、主要内容、地点、时间、任职资格、所需技能、市场前景、行业相关信息、工作环境、工作强度、福利薪酬、工作感受、员工满意度等。

（4）预约并实地采访。

预约方式有电话、QQ、电子邮件和普通信件等，其中电话效果最佳。预约时首先介绍自己，然后说明找到他的途径、自己的采访目的、感兴趣的工作类型以及进行采访所需要的时间（通常30分钟左右，确认采访的日期、时间和地点）。

注意：联系前的准备要充分，电话联系时还应备好纸和笔，以备临时电话采访；联系时一定要有礼貌，时间要短。

（5）访谈结果分析。

在一个职业领域采访三个以上的生涯人物后，用职业信息加工的观点来分析，对照之前自己对该职业的认识进行比较，找出主观认识与现实之间的偏差，确定自己是否适合这一行业、职业和工作环境，是否具备所需能力、知识与品质，形成书面总结报告，进而详细制订大学期间的自我培养计划。如果访谈结果与自己之前的认识产生严重脱节，就有必要进入另一个职业领域，开展新一轮生涯人物访谈。

3. 生涯人物访谈的注意事项

采访的方法，可以是电话采访、当面采访，也可以用邮件或书信采访，效果最佳的是在被访对象所在单位（或营业场所等）面对面的采访，这样你可以对自己感兴趣的职业的工作环境有实地的了解，但尽量不要QQ交谈，那样太不珍惜他人时间，况且也说不清楚。

采访前，自己需要做充分的准备，比如准备好提纲、录音笔（必须经过被访者同意）、记录的纸笔等。生涯人物访谈的目的，一个是了解职业的具体情况，另外就是与被访者建立良好的人际关系，增加自己得到实习和工作岗位的机会。

找人是个问题，但不是影响你做不做职业访谈的决定性因素，其实当你做了之后就会发现，如何得出你想要的答案才是最难的。

你提出的问题要经过仔细思考，不能随便漫无目的地问。

确定贵人是偶然的，但如果你不去访谈，贵人是不可能自动且主动地来找你的。

你最少要访谈十个人，其实对于你充裕的暑假来说，即使访谈三十个人也是不成问题的。

整理录音或记录文字是件烦琐的事，但这是你必须做的事情，除非你让人家给你用文字作答。

你最好搭个伴，这样当你们一起敲陌生人的门或者访谈时都会有个照应，更重要的是鼓励自己完成此次职业访谈作业。

4. 职业生涯访谈问题提纲（参考版本）

◇在这个工作岗位上，每天都做些什么？

◇你是如何找到这份工作的？

◇你是如何看待该领域工作将来的变化趋势的？

◇你的工作是如何为实现组织的总体目标或使命贡献力量的？

◇你所在领域有“职业生涯道路”吗？

◇本职业需要什么样的人？

◇到本领域工作的基本前提是什么？

◇就你的工作而言，你最喜欢什么？最不喜欢什么？

◇什么样的初级工作最有益于学到尽可能多的知识？

◇本领域初级职位和略高级别职位的薪水是多少？

◇工作中采取行动和解决问题的自由度如何？

◇本领域有发展机会吗?

◇本工作的哪部分让你最满意，哪部分最有挑战性?

◇什么样的个人品质或能力对本工作的成功来讲是重要的?

◇你认为将来本工作领域潜在的不利因素是什么?

◇依你所见，你在本领域工作中遇到了什么样的问题?

◇对于一个即将进入该工作领域的人，你愿意提出特别建议吗?

◇本工作需要特别的知识、技能和经验吗?

◇这种工作需要什么样的教育或培训背景?

◇公司对刚进入该工作领域的员工提供哪些培训?

◇还有哪些方法能帮助我深入了解该工作领域?

◇你的熟人中有谁能做我下次的采访对象吗?当我打电话给他（她）的时候，可以用你的名字吗?

◇根据你对我的教育背景、技能和工作经验的了解，你认为我在做出最终决定之前还应在哪个领域、什么样的工作上进行深入调查研究呢?

当然，以上这些问题大家可以根据自己的需要进行整理，但对生涯人物关于工作的主观感受应该了解一些。比如，可以问:“就你的工作而言，你最喜欢什么?最不喜欢什么?”它常常能让大家更立体地了解一种工作。另外，给生涯人物留出提供其他信息的机会，说不定会让人有意外的收获。最后，不要忘记感谢接受访谈的生涯人物，最好在访谈结束当天发一份电子邮件或发一条手机短信表示谢意。

目前，我们身处一个资讯发达的时代，了解职业世界的方法有很多很多，如浏览各种网页上的政府就业专栏、专业求职网页等;参加行业展览会;进行职场模拟面试;职业角色扮演等也都是不错的途径和方法。对于工作世界的探索，只讲方法是不够的，关键还要做到有心，随时留意周围的信息。一次谈话、一份身边的广告，都可能帮助你逐渐建立起对工作世界的了解。另外，对于工作世界的探索只有太晚没有太早。

三、职业未来发展趋势展望

（一）未来职业的特点

有专家预测，未来职业将呈现以下三大特点:

1. 职业的教育含量增大

各种就业岗位，需要更多的受过良好教育、掌握最新技术的技术工人，单纯的体力劳动或机械操作职业将明显减少。

在发达国家，制造业中蓝领工人失业率高于从事管理工作的白领员工。而白领员工中从事服务性工作，如银行、广告等的失业率又明显高于从事开发和研究工作的员工。未来白领、蓝领阶层的界限将越来越模糊，职业逐渐向专业化方向发展。

2. 职业要求不断更新

一些职业，因新的工作设备和条件变化，所以对职业内容有了新的要求。如行政工作人员，在以前只要求具备较好的组织协调能力、分析问题解决问题能力、文字能力、口头表达能力等。但现在除要求他们具备上述能力以外，还要求具备社会交往及计算机辅助管理、办公自动化操作能力等。

3. 永久性职业减少

只有少数人能拥有“永久性”的工作，而从事计时、计件或临时性职业的人会越来越多。

（二）未来热门的行业

根据有关资料统计预测，我国今后几年里急需的人才主要还是以八大类为主：

1. 生物技术类

21世纪是生物的世纪，生物科技经济发展是必然趋势。生物科研人才近年来一直是国际人才竞争的焦点之一。据了解，目前在全国年产值过亿元的生物技术企业已蓬勃发展，各地把生物技术作为经济发展的突破口。但生物技术的开发需要具有独立工作能力和良好科学素质，特别是具有创造能力和付诸实践能力的新型人才。我国目前无论是生物技术的研究人员，还是生物技术产品开发人才，都存在严重不足的问题，未来一段时期我国对生物技术人才有极大需求。有关专家预计，随着基因技术、生物工程等领域的发展和产业升级，这类高技术专业人才的缺口会越来越大。

相关专业：生物技术、生物科学（师范）等。

2. 现代医药类

全球现代医药技术产业继续呈高速增长态势，现代生物技术产业已经成为医药产业新的国际竞争焦点。有关专家指出，面对日趋开放而激烈的国际化市场竞争，我国发展现代中药及生物医药技术产业已势在必行。特别是现代中药产业不仅在世界发展较快，而且在我国也是增长较快的产业之一，目前已成为我国一项具有较强发展优势和广阔市场前景的潜在战略性产业。

相关专业：应用化学等。

3. 电子信息类

电子信息产业是一项新兴高科技产业，被称为朝阳产业。2014年，我国电子信息产业发展的基本面仍较为良好，但是处于加快转型升级的关键阶段，预计电子信息产业仍将以高于经济增速两倍的速度快速发展，产业前景十分广阔。

未来的发展重点是电子信息产品制造业、软件产业和集成电路等产业；新兴通信业务如数据通信、多媒体、互联网、电话信息服务、手机短信等业务也将迅速扩展。值得关注的还有文化科技产业，如网络游戏等。目前，信息技术支持人才需求中排除技术故障、设备和顾客服务、硬件和软件安装以及配置更新和系统操作、监视与维修四类人才最为短缺。此外，电子商务和互动媒体、数据库开发和软件工程方面的需求量也非常大。

相关专业：电子信息科学与技术、电子科学与技术、计算机科学与技术、信息与计算科学等。

4. 汽车类

随着汽车逐渐成为我们生活中的必需品，汽车专业也成了社会上十分走俏的专业。汽车类专业人才成了炙手可热的“抢手货”，汽车行业中的复合型人才将成为竞争的焦点，比如精通外语的汽车设计人才、具备汽车技术背景的营销人才、具备汽车销售背景的IT类专业人才，以及汽车信贷、保险等金融人才将广受欢迎。此外，热能与动力工程、工业设计等相关专业人才需求也将持续看涨。

相关专业：机械制造工艺教育（师范类）、工业设计等。

5. 物流类

加入 WTO 后，随着我国在公路货运、仓储、海上搬运运输、船舶代理等方面进一步开放市场，我国的相关行业和企业与国外物流企业将开展全面合作，这意味着，我国的现代物流业将进入快速增长、全面发展的新时期。专家预计，今后十年乃至更长一段时间，我国物流业将接近或赶上发达国家的物流发展水平。据智联招聘最新发布的网上人才招聘的数据显示，到 2015 年我国本科以上物流人才的需求量为 30 万～40 万人，而目前各类本科院校物流专业年培养规模在 6 000 人左右。今后一段时期，除储存、运输、配送、货运代理等领域的物流人才紧缺外，相关的系统化管理人才、懂得进出口贸易业务的专业操作人才、电子商务物流人才将更吃香。据了解，目前最为抢手的物流人才，是那些掌握现代经济贸易、运输与物流理论和技能，且具有扎实英语能力的国际贸易运输及物流经营型人才，他们的年薪最高可达数十万元。

相关专业：物流管理、现代物流等。

6. 环境能源类

环保产业被称为“21 世纪的朝阳产业”，有着巨大的发展潜力。随着环境保护投入的大幅度增加，我国环保产业发展较快，成为国民经济的重要组成部分。环保产业的发展之快，效益之显著，无疑是环保技术人员研究与开发的结果。但目前，我国环保产业面临人才严重不足，现有的环保技术人才难以适应国民经济发展的问题。如果环保技术人员按环保从业人员的 5% 计算，将需要 50 万人。而我国现有的环保技术人员离实际需求相差甚远，培养环保技术人才的任务十分艰巨。同时，开发利用可再生能源也成为世界能源可持续发展战略的重要组成部分，政府的政策支持、社会的认可以及中国丰富的可再生资源，使得我国新能源产业发展前景十分广阔。

相关专业：环境科学、环境工程、能源与环境系统工程、资源环境与科学等。

7. 新材料类

新材料的应用范围非常广泛，发展前景十分广阔，其研发水平及产业化规模已成为衡量一个国家经济发展、科技进步和国防实力的重要标志。国家产业政策导向明显向以新材料产业为代表的高新技术产业倾斜，这对新材料产业发展无疑将产生重要的推动作用。同时，国内支柱产业及高技术产业发展对新材料的需求不断扩大，机械制造业、电子信息制造业、汽车工业、建筑业等支柱产业的快速发展对原材料在质量、性能与数量等方面都提出了更高的要求；高新技术产业将带动新材料需求的增加，特别是电子信息材料以每年 20%～30% 的速度增长，生物医用材料以约 20% 的速度递增。此外，新型能源材料、生态环境材料、航空航天材料等新材料的需求将随着社会经济的发展而迅速增加；复合材料的需求将有较大幅度的增加，特别是树脂基的复合材料。

相关专业：高分子材料与工程、复合材料与工程、再生资源科学与技术、稀土工程等。

8. 管理类

因为加入 WTO 和申奥成功将直接带动我国外经外贸的大发展，所以，管理类专业人才社会需求大增将指日可待。在现代企业，一个优秀企业家的作用超过了 100 名优秀工程师、1 000 名优秀工人。目前我国越来越多地转换企业产权、机制以及企业法人实行招标制、年薪制，实际上就是将企业的管理大权交到职业企业家手中。不管外企还是国企，高层管理人员的价值越来越看涨。所以，尽管企业管理专业的学生刚毕业的时候可能做的并不是管理工作，但是几年之后，有管理专业背景的人将会成为抢手货，MBA 仍将是企业争夺的对象之一。

相关专业：工商管理类、人力资源管理、工程管理等。

（三）未来衰落的职业

由于全球经济受互联网络的影响，职业变化的速度加快，某些非常熟悉的职业，甚至是目前比较热门的职业将要消亡。西方有位专家就曾撰文介绍了今后 15 年极有可能过时的职业。

（1）传统秘书。自从个人计算机、电子邮递和传真机问世，秘书的时间就有 45% 以上是用来把文件归档、传递信息、邮寄信息、邮寄信件和复印材料。但是更先进的电子办公系统将使主管人员和经理有可能把哪怕是潦草的便条变成备忘录，按一下指令键便可以分发出去，负责打字的秘书实际上将不复存在。

（2）银行出纳员。在不久的将来，几乎所有的银行客户都将使用自动柜员机，只留下为数不多的出纳员负责银行业务的前台交易。

（3）电话话务员。据测，西方发达国家的电话电报公司可望在今后几年用自动化语音识别技术取代其一半以上的长途电话话务员。这种技术和自动化电话网与语音信息系统将会使人们失去一些就业机会。

（4）接待员。美国某些通信公司现在可以提供能够处理打进和打出电话的极其先进的语音识别系统，许多公司也正在研制相似的系统，这使得不少大公司和政府机构将来可以取消接待员这种职业。

（5）公共图书馆管理员。计算机已取代图书馆的卡片目录，而且不久可能取代人们所知道的图书馆，那时人们将忘记传统的图书馆，而且干脆通知图书馆通过互联网络把书送过来。

（6）矿业。由于商业区、住宅区、房地产已渐有起色，加上环境的整修，公共工程公路、桥梁、水坝的兴建，建筑业将会持续成长。然而因石油、天然气等工业的不振，煤、金属等矿产的需求不高，矿业的成长将相当有限。

（7）制造业。它包含机械的设定、调整、操作及维修等，或是以手工利用小型器械来制造产品或组合零件。目前由于进口产品多，且多利用国外生产和生产线的自动化，传统的人工制造业难逃日渐衰退的命运。唯一的例外是塑胶器具的操作，因为某些金属器械将被塑胶制品取代。

（8）运输业。它含大众运输及货品的搬运。一般而言，将会持续成长，当然也因行业相异而有不同的发展。就公车司机这个行业的发展来说，仍会快速成长，卡车货运则是持续成长。而操纵搬运机械者则因机器的自动化而成长有限，水路和铁路运输也将因为新科技的发明而日益衰退。

（9）清洁工人、基层劳力。由于自动化科技方式的发展，这方面将成长缓慢，也因离职率高、容易受到景气循环的冲击等因素所影响，未来不甚乐观。

本章小结

本章引入了职业生涯规划的一个关键因素：对职业社会领域的认知，分别从行业、产业和职业的分类等角度来帮助同学们深入了解职业世界，了解毕业季择业时面对的人力资源市场。让大学生知道通过哪些途径和方法，可以在大学期间了解职业的宏观环境、社会和职场的微观环境，同时对照自己的职业理想，获取更详尽的职业信息，知己知彼，有的放矢，进而促使同学们在选择自己的职业目标时有所依据。

主要概念

行业、产业、人力资源市场、大学生就业市场、社会环境分析、行业环境分析、企业环境分析、职位环境分析、家庭环境分析、学校环境分析

复习、思考与训练

（1）列举一个与你专业相关的职业，运用各种渠道和方法进行探索，并分析：它们是属于哪一类型的产业、行业和职业？其具体内容有哪些？它们是否热门，其职业潜力如何？

（2）对心仪的用人单位进行深度职业世界探索，比较探索结果与你想象中的差异，并分析一下为什么会出现这种情况。

扩展阅读材料

专业的行业特点分析

目前，我国高校共开设了十二大类（包含军事学类）专业，它们分别是哲学、法学、经济学、教育学、文学、历史学、管理学、理学、工学、农学、医学及军事学。在此十二大类中，我们可以根据专业与职业行业之间的关系将其分为行业性专业和泛行业性专业。所谓行业性专业是指该专业的行业性强，入行门槛高，专业性知识技术含量高。此类专业包括：理学、法学、教育学、工学、农学、医学。泛行业性是指该专业的行业性弱，在各行业都有着比较广泛的适应性，同时该类专业入行门槛低，专业性知识技术含量低，但要求做从业者个人的悟性及在实践中学习的能力比较高。此类专业包括哲学、经济学、文学、历史学、管理学等专业。下面我们对各专业的行业发展现状进行评析。

（一）行业性专业

1. 理学中的数学、物理、化学、生物等专业，属于基础研究性学科，这类专业的学生在本科毕业后，就业面比较窄小。

2. 法学中的法学类专业，包括法学、知识产权、监狱学等专业，这类专业的典型职业方向为律师和法官。律师在我国属于非常缺乏的专业人才，但同时目前国家对这类职业的需求却并不旺盛。

3. 工、农、医学类专业，属于应用性、实用性专业技术，在目前的中国有着非常强烈

的需求，当然每一个具体专业的情况并不完全一样。另外，由于本专业的就业面较窄，选择该类专业的学生必须有居安思危的意识，不能有一劳永逸的思想，要在自己的岗位上继续学习，同时关注社会经济的变化，适时地调整自己的学业规划。

4. 教育学属于比较特殊的专业。在我国，由于教育领域尤其是基础教育完全由政府垄断，因此教师的待遇稳定而丰厚，2007 年国家又出台政策，对国家教育部直属的六个师范院校实行免费教育，并在毕业后分配工作。这对于弱势群体的子女仍有非常强的吸引力。

5. 军事学专业。军事学专业有着非常强的行业性，其工作领域一般都在国防部门或部队。由于军事院校一直都实行上学免费、就业安排的政策，这对于处在就业难煎熬中的大学生们无疑是最好的选择。因此只要条件允许，自身又不反感军事院校及专业，那么我们还是极力鼓励考生报考军事院校，献身国防。

（二）在泛行业性专业

哲学、经济学、文学、历史学、管理学等专业属于泛行业性专业，即学习了以上专业的学生，在人才市场上有着广泛的行业适应性。但同时也对求学者（未来的求职者）个人素质提出了更高、更具体的要求，又由于该类专业的设置和建设成本低，许多高校盲目扩张，开设了许多此类的专业，令人才市场上此类求职者供过于求。这些都要求学生（未来的求职者）一方面提高自身的专业素质，另一方面开发更多的竞争资源，比如人脉关系、适当的资格证书等。

1. 哲学类专业毕业后，除了前面列举的六种职业外，也可以在企业经营管理方面大显身手。哲学是研究世界普遍规律的学问，如果哲学专业的学生在求学期间学习一些商科的专业，比如市场营销、财务会计、经济管理等方面的知识，如果其他要素支持他成为一名合格的经营管理人员，那么他一定可以在经营管理方面有所建树。当然如果仅仅是哲学专业毕业，却没有其他更能表现自己能力及素质的东西，那么该专业是不容易找工作的。因此提醒学生在升学决策时，要慎重选择哲学类专业。

2. 经济学、管理学属于应用性、实践性学科，我国目前又是以经济建设为中心，因此对经济管理类人才的需求也是相当大的，问题在于经济管理类专业各高校办得太多太杂，导致毕业的学生太多，学生无法仅凭经济管理类专业而成功就业。这要求学生除了文凭外，自身要具备从事具体业务的素质和能力，只有良好的专业素质才是成功就业的坚实基础。

3. 文学、历史学专业有着广泛的行业适应性，除了前面提出的六种多对一型职业外，他们在商业管理领域也可以一展身手。但这类职业对个人素质要求比较具体且高，因此学习文史类专业的学生除了学好本专业知识外，还应当根据自己的志向设定具体的职业目标，从而学习自身的职业目标所需要的知识和技能，不断完善自己。

专业和职业对应关系分析

专业与职业之间呈现出的是一种复杂的相关关系，可以概括为三种：一对多的关系、多对一的关系、一一对应的关系。

一对多就是指一个专业对应多个职业方向，一般是学习内容比较广博，发展方向可以分散的专业，比如哲学、历史、中文、经济学等专业。

多对一就是不同的专业可以发展成为同一个职业方向，这种职业一般技术含量不高，但要求个人在实践中自己领悟和学习，比如业务开拓人员、新闻记者、企业管理人员等。

一、一一对应关系的职业分析

一一对应关系一般为技术性较强、专业分工明确的工科专业。

（一）不同职业人格的专业选择

虽然说从职业与专业的关联关系来看，许多专业可以分化出多个职业方向，但最适合本专业的职业方向也只有那么一两种。

《中华人民共和国职业分类大典》将我国职业归为 8 个大类，75 个中类，1 481 个职业小类。为了说明的方便，我们将此 8 大类予以补充，再加一个类别，这就是基础研究领域的工作者，称为科研人员。这也是高校毕业生一个很重要的发展方向，即我们的九大职业类别。

第一大类：生产制造及有关人员

第二大类：科研人员

第三大类：专业技术人员

第四大类：办事人员和有关人员

第五大类：社会生产服务和生活服务人员

第六大类：农、林、牧、渔业生产及辅助人员

第七大类：生产制造及有关人员

第八大类：军人

第九大类：不便分类的其他从业人员

（二）社会经济发展趋势与专业选择

根据职业的供求状况与社会经济发展之间的变动关系，我们可以将职业分为稳定性职业和变动性职业。

稳定性职业是指其供求状况受社会经济变动的影响较小，或者在较长的时间里都表现出稳定的供求状况。比如厨师这一职业，不管社会经济发展状况如何，它的需求量变动都不大。

变动性职业是指：其供求状况受社会经济变动影响很大，经常会出现供求状况较大的起伏，比如金融证券类职业，在股市景气、经济繁荣时，其职业需求量很大，一旦股市出现熊市、经济低迷时，这一职业的需求量就会大大减少。下面我们就列举两类性质的职业。

稳定性职业：这类职业一般是为了满足个人、社会团队及整个国家的基本生存而存在的职业。比如，医师、会计师、厨师、中小学教师、公务员、军队干部、基础研究人员、城市公用事业类职业等。如果选择与此类职业相关的专业，则职业前景不会成为阻碍个人就业的因素。

变动性职业：指满足个人或社会团队或国家持续发展需要的各类职业，比如加工制造业、商业、服务业、高、中等教育等。如果选择此类职业，则要考虑社会经济发展的变动趋势，考虑个人就业时该行业的景气状况。

二、多对一关系的职业分析

从多个专业对一个职业这种对应关系来看，普通高校开设的几乎所有专业尤其是泛行业性专业都可以从事以下几种职业。但他们对个人的天赋及兴趣要求也比较高且明确，这几种职业具体分析如下：

（一）高校教师

这类职业方向可以从绝大多数专业中分化出来，只要是高校开设的专业，它都会需要相应的师资。它要求学生必须考研、考博，然后才能得到较好的发展。

1. 职业名称：教师。

2. 职业说明：在各种教育或培训机构里承担教学任务的工作人员。主要是向社会提供教书育人的劳务。

3. 市场分析及素质要求。随着社会经济的进步及个人发展的需要，学习越来越深入地影响个人的发展，那么传授知识的教师将成为需求量非常大的职业，并且待遇也非常优厚。但这里的教师并不是只要从师范院校毕业的学生就能胜任，他们更多地需要每一个行业里的顶尖人才，并能把自己拥有的知识深入浅出地传授出来。他们也就是属于职业教育的师资人才，当然也包括了普通高校各专业所需的师资力量。当然，这种需求量一般不是很大。要让大量的高校毕业生都就职于高校，是不现实的。这就要求有志于成为高校教师的学生在求学期间，一定要根据高校教师的职业要求有针对性地学习，争取毕业时脱颖而出。

4. 工作地点：教室、办公室。

5. 个人价值：待遇高、工作稳定、休假时间长、社会地位高。

6. 初始岗位：教师、助教。

7. 职业人格匹配度：管理型、服务型、事务型、研究型、艺术型、工具型。

8. 学业规划：学好本专业，从入校起就决心考研、考博并为此做长远的学业规划，可在条件允许的情况下考取教师资格证。培养自己的语言表达和书面表达能力，多参加社会实践和社团活动，广泛涉猎政治、经济、文化等方面的知识，为传道、授业、解惑奠定基础，如有其他竞争要素（社会关系、家庭背景、机遇等）配合，当然最好。

9. 职业发展：高级教师、研究者、教育部门领导。

（二）科研人员

1. 职业名称：研究员。

职业说明：在科研院所承担课题研究的工作人员，一般从事科学实验、社会调查、研究与写作工作。

2. 市场分析与素质要求。社会科学的研究人员，属于市场需求比较少，但要求素质相当高的高精尖类型的人才。他一般要求博士毕业，至少是硕士毕业。但这类人才由于近年来扩招出现了泡沫，加上本身科研体制及社会大环境的影响，使真正有志于从事学术研究的人才，很难得到国家科研基金的支持，因此这类人才的生存状态相当不好。在这样的情况下，如果不是特别热心于社科研究或其他竞争资源的支持，我们并不鼓励毕业后从事这类工作。当然如果的确有这方面的天赋和兴趣，可以走出国留学、到国外发展定居这样的学业路线。

3. 工作地点：写字间。

4. 个人价值：工作稳定，薪资较高，社会地位高，自我实现的可能性大。

5. 初始岗位：助理研究员。

6. 职业人格匹配度：研究型、事务型、工具型。

7. 学业规划除本专业外，平时要注意多写稿、练笔，不断提高自己的文字表达能力。加强外语的学习，为以后出国奠定基础。从入校开始就要下定决心考研、考博，在本专业领域一定要不断学习和求索，增强自己的科研能力。

8. 职业发展：科学家、思想家等。

（三）公务员

将其内涵扩大，统一规定为由财政供养的国家工作人员。此类人员所需的专业范围涵盖也非常广泛。

1. 职业名称：公务员。

2. 职业说明：在国家机关、党政机构里面担任公职，从事具体事务性或政务性工作的人员。一般在中国称为吃国家饭的，也就是由纳税人用财政供养的各类公职人员。

3. 市场分析及素质要求。由于中国封建传统的原因，直到现在"升官发财"局面并没有根本性的改观。于是，公务员成了一般人眼中的"金饭碗"。一般来讲，工资待遇好、社会地位高、工作稳定。但随着市场经济和民主政治的不断推进，公务员的压力也越来越大，并且随着社会外在压力的增长，公务员队伍的减员也是大势所趋，因此将来公务员的工作也必然失去其原有的吸引力，当然这会是一个长期的过程。在短期内它还是一个炙手可热的岗位。应该说公务员是需要协调、沟通能力的职位。

4. 工作地点：写字间。

5. 个人价值：待遇稳定、工作稳定、福利齐全，社会地位较高。

6. 初始岗位：办事员。

7. 职业人格匹配度。

管理型、事务型、服务型。

8. 学业规划：学好本专业外，在学校里就开始公务员考试的应试训练，争取让自己在考试中脱颖而出。同时也要多参加社会实践和学生社团活动，以增强自己的人际交往能力和沟通能力，为自己未来进入政治领域奠定基础。

9. 职业发展：政治领导、部门主管、业务主管。

（四）企业家（业务员）

这种职业也是可以从多个专业中开发出来的个人发展平台，它主要对从业者的个人素质要求很高。

1. 职业名称：业务员（创业者）。

2. 职业说明：一般是指在单位里进行市场开拓的一些工作人员。比如企业里的销售人员、保险公司里的保险业务员、媒体里的广告及发行业务人员等，或者自己独立开辟事业的创业者，其主要工作就是说服市场肯定自身产品的过程。

3. 市场分析及素质要求：由于市场经济的不断成熟和完善，我国的绝大多数商品处于供过于求或供求平衡的状态，那么对于企业来说，销售工作就成为其生存发展中至关重要一环。因此市场推广人员的需求量将处于长期增长的态势，并且各类单位会对各类销售英才以非常优厚的待遇。但该项工作的挑战性和压力也是空前巨大，许多人无法通过该项工作立足于社会。因此要从事此项工作必须有较强的人际交往能力和沟通能力及坚强的意志。

4. 工作地点：写字间、室外。

5. 个人价值：成为一个区域的营销总监，有着很好的社会地位及优厚的经济报酬。

6. 初始岗位：业务员。

7. 职业人格匹配度：管理型。

8. 学业规划：除了本专业外，多积累经济、政治、文化方面的专业知识，尤其是经济管理方面的知识；多参加一些社团活动，锻炼自己的沟通能力和人际交往能力。

9. 职业发展：营销总监、企业家、创业家。

（五）记者

记者是在媒体里从事新闻报道的专业人员。由于新闻本专业的理论知识含量并不是很高，它所需要的能力和素质更多地要求在实践中自己领悟，因此其他专业的学生如果有从事新闻工作的兴趣和志向，则可以学习一下采访报道的有关方法和技巧，这样的话，他就可以很快地入行。所以它也是可以包容许多专业的复合型职业。

1. 职业名称：记者。

2. 职业说明：在报社、期刊社、电台、电视台、通讯社、文化公司、网站等机构从事采访、组稿、发稿等工作。

3. 市场分析及素质要求：随着人们精神消费的日益增长，各类文化产业蓬勃发展，市场对新闻采编人才的需求日益增大，但综合类文字采访工作没有过多的知识、技术门槛，市场供应量也很大，这就对个人的专业素质要求较高，为了在激烈的市场竞争中脱颖而出，求学者必须具有扎实的知识及素质功底、广博的知识，最好成为一个“杂家”，具有敏锐的新闻洞察力和良好的沟通能力。如果有其他发展要素的支持与配合，那就更好。

4. 工作地点：室外。

5. 个人价值：事件前沿，阅历丰富，容易成名，薪资待遇高。

6. 初始岗位：实习记者。

7. 职业人格匹配度：管理型、事务型、服务型。

8. 学业规划：除了学好本专业课程外，还需要学习与新闻采访相关的一系列主要课程和知识，掌握必要的采访方法与技巧，充实一些政治、经济、历史、人物传记等方面的知识，多参加一些社团活动，培养和锻炼自己的沟通能力，人际交往能力。课余时间多到报社、电台、电视台等媒体进行社会实践和实习。培育良性的社会关系。

9. 职业发展：可成长为部门主管、单位领导或开辟自己独立的事业。

（六）编辑人员

1. 职业名称：编辑。

2. 职业说明：在报社、期刊社、出版社、文化公司、网站等机构从事平面或网络的文字、网页编辑工作。

3. 市场分析及素质要求：随着人们精神消费的日益增长，各类文化产业蓬勃发展，市场对编辑人才的需求日益增大，但综合类文字编辑没有过多的知识、技术门槛，市场供应量也很大，这就对个人的要求较高。为了在激烈的竞争中脱颖而出，求学者必须具有扎实的知识及素质功底，要求严谨、细致，有相当强的政治和社会责任感。

4. 工作地点：写字间。

5. 个人价值：工作稳定，薪资较高。

6. 初始岗位：助理编辑或助理校对。

7. 职业人格匹配度：研究型、事务型、工具型。

8. 学业规划：除本专业外，多积累政治、经济、历史、地理、天文、哲学等与人们的日常生活紧密相关的一些知识。有条件的可以尽早报考并通过编辑出版专业的全国统一资格考试。

9. 职业发展：高级编辑、专业作家等。

（七）规划师

这项职业要求咨询师有着深厚的经济学、哲学、人力资源管理学、人才学、个人发展学等知识积累，有相当的社会调查研究能力，有帮助求学者的爱心和耐心。

1. 职位名称：规划师。
2. 工作地点：办公室。
3. 个人价值：待遇高、前景广阔。
4. 初始职位：助理学业规划师。
5. 职业人格匹配度：服务型、管理型、研究型。

三、一对多关系的职业分析

从一类专业可以对多种职业这种对应关系来看，以经济类专业为例，可以从事以下几种职业，这几种职业具体分析如下：

（一）科研人员

1. 对应专业：经济学、财政学、金融学、国民经济管理等。
2. 职业说明：在各类经济学研究机构（经济研究所、研究院一般为国家事业单位）从事经济科学的研究工作。
3. 市场分析及素质要求：我国现在是以经济建设为中心，那么经济科学的研究就非常适合时代的需要。作为经济学，它属于一门实用研究型学科，研究者不能单纯地闭门造车，而应当时刻关注时势的发展，在不同的时期，针对不同的问题进行具体研究，进而提出解决思路。这要求学生有独立思考的素质和能力，并能进行独立的社会调查研究工作。
4. 工作地点：办公室。
5. 个人价值：工作稳定、收入稳定、社会地位高，有实现最大个人价值的潜力。
6. 初始职位：助理研究员。
7. 职业人格匹配度：研究型、事务型、工具型。
8. 学业规划：除了学好经济学本专业而外，要努力学好数学和外语，为将来考研、考博奠定基础，同时要掌握基本的思想方法——马克思主义的辩证唯物论与历史唯物主义，关注社会时事，培养自己的问题意识，争取为将来从事研究工作奠定基础。
9. 职业发展：高级研究员、经济学家。

（二）经济师

1. 对应专业：经济学、国际经济与贸易、财政学、金融学、保险专业金融工程专业、国民经济管理、贸易经济、信用管理、国际经济与贸易、体育经济投资学、国际贸易实务。
2. 职业说明：在企业里从事经济分析，为经营管理提出可行性建议和意见的实际工作人员。
3. 市场分析及素质要求：我国的市场经济体制不断完善，企业竞争日趋激烈，因此从经营管理方面为企业的长远发展进行战略思维并提出相应的对策，是各类市场主体急需的经营管理研究型人才，但这类人才的素质要求相当高，除了懂得基本的理论知识以外，还要有基本的调查研究能力、分析和解决企业实际经营管理问题的能力。
4. 工作地点：办公室。
5. 个人价值：工作基本稳定，收入因企业的变化而变化，一般比较高。
6. 初始职位：业务人员或总经理助理。

7. 职业人格匹配度：研究型、事务型、工具型。

8. 学业规划：除了学好本专业而外，要在学校里有针对性地到一些行业的企业中参加实习或社会实践，确定具体的行业和职业方向，然后在学习过程中，注意理论与实践的结合。学好辩证唯物主义与历史唯物主义，掌握基本的思想方法及研究方法，为从事具体的研究工作奠定基础。

（三）注册税务师或注册会计师

1. 对应专业：经济学、国际经济与贸易、财政学、金融学、保险专业金融工程专业、国民经济管理、贸易经济、信用管理、国际经济与贸易、投资学、税务。

2. 职业说明：服务于会计师或税务师事务所，专门为企业提供税收筹划、报税服务等各种涉税业务的专业技术人员。

3. 市场分析及素质要求：由于市场经济的不断发展及社会分工的不断细化，企业需要将更多的精力投入生产管理方面，那么与政府及税务部门打交道可以交给专门的税务事务所或会计师事务所来办理。又加之中国问题复杂，需要处理复杂的人际关系，将这一难题交给专门机构，企业自身就可以省去很大的时间和精力。于是，税务师这类职业将会有很大的需求量。

4. 工作地点：办公室。

5. 初始职位：助理税务师。

6. 个人价值：工作自由、待遇高。

7. 职业人格：管理型、服务型、事务型。

8. 学业规划：除了学好本专业外，还要学习会计、税务等专业的知识，争取尽早通过注册会计师或注册税务师的资格考试。为将来供职于税务或会计事务所奠定基础，多参加团活动，培养自己的沟通能力和人际交往能力。尽早到相关的事务所实习，为未来顺利就业奠定基础。

（四）会计

1. 对应专业：经济学、财政学、金融学、保险专业金融工程专业、国民经济管理、贸易经济、信用管理、投资学、税务。

2. 职业说明：在各类企事业单位从事会计核算、财务分析及管理的专业技术人员。

3. 市场分析及素质要求：在市场经济条件下，由于对经济效益的追求，各类单位都需要加强会计核算，因此对会计人员的需求长久不衰。它经常被人们称为职场上的常青树。但同时由于会计工作知识技术的门槛低，每年也会有大量的毕业生将自己的职业目标定位于会计工作。这就求学习者必须真正喜欢并有天赋学好这一专业，它对个人素质的基本要求是博闻强记、踏实有耐心、严谨细致。这才能使你在众多竞争者中脱颖而出，从而获得很好的发展平台。会计这一职业从优势来看，比较稳定，收入比较高。但弊端也很明显：一是责任重大，与资金打交道，对个人的严谨性要求很高；二是容易两头受气，一边是单位领导要你避税，另一边是税务部门要你遵守国家法规，很不容易协调好二者之间的关系。

4. 工作地点：办公室。

5. 初始职位：会计员。

6. 个人价值：工作稳定、待遇较高。

7. 职业人格：事务型、研究型、工具型。

8. 学业规划：学好本专业而外，还要辅修会计学相关专业，并学习注册会计师或会计师资格考试的相关教材，以争取尽早通过此类考试，为未来的顺利就业奠定基础。

（五）人力资源管理师

1. 对应专业：经济学、国际经济与贸易、财政学、金融学、保险专业金融工程专业、国民经济管理、贸易经济、国际经济与贸易、投资学、国际贸易实务。

2. 职业说明：在各类企、事业单位里从事人资源的开发、管理及员工的职业规划等工作的专业人士。

3. 市场分析及素质要求：现代企业对人事管理的理论已经非常先进，其最终目的在于提高单位的人力资源管理效率，为企业的长远发展提供强大的人力资源支持。那么过去粗放式的管理必将为现代人力资源的管理所淘汰，因此这一职业的需求量会越来越大。其在单位里地位较高，要求入行者必须具备人力资源管理的基本理论，并能真正运用于企业具体的人力资源管理，为提高人力资源管理效率服务。

4. 工作地点：办公室。

5. 初始职位：人力资源管理员。

6. 个人价值：待遇较高，工作较稳定，要处理多种人际关系。

7. 职业人格：管理型、服务型。

8. 学业规划：学好本专业，另辅修人力资源管理专业，学习人力资源管理职业资格考试的相关教材，争取尽早通过考试，为将来入行奠定坚实基础。

9. 职业发展：高级人力资源管理师。

（六）金融业从业人员

1. 对应专业：经济学、金融学、保险专业、金融工程专业、信用管理投资学。

2. 职业说明：金融学毕业的学生可在金融机构承担以下方面的工作，主要包括柜台业务、银行信贷、理财规划、票据、证券承销、证券咨询、个人资产管理、公司理财、风险管理等相关业务。一般来讲，现在刚毕业的大学生都是从基层的柜台业务做起，逐步向比较高层次的职位发展。

3. 市场分析及素质要求：受2008年国际金融危机的影响，金融业的竞争也日趋激烈，从计划经济过渡来的我国金融机构，要实现自身的生存发展，就必须吸收大量的具有现代金融知识及技术的高级专业人才。因此，在相当长一段时间内，银行业对本专业人才的需求都是比较旺盛的，这对于有志于向金融领域发展的求学者来说，是一个难得的机遇。从理论上讲，虽然如此，但现实是：由于中国的银行还是属于国有垄断行业，在实际的招聘情况中，人际关系其实非常重要，并且由于目前银行的信息化发展，员工的需求人数没有像20世纪90年代末那样大幅增加；至于证券行业，中国的股市变动太大，投机性强，证券公司已经垮了无数；至于外资银行，由于进入中国后需要的人数还不太多，同样也是需要更多高层次的人才。总的来说，如果家里没有一定背景，金融专业就业就不容乐观。当然，作为个人来讲，如果真有这方面的兴趣和志向，则可以在努力学好本专业课程的同时，关注该行业最新的发展动态，及时注意学习并适应金融业的市场需求，有条件的话，争取尽早考取银行业从业人员资格。这种资格考试已经从2007年开始试点，并逐步向全国推广并实现正规化。如果自己在本专业领域的确有真才实学，那么一定能找到自己的理想职业的。

4. 工作地点：办公室。

5. 初始职位：银行柜台业务员。

6. 个人价值：待遇较高、工作稳定。

7. 职业人格：事务型、服务型、企业型、研究型。

8. 学业规划：学好本专业课程，多参加社团活动，培养自己的沟通能力和人际交流能力，在学校里争取通过银行业从业人员资格考试。

9. 职业发展：银行业中的高层管理人员或研发人员。

（七）精算师

1. 对应专业：经济学、财政学、金融学、保险专业金融工程专业、信用管理投资学、统计学（经济数学方向）。

2. 职业说明：设计、开发及评估保险产品的工程师，通过财务分析来对各个险种的盈利状况进行分析，并提到改进意见和建议的专业人士。

3. 市场分析及素质要求：这类职业属于职业生态中的上层，为高、精、尖人才。就目前的国内市场来看，需求量远远大于供应量，这对于有志于从事这一职业的求学者来说，有着很大的发展机会。此专业对于学生的数学要求比较高。

4. 工作地点：办公室。

5. 初始职位：助理精算师。

6. 个人价值：待遇好、工作稳定、社会地位高。

7. 职业人格：研究型、事务型。

8. 学业规划：学好本专业外，辅修数学与应用数学专业。学习精算师资格考试的相关教材，争取尽早通过精算师职业资格考试。

9. 职业发展：高级精算师。

（八）金融产品研发人员

1. 对应专业：金融工程。

2. 职业说明：运用金融工程学使得银行能够根据客户的需求为其“量身定做”，创造出不同的金融产品或一系列金融产品的专业人员。在实物经济中，产品和服务基本能被严格区分，产品有形而服务无形，比如汽车是商品，免费定期维护就是商家提供的服务。而银行业本质上是属于服务业的，银行的产品和服务的区分界线不是很明显，银行的许多产品可以看作是服务的载体，是一系列服务的有序组合，如出口信用证就可看作是借贷行为和一系列服务的组合。因此这里的产品研发和实物经济中的含义有所不同，是更宽泛意义上的产品。银行在决定是否要研发某一产品时，需要具有一定的评判标准，判断标准和分析角度主要有下面三个：一是成本收益分析，二是风险监管能力，三是客户群体满意程度。

3. 市场分析及素质要求：加入WTO后，随着银行业竞争的加剧及客户金融意识及观念的更新，储蓄存款长期快速增加，我国居民对金融产品和服务的需求快速增长，对产品和服务质量的要求也越来越高。为了满足大量的有差异的客户和吸引潜在的客户，银行必须不断创新，设计出不同的产品和服务以满足需求。因此，银行业产品研发人员需求在很长的时间内将相当旺盛。这一职业对数学的要求比较高，因此一般招收理科学生，如果是文科生报考，也需要有相当强的数学基础。

4. 办公地点：办公室。

5. 初始职位：助理人员。

6. 个人价值：工作稳定、待遇高。

7. 职业人格：研究型、事务型。

8. 学业规划：学好本专业，同时辅修数学与应用数学专业，使自己的研发能力不断提高。

9. 职业发展：银行业产品高级研发人员。

第五章 职业选择与决策

教学目标

学习完本章之后，学生能够达成以下目标：

1. 掌握职业选择含义及影响因素，理解职业选择的基本原则及特征；
2. 了解职业选择的主要策略及程序；
3. 掌握生涯决策的几种方法。

导入案例

一名大学毕业生的就业历程

2002 年 7 月，小李毕业了，加入了找工作的大军中。离开学校，他没有回家，怀着对大城市的向往，拿着一学期省吃俭用省下来的 200 元钱，直接踏上了北上的列车，来到了计算机专业大学生心中的圣地——“中关村”。对于小李这个农村孩子来说，北京的一切都是那样新奇，但是，他来不及关注周围的风土人情，便马不停蹄地投入一场又一场的招聘会中。他的职业理想是做一名程序员，来京之前做好了应对困难的思想准备，但残酷的现实还是令他始料未及。招聘会上名校毕业生的简历堆积如山，他的简历就像沧海一粟。从他投宿的老乡的眼神中，他感到前所未有的压力，并开始怀疑自己选择的职业目标。

在短暂的彷徨过后．小李冷静下来重新定位：当前需要解决的首要问题是生存，是在这个大城市生存下来。他重新回到招聘会中，不再问招聘单位是否在中关村，也不再问工资待遇是否过了他原定的底线。就在一次次失望，身上仅剩 20 元钱的时候，一所高校的下属公司被他的真诚态度和对计算机网络的独特认识打动，向他敞开了大门。月薪 800 元，小李不假思索地就答应了。尽管这是一个高消费的城市，但 800 元却能够解决他的燃眉之急。第二天，小李就上班了。他非常珍惜这来之不易的工作，工作中要比别人多付出几倍的努力。三个月后，他的真诚努力、谦虚好学感动了老板，使老板改变了最初招聘这个岗位的初衷。本来这是一个 PC 维护员的岗位，但老板开始让他负责公司办公室的工作，包括公司的信息化建设、设备采购、接待业务等，薪酬水平也提高了好几倍。小李在上班时紧张地工作，业余时间也没有闲着。他是一个不满足现状的人，利用身处高校的有利环境，下班后经常去学校的各个教室里去旁听外语、操作系统、程序设计等课程，只要感到有益就学。功夫不负有心人，2004 年上半年，公司选派年轻后备人才去国外学习管理课程，小李靠着平时的学习积累，在激烈的竞争中有幸入选。虽然在国外只有短短一个月的学习时间，但使他开阔了眼界，增长了知识，增强了信心。2004 年下半年，学校成立培训学院，小李凭着自己的实力，顺利通过应聘考核，走上了培训学院国际培训部副主任的岗位，负责培训市场开发。在这个岗位上，小李一干就是五年。尽管工作非常努力，但还是感到自己知识的不足。因此，在2009年，小李考取了华北电力大学的工商管理硕士，再一次进行充电，为职业生涯发展做好新的准备。

第一节　职业选择

哲学家罗素说过："选择职业是人生大事，因为职业决定了一个人的未来……选择职业，就是选择将来的自己。"这道出了职业选择对人生的重要性。职业选择是一项非常复杂的工作，受诸多因素的影响，除个人的职业素质外，职业声望、职业分层、职业期望与职业成功等因素是决定人的职业价值观的重要因素，这些因素对职业选择也将产生重大影响。

一、职业选择的内涵

所谓职业选择，是指人们从自己个人的职业期望、职业理想出发，依据自己的兴趣、能力、特点等自身素质，从社会现有的职业中选择一种适合自己的职业。应该说，职业选择包括从业以前的选择和从业以后的选择，前者通过选择实现就业，后者通过选择实现择业变换。一个人职业选择是否恰当，不仅关系到个人意愿和兴趣的满足，也关系到自身才能的发挥和对社会贡献的大小。

职业选择，实质上包含着两层意思：一是个人对职业的选择，这是一种主观的选择；二是职业对人的选择，这是一种客观的选择。所以从本质上说，人是职业的主体，职业是人的客体。就人对职业岗位的选择而言，劳动者只有选择了与自己兴趣、爱好、知识、能力、技术、愿望等相适应的职业岗位时，才能发挥出更大的积极性；而就职业对人的选择而言，如果不经过选择，让那些不具备相应劳动能力的人在这些岗位上工作，不仅会难以完成职业所赋予的职责，而且造成人力、物力的极大浪费。所以，职业选择是个人与职业相互选择、相互适应的过程，这个过程在个体的职业生涯中可能会不止一次地发生。一般来说，这两种选择基本一致时，才能取得最大的经济效益和社会效益。

职业选择的过程实质是个人的内在因素与外部职业客观因素相互作用的过程，也是人与社会调试发展的过程。

职业选择是个人对自己就业方向和工作岗位类别的比较、挑选和确定，是一种人生的决策。职业选择是人们职业生活的正式开始，是人生道路的关键环节，也是人成为社会活动的主体、实现人生价值的开始。

教学案例 5.1

两位伟人的选择

爱因斯坦是世界著名的科学家，以色列国会曾邀请他回国当总统，被他婉言谢绝。爱因斯坦认为：自己的性格适合当科学家，搞研究，不适合当总统，搞政治，如果一定要让他当总统，那可就总统当不好，科学研究也搞不出，因为谁也做不到又当总统又搞科研，两边都能做出成绩来。爱因斯坦是伟人，伟人与常人的不同地方就在于他们比常人看得远、看得深，绝不随波逐流，绝不为尘世间的一点名利轻易改变自己，去做对别人来说也许是梦寐以求的却是不适合自己的事。

意大利著名男高音歌唱家卢西亚诺·帕瓦罗蒂回顾自己走过的成功之路。卢西亚诺·帕瓦罗蒂说："当我还是一个孩子的时候，我的父亲—— 一个面包师就开始教我学习唱歌。他鼓励我刻苦练习，培养嗓子的功底。后来，在我的家乡，意大利的蒙得纳市，一位名叫阿利戈·波拉的专业歌手收我做他的学生，当时我还在一所师范学院上学。毕业时，我问父亲：'我应该怎么办？是当教师，还是做一个歌唱家？'我父亲这样回复我：'卢西亚诺，如果你想同时坐两把椅子，你只会掉到两个椅子之间的地上。在生活中，你应该选定一把椅子。'"后来，卢西亚诺·帕瓦罗蒂选择了歌唱家的职业，他成功了。

【点评】职业选择决定个人发展

我们设想一下，如果爱因斯坦真的去当总统，结果会怎样？极有可能是以色列多了一位无足轻重的总统，而人类却少了一个伟大的科学家！同样，卢西亚诺·帕瓦罗蒂当初如果没有做出选择，世界上也就少了一位著名男高音歌唱家！因此职业选择的正确与否，直接关系到人生事业的成功与失败。在选择职业的过程中，要考虑性格与职业的匹配，兴趣与职业的匹配，特长与职业的匹配，内外环境与职业相适应。良好的职业选择是以自己的最佳才能、最优性格、最大兴趣、最有利的环境等信息为依据进行的。适合自身特点是毕业生就业的着眼点。社会上的职业多种多样，不同的职业，对从业人员的知识、技能、素质等要求不同。而毕业生的自身条件也不一样，不同的个体所具有的素质也是有差异的，所以，大学生对职业的选择，一方面要从社会需要出发，同时也要考虑自身的实际情况，扬长避短，只有这样才能做到人尽其才。

二、职业选择的特征

职业选择包括以下几个特征：

（1）选择性。选择性是职业选择的基本特征，职业选择是以劳动者个体为主体、以职业为客体，属于自由择业的性质。

（2）心理挑选过程。这是职业选择的深层次活动。任何职业选择行为的发生，都必须经过心理选择过程。要选择哪一种职业，首先就要在心理上确定哪一种职业与自己的兴趣、爱好相同或相近。

（3）职业比较过程。职业选择过程就是对职业进行比较取舍的过程，没有比较就无所谓选择。

（4）能力衡量过程。职业选择是要选择适合自己的职业，有些职业很适合自己的"口味"，但不适合自己做，就看自己的职业能力能不能与职业要求相称。

教学案例 5.2

美国“四大”VS 中国“四大”：你去哪里

北京某著名高校财经专业一个研二女生任某，拿到了四大会计师事务所的聘书，并且已经签约，但在得到四大国有专业银行总行的聘书时，她还是放弃了短期、相对的高薪，选择了国有银行。

任某是从外省的一个小城镇考入北京著名学府的，研究生学业刚刚开始时她与男朋友订了婚。未婚夫在一家中型国企搞管理工作，将来没有出国打算。除了为家庭考虑之外，她主要是结合了自身条件，从两个“四大”的综合条件出发做出了上述决定。

在任某和会计师事务所签约后不久又得到银行的聘书，她心里非常矛盾。对于她来说，进入美国四大会计师事务所就意味着拿着小康水平的工资，付出做牛做马的努力，经常要晚上做到10点钟左右甚至更晚，工作会非常辛苦。而且近年来的市场行情告诉她，会计师事务所存在严重的分流现象，未来两年内她随时都面临跳槽与被炒的压力，分流之后的去向非常不确定，这样不稳定的工作对于一个即将成家立业的女性来讲非常不适合。

反观四大国有专业银行，同属充满吸引力的财经行业，工作相对稳定、有保障，这份工作正是任某的首选。春兰秋菊，各有一时之秀。

会计师事务所不适合任某，但并不表明它不能成为其他人的选择。审计工作虽然繁忙枯燥，审计员甚至连会计都算不上，只是个核对数字的小职员而已，但起码在这些公司的工作当中能够积累相关的财务、会计知识技能，可以说是不错的锻炼机会。此外，这些公司都有比较正规的培训，公司的专业形象也都为国际上所认同，在这样的专业公司里可以学到许多与人交流沟通等的技能，无疑会对今后的职业生涯奠定良好的基础。

在美国“四大”这样的会计师事务所工作，个人的发展路径通常有以下三类：

“留下来，升上去”，只要真心追求在这个行业中有所发展，通过自身的努力奋斗还是有机会得到重用的，有些人十几年如一日地奋斗，最终坐上合伙人的位子。

“跳出来”，有些员工跳槽进了各类企业的财务部门，一些人还选择了业务部门，以财务背景作为优于别人的筹码。

“走出去”，通过两三年工作积累出国申请 MBA 的资历，公司的国际名声可以为申请带来一些优势，同时也积蓄了出国费用。

随着中国对外开放的步伐日益加快，越来越多的外资企业进入中国，这是中国改革开放的产物，是中国政府鼓励的商业行为。摩托罗拉公司带来的几十亿投资，宝洁公司给中国消费品市场带来的营销管理理念和引导，无疑都带动了国内同行业的发展，使市场运作更加规范，把许多行业由原来大打价格战的恶性竞争逐渐引入靠技术、靠管理的良性发展上来。竞争不仅激活了企业，而日在促使产品价格下降的同时保证了质量不断提高，为消费者带来了更多的利益。外企在中国的发展，不仅创造了许多就业机会，也为国内市场培养了许多高素质的本土管理人才，这些人不论是继续留在外企工作，还是加入中资企业，都是在为中国的经济发展添砖加瓦。越来越多的毕业生选择进入外企工作，正是看重了外企的正规培训可以作为职业生涯的良好开端。

我们认为，无论是进入中资企业或者外资企业工作，无论是在国内读研还是出国深造，对于毕业生来讲都是很好的选择。出国深造也是国家政策所允许的，无可厚非，而且越来越多的海外留学生毕业后或工作几年后选择回到中国就业，为祖国的建设贡献了不小的力量。各高校也有许多“海归”教授回国任教，加入培养人才的队伍中。

三、职业选择的作用

国际劳工组织指出，要实行自由选择的就业。在我国的改革大潮中，职业的自由选择已成为现实，具体来说，职业的选择作为适应社会进步和人类自身发展、完善的活动，具体有下述作用。

（一）有利于劳动要素与物质要素的良性结合

个人选择职业，可以自主地实现与物质要素的结合，符合“人”这种能动性主体生产要素的要求，这有利于个人较好地就业，有利于生产要素的双向优化配置。

（二）有利于取得较大的经济效益

合理的职业选择，可以使人们走上适当的岗位，较快地适应职业。人们在适合的岗位就乐于工作，劳动积极性也高，这有利于提高劳动效率和减少由于不适应岗位所造成的各种浪费，从而获取较大的经济效益。

（三）有利于达到多方面的社会效益

在实现充分的职业选择条件下，人们可以各尽其能、各司其职、各得其所。加强职业选择，有利于机会均等，减少多方面的社会问题，达到动态的社会稳定，也有利于形成一种“人往高处走”的风气，从而形成向上流动的社会局面。

（四）有利于促进人的发展

通过职业选择，有利于培养人积极的生活态度，培养人的自立、自主精神；有利于个人根据社会需求信号和自身条件努力学习，提高文化水平和专业、职业能力水平，有利于刺激人的进取精神，鼓励人们通过自己的学习和劳动取得成就。总之，自由选择可以从多方面促进人的发展。

阅读资料 5.1

“新世纪择业三类法则”

心态法则

德雷科·鲍克说：每一位求职者都希望能找到一个能发挥自己特长、待遇又高的工作。然而在实际择业过程中，这样两全其美的好事确实很难如愿。这其中的原因固然很多，但有一个很重要的原因就是：求职者能否客观看待择业。

小毛驴的犹豫——许多人在选择职业、成就事业时，都会存在“小毛驴的犹豫”：一头小毛驴在干枯的草原上好不容易找到了两堆草，但是一再迟疑，不知道哪一堆更好，结果活活饿死了。这就告诫我们，人的期望值不可太高，绝不可以左顾右盼而错失良机。

做梦娶美人——志大才疏，眼高手低，大事做不来，小事不肯做。这种人想干好工作、成就事业，只能是做梦娶美人——净想好事。

总想捡个大西瓜——求职者往往在择业时挑肥拣瘦，到头来却是两手空空，一事无成。因此，求职者在择业前，应把自己的专业特长与用人单位的需求实际结合起来，对照、衡量后再去择业。

择业法则

看重工作前景胜于薪水——个人的发展和前途是择业者关注的焦点。选择工作时，薪水不再是择业的首要要素。

先就业后择业——对于没有工作经验的择业者来说，找到一份理想的工作有一定的难度，只能在工作中积累经验。

自己当老板——给别人打工，一些创意可能就不会实现。

在工作中学习——在体制完备的企业，可以获得职业化学习的机会。

行为法则

“大格局”思考——运用你最强的欲望、可靠的精力，改变你人生的方向。

要有自己创业的心理准备——如果你理想的职业无法找到，那就看看自己是否愿意创业。这有一个好处，能彻底明晰自己想干什么。

四、职业选择的类型

（一）标准型选择

标准型选择，即在人的职业生涯历程中顺利完成职业准备、职业选择、职业适应期，比较成功地进入职业稳定期。

（二）先期确定型选择

先期确定型选择，即人们在职业准备期接受方向明确的职业、专业教育，并在准备期确定自己的职业方向，有时教育培训单位还协助介绍对口的职业。

（三）反复型选择

反复型选择，即当一个人选择职业走上工作岗位后，不能顺利完成职业适应，或者自己的职业期望提高，导致的二次选择，甚至三次四次选择。

阅读资料 5.2

美国麻省理工学院人才教授指出，职业定位可以分为以下五类：

技术型：持有这类职业定位的人出于自身个性与爱好考虑，往往并不愿意从事管理工作，而是愿意在自己所处的专业技术领域发展。在我国过去不培养专业经理的时候，经常将技术拔尖的科技人员提拔到领导岗位，但他们本人往往并不喜欢这个工作，更希望能继续研究自己的专业。

管理型：这类人有强烈的愿望去做管理人员，同时经验也告诉他们，自己有能力达到高层领导职位，因此他们将职业目标定为有相当大职责的管理岗位。成为高层经理需要的能力包括三方面：(1) 分析能力：在信息不充分或情况不确定时，判断、分析、解决问题的能力；(2) 人际能力：影响、监督、领导、应对与管理各级人员的能力；(3) 情绪控制力：

有能力在面对危急事件时，不沮丧、不气馁，并且有能力承担重大的责任，而不被其压垮。

创造型：这类人需要建立完全属于自己的东西，或是以自己名字命名的产品或工艺，或是自己的公司，或是能反映个人成就的私人财产。他们认为只有这些实实在在的事物才能体现自己的才干。

自由独立型：有些人更喜欢独来独往，不愿像在大公司里那样彼此依赖，很多有这种职业定位的人同时也有相当高的技术型职业定位。但是他们不同于那些简单技术型定位的人，他们并不愿意在组织中发展，而是宁愿做一名咨询人员，或是独立从业，或是与他人合伙开业。其他自由独立型的人往往会成为自由撰稿人，或是开一家小的零售店。

安全型：有些人最关心的是职业的长期稳定性与安全性，他们为了安定的工作、可观的收入、优越的福利与养老制度等而付出努力。目前我国绝大多数的人都选择这种职业定位，很多情况下，这是由于社会发展水平决定的，而并不完全是本人的意愿。相信随着社会的进步，人们将不再被迫选择这种类型。

第二节 职业选择的原则及影响因素

一、职业选择的原则

职业是谋生的手段，又是发展自己个性的场所，更是为社会贡献、实现社会价值的途径。因此职业选择是人生的重要选择，在职业选择过程中，应当遵循一定的原则和程序，只有这样，才能顺利达到选择目标。择业原则是人们在认识和处理职业选择问题时应遵循的基本要求。

（一）符合社会需要的原则

所谓符合社会需要的原则，是指人在选择职业岗位时，把社会需要作为出发点和归宿，以社会对自己的要求为准绳，去观察、认识问题，进而决定自己的职业岗位。所以择业时并不完全取决于个人的主观愿望，还要从社会需要，从社会的整体利益出发，充分发挥自己的聪明才干和个人特性。当个人意愿与集体利益发生矛盾时，要顾全大局，服从社会需要。符合社会需要的同时，也满足着个体的需要。社会的每一次发展，都是种种上述职业活动共同作用的结果。

（二）发挥个人素质优势的原则

要充分认识和客观地评价自己的优势，正确地把握自己，分析自己所处的择业环境，从实际出发，量力而行，充分发挥个人素质优势，只有选择能够发挥自己特长的职业，才能为职业发展和自身进步奠定基础。

（三）客观性原则

客观公正地认识自己，尤其克服两种不良心理：一是自傲心理；二是自卑心理。

（四）全面性原则

全面性是指在择业过程中全面了解工作单位和职业岗位。工作单位主要包括：性质、规模、发展前途、工资待遇、福利、学习环境等。职业岗位包括：职业对人才素质的要求、职业环境、职业收入等。

（五）主动选择的原则

所谓主动选择的原则，是指大学毕业生在职业选择中不能消极等待，而应主动出击，积极参与，积极准备就业条件，主动寻求就业门路。积极的生活态度，对于人的职业生涯发展和取得成就都大有益处。

1. 积极准备就业条件

积极地准备就业条件，就是要参加就业培训，争取在就业前掌握一定的职业技能，为自己的顺利就业创造良好的条件。只有具备了一定的专业技术知识和良好的职业素质，才有可能在就业竞争中获得成功，从事自己所喜爱的职业。

“积极准备”包括以下几方面：

（1）留心搜集各种职业知识和用人信息。平时要做“有心人”，大量积累有关职业知识和供求信息，准备未来的职业选择。

（2）到职业介绍机构进行咨询，了解就业情况，寻找合适的就业机会。

（3）参加各种职业技能培训，为就业创造机会和条件。

（4）准备好求职信，做好应聘、面试的心理与形象等方面的准备。

2. 主动就业

主动就业，是市场经济体制下就业的重要原则，它包括以下几方面：

（1）主动与可能招聘人员的单位进行联系，毛遂自荐。

（2）主动求得父母兄长、同学导师、同事朋友的各种帮助，善于在市场经济中找到自己的位置，多方面开拓门路。

（3）主动开拓就业岗位，自谋职业，自主创业，成就自己的事业。这既能够按照自己的意愿解决自己的职业生活道路，也能为社会做出一定的贡献。

（六）分清主次的原则

在选择职业过程中，摆在毕业生面前的选择是多方面的。比如单位性质、工作地点、工作条件、生活待遇、使用意图、发展方向等诸多方面，不可能样样遂人的心愿，重要的是在择业过程中怎样权衡利弊，分清主次。因此，必须分清哪些是主要条件，哪些是次要条件，哪些是现实的，哪些是幻想的，哪些合理，哪些不合理。

在职业选择决策的过程中，要抓住主要的、现实的、合理的条件，抛弃次要的、幻想的、过分要求的因素。如果在选择职业时死抱着次要的、不切实际的条件不放，非要面面俱到不可，那只能丧失很多就业机会而难以实现就业，甚至错过真正的好职业。

（七）着眼长远面向未来的原则

在选择职业过程中，不能只看眼前实惠，不看企业发展前景；不能只看暂时困难，而不看企业的未来；不能只图生活安逸，而不顾事业的追求等。

（八）胜任原则

在选择职业时．应对自己的能力有一个客观实在的评价，包括学识水平、职业技能、身体素质以及个性特点等，是否符合职业要求，不能盲目攀比。尤其是当代青年人，思想比较开放，理想和追求比较高。但首先要面对现实，在市场经济条件下，社会职业对劳动力的需求不仅只靠文凭．而更注重劳动者职业技能和胜任职业岗位的能力，职业技术学（院）校、技工学校毕业生就业率往往比其他本科、大中专学（院）校要高。

（九）独立性原则

一个人在一生中，不论是在家庭，还是走向社会，总是要接触不同的人和事，总是要进行不断地交流、沟通，接受千变万化的事物，听取四面八方的意见，有的可能对你一生的发展有很大帮助，有的可能会导致你受到挫折或失败。因此，对来自不同的意见或建议，要仔细分析利弊，不要盲目随从。只要是自己认准的路，就要坚定地走下去。

（十）发展原则

职业不仅是谋生的手段，同时也是发展自我、实现人生价值、服务社会的唯一途径。发展是一个过程，任何事物的发展总是由初级向高级发展，由单一向全面发展，绝不能一蹴而就，在选择职业时，既不能期望值过高，也不能急于求成。要把个性发展与职业发展结合起来，把个人发展与团体发展结合起来，综合考虑各种因素，才能实现自己美好的愿望。

二、影响职业选择的因素

在选择职业的过程中，应考虑很多因素的影响和制约，比如性别、年龄、身体状况、所学专业，等等。这些在一定程度上都将或多或少影响一个人的择业方向。具体来说，以下几点在选择职业时不容忽视。

（一）性格

一个人能力不足可通过培训提高，但一个人的性格与职业不匹配，要改变就困难多了。单位选人重视人的性格，个人选择职业时更应该对性格加以重视。要充分进行自我分析，认识自己的性格，并考虑性格与职业匹配。

（二）兴趣

在职业选择时，不仅需要了解自己的性格，还须了解自己的兴趣。不同的人有不同的兴趣，不同的职业也需要不同的兴趣特征，所以兴趣已构成人们选择职业的重要依据。如果一个人选择的职业与自己的兴趣吻合，那么，枯燥的工作也会觉得丰富多彩，产生一种动力；如果一个人的兴趣与职业不吻合，那么这个人的工作始终是被动的，让做多少就做多少，因为都是应付的，所以是不会有好成绩的。

（三）特长

在职业选择时，要特别注意特长与职业的匹配。要想获得事业的成功，还要主动发现自己的特长，并将自己的特长与职业相匹配。一个人的特长，往往具有隐藏性，不易发现，这就要求自己在自我分析时，或在日常生活与工作中多加留心。

（四）能力

能力直接影响活动的效率，是活动顺利完成的个性心理特征。社会上任何一种职业对工作者的能力都有一定要求。如对会计、出纳等职业，工作者必须有较强的计算能力；对于工程、建筑及服装设计等职业的工作者要具备空间判断能力；对于飞行员、外科医生等职业的工作者则要具备眼与手的协调能力。

（五）竞争性

所谓竞争性就是指同时选择这个职业的人多不多，如果这个职业社会需求性很大，但同时选择这个职业的人很多，呈饱和状态，那就要考虑是否选择另一职业了。

（六）发展潜力

一个职业如果现在很红火，待遇、福利等各方面都不错，但这很可能只是暂时现象，预计不久就可能改变，那么，对于这个职业，求职者也最好不要进去，而对于那些要投入大量资金和时间的企业，求职者尤其要注意。

（七）环境因素

环境因素是指个人所在的环境能否让自己选择的职业走向成功。例如：你想做一个电影明星和歌星，但你周围的环境能让你成功吗？你能找到一个水平高而真心教你的人吗？你的体格和素质符合要求吗？再如，你所在的单位有一个高层领导很赏识你，你要抓住机遇，力求在本单位有所建树，因为这类机遇是可遇不可求的。

（八）社会需求度

在职业选择时，你要选择的职业社会的需求度大不大？如果你所选择的一个职业没什么社会需求，那么，你择业将会变得很难。

当然，如果你在职业选择时能对以上需求不好高骛远或单从兴趣爱好出发，而是实事求是、权衡利弊、综合考虑，那么就能对自己的职业做出正确的选择。

教学案例 5.3

一个颗粒饱满的玉米棒儿

从前有个老婆婆，她在屋子后面种了一大片玉米。眼看着收获的日子一天天近了。

一天，一个颗粒饱满裹着几层绿衣的玉米说："收获那天，老婆婆肯定先摘我，因为我是今年长得最好的玉米！"周围的玉米看了它几眼，也都随声附和称赞起它来。

收获那天，老婆婆只看了看那个最棒的玉米，但并没有把它摘走。"老婆婆可能是眼神不大好，没注意我。明天，明天她一定会把我摘走的！"那个最棒的玉米自我安慰着。

第二天，老婆婆又唱着歌儿收走了其他玉米，唯独没有摘这个玉米。"明天，老婆婆一定会来摘走我的！"那个最棒的玉米仍然自我安慰着……

第三天，第四天，老婆婆没有来，就这样一直过了好多天，那个最棒的玉米觉得自己被摘走的希望越来越渺茫……

直到一个漆黑的雨夜，那个最棒的玉米才突然想到：我总以为自己是今年最好的玉米，是我对自己估计太高了。其实，我是今年最差的玉米，连老婆婆都不要我了。白天，我顶着烈日，原本饱满而又整齐的颗粒变得干瘪坚硬，整个身体像要炸裂似的；夜晚，我又和风雨搏斗，眼看躯体快要腐烂了，我真是自作自受啊！

不知过了多长时间，一缕柔和的阳光照在那个最棒的玉米的脸上，它抬起头来，睁开眼睛，一下就看到了站在它面前的老婆婆。

老婆婆正用欣喜的目光看着它，自言自语地说："这可是今年最好的玉米啊！用它做种，明年的玉米一定长得更好！”

这时，那个最棒的玉米终于明白了老婆婆为什么不把它摘走。它正想着的时候，老婆婆小心翼翼地把它摘下来，轻轻地放在口袋里。

相信自己，但有时候需要再等一下！

【点评】

相信自己，需要等待！

一个颗粒饱满的玉米棒若要成为种子玉米，就是一个双方互相选择的结果，玉米选择老婆婆的同时，老婆婆也在选择玉米。一个颗粒饱满的玉米棒儿最终能成为种子玉米，是玉米本身内在因素与外部职业客观因素相互作用的过程。

因此，我们一定要清楚，职业选择是一个不断进行的过程，而非一次就可以得到满意的结果。找到自己喜欢的工作不是一夜之间就可以实现的，并且在专业人士的指导帮助下也不一定能一步实现。为了找到适合你飞翔的职业天空，你不仅需要清楚认识自己和自己期望在工作中得到什么，你还需要一点机遇和一些等待。即使你找到了一份比较满意的工作，未来也还可能出现工作变动。

三、职业决策的风格

阅读资料 5.3

桃园摘桃

路边有一片桃园，假如你可以进入桃园摘桃子，但只许前进不许后退，只能摘一次，要摘一个最大的，你该怎么办？

闭上眼睛举手回答问题，以下 A、B、C、D 四种方式，你选择哪种来摘那个大桃子？

方法 A：我感觉这个大，就摘这个。

方法 B：去问看桃园人，让他告诉我什么样的桃子最大，或者问旁边的人。

方法 C：桃子太多了，真是没有办法确定哪个最大，还是走走再说吧。

方法 D：对视野内的桃子进行比较，形成一个大概的标准，再根据这个标准选择最大的桃子。

进行职业决策，需要了解自己，了解职场。根据我们对自己、对职业了解的程度，在职业决策的时候，会出现四种人：直觉型、依赖型、犹豫型、理智型，分别对应在上述测试中选择 A、B、C、D 的人。

所谓风格，是指不同的人在做事方式上所表现出来的习惯偏好，而职业决策风格则是人们在做决策时表现出来的比较稳定的决策态度、习惯、方式等综合特征。职业决策风格对做事的效果和效率的影响颇深。

（一）职业决策风格类型

痛苦挣扎型（Agonizing）：又叫苦闷型，属于不确定型决策。决策者花很多的时间和精力来收集信息、反复比较，却难以做出决定。“对这件事就是拿不定主意!”这种情境下，需要帮助他们弄清楚是哪种内部障碍阻碍了当事人的决策能力，比如，是否有追求完美的倾向而难下决定。

冲动型（Impulsive）：也属于风险型决策或不确定型决策。当事人往往会抓住遇到的第一个选择，不再考虑其他的信息或选择，“先决定，以后再考虑。”在一些无关紧要的小事上采取这种策略也无妨，但是在一些对人生有重大影响的决策上，可能造成严重而持久的破坏作用。

拖延型（Delaying）：属于不确定型决策，是一种以推迟拖延方式将对问题的思考和行动往后推迟。当事人往往保持这样的心态：“到时候再说吧”，或者“我还不想工作，所以等等吧”，造成拖延的真实原因可能来自于对现实责任的逃避。

直觉型（Intuitive）：属于风险型决策，当事人将自己的直觉感受作为决定的基础，对自己的决定通常说不出什么理由，“就是觉得这个好”。直觉型决策有时也可能很适当，可是它们必须凭借个人的优点，如兴趣和能力的内心定向，但有时也可能因先入为主的偏见，造成与事实出入很大的误差。

宿命型（Fatalistic）：属于风险型决策或不确定型决策，遇事不由自己决定，将决定权交给境遇或所谓的命运。“顺其自然”“该怎么地就怎么地吧”这些挂在嘴边的口头禅看似洒脱，其实可能只是借以掩盖内心的无力和无助感。把应当由自己决定的事交由所谓的“命运”来决定，结果落得后悔失望。

从众型（Compliant）：也叫顺从型，属于风险型决策或不确定决策。当事者顺从别人的计划而不是独立地做出决定，比如看到别人考证，自己也跟风，其实别人的选择就像一件华丽的外衣，虽然看起来漂亮但未必适合自己，适合自己的才是对的。盲目顺从别人为你做出的决定，很可能引起将来对所依赖之人的抱怨。

瘫痪型（Paralytic）：也叫麻痹型，属于不确定决策。当事人可能过度焦虑或压力过大，往往觉得接受了自己做出决定的责任，却无法开始决策过程，他们害怕最后的结果。“我知道我应该开始了，但想到这件事我就害怕。”

计划型（Planning）：属于程序化决策，是应当积极提倡的决策类型。当事者即使面对纷繁复杂的现实决策环境，也能够做好妥善的规划。他们往往很注重自己的经验，也很了解自己的能力、兴趣和价值观，其做出的决策往往具有可行性和满意性。

将以上的决策类型分类，还可以进行综合，称为决策的四分类法，如表 5－1 所示的四分法，职业生涯决策风格测试如表 5－2、表 5－3 所示。

表 5－1　决策类型四分法

项目		自己	
		未知	已知
环境	未知	困惑和麻木型决策 痛苦挣扎型、拖延型、瘫痪型	直觉型决策 冲动型、直觉型
	已知	依赖型决策 顺从型、宿命型	信息型决策 计划型

（二）决策风格测验

一些决策风格的测验也可以帮助大家更加清晰地了解自己的决策风格，见表5－2。

表5－2 生涯决策风格类型测试

情景陈述	符合/不符合	类型
1. 我常仓促做草率的判断	□/□	★
2. 我做事时不喜欢自己出主意	□/□	●
3. 碰到难做决定的事情时，我就把它摆在一边	□/□	▲
4. 我会多方收集做决定所必需的一些个人及环境的资料	□/□	■
5. 我常凭一时冲动行事	□/□	★
6. 做事时我喜欢有人在旁边，以便随时商量	□/□	●
7. 遇到需要的做决定时，我就紧张不安	□/□	▲
8. 我会将收集到的信息加以比较分析，列出选择的方案	□/□	■
9. 我经常改变我所做的决定	□/□	★
10. 发现别人的看法与我不同，我便不知该怎么办	□/□	●
11. 我做事总是东想西想，下不了决心	□/□	▲
12. 我会权衡各项可选择方案的利弊得失，判断出此时最好的选择	□/□	■
13. 做决定之前，我从未做任何准备，也未分析可能的结果	□/□	★
14. 我很容易受别人意见的影响	□/□	●
15. 我觉得做决定是一件痛苦的事情	□/□	▲
16. 我会参考其他人的意见再斟酌自己的情况，来做出最适合自己的决定	□/□	■
17. 我常不经慎重思考就做决定	□/□	★
18. 在父母、师长或亲友催促我做决定之前，我并不打算做任何决定	□/□	●
19. 为了避免做决定的痛苦，我现在并不想做决定	□/□	▲
20. 经过深思熟虑之后，我会明确决定一项最佳的方案	□/□	■
21. 我喜欢凭直觉做事	□/□	★
22. 我常让父母、师长或亲友来为我做决定	□/□	●
23. 我处理事情时经常犹豫不决	□/□	▲
24. 当已经决定了所选择的方案时，我会展开必要的准备并全力以赴做好	□/□	■

记分方式：将同一类型的得分（“符合”得1分）记入测试结果表（见表5－3）中，哪种类型得分最高，可能你就属于哪种决策类型。

表 5－3 生涯决策风格类型测试结果

题号组	★1、5、9、13、17、21	●2、6、10、14、18、22	▲3、7、11、15、19、23	■4、8、12、16、20、24
得分				
决策类型	冲动直觉型	依赖型	逃避犹豫型	理性型

第三节 职业选择的决策过程及方法

一、职业选择的决策过程

（一）职业选择决策的含义

职业选择决策是劳动者依照自己的职业期望和兴趣，凭借自身能力挑选职业，使自身能力与职业需求特征相符合的过程。一个人的职业选择恰当与否，关系到其职业意愿、兴趣能否得到满足，关系到其才能能否得到发挥，关系到其在岗位上的工作状况，也关系到其一生的生活道路。

在现实的职业选择中，人们虽然面对诸多的职业，但往往难以得到自己理想中最合适的职业。有时即使遇到“好职业”的岗位空缺，但自己却不具备必要的能力，或者在求职竞争中败给他人，这也使自己的职业选择不能实现。职业能力、职业意向和职业岗位三要素能够相互协调、结合，职业选择才能较好地完成。但是，三者的协调一致往往是比较困难的。因此，人们的职业选择往往是一个人降低自己的职业意向水平、适应社会客观职业岗位状况的过程，社会学把这一现实化过程，称为个人职业理想与社会职业现实之间的“调和”或“调适”过程。

因此，职业选择决策实际上是一种个人意向的现实化过程。进一步分析，这种现实化又包含两方面的内容。

一是个人向客观现实妥协的过程。当个人的选择意向与实际情况不尽相符、存在矛盾的时候，人的职业选择就是一种打破幻想、承认实际、降低要求的过程，也就是向客观现实妥协的过程。

二是个人对“我与职业”关系的调适过程。向现实妥协，对于存在着浪漫情调和幻想色彩的青年来说，可能是不情愿、不甘心的，甚至是痛苦的，但又是非常必要的。因为，这使人能够真正地认识自我，真正认识个人在社会中所处的真实地位、状况与机遇，是一种自我反思后真正能够解决“我与职业”关系，从而科学、实际、合理地完成职业选择的“调适”过程。

（二）职业选择决策的性质

一个人的职业选择恰当与否，关系到其职业意愿、兴趣能否得到满足，关系到其才能能否得到发展，关系到其在岗位上的工作状况，也关系到其一生的生活道路。职业能力、职业意向和职业岗位三要素能够相互协调、结合，职业选择才能较好完成。但是，三者的协调一致往往是比较困难的。

（三）职业选择决策模式

库伦伯茨（Krumboltz）解释了个人的职业偏好和技能是如何形成的，以及这些喜好和技能如何影响个人对各种课程、职业和工作领域的选择。此理论认为，影响职业生涯选择的因素包括：遗传因子与特殊能力、环境情况与特殊事件、学习经验、工作取向技能。

生涯决定社会学论的重点是行为分析或问题界定，库伦伯茨与其同事曾列举了七种一般当事人常有的问题类型，介绍如下：

①将问题归罪于他人。

②问题情绪化。

③缺乏目标。

④被期待的行为不是他所希望的。

⑤不知道自己的行为是不当的。

⑥抉择的冲突。

⑦不知道问题在哪儿。

库伦伯茨和贝克（Baker）在1973年提出他们的决策模式，步骤如下：

第一步：界定问题与制定目标。

第二步：当事人和辅导员互相协定达到目标。

第三步：产生可选择的问题解决方法。

第四步：搜集有关选择的资料。

第五步：检查选择的结果。

第六步：重新评估目标、选择和结果。

第七步：对一个新的发展机会，做出一个临时的决定或实验的选择。

第八步：推论面对新问题时做决定的过程。

（四）职业选择决策的步骤

美国学者蒂德曼（Tiedman）在金兹伯格职业理论的基础上，提出了“职业决策阶段”（见表5－4）的学说。蒂德曼认为，金兹伯格所说的职业选择作为一种过程，是一种“鉴别”和“综合”的决策过程，是人在一生的职业生涯中重复进行的一系列步骤，每当人们遇到一定问题或者具有一种需要、完成一种体验时，这种决策过程就会被激发起来。

表5－4　蒂德曼的职业决策阶段学说

阶段	步骤	内容
期望与预后阶段	第一步：探索	即考虑与自己的经验和能力有关的职业生涯发展目标
	第二步：成形	·在上述基础上准备进行具体的定向。这时要考虑个人确定职业生涯新方向的价值、目的和能够获得什么报偿
	第三步：选择	·在生涯目标成形后做出决策，找到和确定自己所期望的具体职业
	第四步：澄清	·进一步分析和考虑上述选择，解除可能产生的疑问

续表

阶段	步骤	内容
完成和调整阶段	第一步：就职	·将职业选择付诸实施，得到一个新职位，即就职或入职。人们在这时候开始对自己的职业生涯目标和走上的职业岗位寻求认可
	第二步：重新形成	·职业生涯选择目标在现实化意义上的再次形成，或者现实化的调整
	第三步：综合	·个人在职业岗位上被他人看作成功，达到平衡，这就是职业选择决策的完全实现

1. 期望与预后阶段决策过程

这一阶段包括以下四个步骤：

（1）探索，即考虑与自己的经验和能力有关的生涯发展目标。

（2）成形，在上述基础上准备进行具体的定向，这时要考虑个人确定职业生涯新方向的价值和目的。

（3）选择，在生涯目标成形后做出决策，找到和确定自己所向往的具体职业。

（4）澄清，进一步分析和考虑上述选择，解除可能产生的疑问。

2. 完成和调整阶段

这一阶段包括以下三个步骤：

（1）就职。

将职业选择付诸实施，得到一个新职位，即就任或任职。人们在这时候开始认可自己的职业生涯目标和寻求的职业岗位。

（2）重新形成。

人在开始从事工作后，对于所从事的职业及其环境有了现实的一定了解和把握，这时就会出现职业的自我认识感。这时，个人与团体也存在着互动，它们相互影响。这也是职业生涯选择目标在现实化意义上的再次形成，或者现实化的调整。

（3）综合。

（五）职业选择决策的过程

吉列特（Gelatt）认为，职业生涯决策是一连串的决定，任何一个决定都会影响以后的决策，也会受先前决定的影响，因此决策是一个发展的取向而非单一的事件。决策的基本准则在于选择有利因素最多而不利因素最少的方案。由于各种测验与职业资料的累积，个人可根据预测各项选择的可能结果以及达到目标的概率，加上个人价值系统的倾向，绘出决策流程图，作为抉择的依据。

吉列特的决策架构特别强调资料的重要性，他将资料组织分成三个系统（见图5-1）。

1. 预测系统

预测不同选择的行动可能产生的结果以及由行动到结果之间的概率。例如：根据工作世界与心理测验等方面的客观真实资料，对未来工作（或升学）的成功概率所做出的预测。

2. 价值系统

个人以内在价值体系、态度等判断不同结果之间的相对偏好。

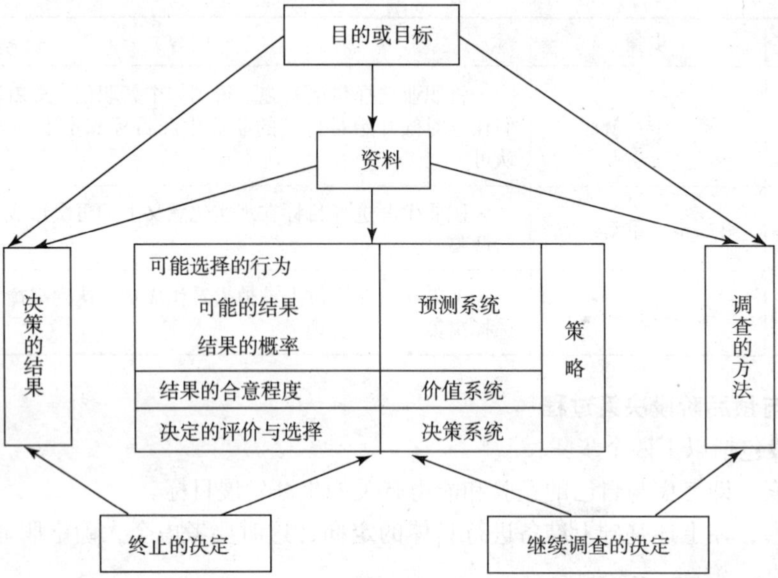

图5－1 吉列特生涯决策过程

3. 决策系统

评量判断的法则通常包括：

（1）期望策略：选择最需要、最希望得到的结果。

（2）安全策略：选择最可能成功、最保险、最安全的途径。

（3）逃避策略：避免选择最差的、最坏结果的方法。

（4）综合策略：选择最需要而又最可能成功，不会产生坏结果的方案。

（六）职业选择成功公式

对于个人而言，可能得到某类职业的概率，用以下公式表示：

$$职业概率（J）=职业需求量（Q）\times竞争系数（C）\times职业能力水平（A）\times其他因素（O）$$

公式中的 O 是其他因素，包括：该类职业机会出现的时间，该类机会出现的地点，家庭对个人的帮助，个人寻求职业的努力，以及社会职业介绍机构的帮助等，用公式表示即为：

$$O=f（t, u, f, l, g, \cdots）$$

由于各类职业需求数量（职业岗位数量）、各类职业的谋求人数、人们所具备的不同职业的能力水平以及其他因素各不相同，因此，对于一个人来说，不同的职业可能得到的概率也各不相同。我们可以依据不同职业的期望值（即职业概率）大小，将它们顺序排列，举例如下：

A职业（作家）=0.001　　B职业（大学教师）=0.01

C职业（记者）=0.05　　D职业（编辑）=0.10

E职业（银行职员）=0.20　　F职业（秘书）=0.30

G职业（中小学教师）=0.50　　H职业（技术工人）=0.70

I职业（一般工人）=1.00　　J职业（服务员）=1.00

一般来说，期望值最小的职业，往往是人们理想中最好的职业；期望值极大的职业，则往往是现实的，但比较差的职业。因此，人们选择职业时“调适”程度的大小，就体现为一个人在职业期望序列中，取得与相应期望值所对应的职业。

二、职业选择的决策方法

职业生涯问题和决策是我们大多数人生活中所面临的最复杂事件，做出个人决策的过程对某些人而言是极为困难的，尤其是在一些特殊情况下，什么因素会干扰我们做出有效的决策呢？

首先，是信息的问题。事实证明，想太多，想太少，想太坏都不行。美国文豪马克·吐温曾经说过：“你之所以陷入困境，并不是由于你的无知，而是对虚假的信息信以为真。”

一个同学企图通读职业名称词典中全部 12 000 多种职业，因为她想确保在决策前能了解所有可能的选择。这花费了她近一年的时间，但对最终选择却没有明显的积极作用。

职业选择的过程是先由少变多，再由多变少的过程。就像梭子一样，中间大，两头小。为什么需要中间的扩大，很多人在工作了 10 年之后才发现有一份职业很符合自己的兴趣，但再想调整就非常有难度，如果在工作的早期多对比、多选择，那么找到的职业会更加适合。

其次，是决策者自身的问题。决策的最大障碍是决策者，纯粹就技巧层面而言，生涯决定的步骤与方法易懂易学，没有太大的困难。真正复杂的是这套技巧运用在人的身上，整个过程就会复杂起来。

决策制定是一种广泛的生活技能，良好决策的重要性不言而喻，如果决策不正确，执行力越好越糟糕。我们辛辛苦苦往上爬一架梯子，等多年以后爬到顶端，才发现原来梯子搭错了墙。职业生涯决定的技巧可以通过学习而获得。形形色色的决策技巧经过实验证实，可以经过学习迁移的过程，应用在其他相似的情境，而受用不尽。

在前文提到的几种职业生涯规划的方法中，本章选出几种比较常用的方法进行详细介绍。

（一）SWOT 分析法

SWOT 分析法来源于战略管理领域，通常是市场战略分析家们用来分析企业内部和外部环境、制定企业最终发展战略的一种方法。我们可以借用 SWOT 分析法进行个人的职业生涯决策。SWOT 是英文单词 Strengths（优势）、Weaknesses（劣势）、Opportunities（机会）、Threats（威胁）的缩写。SWOT 分析法应用于在职业生涯决策的过程中就是基于对个体自身的优势和劣势分析以及对职业环境因素和各种可供选择职业的前景的分析，综合自身的优势和劣势，认清周围的职业环境和前景，从而做出正确的职业目标选择。

在进行 SWOT 分析时，可以采取多种方法来确定自身的优势与劣势、机会与威胁。目前最常使用的是关键提问法，即连续不断地向自己提问，从答案中进一步了解自己。例如：

优势分析：你曾经做过什么？你学习了什么？最成功的是什么？

劣势分析：性格的弱点；经验或经历中所欠缺的方面。

机会分析：对社会大环境的分析；对自己选择企业的外部分析；人际关系分析。

威胁分析：技术和市场的变化、政府政策的改动以及社会形态、人口状况、人们生活方式的变化是否会给我带来机会和潜在的危险。

我们要重视对自己学业、专业与职业的分析。学业是职业发展的基础，根据自己的能力与专业来选择自己的职业，确立职业目标。清晰地认识自己，对自己的专业和职业进行完美组合，处理好专业与职业的五种关系：专业包容职业、以专业为核心、专业与职业部分重合、专业与职业相切、专业与职业分离。职业决策中的SWOT矩阵如表5－5所示。

表5－5 职业决策中的SWOT矩阵

内部因素	优势（Strengths）	劣势（Weaknesses）
	指个体可控且可利用的内在积极因素，如： ★工作经验 ★教育背景 ★丰富的专业知识和技能 ★特定的、可转移的技巧（如沟通、团队合作、领导能力等） ★人格特质（如自我约束力、承受工作压力的能力、创造力、乐观精神等） ★在专业组织中的影响力	指个体可控且可以改善的内在消极因素，如： ☆缺乏工作经验 ☆学习成绩差，专业不对口 ☆缺乏目标，且对自我认识和对工作的认识都不足 ☆缺乏专业知识 ☆较差的人际交往能力、沟通能力、团队合作能力、领导能力 ☆负面的人格特征（如职业道德败坏、缺乏自律、缺少工作动机、情绪化等）
外部因素	机会（Opportunities）	威胁（Threats）
	指个体不可控但可利用的外部积极因素，如： ★社会提供的就业机会增加 ★再教育的机会 ★专业领域急需人才 ★专业晋升的机会 ★专业发展带来的机会 ★职业生涯中的特殊机遇 ★地理位置优势 ★广泛的人际关系网络	指个体不可控但可使其弱化的外部消极因素，如： ☆社会提供的就业机会减少 ☆同专业大学毕业生带来的竞争 ☆名牌大学毕业生带来的竞争 ☆具有丰富工作经验、熟练专业技能的竞争者 ☆缺少培训带来的职业发展障碍 ☆工作晋升机会有限或竞争激烈 ☆专业领域发展有限 ☆企业不再招聘与你学历、专业相同的员工

在完成内外因素分析和SWOT矩阵的构造后，可以清楚地看到自己的竞争力和发展机会，能够制定出恰当的生涯目标；同时还能清晰地认识到自己的不足和外在威胁，从而可以制定出相应策略，以发挥优势，克服劣势因素，利用机会因素，化解威胁因素。运用系统分析方法，将排列的各种环境相互匹配，加以组合，就可得出一系列适合自己的对策。内外环境及SWOT矩阵见表5－6。

表5－6 内外环境及SWOT矩阵

项目		内部环境	
		优势	劣势
外部环境	机会	S—O对策	W—O对策
	威胁	S—T对策	W—T对策

下面是这些对策的具体解读。

- 最小与最小对策（W—T对策），即考虑弱点因素和威胁因素，目的是努力使这些因素都趋于最小。比如，觉得自己社交能力不强，不要多参加社会活动。

• 最小与最大对策（W—O 对策），即着重考虑弱点因素和机会因素，目的是努力使弱点趋于最小，机会趋于最大。比如虽然学校一般，专业偏冷，目前就业市场上对复合型人才的需求旺盛，只要自己综合素质足够好，前面的弱点因素就会影响甚微。

• 最大与最小对策（S—T 对策），即着重考虑优势因素和威胁因素，目的是努力使优势因素趋于最大、威胁因素趋于最小。也就是说，要利用自身优势将外部威胁对个体职业发展造成的不利影响降到最低。如应届毕业生因为缺乏工作经验而往往被一些大型企业拒之门外，如果你不仅具备丰富的专业知识，而且表现出良好的沟通、团队合作能力，具有创造性且敢于展现自己，就极有可能被该企业破格录取。

• 最大与最大对策（S—O 对策）即着重考虑优势因素和机会因素，目的在于努力使这两种因素都趋于最大化。比如，英语基础很好，将来从事外贸工作，就可以在今后继续加强这方面的优势，让它成为各项素质中最具有竞争力的要素。这应该是四大策略中最重要的，因为很多劣势是难以弥补的，与其着重于加长短板，还不如突出优势。

案例：一名大学本科毕业的女生 B，文秘专业，在校期间专业成绩优秀，曾多次获取奖学金，且一直担任学生干部工作。但是她性格急躁、容易冲动，唯一的工作经验是二年级时在一家大型电子公司的人力资源部门实习了半年，现在她想谋取一份人力资源管理的工作。

下面以此案为例，详细阐述如何在个人职业生涯决策中运用 SWOT 分析。首先对此个案进行自身优势、劣势分析，周围职业环境的机会、威胁分析，然后在这些分析结果的基础上制定出各种相关策略，整合后最终确定这位毕业生 B 应该谋取一份大中型外资企业的人力资源管理部门的文职工作。毕业生 B 职业决策过程中 SWOT 的运用，如表 5 -7 所示。

表 5 -7 SWOT 分析应用举例

外部环境分析（OT） 内部环境分析（SW）	机会（Opportunities）	威胁（Threats）
	◆人力资源管理部门文职工作逐渐受到企业的重视 ◆“入世”后，外资企业进入导致人力资源人才需求量增大，文秘在人力资源管理中的重要性逐渐凸显出来	◆人力资源管理方向的毕业生 ◆MBA 兴起 人力资源管理在很多企业中仍然处于起步阶段，其运作很不规范，比起学历，我国很多企业更看重工作经验
优势（Strengths）	优势机会策略（S—O）	优势威胁策略（S—T）
◆大学本科学历，成绩优秀 ◆丰富的学生干部管理经验 ◆大型公司半年实习的经历 ◆具有心理学的知识背景	◆继续学习文秘知识，将文秘知识运用到人力资源管理中来 ◆发挥担任学生干部的管理特长	◆强调自身文秘专业背景的优势 ◆强调大型公司半年的实习经历 ◆强调较强的学习能力和适应力
劣势（Weaknesses）	劣势机会策略（W—O）	劣势威胁策略（W—T）
◆二本学校毕业 ◆没有丰富的工作阅历 ◆专业不对口 ◆性格急躁，容易冲动	◆利用较强的学习能力，加强英语的学习 ◆继续加强自己在学校中所培养的口语交流、文字书写等优势	◆训练克制自己的冲动个性 ◆结合两个不同的专业，培养宽阔的视野和创新能力 ◆积极寻找重视员工潜能的企业

（二）CASVE 决策模型

CASVE 决策模型认为一个良好的决策需要经历五个步骤：C（沟通）、A（分析）、S（综合）、V（评估）和 E（执行），如图 5－2 所示。

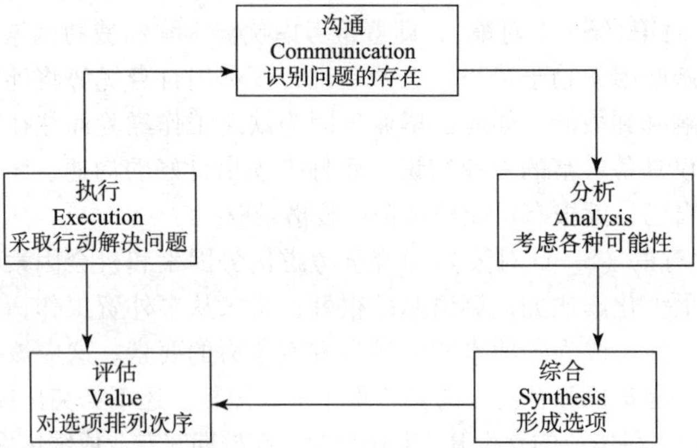

图 5－2　CASVE 决策模型

1. 沟通（Communication）

沟通，包括内部和外部的信息交流，通过交流使个体意识到理想和现实之间存在的巨大差距。内部的信息交流，是指个体自身的身心状态，比如在毕业找工作的时候，你可能在情绪上会感受到焦虑、抑郁、受挫等情绪。在身体上会有疲倦、头疼、消化不良等反应，这些情绪和身体状态都是一些提醒你需要进行内部交流沟通的信号。外部的信息交流，是指外界的一些对你产生影响的信息，比如宿舍同学开始准备简历就是给你提供了一种外部信息，你也需要开始准备找工作了；又如在求职过程中父母、老师、朋友给你提供的各种建议。通过内部和外部沟通，你意识到自己需要解决某些问题，这样的交流对开始的生涯选择十分重要。沟通阶段需要回答的最基本问题是：此刻我正在思考并感觉到自己的职业选择是什么？

2. 分析（Analysis）

分析，是通过思考、观察和研究，对兴趣、能力、价值观和人格等自我知识以及各种环境知识进行分析，从而更好地理解现存状态和理想状态之间的差距。在分析阶段主要运用的是前两个模块认识自我和认识职业环境中提到的方法，对两方面的知识进行了解：

首先，是自我认识，包含了兴趣——我喜欢做什么；做什么事情的时候我最能够投入；做什么事情能让我得到享受；能力——我擅长做什么；什么事情是我能做得比别人好的；我掌握了哪些专业知识；价值观——我看重什么；我这辈子希望达到的目标是什么；我希望工作可以带给我什么；性格——我是内向的还是外向的；我关注宏观抽象的事物还是具体细节；我倾向理性思考还是感性体验；我习惯于有条不紊还是随机应变；等等。

其次，是环境知识，每一个选择处于什么样的环境；会带来什么样的生活；需要付出什么努力。比如：对于考研来说，需要付出什么努力，花多长的时间准备，读研之后的生活是什么样的，研究生毕业之后的求职情况如何，而对于找工作也需要了解每一份职业相关的信息。

3. 综合（Synthesis）

综合，是根据分析阶段所得出的信息，先把选择范围扩展开来，然后再逐步缩小，最终确定3～5个最可能的选项。这个先扩大后缩小的过程非常重要。通过分析阶段，我们对自我的各方面都有了很多了解，每一个方面都分别对应着很多职业，把这些职业都列出来，就会得到一个范围很广的选择列表；然后选取其中的交集，就得出了缩小的职业选择范围；然后，把最可能从事的职业限定到3～5个。最后，可以问自己："假如我有这3～5个选择，是否可以解决问题，消除现实和理想状态的差距?"如果答案是"可以"，就进入评估阶段选出最适合的选择，如果还是不能解决问题就需要重新回到分析阶段了解更多信息。

4. 评估（Value）

评估，对于综合阶段得出的3～5个职业进行具体的评价，评估获得该职业的可能性以及这个选择对自身及他人的影响，从而进行排序。比如，可以问：

（1）"对我个人而言什么是最好的?"

（2）"对我生活中的重要他人而言什么是最好的?"

（3）"大体上，对我所处的环境而言什么是最好的?"

5. 执行（Execution）

执行，是整个CASVE的最后一部分，前面的步骤只是确定了最适合的职业，还不能带来职业选择的成功，需要在执行阶段将所有想法付诸实践，如开始具体的求职过程，也为再一次回到沟通阶段提供线索，以确定沟通阶段所存在的职业问题是否得到了很好的解决。在执行阶段，需要制订计划，进行实践尝试和具体行动。如果没有解决可以再次回到沟通阶段，重新开始一次CASVE循环，直到职业生涯问题被解决为止。

（三）决策平衡单

阅读资料5.4

什么是你心目中最重要的

一个年轻人背了七样宝贝要过河，摆渡的老者说这船资源有限，只能载六样宝贝加你一个人，你得有所决断有所取舍，年轻人觉得七样都很重要：第一是地位；第二是财富；第三是健康；第四是美貌；第五是机敏；第六是智慧；第七是诚信。

他摸啊摸哪个都不舍得丢，这时一阵风过来，摆渡老者说你不快点决断，我们根本就不能执行过河的任务，慌乱之中把第七样宝贝丢掉了。

决策平衡单是帮助决策者使用表单的形式，系统地分析每一个可能的选项，判断分别执行各选项的利弊得失，然后依据其在利弊得失上的加权计分，排定各个选项的优先顺序，以执行最优先或偏好的选项。这是一种帮助我们缩小选择面的好办法。

其实决策的过程中，不仅仅局限于只考虑自己的利益得失，还需要站在更广阔的立场来判断，要把自己的利益相关者都纳入评估的范畴。因此，决策平衡单需要考虑四个层面的问题：个人物质方面的得失、他人物质方面的得失、个人精神方面的得失、他人精神方面的得失。具体步骤如下：

（1）列出2～3个备选的职业选择；

（2）从四个考察维度列出自己选择职业生涯时会考虑的因素；

（3）对每个考虑因素设置权重，考虑每个职业选择中各因素的得失，从0～5赋分；

（4）用各因素的赋分乘以权重，再依分数累计，得出每一职业选择的总分，排出职业抉择的优先级。

例如，某位同学面临两种主要的生涯选择：去小学教书或者继续攻读研究生。他采用决策平衡单对这两种选择进行比较：

首先，列出了两种职业选择：教书和读研。

其次，从个人物质得失、他人物质得失、个人精神得失、他人精神得失四个考察维度，列出了个人收入、健康状况、休闲时间等自己会考虑的15个因素。

接下来，他对这15个因素的重要程度做出了评价，分别赋予了1～5分的权重，从1～5重要程度依次递增。然后对这15个因素的得失及重要程度进行打分。其中“得”按正分计算，“失”按负分计算，程度等级1～3。

最后，计算每个职业选择的总分。结果如表5－8所示，教书的平衡单总分为64，读研的平衡单总分为31。从而可以得出，对该同学而言，去小学教书是更为合理的选择。

表5－8 决策平衡单应用举例

因素（＊权重）	生涯选项一 教书		生涯选项二 读研	
	+	—	+	—
个人物质得失				
个人收入（＊4）	3（+12）			2（−8）
健康状况（＊2）	3（+6）		1（+2）	
休闲时间（＊3）	2（+6）			2（−6）
未来发展（＊2）	1（+2）		2（+4）	
升迁状况（＊1）	1（+1）		2（+2）	
社交范围（＊3）		1（−3）		1（−3）
他人物质得失				
家庭收入（＊5）	3（+15）			2（−10）
个人精神得失				
所学应用（＊2）	2（+4）		3（+6）	
进修需求（＊3）	1（+3）		3（+9）	
改变生活方式（＊3）		2（−6）		1（−3）
富挑战性（＊4）	1（+4）		3（+12）	
成就感（＊5）	1（+5）		3（+15）	
他人精神得失				
父亲支持（＊4）	2（+8）		1（+4）	
母亲支持（＊3）	3（+9）		1（+3）	
男/女朋友支持（＊2）		1（−2）	2（+4）	
总分	64		31	

（四）决策方块

当面对一些可能的选择方案需要做出决策时，我们可以思考以下三个问题：

（1）这个职业的回报是什么？这个职业能满足我的需要吗？

（2）我进入这个职业的概率如何？

（3）从整体来看，这个职业是一个好的选择吗？

决策方块可以帮助我们回答这样三个问题，比较一些可能的职业选择。首先，是针对职业的回报情况，分为“优、良、中、差”四个等级，看看这个职业是不是在自己的兴趣范围之内，能不能满足自己的价值需求，是不是自己喜欢的职业活动等。接下来是对获得概率的评估，看看这个职业涉及的工作能力自身是不是具备，需要有哪些必需的准备（从职业资格到求职信、简历、面试各个方面），还有职业展望。

例如，某位同学采用图 5－3 所示的职业决策过程进行分析整合之后，发现有三种可能的职业生涯发展策略：大学教师或科学家、实验技术员、销售人员。我们可以采用职业决策方块分别判断这三种选择的回报指数等级和获得概率等级。图 5－4 的分析结果显示，大学教师或科学家这一选择虽然回报指数很高，但获得概率很低；销售人员这一选择在回报指数和获得概率方面都属于中等；实验技术员这一选择不仅回报指数较高，获得概率也非常高。从而可以做出职业决策，选择成为一名实验技术员。

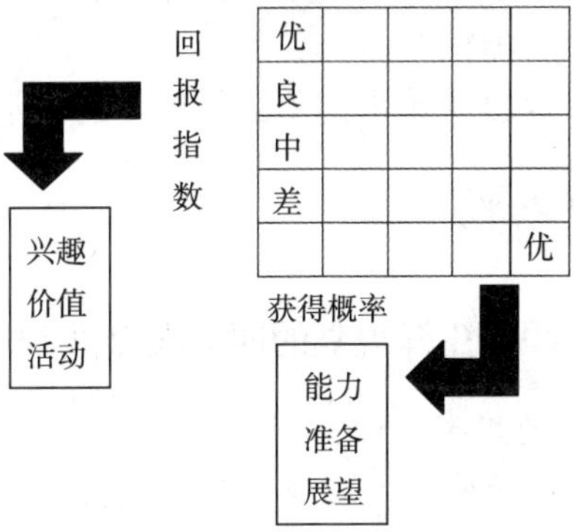

图 5－3　职业决策方块

回报指数

优	大学教授或科学家			
良				实验技术人员
中		销售人员		
差				
	差	中	良	优

获得概率

图 5－4　职业决策方块应用举例

本章小结

人的一生主要是在职业生活中度过的，职业生涯的成败对人的一生有着重要的影响，本章主要从个人的角度重点讨论如何做好职业选择，介绍了几种做职业选择决策的方法。职业生涯发展是一个有机的、逐渐展开的过程，职业生涯发展路线的选择、职业的选择，都反映出规划制定者对价值观念、能力的自省程度和对职业生涯发展的自我把握程度。参照有关的理论指导，可有效地实践个人的发展规划。

主要概念

职业选择、CASVE 决策模型、决策平衡单

复习、思考与训练

（1）职业选择的原则与影响因素有哪些？

（2）利用生涯决策风格类型测试表测出你的生涯决策风格类型是什么？

（3）职业选择决策的方法有哪些？

（4）使用 SWOT 分析法和生涯决策平衡单法做出你的职业选择。

扩展阅读材料

职场生涯规划的四大黄金准则

任何设计都是对未来事物的规划，都必须遵循一定的规律，符合特定的原则。否则，设计就会流于荒谬，理想只能成为空想。职业生涯规划设计作为人生的总体规划，更要遵循特定的准则，体现其本身的特点。人生之旅只发行单程车票，如果你闭门造车，很可能从此阴云密布，坎坎坷坷。相反，如果你遵循职业规划设计的基本规则，运筹帷幄，相信从此便会风和日丽，道路坦荡，你也将由此走向辉煌。

准则一：择己所长

任何职业都要求从业者掌握一定的技能，具备一定的条件。难以想象让一名卡车司机驾驶一架飞机会出现怎样的后果，也没有人会让文盲去操纵计算机——他们不具备那些职业能力。职业不同，对技能的要求也不一样。任何一种技能都是经过一定时间的训练后才被劳动者所掌握的，而每个人的一生都很短暂，任何人都不可能在一生中掌握所有的技能。

马克·吐温作为职业作家和演说家可谓名扬四海，取得了极大的成功。你也许不知道，马克·吐温在试图成为一名商人时却栽了跟头，吃尽苦头。马克·吐温投资开发打字机，最后赔掉 5 万美元，一无所获；马克·吐温看见出版商因为发行他的作品赚了大钱，心里很不服气，也想发这笔财，于是他开办了一家出版公司。经商与写作毕竟风马牛不相及，马克·吐温很快陷入困境，这次短暂的商业经历以出版公司破产倒闭告终，作家本人也陷入债务危机。

经过两次打击，马克·吐温终于认识到自己毫无商业才能，遂绝了经商的念头，开始在全国巡回演说。这回，风趣幽默、才思敏捷的马克·吐温完全没有了商场中的狼狈，重新找回了感觉。到1898年，马克·吐温还清了所有债务。

尺有所短，寸有所长。你也许兴趣广泛，掌握多种技能，但所有技能中，总有你的长项。有些人善于与人打交道，有些人则更适于管理机器物品。你在设计自己的职业生涯时，千万要注意：选择最有利于发挥自己优势的职业，即择己所长。

比较优势原理同样适用于职业生涯规划设计。当你长处较多时，不妨观察一下周围人群，研究一下别人的长短，如果你的长处也正是别人的长处，不妨放弃这种选择，尽量寻找一个你非常拿手，而别人却感到棘手的职业，这种选择往往让你平步青云。因为在这一领域内，很少有人能和你竞争，只有你一枝独秀。

准则二：择己所爱

从事一项你喜欢的工作，工作本身就能给你一种满足感，你的职业生涯也会从此变得妙趣横生。

兴趣是最好的老师，是最初的动力，兴趣是成功之母。调查一再表明：兴趣与成功概率有着明显的正相关性。

北大方正如今已是声名显赫的高科技集团，巨额利润已使它成为当之无愧的航空母舰级企业。由于方正集团的全力开拓，中国印刷业告别了铅与火，迈进了一个光电时代。方正集团的迅速发展激荡人心，集团总裁张玉峰的创业史更是发人深思。

张玉峰原是北大物理系的一名普通讲师，僵化的行政体制与计划经济制度压抑了他的兴趣与才能。改革开放之后，张玉峰发现自己原来对经商有着如此强烈的兴趣，于是他果断做出决策，在一片讨伐“离经叛道”声中下海创办了北大方正公司。长期压抑的兴趣与才能一经释放，便一发不可收拾，短短十年之内，方正公司资产扩大了几千倍，创造了巨额财富，成为中国高科技企业的杰出典范。

浓厚的职业兴趣是张玉峰事业腾飞的引擎，也正是这种对兴趣的无悔追求造就了一代杰出人物。

你在设计职业生涯时，务必注意：考虑自己的特点，珍惜自己的兴趣，择己所爱，选择自己喜欢的职业。

准则三：择世所需

你是否还记得童年时代的许多往事?

那时经常有人挑着担子，走街串巷，手中一串金属钹片铿锵作响，口中的吆喝声抑扬顿挫。一听就明白，修补破锅、破盆的工匠来了，于是纷纷拿出家中漏底的锅碗瓢盆给他修补。今天，在高高耸立的楼群中，你再也找不到他们的影子，手艺再出色的工匠也不能再靠此谋生，社会不再需要他们了。

社会的需求不断演化着，旧的需求不断消灭，同时新的需求不断产生。昨天的抢手货今天会变得无人问津，生活处于不断的变异之中。

几年前社会上突然掀起了一阵呼啦圈热，一时间街头巷尾，老人孩子不论清晨黄昏地摇摆起来，市场上呼啦圈紧俏，商贩争相进货，厂家竭力生产。没想到呼啦圈热得快，冷得也快，几个月后，人们的新奇感消退了，商店里呼啦圈堆积如山，盲目跟风的厂商叫苦不迭。

你在设计自己的职业生涯时，一定要分析社会需求，择世之所需，否则，只会自食苦果。

准则四：择己所利

一个不得不承认的事实是，职业对你而言，依然是一种谋生手段，是谋取人生幸福的途径。你通过职业劳动，在谋取个人福利的同时，也为社会做出了贡献，创造了社会财富。但你谋取职业的第一动机却很简单，你的首要目标在于自己个人生活的幸福。谁都期望职业生涯能带给自己幸福，利益倾向支配着你的职业选择。

你择业时，首先考虑的将是自己的预期收益，这种预期收益要求你实现最大化的幸福，也就是使收益最大化。马斯洛将这种需求按先后次序排列成五个层次：生理需求、安全需求、爱的需求、自尊需求以及自我实现的需求。个人预期收益在于使这些由低到高的基本需求得到最大的满足，而衡量其满足程度的指标表现于收入、社会地位、职业生涯稳定感与挑战性等，不同的人有不同的偏好，每个人都会尽可能满足其所有的需求。

每个人都渴望幸福，期望在自己的职业生涯中实现收益的最大化。你通过在职业领域内的奋斗造福社会，社会则赐给你由收入、地位、自我实现等调制而成、贴上幸福标签的美酒。只不过有人喜欢甘甜，有人偏爱干烈，众口不一罢了。

明智的人大都会在迎合与蔑视间有效地协调，以利益最大化原则权衡利弊，从一个社会人的角度出发，在一个由收入、地位等变量组成的函数中找到一个最大值。

这就是你在选择职业生涯中的收益最大化原则。

第六章　大学生职业生涯规划的制定与管理

教学目标

学习完本章之后，学生能够达成以下目标：

1. 理解大学生涯规划制定的任务和实施策略。
2. 熟悉大学生职业生涯规划的步骤。
3. 学会大学生职业生涯规划书的撰写。
4. 了解大学生职业生涯规划的评估与调整。
5. 了解大学生涯管理的原则与内容，掌握职业生涯管理的方法。

导入案例

非会计专业女生打动四大会计师事务所

“我的目标是世界四大会计师事务所，最终四家会计师事务所都向我抛出绣球。”今年八月已经就职于毕马威华振会计事务所的小青，在接受记者电话采访时，声音中透出一丝骄傲。毕竟，对于很多会计专业的毕业生来说，想跻身这四家会计师事务所（毕马威、普华永道、安永、德勤）都尚属不易，而她今年刚毕业于某大学国际经济与贸易专业。

流利英语帮她一路闯关

“要想找到满意的工作，一定要突出自己长处。”小青表示，她每一门专业课都不“跛腿”，平均分数是 85 分。尽管不是会计专业，但大学期间参加了注册会计师考试（总共五门）中的两门。这些亮点，使她通过了不少名企简历筛选。要想走进四大会计师事务所，英语水平十分重要。从大二起，小青就报名参加了英语专业第二学位学习。英语四级、六级，专业四级、八级，BEC 高级，小青大学期间把这些考试全部搞定。

求职时，四大会计师事务所中有三家笔试考了英语，四家全部采用英语面试，小青流利的英语口语帮助她一路闯关。

每一次面试都精心准备

小青告诉记者，她求职期间前后参加了 30 多次面试，包括大型国企、私企、外企等。“面试需要技巧，所以无论是成功还是失败都不要气馁，它是为我们的下一次累积经验。”

每一次参加面试前，她一定细心准备，包括参加企业宣讲会，上网收集企业的背景资料，了解企业文化，并和两位好友进行“模拟面试”。“反复练习后，就一点儿也不紧张了。”小青笑呵呵地说，通过“模拟面试”也对自己加深了认识，一些“面霸”学长也是这样修炼的。

献爱心经历打动主考官

“我在学校期间参加的社团不多，但收获不少。”毕马威共对小青进行了一轮笔试和两轮面试。最后一轮面试，主考官询问她在大学期间参加的社团活动和收获。

“我是学校青年志愿者协会的成员，去年组织了献爱心活动，我和同学们定期到同济医院的血液科病房去给白血病儿童义务授课，陪他们聊天、玩耍。”小青举出这个例子后，还说出自己的思考：每个人都应该勇于承担社会责任，而外企要实现本土化，要扎根于中国，只注重经济效益是不够的，同样需要承担社会责任，去从事一些公益活动。这一回答，深深打动了主考官，使小青在面试中胜出。

在上面这个案例中，小青成功的关键在于她大学四年扎实的努力。所谓“形势逼人”，被逼迫到的只能是那些看不清就业社会环境，不主动适应环境提升自己的人。而像小青这样的同学，无论就业形势如何，都是不会被“逼”住的。

第一节 大学生职业生涯规划的制定

一、大学生职业生涯规划制定的任务和实施策略

（一）大学生职业生涯规划制定的任务

生涯规划是把个人发展与组织发展相结合，对决定职业生涯的个人因素、组织因素和社会因素等进行分析，制定个人一生事业发展的有关战略设想与计划安排，大学阶段是职业生涯的重要准备期。培养职业精神、树立生涯规划意识和职业意识、提高职业素质和职业能力是大学阶段必须完成的任务。

1. 培养职业精神

培育良好的职业精神是高等教育的重要方面。职业精神在大学生身上，是可以通过学校教育和实践锻炼培养起来的。高等教育培养出的人才直接面向社会，在竞争日益激烈的现代社会，更需要高等教育以人为本，不仅要增强对学生的职业技能教育，更重要的是培养学生的职业精神，为学生在职业的长期发展中起到根本性的作用。职业精神作为德育的重要内容，包括职业理想、职业态度、职业责任、职业技能、职业纪律、职业信誉和职业作风等要素，反映了个人价值观的判断。一方面，职业精神为学生掌握职业技能提供心理支持；另一方面，职业技能的提高又增强了学生的信心，为将来学生树立职业理想以及就业的持续发展提供更有力的保障。

（1）责任意识。

我们经常会看到，企业在招聘人才时，对员工的要求之一就是具有责任意识。责任心是个人职业化素质的重要组成部分，只有具有强烈责任感的人才能把本职工作做好。很难想象，一个缺乏责任意识的人，能够规划好自己的学习、生活乃至自己的未来，他必然也缺乏敬业精神。所以，对于大学生来说，在大学里培养自己的责任意识，就是答应别人的事一定要努力做好，这是培养责任意识的第一途径。

（2）主动精神。

主动精神是一个人在集体生活中不可缺的一种精神特质，对大学生而言，是影响其生活质量、生涯规划的关键因素之一。我们看到，21 世纪需要的是具有创新精神的人才，创新精神在大学里也可以被称为是一种主动精神，这种主动精神体现在对知识的追求、对人生目标的追求，有人开玩笑说，大学里要得一次奖学金、写一次入党申请书等，这个可以说就是主动精神的一种体现。激烈竞争的社会不需要被动做事的人，这种人就像牙膏一样，挤一点出一点。大学阶段是青年人社会化的重要时期，大学生要由他人导向型转变为自我导向型。

2. 树立生涯规划意识和职业意识

（1）生涯规划意识。

一个人如果有了明确的计划，在面对多变的外在环境时，就不会手忙脚乱。一个人事先如果做好预算，生活就不会落魄。在我们的一生中，有许许多多的事情需要我们去完成，并且每个人的时间又是如此有限。面对多变的外在环境、有限的时间、无限多的事情，为了充分发挥人的潜力，实现人生价值，就必须能够未雨绸缪，事先做好规划。

（2）树立职业意识。

职业意识是指人们对自己所从事的职业所持有的认识和理解，是个人的世界观、人生观和价值观的有机构成要素。虽然学生身处校园，但提前培养职业意识很重要。例如，利用网络收集一些目标职业的信息，通过分析来形成自己对职业的看法；参加学术活动，及时了解行业的发展变化，有利于职业选择；通过参加各种职业训练活动，提前感受职场氛围。实际上，职业意识的培养过程本身也是一个自身成长的过程，通过此过程，不断提高自己分析和解决问题的能力，为将来在职场的发展奠定基础。

（3）培养自立意识。

自立是指个体从自己过去依赖的事物那里独立出来，自己行动、自己做主、自己判断，对自己的承诺和行为负起责任的过程。自立贯穿于整个人生，可以分为身体自立、行动自立、心理自立、经济自立和社会自立。身体自立是指个体无须扶助而能直立行走，行动自立是指个体具备生活自理能力，如会自己洗脸、刷牙、洗衣服等；心理自立是指个体能独立思考、独立判断，自己做决定；经济自立是指不依赖父母或他人的经济援助而能独立生存；社会自立是指能够按照社会所规定的行为规范、责任和义务而行动。学会自立是我们实现人格独立、开创事业的前提条件。因此，在大学阶段我们应该树立自立意识，培养自立能力。不能自立的人不仅会成为家庭的负担，而且还会成为社会的累赘。大学生作为一个成年人，不管家庭经济情况如何，从入校开始就要树立自立意识。一个人只有学会了自立，才有可能赢得职业生涯的发展与成功；只有具备自立精神，也才有可能在将来开创自己的事业。

3. 提高职业素质和职业能力

职业素质是劳动者对社会职业了解与适应能力的一种综合体现，其主要表现在职业兴趣、职业能力、职业个性及职业情况等方面。职业能力是指人们从事不同职业活动所必需的共有能力。特殊职业能力是指人们从事某一特定职业所必须具备的特殊的或较强的能力。

社会实践是一种很方便的真正了解自己的方式。大学生应该通过不同的工作环境、不同的工作经历发展清晰的自我形象，同时注意自己的感受和反应；尽可能多地寻找和获得不同的生活经历，并把这些生活事件和经历结合起来，找到价值观、兴趣和技能之间的联系，用更复杂的方式思考自我。改善与生涯决策有关的自我知识也是一个终身的过程，永远不会结束，没有生活经历，其知识也便不能发挥最大价值。

社会实践的另一个作用是帮助大学生不断改造自我，更快地社会化。大学与高中的不同在于，大学是进入社会的过渡期，是进入社会的预演；学校与社会的不同在于，衡量人才的参照系不同。学校教育以知识积累为主要目的，而职业领域更看重能力和素质。职业在满足现实的生存和发展需要之外，还有一个重要功能，就是通过和别人一起合作来克服以自我为中心的意识，换句话说，职业化的过程就是社会化的过程，而克服以自我为中心，为职业做准备是这个年龄段的大学生最重要的人生课题。

影响和制约职业素质和职业能力的因素很多，主要包括：受教育程度、实践经验、社会环境、工作经历等。一般来说，劳动者能否顺利就业并取得成就，在很大程度上取决于本人的职业素质和职业能力。职业素质和职业能力越高的人，获得成功的机会就越大。目前，虽然大学新生不能依靠实际就业来提高这方面的能力，但努力学习文化专业知识、增强现代科技意识、加强专业技能训练、进行社会实践和锻炼，是提高职业素质和职业能力的有效途径，而且是其优势所在。我们通过分析自身的职业素质，分析自己的一般能力和特殊能力状况，挖掘潜能、发挥优势，就能够不断提高职业素质和职业能力。

教学案例 6.1

李某的烦恼

李某是一名大二的男生，旅游管理专业，对他而言，大学生活是紧张无序的。

“进大学快两年的时间，我的生活是丰富的，参加了三个社团，并担任了职务；我是学生会的宣传委员，每次举办活动都由我出海报；我有很多朋友，大家时常约我一起出去玩。另外，我还在校外找了一份兼职，每星期周五、周日晚上要去上班。刚开始，我还觉得挺充实的，总有事可以干，不会没事闲得发慌。可时间一长，我发现一个问题：我根本就没有真正属于自己的时间，有时候好不容易完成了手头的工作，刚想轻松一下或做些别的重要的事，就被一个突然来的电话打乱了节奏。比如说，我周六上午想去自习室看看书，一出门便遇见了朋友，他正好来找我，说××今天请大家出去 happy，盛情之下我只好放下书包跟他前去，结果大半天的时间又搭了进去。其实，有不少重要的事情等着我去做呢！我学的是旅游管理专业，这方面的很多专业书我都想读读，可就是没有时间，我经常把书从图书馆借了出来，还没来得及读就已到期该还了。而且，我一直打算提高自己的学历，想早点着手准备考试，可一直没能真正开始。眼前的事情太多了，让我顾不上将来的事，我觉得有些乱，仿佛不是我去做事，而是事情逼着我去做。这学期专业课特别多，再过一个多月又要期末考试了，真不知道会考成什么样子。

看了这个案例，你有什么体会？李某的烦恼该怎么解决呢？

（二）大学生涯规划的实施策略

大学的学制一般为 3～5 年，在每一学年中，大学生的学习重点与心理特征都有所不同。根据这一自然的年限划分，大学生可以以学年为阶段设置目标，进行自己的职业生涯规划，并按照每个阶段的不同目标和自身成长特点，制订一些有针对性的实施方案。在本书的第一章已经向读者介绍了大学本科四年所处的不同阶段：大学一年级——试探期，大学二年级——定向期，大学三年级——冲刺期，大学四年级——分化期。读者可以参考第一章所列出的不同阶段的任务与实施方案，对自己的大学生涯进行系统的规划。

二、大学生职业生涯规划的步骤

（一）自我分析

自我分析是职业规划过程的第一步，对于大学生来说，主要是了解兴趣、性格、价值观、能力等与本人相关的因素，以达到认识自己、了解自己的目的。由于我们自己能看到的“我”只是“自我”中很少的一部分，因此我们需要借助其他手段更加全面地了解自我，比如自我剖析、职业测试、角色建议等。通过自我分析，可以客观审视自己的成长历程、专业优势以及职业倾向，从而明确自己的职业定位以及核心竞争力。

（二）环境分析

职业生涯规划中的环境分析，主要涉及以下两个层次的内容。

1. 社会环境分析

比如社会各行业的人才需求，当前社会人才供给情况，社会政策、价值观的变化等，通常我们一说到大学生的就业社会环境，很多人就会习惯说四个字——“形势严峻”，甚至将求职不理想统统归因为社会环境。其实，同样是“形势严峻”，每年的具体形势和特征仍然是有较大差别的。对于与我们关系密切的就业社会环境，我们只停留在笼统的“形势严峻”四个字上，显然是远远不够的。

2. 职业环境分析

进行全面的职业环境分析是我们“知彼”的核心。在面试过程中，考官一般都会比较欣赏那些对本行业、本单位“做足功课”的有心人。在选择职业或单位时有必要通过个人可能获得的一切渠道来获取信息。例如，可以通过单位所在地的新闻出版机构的新闻线索，来了解该单位产品及服务的详细情况和富有深度的财政经济状况；可以通过有关书籍和单位发展史、当地各种商业活动、单位人物获奖等细节了解到可供参考的资料信息。另外，单位网站上介绍本单位价值观念的那些主页也会透露一些组织文化的有关线索，还可以通过参观或参加面试时的谈话资料和知识背景来充分了解和考虑职业环境的各种因素。

总之，通过以上分析，应理出一条清晰的线索，确定自己在这个单位中有没有足够的发展空间，衡量自己的目标能够在该单位得以实现的可能性，更重要的是也可以判断单位如何识人以及需要什么样的人。经常看到有同学在规划书里写到，“我大学毕业之后要读研究生，研究生毕业之后我要去大学当老师”。殊不知现在大学老师都要求博士学位，甚至是“海归”背景，并且要求本科及硕士就读院校也要是“211”院校，对行情太不了解，当然不可能成为用人单位需要的人。

（三）匹配分析

所谓匹配分析，是指自身条件与环境的匹配程度分析。需要动态地分析自己、分析环境、分析自己今后几年可能的发展，以及环境可能产生的变化。来看看一位工科专业毕业的本科生在面对报考管理类的研究生与寻找管理类职位这两个选择时，对自己做的匹配分析：

如果我选择跨专业考研，考上的可能性为80%，研究生毕业后比工作了三年的本科生更有竞争优势的可能性是80%。假设工作了三年的本科生的收益是1，在比工作了三年的本科生有就业优势的条件下，研究生毕业后我的收益是1.5。那么如果我现在考研，我现在的期望收益是1.5×80%×80%=0.96。也就是说，撇开我为考研所花费的资源不谈，我读研究生后所获得的期望收益小于我现在工作所获得的收益1。所以，从经济学期望收益的观点分析，我应该选择工作。

再从机会成本分析，如果读研究生期间的花费为0（假设能读公费研究生，并且有补贴、打工等收入，能自己挣取生活费用），假设我工作后每月工资为3 000元，每月能结余1 000元，三年的收入除去生活费用外尚结余3.6万元。且由于我努力工作，勤奋好学，三年后我工作经验的积累以及在实践中所学知识的增加，可能会使我比刚毕业的研究生更有就业优势。

从我自身考虑，我现在的就业条件还是可以的，曾获全国大学生英语竞赛特等奖、全国大学生英语辩论赛二等奖和第二届全国大学生社会科学论文大赛二等奖等众多奖项，还辅修了工商管理。更重要的是，我还要考虑无法预知的就业环境风险。现在研究生的就业形势并不乐观，三年之后可能更糟糕，研究生的就业面本来也比本科生窄，三年之后能否找到比现在更好的工作还很难说。

从案例中这位同学的自身特点、准备从事的行业，以及就业环境来说，他大学毕业之后直接参加工作比读研究生后工作要更为有利。通过自身条件与环境的动态分析，可以帮助我们做出理性的选择。在进行匹配分析时，我们可以遵循两个原则：

（1）规划是根据我的个性和特长制定的吗？

（2）环境（社会、行业、家庭）支持我的规划吗？

（四）目标设定

目标设定是职业生涯规划的核心内容，在自我分析、环境分析的基础上选择自己的职业方向，确立职业生涯发展目标。在制定目标时有一个“黄金准则”——SMART原则。好的目标应该能够符合SMART原则：

（1）S（specific）：具体的、明确的。职业目标不能含混不清，要让我们能够准确地理解。比如“英语较好”就是一个很模糊的目标，很难让人理解。“拿到英语六级证书”这个目标就清晰很多。

（2）M（measurable）：可以量化的、能度量的。这样当我们评估目标的实现程度时，才会有标准。比如“学好计算机”这一目标就缺乏标准，什么算是“学好”呢？如果换成“学会打字、会用Office办公软件”等，就很容易度量了。

（3）A（attainable）：目标要通过努力可以实现，也就是目标不能过低和偏高，偏低了无意义，偏高了实现不了。例如一名大学生将目标设定为“成为李嘉诚第二”，这个目标就不是靠大学四年的努力能够实现的，容易成为“思想上的巨人，行动上的矮子”。

（4）R（relevant）：目标需有一定的意义和相关性。一般是结合自己的成长历程、专业优势以及职业倾向来设定。

（5）T（time-bounded）：有明确时间限制。对于大学生职业生涯规划而言，我们规划的重点是在大学这四年，主要确立初次择业的职业方向和阶段性目标，所以我们界定目标实现的期限一般是在大学毕业的时候。

（五）路径选择

达到自己确立的目标的职业生涯路径需要将自己前期的学习纳入这个路径选择之中，并对即将从事的工作进行职业阶梯安排。如果目标设定并且分解合理了，路径选择就会比较容易。例如，以大学教师和专家为职业目标，则意味着需要选择技术路线。但具体是选择高校、为客户提供专业服务的企业（会计师事务所、律师事务所、管理咨询公司等），还是企业技术岗位，其生涯路径会有所差别。

（六）策略实施

一谈到大学生职业生涯规划，很多同学就会联想到职业测评、企业案例或者目标分解图。但其实，行动才是职业规划最为关键的环节，也是大学生职业生涯规划的意义所在。这里所指的行动，是指落实目标的具体措施，也就是告诉我们：大学这四年我究竟应该学什么、做什么、提高什么。

比如一位工商管理专业的同学，经过职业规划的前面五个步骤——自我分析、环境分析、匹配分析、目标设定、路径选择，他为自己设定了企业管理工作这一生涯目标，并经过目标分解，将企业行政管理岗位确立为自己初次就业的目标，接下来他是按照以下步骤行动的：

第一步，了解管理工作的胜任特征。所谓的胜任特征，是指能将某一职业（或岗位）中有卓越成就者与表现平平者区分开来的个人的潜在特征。经过相关职业及企业信息的搜集，该同学得出了管理工作的素质要求：部门工作经验、组织协调能力、语言表达能力、协作能力、激励能力、沟通能力。

第二步，对比自己目前的情况，分析自己现在的差距。现在有哪些差距呢？第一个差距是缺乏工作经验，这是所有大学生在求职的时候都存在的一个问题；第二个差距是缺乏实践操作能力，可能几年下来会学不少理论知识，但没有真正实践过自己的专业；第三个差距是沟通能力欠佳；第四个差距是演讲能力有待提高。

第三步，针对自己分析出来的问题、不足之处，提出解决的办法。缺乏工作经验，可以从学生干部做起，多参加社会工作、社团活动；可以利用假期出去工作、实习；还可以参加一些相关的培训等。缺乏沟通能力，可以通过一些系统的训练课程来解决，现在有很多专业的培训项目，教我们谈话的时候该如何开头、如何深入、如何结束；谈话中该如何倾听、视线该如何接触、身体该保持怎样的距离等。缺乏演讲能力，可以参加班级演讲比赛，参加相关培训，阅读相关书籍，或者向演讲能力强的同学学习。

第四步，拿出提高相关能力的日程表。这是策略实施环节的核心，包含了前面几个步骤分析的结果。针对需要提高的能力，列出学习和改善的日程表。如将提高学生管理工作经验安排在第二个学期，具体通过当学生干部来实现，目标是了解如何认识人、观察人、激励人。将改善人际沟通能力安排在第四个学期，通过学校的心理咨询中心来学习，可以了解人的需求、谈话的技术、谈话的方法等。

大学阶段是重要的职业探索期，即扩大生涯空间与可能性。选择本身不是最大的问题，最大的问题是遵循或执行这个选择。我们制订职业生涯规划，不是为了洋洋洒洒挥就一份激情澎湃的规划书，而是为了得到一张非常简单并可行的行动表。实现理想的方式是用20%的时间把路看清楚，然后用80%的时间去“拉车”前行。

（七）设计调整

“计划赶不上变化”，在我们的职业生涯进程中，也会经常发生这样那样的变化，其中很多变化是我们事先难以预料的。这些不确定因素的存在可能会使实际结果偏离原来的规划目标，这就要求我们时时注意内外环境的变化，不断审视自我，不断调整自我，不断修正策略和目标。

首先，要准备好备选方案。对于职业生涯决策需要保持适度弹性，也就是对目标保持一种“不确定”，让目标浮动。我们不仅要明确第一选择，还要有后备选择。有些同学在做规划时非常决绝：“我的目标是做一名大学教师，所以我大学毕业之后要考上研究生，研究生毕业之后要继续读博士，然后……”或者“我的职业理想是成为四大会计师事务所的合伙人，所以我要在四大会计师事务所求职，入职之后争取用3～5年时间成为明星员工，然后……”可是万一没有考上研究生、没有进入四大会计师事务所呢？为了防止挨冻，要给自己预备一件衣服，同样我们也需要给自己预备一个职业。

其次，不断评估和调整。每隔一段时间，我们需要对自己的规划进行评估，不断依据环境变化和自身条件变化做出匹配性的职业规划，为达到自己内心的理想目标而不断努力。阶段性目标没实现，一方面说明计划本身有问题，或者努力不够。另一方面也意味着接下来的路径必须调整。这也是为什么前面我们强调，无论长期、中期还是短期目标，我们只需重点关注离自己最近的那个，因为后面的阶段性目标往往要根据前一个的落实情况而进行调整。

所以，不要“把所有的鸡蛋放在一个篮子”里，不要停止探索，只要开始就永远不晚，只要进步总有发展空间。

教学案例 6.2

美国知名企业家比尔·拉福的职业生涯规划

背景： 一个美国小伙子立志做一名优秀的商人。中学毕业后考入麻省理工学院，没有去读贸易专业，而是选择了工科中最普通、最基础的专业——机械专业。大学毕业后，这位小伙子没有马上投入商海，而是考入芝加哥大学，攻读为期3年的经济学硕士学位。出人意料的是，获得硕士学位后，他还是没有从事商业活动，而是考了公务员。在政府部门工作了5年后，他辞职下海经商。又过了2年，他开办了自己的商贸公司。20年后，他的公司资产从最初的20万美元发展到现在的两亿美元。这位小伙子就是美国知名企业家比尔·拉福。

1994年10月，比尔·拉福率团来中国进行商业考察，在北京长城饭店接受中国青年报记者采访时，他谈到他的成功应归功于他父亲的指导，因为他们共同制订了一个重要的生涯规划。最终这个生涯设计方案使他功成名就。这个成功案例的路线图是这样的。

第一阶段，工科学习

选择： 中学时代，比尔·拉福就立志经商。他的父亲是洛克菲勒集团的一名高级职员，他发现儿子有商业天赋、机敏果断、敢于创新，但经历的磨难太少，没有经验，更缺乏必要的知识。于是，父子俩进行了一次长谈，并描绘出职业生涯的蓝图。因此，在升学时他没有像其他人一样直接去读贸易专业，而是选择了工科中最基础的机械制造专业。

评析：做商贸必须具备一定的专业知识。在商品贸易中，工业品占绝对多数，不了解产品的性能、生产制造情况，就很难保证在贸易中得到收益。工科学习不仅是知识技能的培养，而且能帮助建立一套严谨求实的思维体系。清楚的推理分析能力，脚踏实地的工作态度，正是经商所需要的。

收获：比尔·拉福在麻省理工学院的 4 年，除了本专业，还广泛接触了其他课程，如化工、建筑、电子等，这些知识在他后来的商业活动中发挥了举足轻重的作用。

第二阶段：经济学学习

选择：大学毕业后，比尔·拉福没有立即进入商海而是考进芝加哥大学，开始了为期三年的经济学硕士课程。

评析：在市场经济条件下，一切经济活动都是通过商业活动来实现的，不了解经济规律，不学习经济学知识，就很难在商场立足。

收获：比尔·拉福掌握了经济的基本知识，认清了影响商业活动的基本因素，还认真学习了有关法律和微观经济活动的管理知识。几年下来，他对会计财务管理也较为精通，在知识上已完全具备了经商的素质。

第三阶段：政府部门工作

选择：比尔·拉福拿到经济学硕士学位后考取了公务员，在政府部门工作了五年。

评析：经商必须有很强的人际交往能力，要想在商业上获得成功，必须深知处世规则，善于与人交往，建立诚信合作关系。这种开拓人际关系的能力只有在社会工作中才能得到提高。

收获：在环境的压力下，比尔·拉福养成了强烈的自我保护意识，由稚嫩的热血青年成长为一名老成、处事不惊的公务员，并结识了各界人士，建立起一套关系网络，为后来的发展提供了大量的信息和便利条件。

第四阶段：通用公司锻炼

选择：五年的政府工作结束后，比尔·拉福完全具备了成功商人所需要的各种素质，于是辞职去了通用公司。

评价：通过各种学习获得足够的知识，但知识要通过实践的锻炼才能转化为技能。

收获：在国际著名的通用公司进行锻炼，比尔·拉福不仅为实践所学的理论找到了一个强大平台，而且学习到了丰富的管理经验，完成了原始的资本积累。这也是大学生创业应该借鉴的地方，就是除了激情，还应该考虑更多的现实问题。

第五阶段：自创公司，大展拳脚

两年后，他已熟练掌握了商情与商务技巧，便婉言谢绝了通用公司的高薪挽留，开办了拉福商贸公司，开始了自己梦寐以求的商人生涯，实现了多年前的计划。

评析：时机成熟后，应果断决策，切忌浪费时间，应抓住契机实现计划。

收获：比尔·拉福的准备工作，几乎考虑到了每个细节。拉福公司的成长速度出奇快，20 年后，拉福公司的资产从最初的 20 万美元发展为两亿美元，而比尔·拉福本人也因此成为一个传奇人物。

比尔·拉福的生涯设计脉络清晰，步骤合理，充分考虑了个人兴趣、个人素质，并着重于职业技能的培养，这种生涯设计在他坚持不懈的努力下，终于变为现实。亲爱的同学们，也许他的这套生涯方案并不完全适合你，但是却带给你一个重要的信息：人生是可以设计的，只要你有信心、恒心，加上科学的规划和设计，案例的主角也许就是明天的你！

三、职业规划书的撰写

职业生涯规划是对个人职业发展道路进行选择和设计的过程，规划的内容和结果应该在规划过程中及规划后形成文字性的方案，以便理顺规划的思路，提供操作指引，随时评估与修正。大学生职业生涯规划的文案应包括以下内容：

（1）封皮。包括姓名、专业、班级等个人基本信息。

（2）提要。包括规划期限、起止时间、年龄跨度、阶段目标、总体目标等。大学生职业生涯规划书，无论其规划年限长短，都应该以规划毕业期间为重点；阶段目标是职业规划中每个时间段的目标；总体目标即当前可预见的最长远目标，也是在特定规划中的最终目标。在确定总体目标时，如果能适当看得远些，定得高点，则有助于最大限度地激发自己的潜能。大学生职业生涯规划书应能结合职业方向及总体目标，确定清晰的初次就业目标和备选职业。

（3）前言。主要写规划的目的及自己对规划意义的认识。

（4）自我分析。包括对家庭因素、学校因素、自身条件及兴趣、性格、价值观、技能等的测评结果，并进行自我分析小结。

（5）职业分析。包括以下三方面：第一，专业分析：对自己所学专业的背景情况、课程情况和专业就业方向进行分析。第二，职业环境分析：包括行业环境分析和社会环境分析。行业环境分析是指对职业的特点和要求，现有从业人员的情况，所在行业的发展情况、前景与趋势及其对从业人员的要求，未来有哪些行业可能会对其目标职业有需求进行分析。社会环境分析是指对社会经济环境、文化环境、人们的价值观念、就业环境和社会政治制度等进行分析。第三，根据以上分析进行职业分析小结。

（6）职业目标设定，是指在自我分析及职业分析的基础上，确立自己明确的职业定位，确立学业生涯目标和职业生涯目标。

（7）行动方案。即通过各种积极的具体措施与行动去争取职业生涯目标的实现。也就是对如何实现自己的职业生涯发展目标制订一个比较详细而又切实可行的行动计划和策略方案。

（8）评估调整。听取多方意见，并检查是否符合具体、清晰、可操作可量化原则，写明要评估的内容。

（9）结束语。主要对在自己进行职业生涯规划的过程中帮助过自己的人表示感谢，最后给自己鼓劲，表明自己能够完成规划所确定目标的决心和信心。

四、大学生职业生涯规划的评估与调整

事物都是处在运动变化中的，由于自身及外部环境条件的变化，职业生涯规划也要随

着时间和环境的推移而变化。影响职业生涯规划的因素很多，有的变化因素是可以预测的，而有的变化因素则难以预测。由于对自身及外界环境都不了解，对大学生而言，最初确定的职业生涯目标往往比较模糊或抽象，有时甚至是错误的。因此，个人职业生涯规划需要及时改进与管理。

（一）职业生涯规划的修正管理

职业生涯规划修正的内容包括：职业的重新选择，职业生涯路线的调整，阶段目标的修正、实施措施与行动计划的变更等。

1. 修正管理的目的

通过评估和修正，应该达到下列目的：放弃或者是增强自己的弱项，对自己的强项充满自信；明确自己的发展方向，对自己的发展机会有清晰的了解；知道影响自己达到目标的重点因素，找出有待改进的关键之处，为这些有待改进之处制订详细的改变计划，以合适的方式答复那些给予反馈的人，并表示感谢，实施行动计划，确保能取得显著的进步或成就。

2. 修正管理的计划

实施生涯规划时，必须为日后可能的计划修改预留余地，修正管理的依据是每次评估后反馈回来的信息。至于计划修正管理的时机，必须考虑下列四点：以周、月或学期为单位，定期检查预定目标的达成进度及取得的效果；每一阶段目标达成之时，要依据实际效果，修订未来阶段目标可采用的策略；主观因素、客观环境的改变会影响到计划的执行，所以生涯设计还要不断反省修正；反省策略方案是否恰当，能否适应环境的改变。

3. 修正管理要考虑的因素

（1）环境因素。

其包括社会环境、政治环境、经济环境、科技环境、自然环境、法律环境等，从宏观层面认识到职业生涯发展的局限和可能，个人只能适应而不可改变。

（2）组织因素。

其包括组织规模、组织结构、组织文化、组织发展状况、人力资源规划、人力资源管理系统类型、晋升政策、人际关系等一切与职业生涯发展有关的组织因素。要改变组织因素非常困难，但个人可以选择到最适合自己发展的组织中工作。

（3）个人因素。

个人因素包括年龄、性别、学历、工作经历、家庭背景、人格等。一方面要正确认识自己，另一方面要不断完善自己。个人要不断适应环境，正确认识和分析组织，寻求个人发展和组织发展的最佳匹配。

（二）职业生涯规划的调整改进

1. 认识职业生涯规划调整改进

所谓调整改进是重新调配和安排，以便适合新的情况和要求。职业生涯规划需要不断调整改进，一个好的职业生涯规划，需要具备可行性，需要有实施计划的具体措施和时间。但是，职业生涯规划做得过细、过于严格，会束缚自己的手脚，可能丧失随时到来的种种机会，又会因为不切实际而丧失可操作性。在影响职业生涯的许多因素难以预料的情况下，必须使职业生涯规划具有足够的弹性，在实践中不断进行评估管理和调整改进。

2. 职业生涯规划调整改进的依据

在职业生涯发展的过程中也会出现这样或那样的问题，如与社会发展发生冲突，与职业发展发生冲突，与个人兴趣爱好发生冲突等，职业生涯规划本身就要在发展中不断调整改进。所以，在学习工作中出现以下问题时，职业生涯规划就需要调整改进。

（1）怀疑自己不合格。

如果学习感到痛苦，这可能是自己表现不佳而又不愿正视问题，应该扪心自问：自己到底做得如何？可以请老师对自己的表现做评定，以确定是否真正符合他的要求，或是请教一位精明且诚信的同学，让他为自己做非正式的评估。

（2）学习或工作过于轻松。

如果自己闭着眼睛都能学习工作，这可能表明自己的能力已远远超越现有的职位而自己却不知道。可以问自己几个问题：我仍然能够从工作中学到别的东西吗？我想进一步发展自己正在使用的技能吗？

（3）与老师不合拍。

一种较好的测试方法是：在老师身边时感觉如何，是自在放松还是紧张不安？

（4）与同学不合拍。

可以问问自己：当自己与同学交往时，是否觉得格格不入？如果是这样的话，那么你可能已陷入了无法展现自己的环境。

3. 职业生涯的调整定位

在职业生涯发展初期，就应该给自己制定出合理的职业生涯规划以及相应的职业定位，并不断加以调整。成功的职业生涯需要不断地调整定位，而一个合理的职业生涯定位则基于对自己清晰地认识、准确地判断和合理地把握。只有讲求实际，合理准确地评估自己，并不断加以调整，才能合理定位职业生涯方向，才能每天朝着这个方向努力前进。

第二节 大学生职业生涯管理

一、大学期间的职业生涯管理的原则

（一）符合社会需要的原则

大学生在进行职业生涯管理时，要把社会需要作为出发点和归宿，以社会对自己的要求为准绳，去观察、认识问题，进而规划管理自己未来的职业生涯。虽然大学生就业实行双向选择、自主择业，但自主择业是相对的、有条件的，并非可以不顾社会需要，一味地追求“自我设计”。从另一个角度看，社会是由人构成的，社会需要本质上就是人类的需要。在现实生活中，个人需要的内容无论怎样多，个人需要的结构无论怎样复杂，它总是受现实社会要求的制约。人们正是通过不同的职业活动，在满足社会需要的同时，也在满足着个体的需要。社会的每一次发展，都是上述职业活动共同作用的结果。

（二）发挥个人素质优势的原则

大学生在进行职业生涯管理时，要综合考虑自己的素质情况，根据自身的特长和优势规划与管理未来的职业生涯，以便在未来的职业岗位上能够顺利、出色地完成本职工作。发挥个人素质优势主要包括以下内容：

(1) 发挥专业所长。大学生经过大学阶段的学习，不仅具有较为扎实的基础知识，而且具有一定的专业知识。因此在职业生涯管理时，要从所学专业出发，做到以专业为主线或以专业为依托，拓展、拓宽专业路径。这样就可以在未来的职业岗位上发挥所长，大显身手。

(2) 发挥能力所长。同一专业的同届毕业生，由于个人的情况不同，能力也有差异，根据不同的能力选择不同的职业岗位，是充分发挥个人素质优势的最佳体现。比如，有的人语言表达能力较强，适合教学、宣传工作；有的设计能力较强，适合从事设计工作；有的研究能力较强，适合搞科研；有的组织能力较强，适合领导或管理工作：还有的文字表达能力较强，适合从事文秘、编辑等工作。由此可见，进行职业生涯管理时，要根据自己的能力所长选择职业岗位，这既是胜任工作的需要，也是发挥个人最大潜力、进行创造性劳动的需要。否则的话，事与愿违，功不成，业不就，就会贻误事业与前程。

(3) 适当考虑性格特点。就性格本身来讲，并不能决定一个人的成才方向和成就的高低。同一性格的人，有的可能很有作为，有的则可能一事无成。性格相异的人也可能在同一领域、同一职业中成才。但是，在进行职业生涯管理过程中，尤其在选择职业岗位时，适当考虑自己的性格特点，充分发挥性格所长则是十分必要的。比如在职业活动中，有的人是用理智去衡量一切并配合行动，这样的人就适合从事基础理论研究工作；有的人很有主见，并善于发现问题和解决问题，这样的人就较适合从事科学研究或领导工作。

（三）积极主动的原则

大学生在管理职业生涯过程中，应审时度势，绝不可以消极等待，而应主动出击，积极参与。这里所说的主动选择，主要包括以下三方面。

(1) 主动参与职业岗位竞争。竞争机制的引入，冲击着各行各业，也冲击着人才就业市场。竞争使人们增加了紧迫感和危机感，也增加了责任感。从某种意义上说，职业岗位的竞争，就是靠才华、靠良好的素质去争取一份比较理想的职业。

(2) 主动去了解人才供求信息和规格要求。由于社会对大学生的要求在不断发生变化，因此主动了解用人单位对人才的要求和需求信息，对有的放矢地选择职业岗位有着重要意义。

(3) 主动完善自己。大学生应根据社会需要，加强学习，主动提高、完善自己，以尽快适应新的工作岗位。

（四）分清主次的原则

职业生涯发展过程中，摆在大学生面前的选择是多方面的。比如未来就业选择中，单位性质、工作地点、工作条件、生活待遇、发展方向等诸多方面，不可能每项都满足其心愿，重要的是在职业生涯管理过程中怎样权衡利弊，分清主次，做出抉择。切不可一味求全，急功近利，好高骛远。

（五）着眼未来，面向未来的原则

大学生在管理自己的职业生涯时，不能只看眼前实惠，不看企业发展前景；不能只看暂时困难，而不看企业的未来；不能只图生活安逸，而不顾事业的追求等。进行职业生涯管理时，要站得高，看得远，放开视野，理清思路，把自己的命运紧紧地和祖国的命运联系在一起，找到自己的最佳位置，牢牢把握好职业选择的主动权。

二、大学期间的职业生涯管理的内容

职业生涯规划管理包含许多具体内容，它们直接影响着个人职业生涯规划的实施进程及目标的实现。结合大学生当前所处的生涯阶段，主要解决好影响自己职业生涯发展的目标管理、健康管理、压力管理、时间管理等问题。

（一）目标管理

我的生活目标是什么？这是生命中最大的问题。如果能明白设立目标在生命中的真正意义，你就会发现，目标是一个非常有力量的工具，它能带领你走向成功。目标的建立可以为你提供一个从此起步的平台。那些取得巨大成就的人，都是因为他们制定了明确的目标。在自己的头脑中形成目标是走向成功的第一步，如果你不知道自己的未来远景，你就永远到不了那里；如果你没有自己的主见，别人就会为你做主；如果你对自己的未来没有计划，你就会成为别人计划里的一个棋子。

记住：没有目标的人终将会被有目标的人利用。当你制定了目标以后，大脑会直接引导你注意和目标有关的一切东西，就会帮助你达成目标。一些专家做了统计和调研后发现，针对目标设定，世界上有四种人：第一种人：约3%的人，会制定并写下自己的目标。通常他们会非常认真地制定自己人生的目标，并且把它记录下来。一段时间以后再做一个反思与检讨，看有没有实现自己阶段性的目标和阶段性的工作计划。第二种人：约10%的人，会认真思考自己的目标。尽管如此，但他们只是在那里想，我要这样，我要那样，我还要更好一点，我恐怕还要加强一些学习，我将来怎么样。但是他没有一个过程的设计，没有一个具体的计划。第三种人：约60%的人，曾经思考过自己的目标。但是他们并不认真，也谈不上什么计划。第四种人：约27%的人，则完全没有人生的目标。他们过一天算一天，今天吃饱了就不考虑明天，昏昏庸庸地过日子。

由此可见，成功与否的区别在于，成功者在职业生涯规划中选择了正确的目标，并对其进行有效的职业生涯的目标管理，而不成功者则相反。因此，常常能够看到一些天赋相差无几的人，由于目标管理的差异，人生发展迥然相异。

（二）健康管理

健康管理是指一种对个人或人群的健康危险因素进行全面管理的过程，其宗旨是调动个人及集体的积极性，有效地利用有限的资源来达到最大的健康效果。世界卫生组织在1985年提出健康应包括三方面：①身体健康，②心理健康，③情绪管理。概括地说，健康包含两方面的含义：一是身体方面的健康，指生理机能正常，抵抗能力强，没有或很少生病；二是心理方面的健康，指能够保持平静的情绪、敏锐的智能、适应社会环境的行为和气质。目前，健康管理对我国来说还是一个新事物，在我国处于刚刚起步阶段。作为21世纪的大学生，进行健康管理是非常重要的一项任务，只有良好的身体和心理素质才能为未来的职业生涯发展奠定良好的基础。

健康状况与个人对健康的认识、周围环境、医疗保健、个人的生物学因素和生活方式以及自我进行的保健有着密切的关系，其中生活方式是由我们自己来掌控的，我们能够通过对自己生活方式的调整，适当采取保健措施，来达到最大限度促进自身健康的目的。生活方式包括饮食结构、工作、睡眠、运动、文化娱乐、社会交往等诸多方面。过重的压力造成精神紧张，不良的生活习惯，如过多的应酬、吸烟、过量饮酒、缺乏运动、过度劳累等，都是危害人体健康的不良因素。

1. 身体健康的管理

大学生身体健康管理的主要内容包括：

第一，学习卫生保健的基本常识，树立自我保健意识，增强预防疾病的能力；

第二，认识和掌握自己的健康状况，对自己的健康状况做到胸中有数；

第三，培养良好的生活习惯。有研究表明，人的健康长寿，60% 取决于个人的生活方式。

健康生活习惯的养成就是对自我科学实施健康管理的过程。大学生应养成以下良好的生活习惯：

第一，合理安排作息时间，按时休息和起床，形成良好的作息制度。

第二，选择合适的运动项目，每天锻炼半小时，养成科学锻炼的习惯。

第三，保证合理的营养供应，养成良好的饮食习惯。

第四，改正或防止吸烟、酗酒、沉迷网络游戏等不良嗜好。

2. 心理健康的管理

大学生心理健康标准的核心是：凡对一切有益于心理健康的事件或活动做出积极反应的人，其心理便是健康的。对于大学生心理健康在每个方面的具体标准，大体可从三方面加以概括：一是敬业；二是乐群；三是自我修养。大学生心理健康的管理内容主要有以下方面：

第一，学习方面的心理健康。

学习是当前大学生的主要活动。心理健康的学生是能够进行正常学习的，在学习中获得智力与能力，并将习得的智力与能力用于进一步的学习中。由于在学习中能充分发挥智力与能力的作用，于是会产生成就感。若成就感不断得到满足，就会产生乐学感，如此形成良性循环。具体地说，学习方面的心理健康，表现在以下六个方面：

（1）体现为学习的主体。心理健康的学生，时时处处表现出自己是学习活动的主人和积极的探索者。

（2）从学习中获得满足感。心理健康的学生从学习中获得满足感，并从中增强对自己的信心，充分相信自己具有学习的能力。

（3）从学习中增进体脑发展。心理健康的学生能合理使用体脑，顺应大脑兴奋和抑制的活动规律，注重一定的运动调节，能借助体脑获得智力与能力的更好发展。

（4）从学习中保持与现实环境的接触。每个人都有幻想，心理健康的学生与有心理障碍的学生的根本区别在于，前者的幻想有一定的现实基础且在时间上比较短暂，不会妨碍其学习和人际交往。

（5）从学习中排除不必要的恐惧。心理健康的学生能摆脱消极情绪的困扰，进行合理的调节。

（6）从学习中形成良好的学习习惯。心理健康的学生会制订学习计划，独立思考，按时完成作业，经常复习、预习功课，长期坚持努力学习，逐渐形成良好的学习习惯。

第二，人际关系方面的心理健康。

人总要与他人交往并建立一定的人际关系。大学生的人际关系主要涉及师生关系和同学关系等方面。大学生处理错综复杂的人际关系的能力直接体现了其心理健康水平，在人际关系方面，心理健康表现在以下五个方面：

（1）能了解彼此的权利和义务。心理健康的学生了解彼此的权利和义务，既重视对方的要求，又能适当满足自己的需要，从而保证人际关系的健康发展。

（2）能客观地了解他人。心理健康的学生不会以表面印象来评价他人，不将自己的好恶强加于人，而是客观公正地了解和评价他人。

（3）关心他人的需要。心理健康的学生知道，只有尊重和关心别人，才能得到回报。良好的人际关系只有在相互信任、尊重和关心中才能获得发展。

（4）诚心地赞美和善意地批评。心理健康的学生不是虚伪地恭维别人，而是诚心诚意地称赞别人的优点。对对方的缺点也不迁就，而是以合理的方式加以批评，并帮助其改正。

（5）积极地沟通。心理健康的学生对沟通采取积极主动的态度，在沟通中明确地表达自己的想法，并认真听取别人的意见。他们沟通的方式是直接的，而不是含糊其词，在积极的沟通中增进人与人之间的感情和友谊。真诚的友谊意味着健康。

（6）保持自身人格的完整性。心理健康的学生能与人和谐相处，亲密合作，但不放弃自己的原则和人格，即在保持个性和差异的前提下亲密合作。

第三，自我方面的心理健康。

心理健康的人了解自己，能正确客观地认识自我，了解自己的能力、性格、需要。他们既不自卑，也不盲目自信；他们经常进行自我反思，既能看到自己的长处，更能容纳自己的不足，并寻求方法加以改进。心理健康的人常常能正确认识自我、体验自我和控制自我，主要表现在以下六个方面。

（1）善于正确评价自我。心理健康的学生必须学会正确评价自我，不为他人的议论所左右，能够一分为二地看问题，从而逐渐成为自信、自尊、自爱的心理健康的人。

（2）通过别人来认识自己。心理健康的学生能经常反躬自问："我在某方面的情况与别人相比怎么样?"他们除同周围的人相比较外，还常与理想的自我比较。心理健康的学生善于把别人当成自己的一面镜子，能虚心地、批判地接受别人的评价，从中认识自我。

（3）及时正确地归因。及时而正确地归因能够达到自我认识的目的，因为学业成绩或工作成果通常反映了一个人能力的大小或努力的程度。但如何归因呢？是归因于运气、教师教得怎样、条件是否具备等客观原因，还是归因于主观能力与努力的程度？心理健康的学生，主要归因于主观方面。

（4）扩展自己的生活经验。心理健康的学生不断扩展自己的生活范围，从中不断地充实自我、超越自我、悦纳新的自我。

（5）根据自身实际情况确立抱负水平。心理健康的学生，善于根据自己的能力水平和目标的难易程度，把抱负水平定在既有一定的实现把握，又有可能冒失败风险的层次，以此激发自己努力进取。

（6）具有自制力。心理健康的学生善于为既定的目标克服困难，迫使自己去完成应当完成的任务；善于抑制自己的其他不良行为和冲动，遇到挫折不忧郁、不悲愤，镇定对待，分析根源，保持乐观态度。

3. 情绪管理

许多优秀的职业人往往不是因为拥有高智商而成功，相反，他们成功的秘诀是“情感智慧”，即处理感情、人际互动和人际沟通的能力，就是所谓的有较强的情绪管理能力。情绪智慧（情商）和智商不一样，它随着人生的经历不断地发展。简言之，情商是要能感知和了解情感的力量，并加以有效地运用，使它化为人类的力量和影响力。情商的产生不仅要有理性的思考，更有感情的运用。情商首先要求我们认识并尊重源于情感的资讯和能量。情商不仅激励我们去追求个人的目标，也激发了我们内在的价值观和抱负，把我们的理想化为事实。

一个人优秀的情绪管理能力主要表现在以下几方面。

第一，自觉力。情绪管理的第一步就是要能察觉到自己的情绪，随时随地都能清楚地知道自己处于怎样的情绪状态。不管处在何种负面的情绪中，先要接受自己真正的情绪。只有认清自己的情绪，知道自己现在的感受时，才有机会掌握情绪，才能对自己的情绪负责，而不会被情绪所左右。

第二，理解力。认识“负面情绪”的真正价值和意义，可以在我好、你好、大家好的“三赢”基础上运用，去达到更高的成功和快乐。这会使“负面情绪”总有“正面情绪”的性质。实际上，情绪并没有好坏之分，它只是症状而已。所有人都希望每天过得开心、惬意，不希望有恐惧和悲伤的时刻，而这些人不希望出现的情绪，便被称为负面情绪。每份情绪都有其价值和意义，负面情绪也是如此。它不是给我们指引一个方向，就是给我们一份力量，都是一份推动力。愤怒的力量可以改变一个我们不能够接受的情况，痛苦则会指引我们离开威胁或伤害。

第三，运用力。20 世纪 50 年代发展起来的合理情绪疗法理论认为，情绪并非直接源自外在的诱发事件，而应该归因于个体对于这个事件的解释和想法。也就是说，人们并不是被事件烦恼，而是被自己看待事物的方式烦恼。引发情绪的主要原因是自己的信念系统。人们的消极的想法是以各式各样的思维误区，如极端思维、以偏概全、自以为是地推测对方的想法、夸大和贬损、过于情绪化等为特征的，调整和改变这些思维误区，代之以更科学的思维，会使个体减轻痛苦，实现情绪好转。

第四，摆脱力。情绪的摆脱力就是以合适的方式疏解情绪的能力。只有学会将负面情绪及时予以疏解，才能使人感到心灵的自由和新生。比如，当产生消极的情绪时，可以通过逛街、听音乐等方式来分散注意力。

常用的心理调适方法有以下几种：

第一，转化法。有些时候，不良情绪是不易控制的。这时可以采取迂回的办法，把自己的情感和精力转移到其他活动中去。如学习一种新的技能，参加有兴趣的活动，使自己没有时间和可能沉浸在不良情绪中，以求得心理平衡，保护自己。

第二，宣泄法。因挫折造成焦虑和紧张时，可以去打球、爬山、参加大运动量的活动，宣泄情绪。但是宣泄一定要注意场合、身份、气氛，注意适度，应是无破坏性的。

第三，安慰法。人不可能事事皆顺心，在职业生涯管理中遇到困难和挫折，已尽了主观努力仍无法改变时，可说服自己适当让步，不去苛求，找一个自己可以接受的理由让自己保持内心的安宁，承认并接受现实，以求得解脱。

第四。松弛法。在出现焦虑、恐惧、紧张、心理冲突、入睡困难、血压升高、头痛等身体症状时，可以在专业人员的指导下进行放松练习。通过练习学会在心理上和身体上放松的方法，从而减轻或消除各种不良的身心反应。

第五，沟通法。当你对择业感到茫然时，也可找老师、同学、亲友沟通，说出自己的一些想法，让他们谈谈自己的建议和看法。

4. 压力管理

压力管理就是通过了解压力的构成和自身对压力的反应，评估自己的优势因素，对自身压力进行有效疏导与调适的过程。如果能够很好地运用压力，压力就会有效地转化为发展的动力，促进职业生涯发展与事业成功。压力有很多种形式，它可能来自别人或环境，也可能来自自身。一个人在现实生活中需要同时扮演多种不同的角色，比如父母、伴侣、儿子、女儿以及老板，有时，人在社会生活中不得不面对挫折和变化，当学习或工作达到极限时，压力就会产生。一些重大的变化，如搬家或丧失亲人，也会造成很大的压力。压力是会累积的，因此，一系列小的事件会造成压力明显增加，这一点请大家一定不要忽视。

压力管理是现代生活的一部分，因此学习如何进行压力管理，并有效地运用压力管理来发展自己的职业生涯是非常重要的。为了让压力为自己所用，你也许需要重新审视你对压力的反应方式，并学习应对压力的办法。

5. 时间管理

将有效的时间合理利用，将无效的时间降低到最低限度，学会分配时间，学会分清事情的轻重缓急，这些对许多职业人士来说是极其重要的事。时间管理的具体方法将在第七章详细介绍。

本章小结

通过本章的学习，使同学们理解大学生涯规划制定的任务和实施策略，掌握大学生需要按照自我分析、环境分析、匹配分析、目标设定、路径选择、策略实施、设计调整等步骤进行职业生涯规划。熟练掌握大学生职业生涯规划书的文案内容，学会撰写大学生职业生涯规划书，并学会进行职业生涯规划的评估与调整。了解大学生涯管理的原则与内容，掌握生涯管理的方法。

主要概念

职业生涯规划书、大学生涯管理

复习、思考与训练

（1）理解大学生涯规划制定的任务和实施策略。
（2）熟悉大学生职业生涯规划的步骤。
（3）学会大学生职业生涯规划书的撰写。
（4）了解大学生职业生涯规划的评估与调整。
（5）了解大学生涯管理的原则与内容，掌握生涯管理的方法。

扩展阅读材料

成就大业者应具备的心理素质

美国人类行为学家丹尼斯·维特利博士根据自己多年的研究，认为成就大业者应具备十种心理素质：

一、现实的自我觉察

1. 觉察到周围事物的细微变化
2. 觉察到由于遗传和环境给自己造成的缺陷
3. 觉察到大量对自己有益的事物
4. 觉察到自己的潜力
5. 觉察到为实现目标应付出的时间和努力

二、现实的自我尊重

1. 我愿意成为我自己，而不愿意是历史上任何时代的人
2. 自我接受——心甘情愿地成为自己

三、现实的自我控制

1. 成功者的自我控制是主动的
2. 自我控制意味着有个人选择的自由和掌握自己的命运
3. 坚定地坐在驾驶员的位置上，控制着自己的思想、日常工作、目标和生命

四、现实的自我动机

1. 具有奔向他们所制定目标的能力
2. 有扮演他们想去扮演的角色的能力

五、现实的自我期望

1. 他们懂得，所谓的“运气”是准备和觉察的结合
2. 现实的自我期望使他们做好了迎接机会的准备
3. 成功者总是把问题看作向能力和决心挑战的机会

六、现实的自我意向

1. 积极地考虑和发挥现实的自我意向
2. 表现出成功者的样子，以此来展示自己的吸引力
3. 着急、轻率、敌意和失望对于创造性的想象具有消极性和破坏性
4. 积极的自我意向可以改变人的精神状态

七、现实的自我调节

1. 因为意识没有详细区别真正成功和想象成功的能力

2. 有着合理的生活计划、总体目的和明确的任务

3. 每一天的具体工作明确，并且日复一日地努力着

4. 现实的自我调节的秘密在于建立一系列清晰的、具有规定性的目标

八、现实的自我修养

1. 成功者们善于进行现实的自我修养

2. 自我修养就是思想实践，即思想的锻炼，建立新的思想感情

3. 废弃储存在潜意识的记忆体中的陈旧东西

九、现实的人际范围

1. 珍惜每一分钟，把每一分钟看作是自己的最后时刻，从而经常地去寻求更为美好的东西

2. 最典型的自我范围是具有赢得别人爱戴和尊重的品质

3. 成功的自我范围并不意味着胜利了就把对手踩在脚下

4. 他会向奋斗者、探索者以及坚忍不拔的人伸出援助的手，是相互帮助，而不是相互利用

5. 他们懂得一个人真正的人生，是怀着热心和同情去帮助别人生活得更加美好

十、现实的交际能力

1. 他们具有一种使人消除敌意的艺术

2. 向人们投射发自内心的火热激情

3. 成功者们是坦率和友好的

4. 作为听者，他们全神贯注地去捕捉你的意思

5. 作为讲话者，他们千方百计地让你听懂他们所讲的内容

6. 生活中的成功者在生活中投射建设性的、积极的想象

资料来源：《中国人才》原绎：王令，改编：程社明

职业生涯规划书撰写案例

——目标职业：心理咨询师

一、自我分析

（一）性格分析

我是一个喜欢新鲜事物，不断尝试和超越自己，喜欢交朋友的人，更是一个乐观坚强的男生，为了让自己对自身性格能够有更加科学、全面而客观的认识，我运用MBTI评测工具进行了测试。测出的结果是ENFP——公关型（外向、直觉、情感、知觉）。

这种类型属于公关型，占总测评人数的3.3%。ENFP型的人社交广泛，有很多朋友。他们热情洋溢，能够利用自己广泛的社交网络将人们聚集在一起，不喜欢被束缚。喜欢新鲜事物，总会产生无数新奇的想法，但是缺乏判断这些想法是否可行的现实能力。发展得最不充分的人格类型元素是感觉，所以他们一般不会关注细节，经常可以看到他们到处找一样丢失的东西。

ENFP型的人非常敏感，性情温和，有同情心，关心他人，拥有很强烈的价值观念，他们做出的大多数决定，尤其是那些重要的决定，都是根植于自己的这种价值观。ENFP型的人忠于自己的朋友，一旦他们知道朋友遇到了困难，会非常愿意而且急切地想予以帮助。他们通常总是兴高采烈的，一旦受到惊吓或是打击，被测者就会变得冷淡而抑郁。

这一类型适合的行业领域有消费类商品、服务业领域、广告业、娱乐业领域、社区服务等。适合的职业有公关专业人士、团队培训人员、特别事件的协调人、社会工作者、职业策划咨询师、促销员、节目主持人、社区工作人员、自愿工作者。

总结：从以上评估结果来看，我对自己的性格判断基本正确。在我的性格中，充满着想象力、冒险精神与亲和力，同时，对于程序化和墨守成规的事件存在抗阻心理。

（二）兴趣探索

使用霍兰德职业兴趣测评，从测试结果来看，系统的评价还是比较准确的。我的兴趣类型属于SAE型，尤其是对SA有着明显的偏好，这与我所爱好的事物非常吻合。

（三）价值观探索（见表6－1）

表6－1　价值观探索

成就　√	诚实	快乐　√
审美	正义	权力
利他	知识	认可
自主	爱　√	宗教信仰
创造性	忠诚	技能
情绪健康	道德	财富
健康　√	身体外观	智慧　√

我发现留在最后的是健康！

关于工作价值观（见表6－2）

表6－2　工作价值观

高收入	社会声望	独立性	对人际关系的重视	安全感
			√	√
社会贡献	个人成就	领导力	个人兴趣满足	社会责任
√	√		√	√

（四）综合评价（见表6－3）

表6-3 综合评价

关系	第一印象	性格评价	能力评价	为人处世的评价	优点	缺点
室友	成熟 阳光 有气质	外向	社交能力、执行力、适应性很强；适合与人打交道的工作以及在各种工作中的转换	认真、热情；善良、有亲和力；周到、追求完美	优点很多，工作态度端正、上进、认真等；工作能力突出，能力较强；人际关系好，是很好的合作者	容易情绪化，时间观念差，脸皮太薄
朋友	有才情 有志向 有恒心	外向	具备优秀的组织协调能力；能够很快并很好地适应新环境，在社会活动领域有独特才华	高人际敏感性、高情商，待人接物恰到好处，办事漂亮且高效利落	有能力，有上进心，有耐力，为了梦想、为了目标从未止步，是不可多得的优秀人才	无大的缺点，有时心态待磨炼
同学	干练 坚强	外向	综合能力评定为较强；善于组织；创新突出	始终如一地保持微笑，可以用它来改变世界	精明能干 善于学习	太理智

二、外部环境评估

（一）就业环境

2008年全国高校毕业生532万人，全国平均就业率为70%。2009年全国高校毕业生高达610万人，全国人才流动中心的数据显示：截至2010年9月1日，全国高校毕业生就业率是74%，和2009年基本持平。而就2010年全国大学生就业情况分析来看，全国高校毕业生人数继续上升，升至630万人，2011年的毕业生人数达到660万人，2013年应届毕业生年平均规模达到近700万人。

（二）行业调研

心理咨询是以维护人的心理健康状态为目标和内容的一项工作，这项工作要求借助于一种特殊的人际关系，运用心理学的理论知识和方法，通过言语、文字及其他信息传递方式，就咨询对象的心理方面存在的问题，提供帮助、启发和指导的过程。

我国目前正处在社会转型期，当一些人面临前所未有的就业、婚姻、子女、养老等生存压力时，他们的无助和挫折，往往都可能成为一触即发的“引子”。由于应急事件增多，相关的抑郁和焦虑等情绪反应可能形成长期的适应不良或诱发精神障碍，如受流行文化影响的不当节食减肥，导致神经性厌食，贪食后会诱发多种心理疾病。

目前，受众对心理咨询的需求很大，但前景很好。从目前的起步阶段到初步规范，需要5~10年。在欧美国家还有中国香港地区，心理咨询行业发展已经相当成熟，其对这个行业从业人员的要求也很严格，对他们的学位、临床经验都有相关规定。而我们国家的心理咨询行业的发展离这个程度还有相当远的距离。

（三）企业调研

综合对心理企业、机构和医院的充分调研之后，毕业以后想继续从事心理咨询工作的话，有以下几个选择：

1. 医院的精神科

在各大精神卫生中心设有精神科门诊及心理门诊，一般接收重症心理疾病患者，部分换着药物治疗结合心理治疗。例如：北医六院、安定医院、回龙观医院以及天津安宁、安定医院等机构。

2. 学校咨询中心

主要针对本校师生，部分高校也对外接收来访者。一般师范院校居多，收费相对偏低。例如：校医院、学工部咨询中心等。

分析：学校心理咨询中心可同时开展科研和咨询工作，可作为首选目标。

3. 咨询机构/企业

收费较高，咨询师的背景相对复杂，多为国家劳动部资格认证，例如：林紫心理咨询中心、华夏心理、盛心阳光（EAP 咨询），等等。

分析：可选择规范的、专业性较强且最好以公益慈善为主的咨询机构。

（四）目标行业的具体职业调研（见表 6－4）

表 6－4　目标行业的具体职业调研

类别	心理咨询师	培训师	心理访谈主持人
工作内容	心理咨询/心理治疗	企业培训/讲课	嘉宾/主持
薪酬福利	根据咨询小时数	根据培训小时数	底薪＋提成
社会需求	社会需求大	尤其需要既能讲课又懂临床的培训师	目前缺乏既有主持经验又有临床咨询背景的主持人
职业路径	接线员/接待员—助理咨询师—实习咨询师—咨询师—培训师		兼职

三、职业目标定位

在探索自我的基础上，我明白了自己想要什么，也认清了自己所在的位置。在确定“自己想要的”以及“社会需要什么”之后，我进行了职业生涯访谈。

（一）生涯人物访谈

为了能更好地了解目前我国心理咨询与治疗情况，我先后与学术界临床心理学专家钱铭怡教授、心理健康教育专家中国心理网 CEO 陈伟以及有精神科背景的危机干预专家徐凯文博士进行了深入的访谈与交流。通过这次访谈，我更加明确了职业规划的方向：

（1）首先要学好专业，这是基础也是关键：无论什么时候，学习和成长都很重要，既要加强专业知识的学习和思考，又要加强对其他学科的了解，尝试从不同角度加强对人性的理解，这就需要大量阅读和学习（专业能力与培训＋自我体验＋督导）。

（2）咨询师/培训师都需要：专业素养＋临床经验＋语言表达能力＋个人魅力，所以还需要多方面培养综合能力与素质。只有具备大量案例和经验的积累，才能达到一定的高度。只有自己有了丰富的经验，才能给别人做培训，所以前期的积淀很重要。

(3) 做任何工作，只要是做自己喜欢的，就会有源源不断的动力和欲望，当把自己的兴趣转化为一种职业的时候，做的不仅仅是一份工作，而是从事的心理健康教育事业。

(4) 无论是临床学术的领军人物，还是商业上的企业老总，还是有精神科背景的临床实践者，他们做的都是心理健康教育事业。大家一致认为，心理未来的发展既充满机遇，也充满挑战，但相信总的发展会越来越好，这也进一步加强了我的信心。

(5) 心理学未来的应用很广，但是要想做好，一定需要坚持不懈，持之以恒。

（二）胜任特征分析

研究者对心理咨询师的胜任特征进行了研究，提出了心理咨询师的胜任特征，主要包括以下几方面：建立人际关系的基本态度、人际理解和洞察力、弹性、影响力、自我觉察、自我控制能力、人格健全完善、阅历和经验、专业知识和技能。根据心理咨询师胜任特征测评量表（测评结果图略），可以看出，我的个人特质、能力和素养与心理咨询师的基准胜任特征非常匹配，但与鉴别胜任特征还具有一定差距。因此，我更坚定选择临床心理尤其是心理咨询作为我的职业发展方向，并为之努力奋斗一生。

（三）我的选择

通过对自我的认识、行业的分析以及生涯人物访谈的体会，我更坚定了选择临床心理尤其是心理咨询作为我的职业发展方向，因此我的目标是希望自己硕士毕业后能成为一名专业的心理咨询师，回到四川当地的高校心理咨询中心。一方面可以亲自参与临床咨询，帮助受伤后的人们摆脱心灵创伤；另一方面，还能结合高校的科研资源，加强与国内及国际创伤专家交流与合作，将其临床经验和经历理论化，解开创伤的心灵枷锁，拥抱新的美丽人生。

SWOT 分析如表 6－5 所示。

表 6－5 SWOT 分析表

优势： 专业优势充分利用整合 与我的人生愿景相符合 喜欢与人打交道，理解、热情、亲和力 助人自助（成长、教育） 相关经历（语言表达、综合能力）	劣势： 临床经验和阅读的不足 专业理论和治疗技术需不断提升 西南地区心理资源的落后和不足 自己的身份和地位的经历 ……
机会： 该行业发展快、市场乱 心理传媒缺乏专业人才 专业资源、人力资源、相关经历 兴趣、专业、优势整合 梦想实现的机会	挑战： 高时间、高精力的投入 行业不规范、政策不支持 收费高、历时长、大众不接受 高风险行业、危机事件 ……

主要入职方式如下：

(1) 校园宣讲会。

(2) 招聘机构。

(3) 专业的职业介绍机构。

(4) 老师推荐或校友介绍等。

（5）其他可以尝试的方式：

①亲自向人力资源部门申请。

②通过实习、兼职争取留下。

③利用人脉关系推荐工作。

四、职业生涯规划

（一）职业规划方案（见表6－6）

根据对自己的分析以及行业、就业形势的分析，我为自己设定了职业途径：

求职目标：高校心理咨询中心，申请教学岗，从事心理健康教育。

兼职：咨询机构/培训机构，培养综合能力，积累咨询实战经验。

表6－6　职业生涯规划方案

时间	目标	规划内容
23～25岁	完成学业	研究生顺利毕业：学习、培训、实践
25～30岁	心理咨询师	进入某高校咨询中心：积累经验、拓展人脉个案咨询、团体活动、学校心理健康讲座等
30～35岁	心理讲师	申请学校心理学相关课程，从事教学，给自己充电，培养综合能力，参与机构培训试讲等
35～40岁	咨询师/培训师	成为一名经验丰富的咨询师、培训师 培养更多的咨询师，临床工作理论化，撰写书籍等

时间目标规划内容：23～25岁完成学业，研究生顺利毕业：学习、培训、实践。

相关行业内实习：学工部、校医院、心理咨询中心。25～30岁心理咨询师进入某高校咨询中心，积累经验，拓展人脉个案咨询、团体活动、学校心理健康讲座等。30～35岁心理讲师申请学校心理学相关课程，从事教学，给自己充电，培养综合能力，参与机构培训试讲等。35～40岁咨询师/培训师成为一名经验丰富的咨询师、培训师。

培训更多的咨询师、临床工作理论化，撰写书籍等。我的职业规划路径：接待生—接线生—助理咨询师—实习咨询师—咨询师。

1. 具体计划实施方案（见表6－7、表6－8）

（1）学习方面。

参与临床专业课程的培训与学习，参与个体督导与团体督导以及相关工作培训。

表6－7　学习方面规划（一）

时间	任务	进度
2009.9—2012.7	硕士专业课程学习	已完成
2009.9—2011.3	精神科寒假、暑假实习	已完成
2009.9—2012.7	学校心理咨询中心督导	已完成
2009.9—2012.7	校医院咨询中心督导	已完成
2009.9—2011.3	心理咨询方面的培训	已完成

毕业论文的选题、实验设计、开题、实验、数据分析、写文章，具体规划如表6-8：

表6-8　学习方面规划（二）

时间	任务	进度
2011.1—2011.3	收集资料、确认选题	已完成
2011.3—2011.5	撰写研究计划，写 proposal	已完成
2011.6—2011.9	开题，进行实验	已完成
2011.10—2012.3	撰写全文	未完成

（2）毕业后5年计划。

①通过大量的临床案例和教学经验的积累，成为一名优秀的心理咨询师/讲师。

②通过对心理类专栏的专稿以及大型活动的举办，开展心理健康教育宣传。

③定期为母校北川中学的师生开展心理健康活动，举办讲座或高考心理辅导等。

④根据工作需要，攻读在职博士或参与国际项目交流，不断接受继续教育，扩大国际视野。

（3）毕业后10年计划。

①成为一名出色的咨询师，在业界树立自己的风格和品牌，举办培训。

②培养更多的心理咨询师，一起为家乡、为北川开展灾后心理重建工作。

③整合中国心理学界师资力量及资源，改变中国心理亚健康水平。

④撰写两部著作《热爱心理学的101个理由》和访谈录《与内心对话：这辈子我最后悔的3件事》。

⑤从事心理健康教育事业，传播心理健康理念，让每个人成为自己的咨询师，实现“应用心理科学，传递幸福生活”的人生愿景。

2. 职业评估与修正

（1）评估的内容。

大学即将顺利毕业，不会有太大的变动，主要是毕业以后，尤其是在毕业后五年存在较大的评估与调整的可能。

（2）职业目标评估。

高校心理咨询中心：评估并调整为心理咨询机构咨询师。

（3）职业资格评估。

心理咨询师，评估调整为项目负责人/经理。

（4）实施策略评估。

实践、学习、教学，评估调整为学习/实践。

（5）其他因素评估。

就业/实践/学习，评估调整为读博/科研/咨询以及对规划的评估注意遵循一致性、可行性、时事性、灵活性和持续性等要素。

3. 评估的时间

我认为毕业后五年内，每年评估一次是非常有必要的。在此期间，结合对自己的不断深入的认识和对外界环境的进一步了解，重新调整进度和计划，为日后更好的生活与就业奠定基础。

规划调整的原则如下：

首先，还是要以自己的长远职业发展与梦想为出发点，进行综合分析与评估，同时实施多元化选择，考虑家庭和家人的变化，并加强与业内专家的交流。

（资料来源：第二届全国大学生职业生涯规划大赛获奖作品）

第七章　新时代职业化素质培养

教学目标

通过本章的学习使学生：

1. 了解什么是职业化，懂得新时代对职业人的界定。

2. 了解个人和职业发展的匹配理念，基本了解新时代职业人的挑战。

3. 掌握职业人应该具备的职业道德素养。

4. 了解职业人应该具备的科学文化素养，掌握建立科学文化知识结构的有效途径与方法。

5. 掌握学习能力、时间管理、团队精神、有效沟通、高效执行等几方面基本职业化能力素质的自我培养方法。

6. 了解健康职业心理素质培养的重要性以及培养方法。

导入案例

英雄矗立天海间

——罗阳：用生命托起战机的航空英模

罗阳，男，51岁，辽宁沈阳人，沈阳飞机工业（集团）有限公司董事长、总经理。

罗阳所在的沈飞集团是中国重要的歼击机研制生产基地，他本人也是飞机设计专家。2012年11月25日上午，随中国首艘航母“辽宁舰”参与舰载机起降训练的罗阳，在大连执行任务时突发急性心肌梗死、心源性猝死，经抢救无效，于12时48分在工作岗位上殉职。

罗阳1982年毕业于北京航空航天大学高空设计专业。“信念坚定，忠诚报国”是他一生坚持的信念。从一名普通的飞机设计员到军工大型企业主要负责人，他用坚守30年的航空报国理念，组织完成了多项国家重点航空装备研制和生产任务，实践了对党忠诚的一生，对祖国忠诚的一生，对航空事业忠诚的一生。他担任中航工业沈飞董事长、总经理的5年，是沈飞新型号飞机任务最多、最重的5年，难关难度、难题难点好像排着队一样。罗阳善于解决问题，采取多种措施推动研制进度，创造了新机研制提前18天总装下线，从设计发图到成功首飞仅用10个半月的奇迹。

2012年1月，罗阳担任中国第一艘航空母舰舰载机歼15研制现场总指挥。没有经验，也没有现成的关键技术可以借鉴，航空制造大国对技术的封锁，逼着航空人只有自主创新一条路可以走。在航母上，罗阳坚持亲力亲为，与科研人员一起整理试验数据，观看每次起降过程，记录和分析飞机状态，出现身体不适也没有中途下舰，甚至都没有找医护人员检查。

难度高，任务重，时间短，重重考验摆在罗阳面前。可是，他就有这么一股不服输、不懈怠的劲头。他曾说，外国人能干成的事情，中国人同样能干成，而且还能干得更好。

在生命的最后一个月里，他不知疲倦，劳心劳力，没有一刻休息，直至生命的最后一刻。罗阳是为沈飞而生的，他的生日与沈飞同日。他把终生都献给了祖国。他是实现中国梦伟大征途上一位勇敢的追梦者，给世人树立起了一个学习楷模与丰碑。他是当代和后世都景仰的英雄。

2013 感动中国人物罗阳（颁奖词）：

如果你没有离开，依然会，带吴钩，巡万里关山。多希望你只是小憩，醉一下再挑灯看剑，梦一回再吹角连营。你听到了吗？那战机的呼啸，没有悲伤，是为你而奏响！

黄宏：罗阳用生命诠释了国防科技工作者的报国情怀。你倒下了，梦在起飞。

陈小川：战机起飞和英雄的陨落，让我们的心灵受到同等的震撼。罗阳是中国知识分子报国情怀的高度凝聚，是两弹一星元勋们的精神后人，中国需要更多的罗阳。

第一节 什么是职业化

一、什么是职业化

职业化是一个中国社会和职场已讨论 20 多年但一直没有界定清晰的概念。我想这或许是中国社会主流数目的国民与主流数目的企业员工到今天为止，尚不够职业化的原因之一吧。职业化也是大量研究者、职业培训师、企业经理人关注的一个课题。很遗憾，长久以来并没有得出清晰的、比较一致的权威结论。

职业化是人生成败的基石，是员工、管理者、领导者建立领导力的基础和根基；是一个企业或一个组织稳健获得优良绩效甚至基业长青的根本，也是中国企业军团傲然屹立于世界企业之林的必由之路和最根本的保障；更是一个国家、一个社会进步的基石，可以毫不夸张地说，职业化决定每个员工的命运，决定企业的成败；决定中国经济产业结构的升级，决定国家与民族的兴衰。

简单地讲，职业化就是一种工作状态的标准化、规范化、制度化，即在合适的时间、合适的地点，用合适的方式，说合适的话，做合适的事，使员工在知识、技能、观念、思维、态度、心理上符合职业规范和标准。具体讲包括：职业化包含职业化素养、职业化行为规范和职业化技能三部分内容。

（一）职业化素养

职业道德、职业意识、职业心态是职业化素养的重要内容，同时也是职业化中最根本的内容，如果我们把整个职业化比为一棵树，那么职业化素养则是这棵树的树根，美国最著名的《哈佛商业评论》评出了 9 条职业人应该遵循的职业道德：诚实、正直、守信、忠诚、公平、关心他人、尊重他人、追求卓越、承担责任。这些都是最基本的职业化素养。企业无法对员工职业化素养有强制性的约束力，职业化素养更多地体现在员工的自律上，企业只能对所有员工的职业化素养进行培养和引导，帮助员工在良好的氛围下逐渐形成良好的职业化素养。

（二）职业化行为规范的体现

（1）职业化行为规范更多地体现在遵守行业和公司的行为规范上，包含职业化思想、职业化语言、职业化动作三个方面的内容。各行各业都有自己的行为规范，每个企业有每个企业的行为规范，一个职业化程度很高的员工，能在进入某个行业的某个企业的较短时间内，严格按照行为规范来要求自己，使自己的思想、语言、动作符合自己的身份。

（2）职业化行为规范更多地体现在做事情的章法上，而这些章法的来源：一是长期工作经验积累形成的；二是企业规章制度要求的；三是通过培训、学习来形成的。当我们进入一家公司，对公司的评判首先就是对公司员工所表现的行为规范的评判。通常，企业通过监督、激励、培训、示范来形成公司统一的员工行为规范。

（三）职业化技能

职业化技能是企业员工对工作的一种胜任能力，通俗地讲，就是有没有这项能力来担当这个工作任务，职业化技能大致可以包括两方面的内容：一是职业资质，学历认证是最基础的职业资质，专科、本科、硕士、博士等，通常就是进入某个行业某个级别的通行证；二是资格认证，资格认证是对某种专业化的东西的一种专业认证，比如会计，就必须拥有会计上岗证，还有注册会计师资格认证，做精算的，就要拥有精算师资格证书。学历认证和资格认证都是有证书的认证，但是在现实情况中，还有一种没有证书的认证，就是社会认证，社会认证通常就是你这个人在社会中的地位，比如你是某个行业著名的专家、学者，即便你没有证书认证，但是社会承认你，就代表着你在这个行业这个领域的资质。我们也把这种认证称为头衔认证。

二、新时代对职业人的界定

（一）新时代职业人的理解

新时代的职业人是指能够经营自我的人，原网通的总经理田溯宁和UT斯达康的总经理吴鹰，在做客《对话》栏目时，列出了八种类型的企业需要的人才，即勇敢，做事不计后果；点子多，不听话；踏实，没有创意；有本事，过于谦虚；听话却没有原则；能力强但不懂合作；机灵但不踏实；有将才，也有野心。公司规模不同，用人标准有一定的差异。但是，从根本上看，他们对人才的评价主要是从两方面做出的，即人才评价标准：一是能力；二是态度。按照能力的强弱、态度的积极与消极，可以得出四种类型的“人才”。（见图7－1）

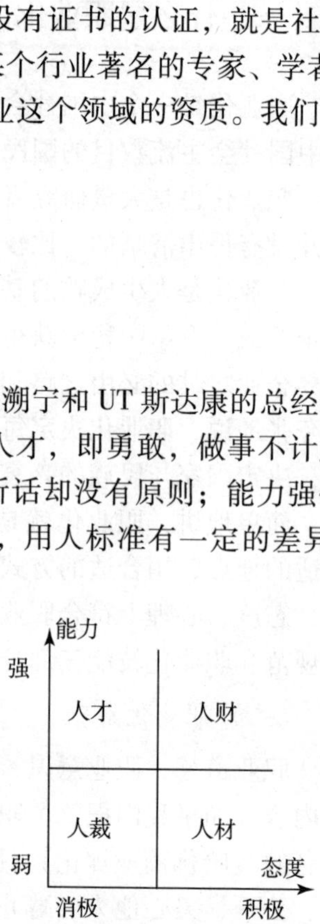

图7－1　四类人“CAI”

（1）左下角：态度很差，能力很差。这类人只能用“人裁”形容，因为他们最容易成为裁员的对象。

（2）右下角：态度很好，能力很差。这类人可称之为“人材”，给老板的感觉是：将就用吧。

（3）左上角：能力很强，态度很差，对企业不认同。他们是“刚才”的“才”。对这类人才，老板会纠正其态度后有选择地任用。

(4) 右上角：能力很强，态度很好，认同企业。这类人是给企业带来财富的人，用财富的“财”字来形容他，他是老板最喜欢的人。

由以上分析能看出，老板喜欢的人才是能给企业带来财富的人。他们能力强，态度也好。

阅读资料 7.1

把信送给加西亚

故事：致加西亚的信。

地点：古巴。

背景：美国和西班牙发生战争，古巴是西班牙的殖民地。

人物：古巴将领加西亚、美国总统、罗文（一个送信人）。

事件：美国总统想与古巴将领加西亚结盟，以对抗西班牙的侵略。但问题是他不知道加西亚身在何方。在他一筹莫展的时候，有人向他推荐了罗文。于是总统让罗文去给加西亚送信。没有人知道罗文是如何把信送到加西亚将军的手上，只知道加西亚将军确实收到了这封信。

从企业用人的角度考虑，罗文就是真正的人才。假设一个人，他做事时需要公司提供所有的要件，那么，这个人不是能够给企业创造财富的人，而只是一个机器。真正的人才是自己想办法克服困难，能够处理老板办不到的事情。

（二）将“客户”概念植入职业化

“客户”的概念是职业化的核心概念。职业人的脑子里只有一个概念：“客户”。职业人的“客户”，包括上司、同事、合作伙伴、下属、业务客户（狭义概念上的客户）。消费者意味着单纯地购买商品的行为主体。而客户的观念，则是以感受满意为主导。职业人的使命是使客户满意。“客户”满意是一个过程，而不是结果。典型的职业人包括：医生、律师、会计师、咨询师、职业经理人等。

新时代的职业人是企业的合作者，他们总是积极参与企业的运作。拥有良好的资质是信贷职业人的一大特点。资质是能力被社会认同的证明，如注册会计师、注册律师等就是一种资质。获得一定的资质，必须具有一定标准的能力。作为一个职业人，必须具有良好的资质。职业经理人的资质：具备为客“户”提供满意的服务的能力，其行为目标是使“客户”感觉到比期望值更高的意外惊喜。

三、个人和职业发展的匹配

（一）人职匹配理论

其基本思想是，个体差异是普遍存在的，每个个体都有自己的个性特征，而每一种职业由于其工作性质、环境、条件、方式的不同，对工作者的能力、知识、技能、性格、气质、心理素质等有不同的要求。进行职业决策（如选拔、安置、职业指导）时，就要根据一个人的个性特征来选择与之相对应的职业种类，即进行人职匹配。

霍兰德人职匹配理论认为人的人格类型、兴趣与职业密切相关，每个人都有自己独特的能力模式和人格特征，每种人格特征的人都可以找到适合自己的职业，当个人的人格特征与职业相符时，员工的工作热情就很高涨，同时，对企业的满意度也很高。

如果匹配得好，则个人的特征与职业环境协调一致，工作效率和职业成功的可能性就大为提高。反之，则工作效率和职业成功的可能性就很低。因此，对于组织和个体来说，进行恰当的人职匹配具有非常重要的意义。而进行人职匹配的前提之一是必须对人的个体的特性有充分的了解和掌握，而人才测评是了解个体特征最有效的方法。所以人职匹配理论是现代人才测评的理论基础，其中最有影响的是“特性—因素论”和“人格类型论”。

（二）人职匹配的意义

随着2010年后中国人口红利的消失，劳动密集型状态结束，企业招人时已无法单纯通过数量来满足日常工作需求，相反地，它们对于员工质量以及与岗位匹配度的要求越来越高。

人职匹配是人力资源管理的一个术语，通俗地理解，就是你是否适合某个岗位。不同人的能力当然有高下之分，但每个人的性格、兴趣和擅长不同，职场上找到适合自己的岗位的意义跟生活中找对另一半的意义差不多，需要用心，但常常也讲运气。

公司在招聘时通常有一套自己的考察办法。根据立邦涂料（中国）人事总监钱国新介绍，企业判断一个公司人是否能与某个岗位相匹配时，往往会从两方面进行考量——能力和价值观。这主要是指两个判断匹配度的维度。能力匹配就是指是否具备与该岗位需求相符合的业务技术能力，比如你要从事的是技术岗位，那么你需要有对应的技术水准才能更好地完成工作。不同企业对于自己内部的岗位有不同的需求，这些需求被细分成不同的能力考核指标，它们能作为判断的依据，直观地反映出你是否具有从事该岗位的能力。

价值观匹配则更抽象一些，因为它无法被量化，需要一定时间来观察。在钱国新看来，价值观匹配的重要性不亚于硬性的技能要求，“有些公司人往往能力足够，但在价值观上与公司不符，就会在完成一些工作时遇到麻烦”。这其实涉及的不是单纯的能不能做，而是你能否认同公司的做事方式、与公司目标保持一致并快速适应企业的文化及工作方式。在职场中很常见的一个现象是，不少从外企跳槽出来的高管进入民营企业后，就会有一段时间的不适应，这来自于外企与民企之间的文化差异。在民企，跨职能完成工作的现象很常见，比如要求同时兼顾运营和人力资源工作，但这种情况在外企中出现得很少。

另外，人职匹配并不是一个只需要在求职时才考虑的问题，它几乎会贯穿我们每个人的职业生涯，是一个动态的存在。钱国新举了个典型的例子，一些曾经业绩优秀的职场人士在进入三四十岁之后，开始出现业绩下滑、工作表现不佳的现象，很大一部分原因是他们自身和岗位的匹配度降低了。长期来看，企业的目标一直在变化，每个岗位也会出现新的技术和方法，如果那些原本与岗位匹配的员工没能及时调整自己，去适应岗位的新要求，也会再次出现人岗不匹配的情况，最后不得不选择转型、转岗或转换工作单位。换句话说，从职场人士自身的角度出发，只有不断学习，保持进步，不断提高自己的综合能力，让自己很容易“被匹配”，才可能具备更强的职业竞争力。

对公司来说，人职匹配是一个在招聘或者内部转岗、擢升时的考核标准，那么同理，它也可以作为公司人自我职业定位的参考——应聘时它可能会决定你的面试能否成功，入职后它又决定了你今后的职业发展。当职场人士在为自己做个人的整体职业规划时，这个与职业岗位的匹配度也应该是一个时常需要拿来作为自我检验的数据。

智联招聘集团人力资源总监、智联学院学习与发展总监高煜东认为，良好的匹配度会产生令人满意的绩效表现，并能够尽可能降低职场人士因不符合岗位要求而出现的失误率。在这种保证业绩的情况下，新入职的公司人能更快地适应工作，更好地融入工作团队，而得心应手的工作也能让你获得更多的职业成就感，这种成就感会转变成自信和抗压性，帮你克服短期困难，更快地进步。

所以，人职匹配不仅是企业考验你的标准，也是衡量这个岗位是否适合自己的依据，双向满意才能营造出一个更长远的发展空间。

四、职业人要让“客户”满意为自己终生使命

（一）以“客户”为中心

职业人的核心目标是“客户”满意。职业人总是准备提供超过客户期望值的服务。这里的客户包括上司、同事、家人、下属和生意场上的客户。

以“客户”为中心的第一个含义是你能够对客户产生影响，能够使“客户”满意，意味着你必须具有一定的能力，使“客户”接受你为他提供的服务，也就是你有能力产生影响。以“客户”为中心的第二个含义是互赖，如大洋公司的总经理用人的一个标准是“敬人”，敬上司、敬客户、敬同事，也就是在你的职业圈子里创造协调互赖的关系，这样才能协调好各个环节，使其功能发挥达到最佳状态。

职业化的中心是提供客户满意的服务，从另一种意义来说，就是提升“客户”的竞争力，使“客户”的价值得到提升。以“客户”为中心还意味着必须关注对整体的把握，而关注整体，意味着你要关注那些限制整体发展的因素。木桶理论说明，限制最大产出的是数量最少的资源。职业人的要务之一就是帮助客户以尽量小的投入获得尽量大的产出。

（二）基本责任

首先，职业人要为高标准的产出负责，最主要的是做到以下两点：

（1）行为思考的出发点是组织最感兴趣的。

（2）行为执行的出发点是忠诚于你的所有“客户”。这里就要保证：①你是有竞争力的，你具有你的专业优势和你的特殊才能。②他认为你的判断是客观的，职业人很重要的一点是用数据说话。一是你的所有建议案是有数据支持的；二是你的所有行动方案是可以实现的，有量化指标；三是结果可以考量。③你是正直的。职业道德应该是企业用人的重要考核点，商业道德问题对于公司的发展也是致命的。

其次，团队协作。作为职业人，你必须记住一点，只有团队协作，才能够提供高标准的服务。这里讲述的不是专业人士，而是职业人士，专业人士是学有专精的人，而职业人

士则是注重团队合作的专业人士，尤其是在分工越来越细的现代社会，团队协作就更应该被强调。

最后，就是职业人必须为自己的职业生涯负责。要提升客户的竞争力，首先要提升自己的竞争力。处在急剧发展的时代，职业人必须不断地学习，否则只能被社会淘汰。所以说，应变的唯一之道是学习。

五、新时代职业人的挑战

（一）社会变革

1. 引发社会变革的因素

（1）科技。科技日新月异，生活千变万化。

（2）政策。如近几年的人事制度的变革。在北京的招聘报纸上，本地户口再也不是一个必需的条件。

（3）私有化的变革。公有制企业的比例在逐渐减小，私有化进程加剧。

（4）环保。环保是当今时代的一个主题。企业要是对环境造成破坏，就很可能惹怒社会人士。

（5）合作与竞争。合作是竞争时代的唯一主题，企业不懂合作就无法生存。以联想为例，联想集团是一个贸工技一体化的企业，但这并不代表它就没有自己的核心技术，只不过它与别的企业不同的是，别的企业做技术，它做贸易；别的企业做贸易，它做技术。它的技术就是机顶盒。

（6）客户需求多样化。客户需求的变化决定着整个市场的变化，它是大环境变化的根本动力。由于客户需求的多样化和市场的激烈竞争，有人提出了个性化服务的概念。个性化服务就是针对每个人不同需求而提供的服务。

（7）全球经济一体化。在全球化和国际化的发展趋势下，竞争的范围和深度都在加大。

2. 未来社会十大发展趋势

趋势一：各国家在国际社会中的地位将发生变化。

从全球变暖，到 24 小时都在交易，事实上，地球已经成为一个整体。文化的个性魅力将是未来社会繁荣的契机。通信联络与交通运输手段的进步，使地球之间的生态距离日益“缩小”，面对全球人口增多、大气污染等挑战，各国控制事件的难度明显增加。与此同时，世界文化个性优越的、有发展优势的国家由于有足够的文化资源和信息优势，可能将成为 21 世纪有极大力量的多功能实体。

趋势二：知识经济兴起。

“知识经济”是在充分知识化的社会中发展的经济，其特点是：①经济发展可持续化。“知识经济”是促进人与自然协调、持续发展的经济。②资产投入无形化。“知识经济”是以无形资产投入为主的经济，知识、智力、无形资产的投入起决定性作用。③世界经济一体化大发展，世界大市场是经济持续增长的主要因素之一。④经济决策知识化。在知识经济时代，脑力劳动占了主要优势，具有智能的人本身成为人力资本。

趋势三：经济趋于全球化。

“全球化”是指在国际范围内统一运作的一种经济。全球化的标志之一就是世界统一大市场的形成。高科技武装的通信联系、低廉的运输成本、无国界的自由贸易正在把整个世界融成一个唯一的市场。可口可乐、好莱坞大片、麦当劳、肯德基、Windows 98 都是全球化在我们日常生活中的反映。

趋势四：高科技推动全球经济进入全新发展阶段。

根据联合国有关组织的分类，当今高科技可以分为八大类：信息科学技术、生命科学技术、新能源与可再生能源科学技术、新材料科学技术、空间科学技术、海洋科学技术、有益于环境的高新技术和管理（软科学）科学技术。科学界普遍认为，生物技术和信息技术将成为21世纪关系国家命运的关键技术。

趋势五：信息技术与网络改变人们的生活方式。

对未来社会而言，在网上获取信息、学习、娱乐和通信将成为一种习惯，这将同我们现在拿起电话与别人交流或从产品目录上订购货物一样自然。

趋势六：消费趋于个性化。

美国康温迭戈州的米歇尔服装店有五万个顾客，他们利用 AS/400 商用计算机系统对每一个人进行服务。

华尔街日报等已在电子版上推出“个人化报纸”。根据个人喜爱的新闻项目、题材、企业、基金种类，华尔街日报制作了专为个人设计的报纸。先进技术的应用，使大规模按消费者个人要求进行各种消费品的生产成为可能，而消费者自身素质和消费水平的提高，也使追求个性化成为时尚潮流。

趋势七：未来的工作具有更大的自由度。

“哇，太棒了，我长大不用上班了！”虚拟办公，目前已成为某些发达国家的潮流。据调查，美国早在1994年已有1/3（4 320万）左右的人至少有部分时间在家办公，欧洲有1 000万人，英国约有140万人。

信息技术的进步和通信业的发达，使“远程办公”“在家办公”“虚拟办公”成为现实，多种雇用形式的出现以及“弹性工作制”的推行，使上班族能够更自由地支配自己的时间。

趋势八：教育从内容到形式都将出现重大变化。

未来的教室几乎无法辨认，沉重的书包被便携式电脑和微型电脑取代；人机对话的网上学习已成为全球现象，那些给教学增添趣味和娱乐的新形式都将成为可能。远程教学、多媒体教学、互动式教学等全新手段的出现，将极大地提高教学的效率与质量，教师也将因此而面临严峻挑战。

教育将不再只是必须于人生某一阶段完成的任务，而成为伴随终身、分阶段持续进行的一项重要生活内容，而教育也将成为一种“个性化消费”。

趋势九：技术娱乐成为时尚。

如果你是一个赶时髦的姑娘，你可以在电脑中随心所欲地设计自己中意的款式，就如同“卡拉 OK”一样。

1999年4月，英国的一个音乐家已推出他自己研制的网络音乐软件。未来的娱乐将由于科学技术神奇力量的作用而具有不可思议的魅力，《财富》杂志预测说，技术娱乐将在

21 世纪独领风骚。

趋势十：环境问题越加突出，国际社会日益关注。

全球变暖，地球平均气温突破最高值；风暴、洪水、热带森林大火对环境的破坏，濒危物种不断增加……日益严重的环境问题困扰着全球的可持续发展。有科研人员称，21 世纪这一趋势得不到控制，将会出现“环境难民”。

对此，世界范围内正在采用最佳环境技术，率先在能源和农业领域使用；利用再生能源，清理核废物，保存热带雨林；采取大规模植树等措施。21 世纪是人类为解决环境问题与资源问题付出更多努力的世纪。

3. 社会变革的影响

社会变革的影响，最主要体现在对教育态度的转变上。社会对高学历的需求增大，导致：

（1）企业在招聘员工时会制定一个较高的学历要求。对应聘人员的首要要求往往是学历。以往一个公司招收一个专科生就很不容易，而现在却是非名牌大学研究生不要。

（2）再教育的热潮。变革使每一个在职的人都要不停去充电、再学习。

（二）企业变革

联想集团在刚成立的时候是每三年实施一次组织机构变革，后来发展到两年一次，今天则是一次 0. 75 年至一年。为什么它要如此频繁地进行变革呢？因为 IT 行业的发展速度很快，竞争也很激烈。传统行业的变化也很快，几年之前还到便民商店、副食商店买东西，今天去的是家乐福、沃尔玛。这个时代最大的挑战就是变革。成功与否的关键就在于你对变革的看法以及反应。有些人跟上了变革，有些人则落在了时代的后面。变革既是一种挑战，也提供了更为广阔的发展空间，这就是机会。中国进入 WTO，这是中国企业的挑战，也是最大的机会。

1. 企业变革的原因

企业为什么要实施变革呢？因为变者生存。企业变革的目的有两个：生存与发展。以前企业往往要制订五年、十年规划，或者三年、五年行动计划。这种模式，可以形容为“先瞄准后射击”。现在有人提出应该“先射击后瞄准”，认为不应该做三个月以上的规划和计划。

这个提法的核心是“以速度换成本”，也就是高速。高速是这个时代的特点。不一定要了解所有的东西，而是先使用，在使用的过程中再去了解；否则等你完全了解时，也许它已经过时了。

2. 企业变革对企业和个人的影响

企业变革和个人息息相关，企业发生变革，个人必然会受到影响。企业发生变革的内容可能包括：所有权、组织、团队以及流程、职位；对于个人来讲，技术、市场、渠道、地域和分工都可能产生不同程度的变化。

3. 企业变革的类型

垂直型企业向扁平型企业转变，对于此类型的变革，职业人要清楚转变的意义，并做到：要掌握最多的信息。

人事的变动，主要体现为人事关系的变化。

阅读资料 7.2

职业经理人应该学习哪些相关的知识和技能

第一种素质——具备管理道德责任

职业经理人向谁负责？有人会说向企业负责，有人会说向社会负责，有人会说谁雇用我向谁负责，有人会说向自己负责。从聘任关系上来讲，应该是向聘用你的人负责。当企业的所有者在出现战略性错误时，职业经理人会面临管理的道德标准和社会的道德标准的矛盾。这时候从职业角度来看，经理人只能服从企业的管理道德标准，要不就选择离开。

第二种素质——职业经理人必须从关注结构转换到关注人

大部分职业经理人都是关注结构，喜欢生硬地遵循自己的思路、架构，来管理企业。这往往会碰壁，特别是在现阶段的中国，职业经理人要更多关注企业内的每一个人，这样才能保证管理更具弹性。

第三种素质——职业经理人从关注程序和流程转换到关注企业的核心能力

职业经理人会很关注流程、程序，但是他可能不知道这一大套流程和程序可能跟企业的核心能力不配，因为很多企业是有自身的能力的，因此经理人首先必须要了解企业的核心竞争力，才能找与之匹配的程序流程来运作。

第四种素质——实事求是

职业经理人要基于事实来管理，用诺基亚的话说，就是基于事实和数据的管理，并且这个事实和数据必须是这个企业的事实和数据。

第五种素质——要具有一个嵌入战略的素质

就是要把自己构想的战略要嵌入到企业中。不能只谈战略，但是嵌入不到企业当中去。现在经理人常犯的一个错误就是，他的战略观念很强，但经常是他唱自己的调，无人应和。这是一个非常重要的素质。对于企业组织的管理和文化，要继承与发扬，是一种扬弃的关系，而不是改造的关系。所以职业经理人必须采用嵌入，他有战略思想，企业家也有战略思想，他必须理解企业领导者的战略思想，然后找到一个切入点，嵌进去。

第六种素质——职业经理人必须是一个人才发动机

他要有能力让整个企业的人都变成人才。现在经理人犯的一个通病是，“我是人才，你们都是蠢材。我进来就要证明我强，你们都不强，你们过去的都是错的，其他人都错，实在不行我从外边再带人进来。”这是导致空降兵与地面部队发生冲突的重要原因。

经理人的各项素质融到最后，就是向上管理的素质，这是职业经理人的根本素质。以前的观点是对下属负责，这是对的。但是对于经理人来说，一个关键的前提是董事会或企业所有者给予充分授权，如果连资源都没有，就丧失了向下管理的平台。因此向上管理，能够管理上司和企业所有者，这样才能把职业经理人的作用真正发挥出来。

第二节 职业人的职业道德

一、职业道德概述

理论界通常把道德分为社会公德、职业道德、家庭美德三种类型。所谓职业道德是指所有从业人员在职业生活中应遵循和具备的最基本道德和行为准则，它反映社会对某一职业活动的道德要求，是社会道德在职业活动中的延伸和具体化。职业道德是“爱国守法、明礼诚信、团结友善、勤奋自强、敬业奉献”等公民基本道德规范在职业方面的具体反映，是公民道德建设的一项重要内容。遵守职业道德是对所有从业人员在职业活动中的行为要求，同时也是本行业对社会承担的责任和义务。

（一）职业道德的概念

职业道德是指从事一定正当职业的人在特定的工作和劳动岗位上从事职业活动时，从思想到行为都应遵循的道德规范。它调节从业人员与服务对象、从业人员之间、从业人员与职业之间的关系。作为一种职业行为规范，职业道德总是鲜明地表达职业义务、职业责任以及职业行为上的道德准则，主要内容是对从业者义务的要求，往往比较具体、灵活、多样。它总是从本职业的交流活动的实际出发，采用制度、守则、公约、承诺、誓言、条例以至标语口号之类的形式。这些灵活的形式既易于为从业人员所接受和实行，又易于形成一种职业的道德习惯。职业道德没有确定形式，主要依靠文化、内心信念和习惯，通过从业者的自律来实现。职业道德标准多元化，代表了不同企业可能具有不同的价值观；职业道德承载着企业文化和凝聚力，影响深远。职业道德一方面被用来调节从业人员的内部关系，加强职业、行业内部人员的凝聚力；另一方面也被用来调节从业人员与其服务对象之间的关系，用来塑造本职业从业人员的形象，其规范的目的是让我们的职业生活健康有序、张弛有度、事业兴旺、前途光明。目前，研究各种职业道德规范的学科称为“职业伦理学”。

阅读资料 7.3

社会主义核心价值观的基本内容

社会主义核心价值观是社会主义核心价值体系的内核，体现社会主义核心价值体系的根本性质和基本特征，是社会主义核心价值体系的高度凝练和集中表达。

社会主义核心价值观的基本内容：富强、民主、文明、和谐是国家层面的价值目标，自由、平等、公正、法治是社会层面的价值目标，爱国、敬业、诚信、友善是公民个人层面的价值准则。

（二）职业道德的特点

1. 行业性与实用性

每种职业都担负着一种特定的职业责任和职业义务，由于各种职业的职业责任和义务不同，从而形成各自特定的职业道德的具体规范。例如，医生的每一个判断都涉及人的生命，所以如果医生的职业伦理出了问题，我们每个人都将处在危险中，因此医生必须遵守“救死扶伤，治病救人”的职业道德；教育的本质是引领人的灵魂，人的灵魂不应有任何污染，因此教师要做到“教书育人，为人师表”；商人要“公平买卖，童叟无欺”；军人的天职是英勇善战，保家卫国。政治道德是社会的最高道德。政治道德有一条基准，即权力的拥有者要全心全意为人民服务，不允许用公共权力来交换私利，因而政治家应是整个社会伦理的最高楷模。这些规范，行业性突出，简明扼要，实用性强。

2. 继承性与时代性

由于职业具有不断发展和世代延续的特征，不仅其技术世代延续，其管理员工的方法、与服务对象打交道的方法也有一定的历史继承性。例如，“学而不厌，诲人不倦”，教书育人，从古至今始终是教师的职业道德。又如，为官要清廉，商人要以诚为先、以信为本等。

3. 多样性与具体性

为了方便人们在从事职业活动时的理解和执行，各个行业根据本职业的特点和要求，制定出行业公约、注意事项、服务公约、职工手册、岗位守则等具体形式，把职业道德的要求表示出来，便于操作和监督。

4. 自律性与他律性

职业道德经常以制度、章程、条例的形式表达出来，让从业人员认识到职业道德具有纪律的规范性，是“他律”。职业道德通常是非强制性的，主要依靠从业者的自我约束，自觉遵守，这就是“自律”。自觉遵守是一种美德，不自觉遵守将会受到批判或者惩处。

（三）职业道德的核心与原则

2001 年公布的《公民道德建设实施纲要》（以下简称《纲要》）中指出：“为人民服务作为公民道德建设的核心，是社会主义道德区别和优越于其他社会形态道德的显著标志，也是职业道德的核心。职业人要正确处理好个人与社会、竞争与协作、先富与共富、经济效益与社会效益等关系，提倡尊重人、理解人、关心人，发扬社会主义人道主义精神，为人民为社会多做好事，反对拜金主义、享乐主义和极端个人主义，形成体现社会主义制度优越性、促进社会主义市场经济健康有序发展的良好道德风尚。”为人民服务就是一切对人民负责、一切从人民的利益出发的思想观点和行为准则。

为人民服务是社会主义道德建设的核心，是社会主义道德建设的出发点和落脚点，社会主义道德建设的一切活动都要以最大多数人民的根本利益为最终目的。我们每个人无论从事什么行业，不论职位高低，都是人民的勤务员。人民是国家和社会的主人，人人都在为他人服务，人人又都是被服务的对象，“我为人人，人人为我”，为人民服务贯穿于“爱祖国、爱人民、爱劳动、爱科学、爱社会主义”的五项基本要求之中，贯穿于职业道德、社会公德和家庭美德建设之中。每个从业者都从“为人民服务”的核心出发，做好本职工作，我们的社会才会和谐，人民的生活才会幸福。

集体主义是职业道德的基本原则，是一种先公后私、公私兼顾的思想和行为准则，是社会主义经济、政治和文化建设的必然要求，其基本内容有：个人应当从属于社会，个人利益应当服从集体、国家利益；兼顾国家、集体、个人利益，使之共同发展；反对极端个人主义。在社会主义社会，人民当家做主，国家利益、集体利益和个人利益根本上的一致使集体主义成为调节三者利益关系的重要原则。职业人要正确认识和处理国家、集体、个人的利益关系，提倡个人利益服从集体利益、局部利益服从整体利益、当前利益服从长远利益，反对小团体主义、本位主义和损公肥私、损人利己，把个人的理想与奋斗融入广大人民的共同理想和奋斗之中。

二、职业道德的基本规范

《纲要》提出："要大力倡导以爱岗敬业、诚实守信、办事公道、服务群众、奉献社会为主要内容的职业道德，鼓励人们在工作中做一个好建设者。"《纲要》对职业道德的这种规定不仅体现了时代的鲜明特征，也概括了社会主义市场经济条件下各种职业道德的共同特点。所以，它适用于各行各业，是对各种职业的共同要求，成为职业道德的基本规范，也是所有行业的从业人员必须遵守的基本职业行为准则。

（一）爱岗敬业

1. 爱岗敬业的含义

爱岗就是热爱自己的工作岗位，热爱和尊重自己的本职工作。爱岗是社会对从业人员工作态度的一种普遍要求。敬业就是以极端负责的态度对待自己的工作，勤勤恳恳，兢兢业业，忠于职守，尽职尽责。敬业包含为谋生敬业和真正认识到自己人生态度意义上的敬业两层含义，而后者是高层次的敬业。爱岗敬业是职业道德规范的基础，是为人民服务精神的具体化，是爱国家、爱人民、爱自己的统一。

2. 爱岗敬业的具体要求

（1）慎择业。从业人员要树立正确的职业理想，选择一行爱一行，干好一行。职业人要少一些心浮气躁，多一些理智和冷静，时刻保持清醒的头脑。人不能一生一业，人才合理流动是正常的。所有正当合法的工作都是值得尊敬的，都是值得珍惜的。切忌朝秦暮楚，不要这山望着那山高，随时想着"跳槽"。如果那样的话，就连爱岗都算不上，又何谈敬业呢？一个连自己岗位都讨厌的人谈不上一心一意去工作，尽职尽责忙事业。

（2）要乐业。从业人员应具有积极的职业情感，具有强烈的成就感和自豪感；深信自己的工作有益于国家和人民，倾注满腔的热情，抱有浓厚的兴趣，把工作当作生活的乐趣，从内心热爱自己的工作，少一些计较，多一些宽容，你就会"天天都有好心情"；爱岗敬业产生的职业自豪感是做好一切工作的基础。

（3）要勤业。从业人员应有严肃认真的工作态度，脚踏实地，忠于职守，团结协作，认真完成工作任务；对待工作尽职尽责、一丝不苟、善始善终的职业道德是一种最基本的做人之道，也是成就事业的重要条件。工作主动、责任心强，养成自觉主动工作的习惯，要把个人利益统一到组织利益、集体利益上来，以主人翁的姿态，将全部身心彻底融入工作中。只要忠于自己的工作，与同事们同舟共济、共赴艰难，人生就会变得更加饱满，事业就会变得更有成就感。

（4）要敬业。从业人员要有高度的职业责任感，钻研业务，提高技能，勇于革新，做行家里手，提高工作效率。本职工作是一个人每天必须要做、要完成的基本工作和任务，做不好就会砸了自己的饭碗。要做好、做完善就必须处处留心，不断提高自身的业务水平，熟练掌握专业技能，善学习，勤思考，敢创新。

爱岗敬业是各行各业生存的根本，影响着整个国民经济的发展；爱岗敬业是大学毕业生成就事业、服务人民、实现人生价值的动力源泉和必经途径。

阅读资料 7.4

中外职业道德精华概要

贯穿于我国社会每个时代、每个职业始终的优秀传统职业道德有以下几方面：

一是以国家、民族利益为重，以天下兴亡为己任的高度责任感；二是自强不息、艰苦奋斗的顽强拼搏精神；三是提倡礼仪仁爱、人际和谐的人道主义原则；四是倡导见利思义、以义制利的道德价值取向；五是忠诚坦白、恪守信义是处世立业的根本。

西方国家职业道德中的合理因素有以下几方面：

一是崇尚独立自主、个性自由发展的人文主义精神；二是社会正义、天赋人权的平等精神；三是开拓创新、勇于探索、敢于奉献的进取精神；四是忠于职守、勤奋刻苦的敬业精神。

（二）诚实守信

中国人历来信奉诚实守信，人无信不立，业无信不兴。古人用“一言九鼎”“一诺千金”等来比喻承诺的分量和贵重。“诚”与“信”可以说是中国五千年传统文化的基石。尤其是在当今社会，诚信更是无价之宝，口碑传承凸显诚信的力量，不讲信用的人寸步难行。

1. 诚实守信的含义

诚实是实事求是、不虚伪。守信是守承诺，讲信用。诚实守信是做人的基本准则，是职业道德的灵魂，是一切职业道德的“立足点”，也是市场经济的基础和生命之所在。它不仅渗透于我国法律体系当中，成为许多法律的基本原则，同时也是职业道德的一项重要内容。

2. 诚实守信的基本要求

（1）为人诚实。从业人员要做老实人，说老实话，办老实事，忠诚于所属企业，保守企业秘密，维护企业信誉。孔子认为，讲信用是君子的一种美德，是交友和处世的基本准则。诚实守信是职业道德修养的基本原则，是立身之本。“付出不一定会有回报，但努力一定会有收获”。

（2）保证质量。质量是各行各业的生命，产品或者服务必须达到标准，产品优，态度好，不掺杂使假，责任意识强，以质量求生存、求发展，以质量赢得市场；诚信乃企业和个人职业活动的立足之本、发展之源。

（3）讲信用，重信誉。信守诺言，以信立业；平等竞争，货真价实，反对弄虚作假、坑蒙欺诈、假冒伪劣。要做到诚实守信，就要诚实劳动，合法经营；就要按市场规则办事，反对不正当竞争；要树立信用观念，无论做人还是做事都要重承诺、讲信誉，认真履约，货真价实，买卖公平，最大限度地满足消费者的需求，以获得最佳经济效益和社会效益，以真诚赢得信誉，用信誉保证效益。

对职业人来说，诚实守信既是一种道德品质和道德信念，也是每个公民的道德责任，更是一种崇高的“人格力量”。对一个企业和团体来说，它是一种形象，一种品牌，一种信誉。对一个国家和政府来说，诚实守信是“国格”的体现。对国内，它是人民拥护政府、支持政府、赞成政府的一个重要的支撑；对国际，它是显示国家地位和国家尊严的象征，是国家自立自强于世界民族之林的重要力量，是良好国际形象和国际信誉的标志。

（三）办事公道

1. 办事公道的含义

办事公道是待人平等，处事公平公正。我们在办事情、处理问题时要站在公正的立场上，对当事双方公平合理、不偏不倚，按照一个标准办事。办事公道是人民群众对每个从业者特别是各级领导干部的道德要求，是为人民服务必不可少的条件，是提高服务质量的基本保证。

2. 办事公道的基本要求

首先，坚持真理，秉公办事，不徇私情，反对以权谋私、行贿受贿。尤其是国家机关和一些具有垄断性质的部门、行业，必须反对特权，杜绝贪赃枉法现象。其次，公私分明，客观公正，处理问题出于公心，合乎政策，结论公允。对于企业职工来说，在日常工作中，办事公道的职业道德可以杜绝目前社会上的种种不正之风，因为社会上的不正之风，许多都是由行业的不正之风引起的。再次，为人正直，光明磊落，主持公道，伸张正义，保护弱者，清正廉洁。每个公民在人格上都是平等的，法律地位是相同的。我们在工作中不可以因人而异、“看人下菜碟”，应该一视同仁。

弘扬办事公道有助于社会文明程度的提高，弘扬正气，扭转“人情风”“走后门”等歪风邪气；有利于纯洁党风，反腐倡廉；保证我国市场经济良性运行，构建和谐社会。

（四）服务群众

1. 服务群众的含义

服务群众直接体现了职业道德的核心——“为人民服务”的宗旨，是职业道德的具体体现。任何人要生存、要发展、要工作、要劳动，首先总是要接受社会和其他人提供的大量服务。同时，任何一位从业者也总是在本职岗位上通过自己具体的工作、劳动，为他人、为社会提供服务。所以，服务群众是社会全体从业者通过互相服务来达到社会发展、共同幸福。

2. 服务群众的基本要求

服务群众的基本要求：首先是热情周到。热情周到是指对人民群众要主动、热心、细致。其次是满足需要。满足需要是指要急群众所急，想群众所想，听取群众意见，了解群众需要，为群众排忧解难。最后是技能高超。技能高超是服务水平要好，工作技能熟练。要端正服务态度，改进服务措施，提高服务质量，为群众工作和生活提供便利。反对冷硬推脱、吃拿卡要，抵制行业不正之风。

弘扬服务群众的意义在于：服务群众，满足最大多数人的利益要求，关系全国各族人民的团结和社会安定的全局，是社会主义市场经济健康发展的内在要求，它是社会文明的呼唤，是个人职业素质的具体体现。

（五）奉献社会

奉献社会的含义：奉献社会就是为国家、为人民贡献自己的一切。奉献社会是一种忘我无私的精神，是社会主义职业道德的本质特征，是职业道德的最高境界和归宿，是每个从业者的最终目标。

阅读资料 7.5

最美司机——吴斌

2012 年 5 月 29 日，杭州市旅游客车司机吴斌驾驶客车在高速公路上被“从天而降”的铁片击中腹部。他忍受着肝脏破裂的巨大痛苦，用 76 秒完成减速停靠、拉紧手刹等驾驶操作，告诫乘客注意安全，最终以身殉职。

客车上的监控系统记录下了他在危难时刻的一举一动，并迅速通过网络和电视传播到全国各地，他的恪尽职守使全车 24 位乘客安然无恙。

杭州市政府先后追授吴斌为“道德模范”和“革命烈士”，他被人们称为“平民英雄”和“最美司机”。他的职业价值观为职业人起到了模范带头作用，他的事迹也证明了“劳动模范”“人民英雄”和“革命烈士”等共产主义词汇仍存在于中国人的潜意识中。这是社会的主流。

2012 年 6 月 5 日，在杭州举行的吴斌追悼会聚集了上万名市民，近百辆出租车加入送别吴斌的队伍中，以此表明对吴斌的敬仰。媒体更是对这场声势浩大的万人送别仪式进行了广泛的报道。

评析：

吴斌只是一名平凡的客车司机，他在生命最后一分钟里所做的一切也不惊天动地。然而，许多人却牢牢地记住了他的名字。这是一个平凡到了最底层，却伟大到了极致的普通百姓。他用生命告诉我们：一个人对职业赋予的责任应怎样承担。维持对职业的敬重、忠诚与尽心尽职，不可能全靠兴趣爱好，不可能全靠金钱、压力、制度，但有一点必不可少，那就是“责任心”。

虽然吴斌是一名平凡的客车司机，但是他的名字永远铭刻在人们的心里，虽然他在生命的最后一分钟所做的一切并不惊天动地，但是此时他的生命却放射出耀眼的光辉。这短暂的一分钟是震撼人心的一分钟，是发人深省的一分钟。因为直到生命的最后一刻，他仍没有忘记自己的责任和使命。在吴斌身上体现的就是良好、崇高的职业道德。

阅读资料 7.6

周恩来总理的最后时刻

1974 年 1 月至 6 月 1 日因病住院手术期间，周恩来总理抓紧时间抱病工作的情况如下：工作 12 ~ 14 小时的有 9 天，工作 14 ~ 18 小时的有 74 天，工作超过 18 小时的有 38 天，工作 24 小时的有 5 天，连续工作近 30 小时的有 1 次。从 1974 年 6 月 1 日住进医院到 1976 年

1月8日逝世这段时间，周恩来总理做了6次大手术，8次小手术，平均每40天左右动一次手术。就是在这种情况下，他除处理日常工作外，还同中央负责同志谈话55次，接见外宾63次，在医院中召开会议20次，外出开会20次。还参加了贺龙同志的骨灰安放仪式及李富春同志的追悼会，并亲自主持了第四届全国人民代表大会。

三、职业道德行为的培养

良好的职业道德行为不是先天就有的，而是后天培养的。职业道德行为是从业者在一定道德知识、情感、意志、信念支配下所采取的自觉活动。每一位从业者要想通过自己的职业更好地为他人服务，就必须强化职业道德修养，以良好的职业道德吸引客户，服务于客户。职业道德行为养成的途径和方法必须符合职业道德本身的特点和自身的实际情况。大学生进行职业道德行为培养的主要途径有下面几个方面：

1. 强化学习意识

“知是行之始”，大学生不仅要学好文化知识、专业知识，掌握专业技能，还必须加强职业行为习惯的养成训练，培养良好的职业道德素质，以符合未来岗位对人才素质的要求，在未来的岗位上进步成才，建功立业。因此，必须认真学习有关的职业道德知识，尤其是与自己专业联系紧密的行业职业道德，向社会上的职业道德模范看齐。不能把公而忘私、舍己救人视为傻瓜，不能把讲文明礼貌和庸俗作风混为一谈，不能把不遵守纪律视为敢作敢为，不能把朴素节俭视为小气吝啬，不能把讲哥们儿义气视为真正的友谊等。

2. 在日常的学习、生活、工作中培养自己良好的职业道德习惯

“勿以恶小而为之，勿以善小而不为。”这句古训使我们明白一个道理，在日常生活中的一件件小事里培养自己良好的行为习惯是很重要的，从小事做起，从自我做起，从习惯做起，长期坚持，到了一定时候就会成就大事业。良好的职业习惯养成主要是自律的结果，良好的习惯一旦形成就是终身受用的资本；有了良好的道德习惯就比较容易做出正确的道德选择，成为对社会、对人民有用之人。反之，不良的习惯则会成为一生的羁绊，阻碍自己的发展。如果一个人有较高的职业道德素质，那么他在未来的职业生涯中一定会比他人多付出一份努力，从而也就会比他人多一个成功的机会。伟大的人注定要在平凡的岗位上做出不平凡的业绩，久而久之，这种思想会引领你走向一个新的阶段，即自觉养成职业道德行为。一个人一旦养成这种习惯，那么他必定会严于律己，自觉抵制不正之风，为社会做出自己的贡献，以求拓宽自己生命的宽度，实现人生价值。

3. 通过社会调查、青年志愿者活动、假期打工等社会实践理解职业道德的丰富内涵

“说一万句大话抵不上做一件小事”“心动不如行动，行动才有成就”丰富的社会实践有利于开阔视野，是根除学生高分低能这种怪病的良方。“道德者，行也，而非言也”，只说不做就像一个没有思想没有灵魂的人，只是一副躯壳而已。多参加社会实践可以培养我们的职业情感，多观察、多思考、多请教、多对比、多感受，在实践中注意理论与实际相结合，做到言行一致，知行统一。社会实践是职业道德行为培养的基本途径。

4. 加强自我修养

提高自我修养也是养成良好职业道德行为的必经阶段。周总理就一直奉行“改造到老”。它是提高职业道德水平的手段，是形成人们职业道德品质的内因。孔子云：“三人行，必有我师焉。”“见贤思齐焉，见不贤而内自省也。”面对自己的缺点，我们要不断剖析自我，重塑自我，在今后的职场上更要做到不耻下问，甘为弟子，不断充实自己，以便给他人提供最优质的服务。

“慎独”是说一个人独处的时候也要像在大庭广众之下一样为人处世。做事谨慎小心才符合君子的标准。“慎独”是我国古代儒家创造出来的具有我国民族特色的自我修身方法，是一种传统美德，最先见于《礼记·中庸》。从近年来查处的各类腐败案件中可以看到，许多案件几乎都发生在疏于管理的地方和缺少监督的时候。对于大学生自身来说，无论是现在还是将来作为职业人，都要发扬“慎独”精神，在任何时候都能严于律己。

阅读资料 7.7

不同类型的职业人员应具备的职业素质

第一，管理型职业人员应具备的职业素质。管理型职业是指企事业、机关、团体和其他组织机构中从事组织、决策、管理等事务的职业活动，主要包括国民经济管理、企业管理、金融管理、财政管理、外贸管理、行政管理等工作。从事管理类型的职业人员应具备的素质结构主要包括：一是踏实贯彻党的方针政策并能灵活运用，有高度的公仆意识的职业道德结构；二是具备坚实的管理专业理论和实践知识，同时具有广博的自然科学知识和社会科学知识的复合型知识体系结构；三是具备决策判断能力、组织实施能力和知识更新能力。这三个方面构成了一个管理者的基础条件和管理水平，决定着管理队伍的质量和效能，是选拔、任用及培养管理人员的内在依据。

第二，科研型职业人员应具备的素质。科研型职业是指对基础理论、信息情报、学科应用技术等的研究、调查、分析以及试验等工作，包括自然科学研究、社会科学研究和软件科学研究三大类。科研工作是一种创造性劳动。科研人员应该具备以创造力为核心的知识结构。具体来说：一是在知识结构方面具备宽厚扎实的基础知识，既要有专长又要博识，达到专长与广博的有效结合；二是具备创造力、熟练的基本技能和理论、理解判断能力，以及把这三者融会贯通、协调结合的整体素质；三是具备独立思考、勤于实践、崇尚真理、不怕挫折的良好心理素质。

第三，工程型职业人员应具备的素质。在我国的高等学府中，工科院校所占比重最大，大部分工科院校大学生走上工作岗位后将成为工程技术人员。从各行业工程技术应用岗位的要求来看，工程技术人员更应具备良好的专业素质：一是要有不辞辛苦、艰苦奋斗的创业精神和严肃认真、一丝不苟的求实工作态度；二是谦虚谨慎，能深入工作第一线，能和同事密切合作；三是在牢固掌握专业知识的基础上，对相近专业的知识比较了解，有较高的外语水平、计算机应用能力、语言表达能力和把理论应用于实践的能力；四是在发展方向上，本科以下层次可向应用技术型发展，本科以上层次可向技术开发型发展。

第四，事务型职业人员应具备的素质。事务型职业是指从事与组织机构内部日常的制度性、规范性、信息传播等有关事务处理的职业活动。例如，打字员、档案管理员、办事员、秘书、图书管理员、法院书记等从事的便是事务型职业。事务型职业对职业人员的素质要求，在知识方面侧重基础文化知识，且在职业技术专业知识方面有较为具体的要求，如要求从业人员懂得统计、档案管理知识，熟悉专门法规和规章条例等。一些涉外单位还对外语有较高要求。在能力方面要求具有较强的社交能力、语言表达能力和办事能力等。事务型职业中不少岗位要求从业人员严守纪律，保守机密，有的还有礼仪方面的特殊要求。

第五，社会型职业人员应具备的素质。社会型职业包括教书育人、救死扶伤、提供公共服务、协调人际关系、为人们提供生活便利等方面的工作。例如，教师、医生、律师、法官、广播电视工作者等社会公共事业服务人员从事的便是社会型职业。社会型职业要求职业人员在知识素质方面具有基础的科学文化知识，尤其是具有广泛的知识面和职业要求的专门知识。在能力素质方面要求具有一定的理解能力、社会活动能力、组织协调能力、自身形象设计能力和文字表达能力等。

第六，文化型职业人员应具备的素质。作家、服装设计师、音乐家、舞蹈家、摄影家、书画家、雕刻家、广告设计师等从事的便是文化型职业。文化型职业在知识和能力方面对职业人员的素质要求：一是能博采众长和广泛涉猎；二是敏锐的观察力；三是丰富的想象力；四是坚强的毅力；五是得天独厚的艺术天赋；六是不断创新的精神。

第三节 科学文化素质的培养

科学文化素质是指人的知识能力方面的素质：一是指人们对自然科学、社会科学、人文科学和美学文学艺术等人类文化各种基本知识和常识的认识程度和掌握情况，也包括大学期间所学的专业知识等；二是指建立在上述知识基础上的实践能力，即运用科学知识方面的素质。科学文化知识是构成科学文化素质的基础，科学思想方法是科学文化的第二层内涵，科学精神则是科学文化的核心内涵。科学知识作为科学文化的基础，同时也是个体科学文化素质形成的基础。大学生只有努力提升自身的科学文化知识素质，才能适应社会经济、文化发展和职业生涯发展的需要。

一、科学文化知识结构

《现代汉语词典》对知识的解释为："知识是人们在改造世界的实践中所获得的认识和经验的总和。"《辞海》中把知识定义为："人们在实践中积累起来的经验。从本质上说，知识属于认识范畴。"

科学文化知识结构，是指一个人所拥有的知识体系的构成状况与结合方式，它是由诸多要素组合而成的有序列、有层次的整体信息系统。知识结构是一个人科学文化素质的质的方面，它与知识程度有机结合，形成一个人的科学文化素质。

（一）科学文化知识结构的合理模式

科学文化知识结构的模式主要有以下几种：

1. 宝塔型结构

人们把基础理论知识比喻为宝塔的底部，然后从下到上依次由专业基础知识、专业知识、学科前沿知识构成。宝塔顶部是主攻目标或从事的职业目标。这种知识结构模式强调基础理论的宽厚扎实和专业知识的精深，容易把所具备的知识集中于主攻目标上，有利于迅速接近学科前沿和从事纯理论与应用科学的研究工作。我国高校培养出来的人才大多具有这样的知识结构模式。

2. 网络型结构

这种结构是以所学的专业知识为中心点，把其他与该专业接近的、有着较大相互作用的知识作为网络的各个连接点，相互联结而形成适应性强、能够在较大空间内发挥作用的知识结构。这种知识结构能使专业知识处于网络的中心，并侧重与专业相关联的系统知识的辅助作用，在运用知识时还能充分发挥整体知识的协调作用。这种知识结构是知识广度与深度的统一。具有这种知识结构的求职者，在就业过程中能因自身知识结构的弹性与应变能力而在人才市场中掌握主动权。

3. 帷幕型结构

这种结构的具体含义是一个具体的社会组织对其组织成员在知识结构上有一个总体的要求，而作为该组织的个体成员依其在组织中所处的层次，在知识结构上存在一些差异。以一个企业为例，企业对其成员的整体知识结构要求具备财政、会计、安全、商业、保险、管理等知识与具体技术。而对企业中处于不同层次的个体来说，要求掌握上述知识的比重是明显不同的。这种知识结构强调个体知识结构与整体知识结构的有机结合。这种知识结构要求求职者在求职过程中不但要注意所选职业类型在整体上对求职者知识结构的要求，同时还要了解所选职业岗位在其所在社会组织中的位置及具体层次。需要说明的是，尚未涉及职业领域的学子们不能因此而在学习过程中就单攻某种知识领域而使自己偏科。因为你在学习期间所构想的职业岗位是虚幻的，将来能否实现并不完全取决于自己的意愿；即使将来如愿，你也不能确定自己就能在这一职业岗位上度过一生。

（二）合理的科学文化知识结构的共有特点

1. 有序性

作为合理的知识结构，一般来说，必须有从低到高、从核心到外围几个不同层次。从低到高是指从基础到专业直指顶点的目标，要求知识的积累由浅入深，逐步提高；从核心到外围是指在目标确定的前提下，将那些对实现目标有决定意义的知识放在中心位置起主导作用，同时让一切相关的知识在整个知识结构中占有相应的位置。否则，知识结构杂乱无章、主次不分，很容易造成胡子眉毛一把抓，没有专长，发挥不了知识的整体作用。这样就会在今后的择业或从业过程中失去优势，成才就更为不易。这里强调知识搭配主次有序，并不是否定外围知识的作用。在学有余力的同时，多涉猎一些相关领域的科学文化知识对自己今后的发展则更为有利。

2. 整体性

现代科学发展趋势使知识结构呈现出整体性和综合性的特点，它要求科技人员不仅要有知识的量和深度，而且其所拥有的知识还必须是一个有机的整体，相互联系并且能相互发生作用。否则，其所拥有的知识在整体上就不能发挥出最优化的功能。掌握了较为广博的知识并能融会贯通，就能在纷繁的知识中发现其内在联系，爆发出新的思想火花，产生出大于各部分知识简单叠加的整体效应。由于现代科学高度分化的同时呈现高度综合的发展趋势，因而合理知识结构的整体统一性特征将越来越明显。

3. 应变性

现代科技的高度分化与高度综合导致知识陈旧周期缩短，这就要求人们的知识结构应是动态的、可变的，能够根据实际需要经常进行必要的调整，以保持最佳状态。因此，一个人如果没有应变能力，就很难从原来的专业转移到相近专业，更不能跨学科转移，即使他今天是个名副其实的人才，明天也可能成为平庸之人。

二、建立科学文化知识结构的原则和途径

（一）大学生建立科学文化知识结构的原则

1. 广博性与精深性相结合的原则

科学文化知识结构是广博性与精深性的有机统一体。它既是在广博基础上的精深，又是围绕精深目标的广博。所谓“广博”，即广采博学。所谓“精深”，即精通一门学科或方向。广博是基础，有了广博的知识才能使人们眼界开阔、思想活跃、触类旁通。现代科学技术发展日新月异，边缘学科和横断学科不断出现，技术上的高度综合、学科间的互相渗透，要求人们具有相当宽广的知识面。知识面过窄则难以适应科学技术发展的需要，也很难在事业上有所建树。强调广博并不是不要精深，只有广博而不精深则只能是“样样通，样样松”。成功的人才往往都是在具有宽厚的基础知识之上对专业知识精益求精，从而成为某一学科、某一方面颇有造诣的专家。广博与精深相结合，就要处理好主攻学科与相关学科知识的关系。要集中主要精力学好主攻学科知识，同时要有计划地学习一些跨学科知识，只有知识丰富的人才可能有旺盛的创新精神和创造能力。

2. 层次性与比例性相结合的原则

一个合理的知识结构，既是由低到高的几个不同层次的知识构成，也是多种不同比例知识的恰当组合。大学生在建立知识结构时，要坚持层次性与比例性相结合的原则。一般来说，大学生的知识可分为三个层次：基础层次、中间层次和最高层次。基础层次是指大学生应该必备的各种科学文化和基础知识，它是大学生参加实践活动不可缺少的条件。中间层次是指一般的、系统的专业知识，它是大学生在专业方向上得到发展、投入创造的基础和前提。最高层次是指关于某个专业或某项事业的最新成果、攻坚方向和研究动态的知识，它是大学生走向社会和开创事业的直接准备。三个层次的各部分知识的比例必须恰当和协调，既要将那些对实现目标有决定意义的知识放在中心的位置，又要使一切相关知识在整个结构中占有相当的位置。

3. 知识的积累与调节相结合的原则

合理的知识结构既需要大量的知识积累，也需要适宜的知识调节。大量相关学科知识的积累有利于强化整体效应，能适应当代科学技术相互渗透、不断分化综合的发展趋势。调节一方面是要更新知识，防止知识的老化；另一方面是增强实用性，防止与自己主攻方向无关的知识所占比例过大，最终不适应职业岗位的要求，影响个人能力充分发挥。

4. 理论与实践相结合的原则

合理的知识结构不仅是理论知识的有效积累，而且是实践经验的结晶。在理论与实践的天平上忽视或缺乏任何一个方面，都会导致知识结构的倾斜。缺乏理论指导的实践是盲目的，而缺乏实践的理论又是空洞的。没有实践，理论就会枯萎；而没有理论，实践就会缺乏指南。大学生要建立合理的知识结构，就要坚持理论与实践相结合的原则，除了重视“第一课堂”的学习外，还应积极参加“第二课堂”活动，走向社会，重视在实践中学习。

（二）大学生建立科学文化知识结构的有效途径

大学生建立科学文化知识结构的有效途径包括：

1. 博览群书

书是人类知识的综合和储存，博览群书使人视野开阔，思路灵活。在人类历史上，一切优秀的人才无不是博览群书的典范。

2. 按主攻目标积累

在积累知识的过程中，按主攻目标积累的知识最为有效。这是因为，有了主攻目标才能制订计划做某事；有了主攻目标才能明确积累什么知识；有了主攻目标才能判断知识的相对价值，积累最有效的知识，最大限度地发挥知识结构的作用。一个人要有所成就，就必须专注一事，不可把精力分散于多方面。因此，在具备一定广博的知识后，应按主攻目标积累知识，善于限制阅读范围，严格慎重地选择阅读的书籍和杂志，切忌漫无边际地浏览。

3. 注意动态调节

世界上一切事物都处于不断的运动、变化和发展之中，作为反映客观事物的知识结构也必然是不断变化的。大学生要建立合理的知识结构，就要注意动态调节。在实际生活中，需要调节知识结构的情况有三种：一是由于科学技术的迅猛发展引起的知识更新，需要调整知识结构，以适应形势的需要；二是开辟新学科或探索新的科学领域，需要建立与之对应的新的知识结构；三是职业或工作性质变动，需要调整原有的知识结构，使其保持高效状态，发挥潜在的效能。

4. 内储与外储相结合

记忆是掌握知识的基本手段。人们的记忆一般通过两种方式进行：一是内储；二是外储。内储就是用大脑记忆知识，其储存范围因人而异，通常是常用的、能够举一反三的知识。这些知识是人们进行思维活动的工具。外储就是利用记忆工具储存知识，其储存对象是与本专业，特别是与主攻目标相联系的知识。外储的方法主要包括做笔记、积卡片、编索引、剪辑资料、做摘录、拍摄照片、录音、录像等。知识的内储与外储是记忆的两个侧面，二者关系密切，不可偏颇。忽视知识内储会导致思想迟钝，忽视知识外储会使记忆负担过重，只有二者协调发展才有利于建立合理的知识结构。

大学生科学文化知识准备用人单位在考核、挑选大学生时，不仅重视应聘者的专业水平，而且十分重视应聘者基础知识面的广泛性、计算机水平和外语水平，甚至包括应聘者的社会知识等。所以，大学生要想在激烈的人才竞争中获胜，就必须注重择业前的知识准备。

（三）大学生进行科学文化知识准备的步骤

1. 科学文化知识积累

知识积累是大学生的优势，同社会上其他人员相比，毕业生具有更为坚实的基础知识、较精深的专业知识和广博的社会知识，所以才得到了社会的欢迎。临近毕业，尤其是随着就业目标的确定，大学生要通过毕业论文、社会实践和实习等活动，进一步查找自己在知识积累、掌握和运用等方面的薄弱环节，抓紧时间充实和完善自己的基础知识和专业知识。同时，还要根据社会需要调整自己的知识结构，拓宽知识面，以增强自己的适应能力。

2. 科学文化知识的结构化和系统化

大学生要将多年积累起来的零散的知识梳一梳、理一理，围绕自己既定的就业目标，对自己所掌握的知识进行合理组合、恰当调配，使其形成一个有层次的、可协调发展和更新的动态结构，只有这样才能使自己的知识积累转变为解决问题的能力。大学生还可利用高等院校有利的学习环境弥补自己的知识缺陷，以增强自己的竞争能力。

（四）成功就业对大学生科学文化知识结构的要求

1. 宽厚扎实的基础知识

随着行业、职业结构调整速度的加快，大学生无论是选择职业还是确定方向，或是适应工作性质的变动，都离不开宽厚扎实的基础知识的储备。这不仅关系到其是否能进一步发展，是否在专业上有所建树，而且关系到将来走向工作岗位之后能否尽快适应、胜任工作。同时，基础理论的学习还有助于科学的思维方法和良好的心理素质的培养，而这又是工作中必备的优秀品质。

在学习基础理论的时候，大学生还要不断拓宽自己的知识面，这是提高实际工作能力的基础。拓宽知识面并不是什么都要学，而是科学地、有选择性地学，要根据自己的情况，考虑自己的精力和承受能力，量力而行，才能达到学习的目的。首先，要学好必修课，把基础打牢固；其次，要尽可能多读些参考书，了解和掌握本专业国内外当代新的科学技术成就；最后是学些同本专业发展相关的基础知识，以适应社会的需要。

2. 精深的专业知识

大学生不仅需要博学多才，提高各种科学文化素质，还要具有精深的专业知识。专业知识是知识结构的核心部分，也是科技人才知识结构的特色所在，无专业特色也就不成其为科技人才。所谓精深，是指大学生对自己所从事专业的知识和技术要在一定的范围具有一定的深度，既有对概念体系、理论体系、研究方法、学科历史和现状等量的要求，又有对本专业国内外最新信息及与其专业邻近领域知识的了解和熟悉，并善于将其与本专业领域紧密联系起来。专博相济，以博促精，并把知识外化为技能，即掌握过硬的将来要从事某种职业所需的技术技能，成为具有很强实践能力的应用型人才。

3. 现代管理和人文社会知识

现代社会需要大学生具有一定的社会知识、一定的经济与管理知识和人文社会知识。目前，不少学生在高中阶段就开始文理的分班学习，文科班的学生不学物理、化学，理科班的学生不学地理、历史。而进入大学乃至研究生阶段后，学生们又只在本专业知识范围内学习，即使学一些其他学科内容也是极为有限的，所以他们普遍存在知识面较窄的问题。因此，作为一名大学生，应该利用专业学习的空余时间多读一些社会科学、管理科学及信息科学方面的书籍，拓宽自己的知识面，开阔自己的视野，不断增加对社会和现代管理科学的了解。

4. 大容量的新技术新知识的储备

在现代科学技术发展如此迅猛、科学知识量急剧增长的今天，如果只掌握本专业现阶段的知识是很难适应社会的。所以，大学生应自觉地阅读现代科学书籍，掌握本专业国内外研究的新动向、新成果，了解世界科技新动态，注意本专业的科学前沿状况，注意掌握专业知识的精湛性和先进性，这样才能在实际工作中不断追踪国际上的先进技术。当然，要求大学生同时掌握多种专业知识是不现实的。但是，除了精通自己的专业知识并能在实际中运用以外，再掌握或了解与专业相关或相近的若干专业知识和技术却是可以做到的。

5. 明确科学技术第一生产力的作用

工程科技是改变世界的重要力量，发展科学技术是人类应对全球挑战、实现可持续发展的战略选择。信息技术、生物技术、新能源技术、新材料技术等交叉融合正在引发新一轮科技革命和产业变革，并将同人类社会发展形成历史性交汇，工程科技进步和创新将成为推动人类社会发展的重要引擎，承载着人类美好生活的向往，能够让明天充满希望，让未来更加辉煌。

第四节 职业化能力素质的培养

一、职业能力概念和特征

（一）能力

《辞海》中对“能力”的解释为：“能力是指完成一定活动的本领。包括完成一定活动的具体方式，以及顺利完成一定活动所必需的心理特征……能力是在人的生理素质的基础上，经过教育和培养，并在实践活动中吸取人民群众的智慧和经验而形成和发展起来的。”

对能力的界定和研究最早出现在心理学领域，后逐渐拓展到了哲学、社会学、管理学和教育学等许多领域，并形成了基于不同研究视角的能力概念。

心理学领域对能力的认识主要有以下三种观点：一是动态知识技能说。认为能力并不表现在知识、技能本身，而是表现在掌握知识、技能的动态上，即操作的速度、深度、难度和巩固程度。二是潜能说。认为能力就是潜能，是“人在特定情境当中无数可能行为的表现”。三是个性心理特征说。认为能力是“作为成功地完成某些活动的条件的那些心理特征”或“是符合活动要求、影响活动成果的个性心理特征的综合”。

哲学领域也对能力的意义和价值给予了充分肯定。有研究者认为：“所谓能力，是人的综合力，是人的综合素质在现实行动中表现出来的正确驾驭某种活动的实际本领、能量，是实现人的价值的一种有效方式，也是社会发展和人生命中的积极力量。”

职业教育领域的研究者一般较为认同能力是与职位或工作角色联系在一起的，是胜任一定工作角色所必需的知识、技能、判断力、态度和价值观等的整合。

（二）职业能力

关于职业能力概念的界定，到目前为止，理论界尚无统一的定义，不同的研究者从不同的角度有着不同的定义。从总体上看，国际职业教育界对于职业能力都倾向于从综合能力的角度进行界定。教育部在《关于全面推进素质教育深化职业教育教学改革的意见》中也强调职业能力是“综合职业能力”，是“一个人在现代社会中生存生活，从事职业活动和实现全面发展的主观条件，包括职业知识和技能，分析和解决问题的能力，信息授受和处理能力，经营管理、社会交往能力，不断学习的能力”。心理学界则认为，职业能力是“直接影响职业活动效率和职业活动顺利进行的个体心理特征”。这一定义作为能力的“下位”概念，虽然较为严密和科学，但比较抽象，不便于能力培养过程中目标的确定和实施。国内职业教育界对于职业能力也给出了各种定义，笔者认同的定义是：所谓职业能力，是指个体从事职业活动所需要的综合能力，是进行职业活动所必须具备的知识、技能和态度在特定的职业活动或情境中进行类化迁移与整合所形成的能够完成一定职业任务的能力。大学生职业能力的形成和发展必须参与特定的职业活动或模拟的职业情境，通过对已有的知识、技能、态度等进行类化迁移并得到特殊的发展与整合，才能形成职业能力。

（三）职业能力的特征

应用性（职业性）。职业能力以满足社会需求和市场需求为目标。

层次性（复合性）。人才素质日益向通用型、复合型靠拢，多层次、多领域的能力要求是现代职业发展的方向。

专门性（方向性）。针对职业而言，既包括适合职业社会的通用能力，又包括针对某一具体职业的专门能力。

个体性（差异性）。职业能力的具体属性，不同的个体既有能力性向上的差异，也有能力水平高低的差异。

可变性（动态性）。一方面，社会发展对同一职业的职业能力要求会不断发展；另一方面，一个人所经历的同一职业的不同岗位对职业能力的要求也是不同的。

二、职业能力的分类

原国家劳动与社会保障部“国家技能振兴战略”研究课题把人的职业能力按职业分类规律分成职业特定能力、行业通用能力和核心能力。这一分类是目前最贴近我国职业活动现状的一种观点阐述，是最具有实际意义的一个政策指向，在国家政策层面构建了对职业能力分析的一个较为客观的概念。

（一）职业特定能力

职业特定能力是每一种职业自身特定的，表现在每一个具体的职业、工种和岗位上的能力。它们数量很大，但适应面很窄。特定能力主要体现在《国家职业分类大典》划分的1 838个职业中。长期以来，我国职业教育，特别是职业培训，主要集中在培养人的这种职业特定能力上。

（二）行业通用能力

行业通用能力是以社会各大类行业为基础，从一般职业活动中抽象出来可通用的基本能力。它的适应面相对较宽，可以适用于这个行业内的各个职业或工种。按行业或专业性质的不同进行分类，行业通用能力的总量显然比特定能力小。

职业特定能力和行业通用能力就是通过一定的学习培训方式，使人们具备从事一项有特定标准要求工作的能力。这些能力的获得和提高，可以通过个人经验的积累和他人经验的传授，也可以通过创造性的工作对已有的经验进行更新和替代。

各个行业都十分重视从业人员的职业特定能力和行业通用能力，并且不同的行业对从业人员职业特定能力和行业通用能力的要求具有很大的差别。一些特定的职业由于其行业本身涉及公共安全、环境污染或人类生命健康等，需要从业人员经过严格的学习和培训才能具备相应的专业技能。例如，从事管理类职业，该类型职业包括国民经济管理、企业管理、金融管理、财政管理、外贸管理、行政管理等社会工作。此类职业从业者在知识结构上除了应很好地掌握管理学专业知识、党的方针政策、基本法律外，还应了解税务、工商、外贸等方面的管理知识。

随着科学和技术的不断发展，社会分工和大规模的社会生产将对从业者的专业能力提出更高的要求，从业者只有具备高水平的职业特定能力和行业通用能力，才能适应和发展社会生产力，从而推动社会进步。

（三）核心能力

核心能力是从所有职业活动中抽象出来的一种最基本的能力，是从事任何工作都需要的、具有普遍适用性的能力。正像纷繁复杂的物质世界，在其最深层次上仅由原子和电子等少数几种基本粒子组成一样，人类在社会活动中表现出多姿多彩的能力，而在最深层次上也仅是由几种核心能力构成的。

核心能力是一种超越具体职业、对人的终身发展起重要作用的能力。具体来说，核心能力就是人们在教育或工作等各种不同的环境中培养出来的可迁移的、从事任何职业都必不可少的跨职业的技能。该能力可以提高人们工作的效率及灵活性、适应性和机动性，是个人获得就业机会、事业发展的重要保障。核心能力对各种职业而言，是从事任何职业的人要想取得成功都必须具备的能力。

由于核心能力适用于所有的职业，因此当职业岗位发生变更或者劳动组织发生变化时，这一能力依然能够起作用，使职业人较快地适应新的职业岗位。此外，由于核心能力具有可迁移的特点，也有助于形成个人终身不断学习进步所必备的能力，在变化了的环境中不断地自我充实、提高、发展，跟上技术进步、经济发展的步伐，增强可持续发展的能力和适应市场变化的能力，真正具有应变、生存、发展的能力，从而有助于提高大学生在社会实践中的竞争力，也有助于克服专业技能教育的定向性和社会需求多边性的不相适应。

相对于特定能力和通用能力，核心能力往往是人们在职业生涯中更重要的、最基本的能力，对人的影响和意义更为深远，并在专业能力的运用和个体的发展中扮演着极其重要的角色。在现代社会的职业生活中，从业人员的知识老化周期与产品的生命周期相似，专业知识和技能也有一个生命周期。据有关资料显示，知识的生命周期为 3 ~ 5 年，如果一个人不具有接受再教育的能力，就不能及时更新自己的知识，也不能很好地调整知识结构。随着社会的进步，许多有价值的知识和技能很快就会被淘汰。因此，获取知识的能力比获取知识的数量更为重要，学习能力的提高比吸收知识的数量更为重要。只有具备核心能力的人才能适应变化的环境，把握新的机遇。

职业能力是大学生择业、就业的核心竞争力。对于大学生来说，择业、就业乃至创业是每个人都迟早要面对的现实问题。只有充分认识职业能力与大学生就业之间的关系，才能科学合理地规划和安排自己的大学生活，有的放矢地培养自己的职业能力，从而提高自己择业、就业的核心竞争力。

阅读资料 7.8

成功人士应具有的 15 种职业能力

1. 解决问题时的逆向思维能力。面对工作中遇到的新问题，一时又找不到解决方法，而且上司可能也没有什么锦囊妙计时，他们擅长用逆向思维去探索解决问题的途径。他们清楚具体业务执行者比上司更容易找出问题的节点：是人为的还是客观的，是技术问题还是管理漏洞。采用逆向思维找寻问题的解决方法会更容易从问题中解脱出来。

2. 考虑问题时的换位思考能力。在考虑解决问题的方案时，常人通常站在自己的职责范围立场上考虑尽快妥善处理，而他们却总会自觉地站在公司或老板的立场上去考虑解决问题的方案。作为公司或老板，解决问题的出发点首先考虑的是如何避免类似问题的重复出现，而不是头疼医头、脚疼医脚的就事论事方案。面对人的惰性和部门之间的扯皮，只有站在公司的角度去考虑解决方案才是一个比较彻底的解决方案。能始终站在公司或老板的立场上去酝酿解决问题的方案，逐渐地，他们便成为可以信赖的人。

3. 强于他人的总结能力。他们具备的对问题的分析、归纳、总结能力比常人强，总能找出规律性的东西，并驾驭事物，从而达到事半功倍的效果。人们常说苦干不如巧干。但是，如何巧干不是人人都知道的，否则就不会干同样的事情。常人一天忙到晚都来不及，而他们却整天很潇洒。

4. 简洁的文书编写能力。老板通常没有时间阅读冗长的文书。因此，学会编写简洁的文字报告和编制赏心悦目的表格显得尤为重要。即便是再复杂的问题，他们也能将其浓缩阐述在一页 A4 纸上，有必要详细说明的问题则用附件形式附在报告或表格后面，让老板仅仅浏览一页纸或一张表格便可知道事情的概况。如老板对此事感兴趣或认为重要，可以通过阅读附件里的资料来了解详情。

5. 信息资料的收集能力。他们很在意收集各类信息资料，包括各种政策、报告、计划、方案、统计报表、业务流程、管理制度、考核方法等。尤其重视竞争对手的信息。因为任何成熟的业务流程本身就是很多经验和教训的积累，遇到用时就可以信手拈来。这是在任何教科书上都无法找到的，也不是哪个老师都能够传授的。

6. 解决问题的方案制订能力。遇到问题，他们不会让领导做“问答题”，而是做“选择题”。常人遇到问题，首先是向领导汇报、请示解决办法，带着耳朵听领导告知具体操作步骤，这就是让领导做“问答题”。而他们常带着自己拟订好的多个解决问题方案供领导选择、定夺，这就是常说的给领导出“选择题”。领导显然更喜欢做的是“选择题”。

7. 目标的调整能力。当个人目标在一个组织里无法实现，且又暂时不能摆脱这一环境时，他们往往会调整短期目标，并且将该目标与公司的发展目标有机地结合起来。这样，大家的观点就容易接近或取得一致，就会有共同语言，就会干得欢快。反过来，别人也就会乐于接受他们。

8. 超强的自我安慰能力。遇到失败、挫折和打击，他们常能自我安慰和解脱，还会迅速总结经验教训，而且坚信情况会发生变化。他们的信条是：塞翁失马，焉知非福；或上帝在为你关上一扇门的同时，一定会为你打开一扇窗。

9. 书面沟通能力。当发现与老板面对面的沟通效果不佳时，他们会采用迂回的办法，如电子邮件或书面信函、报告的形式尝试沟通一番。因为书面沟通有时可以达到面对面语言沟通所无法达到的效果，可以较为全面地阐述想要表达的观点、建议和方法，达到让老板听你把话讲完，而不是打断你的讲话，或被其台上的电话打断你的思路，还可以方便地让老板选择一个其认为空闲的时候来“聆听”你的“唠叨”。

10. 企业文化的适应能力。他们对新组织的企业文化都会有很强的适应能力，换个新企业犹如换个办公地点，照样能如鱼得水般地干得欢畅并被委以重用。

11. 岗位变化的承受能力。竞争的加剧，经营风险的加大，企业的成败可在一朝一夕之间发生。对他们来讲，岗位的变化甚至于饭碗的丢失都无所畏惧。因此，他们承受岗位变化的能力也是常人所无法比拟的。在他们看来，这不仅是个人发展的问题，更是一种生存能力的问题。

12. 客观对待忠诚。从他们身上你会发现对组织的忠诚。他们清楚地意识到忠诚并不仅仅有益于组织和老板，最大的受益者是自己。因为责任感和对组织的忠诚习惯一旦养成，会使他们成为一个值得信赖的人，一个可以被委以重任的人。他们更清楚，投资忠诚得到的回报率其实是很高的。

13. 积极寻求培训和实践的机会。他们很看重培训的机会，往往在招聘时就会询问公司是否有提供培训的机会。他们善于抓住任何培训机会。一个企业，如果它的薪酬福利暂时没有达到满意的程度，却有许多培训和实践的机会，他们也会一试。毕竟，有些经验不是用钱所能买回来的。

14. 勇于接受分外之事。他们都不轻言放弃任何一次锻炼的机会，而把它看成是难得的锻炼机会，并意识到今天的分外之事或许就是明天的分内之事。常看见他们勇于接受别人不愿接受的分外之事，并努力寻求一个圆满的结果。

15. 职业精神。他们身上有一种高效、敬业和忠诚的职业精神。主要表现为：思维方式现代化，拥有先进的管理理念并能将其运用于经营实践中；言行举止无私心，在公司的业务活动中从不掺杂个人私心。这使他们敢于直言不讳，敢于纠正其他员工的错误行为，敢于吹毛求疵般地挑剔供应商的质量缺陷。因为只有无私才能无畏。待人接物规范化，这也是行为职业化的一种要求。有了这种职业精神的人到任何组织都是受欢迎的，而且迟早会取得成功。当然，有了上述能力不能保证一定成功，但是如果没有这些能力肯定是无法获得成功的。

三、学习能力的培养

当今世纪是人才竞争的世纪，衡量人才素质的基本标准已经转变为看其是否会学习。19 世纪 70 年代，美国预言家阿尔涅·托夫勤就指出：“未来的文盲不再是目不识丁的人，而是那些没有‘学习能力’的人。”“学习能力”是未来社会人类要具备的头等本领，从这个意义上来说，“学习能力”的强弱直接决定了大学生的学习、成长乃至就业。而究竟什么是学习能力？其含义有宽有窄，说法不尽统一。我们暂且把“学习能力”定义为：在常规的课堂教学过程中，学生在已有的知识和技能的基础上，在不断获取新知识并运用这些知识的活动中所表现出来的智力和非智力因素的本领。

本书的学习能力包含了三个内容：一是培养发现问题和解决问题的能力；二是收集、

分析和利用信息的能力；三是学会分享与合作。它表现在以下四个方面：一是意识、动机、习惯；二是获取、分析和利用信息的能力：三是评价和反思的能力；四是表达能力。

因此，学习能力中有三点特别重要：一是怎样迅速、充分、有效地选拔、存储和获取所需信息；二是怎么样利用它来解决问题；三是怎么样打破常规重新组合，利用它来创造新点子。未来社会缺乏的人才将不是掌握了一大堆知识的硕士、博士，而是具有极强的想象和创新能力的高级人才或顶尖人才。我们需要学习的不单是知识，而是如何运用知识及创新的特殊本领。所以，我将大学生应该具备的能力分为以下几点：

（一）独立学习能力

何谓独立学习能力，简单来讲，就是传统说法中的“自学”能力。从古至今，我们就说“授之以鱼，不如授之以渔”，就是告诉学生学会老师教给的东西是远远不够的，重要的是学会学习的方法，为以后的自学打下良好的基础。毕竟学海无涯，真正的知识获取要靠离开学校之后自己的积累，而这就需要以坚实的自学能力作为强有力的后盾。

而大学就是这样一个过渡的平台：脱离了之前老师填鸭式的教育，多出许多自由的时间。该如何合理安排这些时间，如何利用这些时间去学会更多以后要用到的知识，成为能否适应大学生活的关键。

所以，独立学习能力应该位于大学生学习能力的首位，是首先需要掌握的能力。有了它，才有可能进行下一步更深入且广泛的学习。

（二）合作学习能力

除了独立学习能力以外，合作能力也已经成为一个不容忽视的重要能力。在世界知名大公司招聘的时候，通常都存在一个重要的考核标准——团队合作能力。

学习同样如此，三个臭皮匠，顶一个诸葛亮。在学习的过程中相互学习、相互借鉴，可以让一个人以最快的速度进步，这就是所谓的“思维共享”。由于思想是可以无限复制的，所以学会合作学习，可以让人们掌握的现有知识进行大规模传播，复制别人知识的同时，也将自己的知识复制给他人，达成“强强联合”“取长补短”的目的。

（三）深入学习能力

大学学习是区分不同专业的，也就是说，每个人有了自己需要重点掌握的学科，而大学的传统职能又是以研究为主，所以能够在自己的专业领域深入研究下去成了一门“必修课”。而该如何深入下去呢？重点还是要阅读大量的专业著作，吸取前人的成果，补充课堂以外的知识，只有这样才能站在巨人的肩膀上，更深入地研究下去。

（四）全面学习能力

目前，社会需要的人才已经不仅仅是学好自己本身专业的好学生，更多的是全面型人才，这样才可以吸取别的学科的知识，进行更宽思路的创新。目前，国内教育也认识到了这一点，开始推行“跨学科”式学习，目的同样是培养“全面型人才”。所以，全面学习能力又成了对大学生的另一个要求，通识型人才拥有了更强大的竞争力。这就要求现在的大学生在纵向学习本专业的同时，也要横向扩展自己的阅读面，最好可以辅修或者旁听其他学科的课程，努力使自己成为一个“杂家”，这样才能适应现代社会对人才需求的变化。

同时，这里所指的全面也不仅仅是学科上的全面，更有能力上的全面，也就是表达能力、理解能力、实践能力等。而且，各种技能也是一项重要的指标，如计算机操作、外语能力、汽车驾驶等。不拘泥于单一的技能已经成为大学生的重要考核标准。

（五）与时俱进的学习能力

所谓与时俱进，实际上就是指对信息的掌握，根据社会对人才、对经济要求的不断变化，及时调整自己的学习方向，可以使大学生始终把握时下“热门”专业的趋势，从始至终成为最炙手可热的人才。

（六）创新学习能力

现代社会提倡创新，创新型人才也成为各大企业竞相争夺的对象。所以，在校期间就培养自己的创新意识，可以开拓思维，活跃想象力，使自己向创新型人才靠拢。由此可见，创新学习能力在当代社会尤为重要。

其实大学生应该掌握的能力很多，这里只是列举了其中重要的几个，还有很多能力是需要在实际的学习生活中不断发掘的。只有真正具备了这些能力才能在学习乃至以后的工作中更有效率、有成果地进行下去，不断取得骄人的成绩。

四、时间管理能力的培养

教学案例 7.1

时间表

毕业班高三（一）班是由40人组成的班级，一群精英学生组成的团体，在课上总是弥漫着浓浓的学习竞争气味，让人喘不过气来。班主任老师见此情景，深感担心，想把这种竞争变成一种公平、公开、良性的个人竞争。于是他想了一个办法，买了一个大的钟表挂在班级墙上。同学们大都以为这只是一个普通的时间表而已。

张三突然想起来下午化学老师要讲考试题，可是他的化学试卷放在寝室了。他立即回去取，来回往返，把时间白白浪费在路上不说，还累得气喘吁吁。而李四在激烈学习竞争中深知班主任的良苦用心，很快搞清了钟表的用途，一步一步地按既定的时间安排学习和生活，早上仔细而耐心地背单词，上午学数学，下午看化学，晚上复习新知。即使学习时间很紧，他都能运用自如、从容不迫，同学们渐渐地习惯向李四请教确切的时间安排方法，李四也成为班级上时间管理的明星。

仔细阅读案例分析 7.1，深入思考后与其他同学讨论：

（1）如何看待张三和李四出现的差异？

（2）如果你是张三的老师，你会怎样建议？

（3）在时间管理上，你有哪些经验和小窍门？

（一）认识时间管理

1. 时间的特征

在我们认知的范畴内，时间表现出一定的序列性和规律性。人类可以感知到的时间特征如下：

（1）时间具有绝对的公平性。无论年龄的长幼、地位的高低、财产的多寡，个人在有生之年，拥有的时间资源是同样的，时间的流逝速度也是相同的。

（2）时间具有不可再生性。时间是不可再生资源，一旦流逝，就不会再次出现。

（3）时间具有不可逆转性。无论过去、现在还是将来，时间都以同样的速度前进，任何人、任何事物都不能阻止时间前进的步伐，时间是绝对不会停止，不可能重新来过的。

（4）时间具有不可增减性。时间的供给量是固定不变的，每天24小时，无法改变。

（5）时间具有不可替代性。时间是绝无仅有、独一无二的，任何东西都不能替代时间。

（6）时间具有不可积蓄性。时间不会像物质力量、财力和技术那样能被积蓄储藏，无论是否愿意，都必须消费时间，无法改变。

2. 时间的分类

时间的这些特征决定了它是世界上最为稀缺、最宝贵的一种资源。人们可以根据活动的不同类型把时间划分为：工作和学习时间、休闲时间、家庭时间、个人时间、思考时间等。

（1）工作和学习时间。时间用在工作和学习上，是为了谋生和充实生活；就业前的学习和工作时的进修，也是为了充实生活。学习和工作将成为个人实现梦想，成就幸福人生的主旋律。

（2）休闲时间。它包括休息、睡眠及体育活动、娱乐时间。学会养生，懂得放松，养成良好的睡眠、休闲及运动的习惯，这样才能把身心调整到最佳状态。

（3）家庭时间。家庭是心灵放松的港湾，是幸福生活的源泉，所以应倍加珍惜亲情，争取和家人团聚的机会，与家人和谐地相处。

（4）个人时间。这是完全属于个人独自享受的时间，是用来修身养性、充实自我的。

（5）思考时间。思考过去、现在和未来。反思以前的错误，考虑现今如何改进，重在规划自己未来的发展。

3. 时间的价值

从人们投入时间的活动价值看，时间可以被描述为一种资源。作为资源，时间是珍贵的。因为人的生命是有限的，投入一项活动，可能就选择了放弃其他的活动，所以人类在时间的投入上是有成本的，成本投入是需要回报的，这就决定了时间的价值。时间的价值基本上分为两种：一种称为无形的价值；另一种称为有形的价值。

（1）时间的无形价值。时间的无形价值是把时间投资于工作、家庭、社交的功能方面，建立工作关系、家庭关系、人际关系等。为此花掉大量的时间，但它带来的收获可能是无法用金钱来衡量的，这称为无形的价值。

（2）时间的有形价值。时间的有形价值是指把时间投资于相应的事物和关系，所带来的有形的报酬。例如，你是一名销售人员，拜访客户，跟客户建立关系，最后与客户达成交易，你一定会有报酬。

可见，虽然每个人每天都有相同的时间，但时间在每个人手里的价值却不同。从生命的有限性来说，我们必须认真对待时间，并高效使用时间，也可以称为高效管理时间。

（二）时间管理的含义

时间管理作为概念是指：为了达到相应的目的，应用可靠的工作技巧，引导并安排管理自己及他人的生活，合理有效地利用可以支配的时间。时间管理的实质还是个人对自我的管理。要理解时间管理的内涵，应注意以下几个方面。

1. 时间管理除了决定该做些什么事情之外，还要决定什么事情不应该做

时间因为事件的不同而变得意义不同。时间本身不能够被管理，时间管理说到底是对单位时间内事件的管理，时间管理的关键就是事件的控制，即把每一件事情都能够控制得很好。事件分为两类：一类是能够控制的事件，特征是与个人密切相关，可以因个人的意志和行为而改变。能够控制的事件有很多，例如，学习、工作、吃饭、穿衣等。另一类是不能够控制的事件，特征是它的生产、发展和消失不以某一个人的意志为转移，不能以个人的意愿选择有还是无。不能够控制的事件大的方面包括自然规律、生命现象、历史规律、社会变革等；小的方面包括社会风俗、法律法规、公司章程、企业文化等。

2. 时间管理不是要把所有事情做完，而是更有效地运用时间

时间管理也不是对时间的完全掌控，而是要提高效率达到目的。时间管理最重要的功能是将事先的规划变为一种提醒与指引。管理自己，就是要管理自己的时间；管理了自己的时间，有助于发挥更大的生命价值。时间的公平性及人的主观能动性决定了每个人都可以选择自己要做的事情，选择及控制时间决定着生活的质量。

因此，我们只能在认识和适应不能控制事件的前提下，去选择我们能够控制的事件。然后最大限度地去充分利用可控制的那一面，把不可控制的因素降到最低，避免在不可控制因素上浪费时间。如此区别对待，才能够充分地利用有限的时间，产生最大的效能。

3. 时间管理是有目的的

时间管理的目的就是将时间投入与个人的目标相关的工作中，达到“三效”，即效果、效率、效能。效果是指确定的期待的结果；效率是指以最小的代价或花费获得更多的结果；效能是指以最小的代价和花费获得最佳的期待结果。反省和检讨效果、效能、效率三个主题，慢慢地找到生命中真正的既有人生方向，又有价值观的东西。时间管理的意义还在于培养一个人的基本素质。

（三）关于时间的统计

1. 人生的时间统计

绝大多数人的一生在庸庸碌碌中度过，很大程度上是因为人们已经对无处不在的时间产生了麻木与漠然。好多人都有对生命的困惑，都会莫名地产生焦虑、失望、悲观的情绪，这是对时间逝去所产生的不自觉的反应。下面的两个案例分析描述了人生在不知不觉中度过的一般情况。

教学案例 7. 2

人生的时间

据有关专家的统计，人的一生，如果按照目前的平均年龄 80 岁来计算，每一个人的一生有 3 万天左右的时间，在这 3 万天里，大约有 30% 的睡眠时间，也就是 20 多年。剩下的 50 多年里，生病、发呆、上厕所等占去了约 4 年的时间。

案例分析：人生有限的时间总是在不知不觉中消耗掉的。时间的无情流逝、生命的不断衰老，往往会令人产生无奈的困惑：人生苦短，我欲何求？

人生时间的度过

一个人的一生，按照80岁来计算，7岁之前，是在一种混沌和无知的状态下度过的。7岁到22岁在上学，在寒窗苦读。从22岁到40岁左右在为自己的生活和事业奋斗。40岁以后到60岁则要稳定之前取得的成果。60岁到70岁则不得不跟病魔苦斗。70岁到80岁，可能就是在跟死神苦斗。正如俗语所说：40岁以前，用命在换钱；40岁以后，用钱去换命。

案例分析：这样一个过程大家都会经历。如果要改变这种宿命，要让这一过程变得充实而有意义，就要从不自觉状态上升为自觉状态，就不能不对时间有所认识，不能不对生命中的时间有所规划。

2. 企业员工的时间统计

企业员工个人创造的价值直接影响着企业的效益。企业内部按部就班的工作方式使企业员工的工作不再具有创造价值的积极性，虽然工作的时间很长，但是多数时间被耗费在无效益或效益很低的事情上，工作所产生的最终效益很有限。

教学案例7.3

企业员工的有效工作时间

企业员工一天的工作企业员工一年有多少工作时间？按照一年365天计算，减去100多天的假期及事假生病的时间，还剩下240多天。企业员工平均每个月在公司工作的时间也不过20天左右。据有关资料显示，我国企业中员工的工作普遍存在下述现象：每天早上8点钟上班，迟到、工作前期准备用去半个小时。8点半到9点半清理前一天积压的工作需要一个小时。从9点半到10点半，一些人就开始互相串联，开始打扰工作。10点半到12点就开始开会了。12点到下午2点是午饭和休息时间。下午2点到4点又是相互沟通与协调。下午4点到5点，或者开会或者聊天，或者有些人在那儿发呆。下午5点到5点半，就准备回家，或者是准备加班。晚上加班时，很多企业的员工是上网聊天，或者发呆甚至睡觉。

案例分析：从案例中可以看到，在一个企业里，不管是文职人员、市场营销人员还是管理人员，都在日复一日的重复工作中，不知不觉漫无目的地消耗着时光。

教学案例7.4

企业员工工作时间的利用据有关专家统计，我国很多企业的员工，大约只有20%的时间在为公司创造着效益；有30%的时间在等待，在推诿，在无所事事。还有30%的时间虽然在工作，但是他们所做的这些工作根本就没有任何的效益。剩下20%的时间在搞内耗，做一些可能有损公司的事情。由此可以看出，企业员工往往有80%的工作时间不能够产生效益。

案例分析：企业员工创造效益的时间只有整个工作时间的20%，这就造成了中国企业的生产效率只有发达国家的30%。如果能够将企业员工剩余的80%的时间有效地利用起来，令其产生效益，那么，企业的整体效益就会大幅度提高，企业的竞争力也会大大增强。

（四）时间管理的优先矩阵法

新一代的时间管理理论，把时间按其紧迫性和重要性分成 A、B、C、D 四类，形成时间管理的优先矩阵，如图 7－2 所示。

紧急 ⟶ 不紧急

重要 ↓ 不重要

A. 重要 紧迫	B. 重要 不紧迫
C. 紧迫 不重要	D. 不紧迫 不重要

图 7－2　时间管理的优先矩阵

紧迫性是指必须立即处理的事情，不能拖延。重要性与目标是息息相关的。有利于实现目标的事物都称为重要，越有利于实现核心目标，就越重要。有些事情紧迫又重要，如有限期压力的计划；可能有些事情是紧迫但不重要，如有不速之客，或者某些电话；有些事重要，但是不紧迫，如学习新技能、建立人际关系、保持身体健康等。当然有很多事情不重要，又不紧迫，如琐碎的杂事、无聊的谈话等，如图 7－3 所示。

紧急 ⟶ 不紧急

重要 ↓ 不重要

A. 危机 紧急状况 有限期压力的计划	B. 学习新技能 建立人际关系 保持身体健康
C. 某些电话 不速之客 某些会议	D. 琐碎的事情 某些信件 无聊的谈话

图 7－3　时间管理重要性与紧迫性示意图

不同类的事情要如何去安排，时间如何加以调整，加以运用，这些事情让你去做一个什么样的人，有四种可以参考，如表 7－1 所示。

表 7－1　四种实践观念不同的人

A. 压力人	B. 从容人
C. 无用人	D. 懒人

压力人（A），认为每样事情都很重要、很紧迫。应该做的是有条有理、有条不紊地去完成你的工作，你应该学习投资你的时间，去做一个从容人（B）。你千万不要去做那种很紧急，但不重要的，那种叫作无用人（C），你总在应付一些杂事，做不重要又不紧迫的事的人称为懒人（D）。注重哪一类事务，你就成为哪一类人。

教学资料 7.9

如何使用时间管理优先矩阵？

1. 将有待进行的行动方案列一分清单。例如，秘书在上班半个小时之后列了一份今天上午需要做的事情的清单：

a. 到餐馆订餐，并查看宴请环境。

b. 给 A 公司的小王打电话，约定今晚的活动。

c. 给远在北京的 B 公司副总寄一封信。

d. 完成报告写作工作，并打印成文。

e. 安排老板与客户会面。

f. 给一个同学打电话。

g. 为老板报销出差费用。

2. 绘制一张矩阵图。根据每一个行动方案的重要性和紧迫性的不同，将所有方案填入图形中，如图 7 - 4 所示。

小　　　重要性　　　大

低　紧迫性　高

f. 给一个同学打电话	g. 为老板报销出差费用 d. 完成报告写作工作，并打印成文
a. 到餐馆订餐，并查看宴请环境 b. 给 A 公司的小王打电话，约定今晚的活动	e. 安排老板与客户会面 c. 给远在北京的 B 公司副总寄一封信

图 7 - 4　案例矩阵图

3. 根据个行动方案所在象限不同，确定各行动方案的优先顺序，如图 7 - 5 所示。

小　　　重要性　　　大

低　紧迫性　高

第四类 需要仔细思量值不值得去做。	第二类 可以稍后一些时间再行实施。
第三类 如果不想花时间多加考虑，那可以请别人。	第一类 需要最先去实施，而且是马上做，亲自去。

图 7 - 5　优先顺序调整矩阵图

本例：根据优先矩阵，秘书排定了今天商务待做事情的先后顺序是 e、c、g、d、a、b、f。要用时间管理优先矩阵的意义。

（1）优先矩阵可以由一个人或若干人来实施，既可用于制订计划，也可用于决策思考。

（2）注意不要让太多的人参与进来，那样的话会由于意见太多而无法实施。

（五）时间管理的其他方法

1. 兴趣目标

做你真正感兴趣、与自己人生目标一致的事情。我发现我的“生产力”和我的“兴趣”有着直接的关系，而且这种关系还不是单纯的线性关系。如果面对我没有兴趣的事情，我可能会花掉40%的时间，但只能产生20%的效果；如果遇到我感兴趣的事情，我可能会花100%的时间而得到200%的效果。

2. 记录时间

知道你的时间是如何花掉的。挑一个星期，每天记录下每30分钟做的事情，然后做一个分类（例如：读书、准备GRE、和朋友聊天、社团活动等）和统计，看看自己什么方面花了太多的时间。凡事想要进步，必须先了解现状。每天结束后，把一整天做的事记下来，每15分钟为一个单位（例如：1：00—1：15等车，1：15—1：45搭车，1：45—2：45与朋友喝茶……）。在一周结束后，分析一下，这周你的时间如何可以更有效率地安排？有没有活动占太大的比例？有没有方法可以增加效率？

3. 零散时间

使用时间碎片和“死时间”。如果你做了上面的时间统计，你一定发现每天有很多时间流逝掉了，如等车、排队、走路、搭车等，可以用来背单词、打电话、温习功课等。

4. 要事为先

每天一大早挑出最重要的三件事，当天一定要能够做完。在工作和生活中每天都有干不完的事，唯一能够做的就是分清轻重缓急。要理解急事不等于重要的事情。每天除了办又急又重要的事情外，一定要注意不要成为急事的奴隶。有些急但是不重要的事情，你要学会放掉，要能对人说NO！而且每天这三件事里最好有一件重要但是不急的，这样才能确保你没有成为急事的奴隶。

5. 要有纪律

要有纪律。有的年轻人会说自己“没有时间学习”，其实，换个说法就是“学习没有被排上优先级次序”。曾经有一个教学生做时间管理的老师，他上课时带来两个大玻璃缸和一堆大小不一的石头。他做了一个实验，在其中一个玻璃缸中先把小石、砂倒进去，最后大石头就放不下了。而另一个玻璃缸中先放大石头，其他小石和砂却可以慢慢渗入。他以此为比喻说：“时间管理就是要找到自己的优先级，若颠倒顺序，一堆琐事占满了时间，重要的事情就没有空位了。”

6. 二八原则

运用二八原则。人如果利用最高效的时间，只要20%的投入就能产生80%的效率。相对来说，如果使用最低效的时间，80%的时间投入只能产生20%效率。一天头脑最清楚的时候，应该放在最需要专心的工作上。与朋友、家人在一起的时间，相对来说，不需要头脑那么清楚。所以，我们要把握一天中20%的最高效时间（有些人是早晨，也有些人是下午和晚上；除了时间之外，还要看你的心态，血糖的高低，休息是否足够等综合考量），专门用于最困难的科目和最需要思考的学习上。许多同学喜欢熬夜，但是晚睡会伤身，所以还是尽量早睡早起。

7. 平衡原则

平衡工作和家庭。我对于家庭的时间分配是用下列的原则：

划清界限、言出必行——对家人做出承诺后，而且一定要做到，但是希望其他时间得到谅解。制定较低的期望值以免造成失望。

忙中偷闲——不要一投入工作就忽视了家人，有时 10 分钟的体贴比 10 小时的陪伴还更受用。

闲中偷忙——学会怎么利用时间碎片。例如，家人没起床的时候，你就可以利用这段空闲时间去做你需要的工作。

注重有质量的时间（Quality Time）——时间不是每一分钟都是一样的，有时需要全神贯注，有时坐在旁边上网就可以了。要记得家人平时为你牺牲很多，度假、周末是你补偿的机会。

8. 有效管理

有意识地安排自己的时间，只允许自己把时间管理的重要性用在最有意义的事情上，或者，干脆什么都不干！

使一切趋于平衡，就算我们以往获得的成就在别人眼中只是微不足道的，我们依然有无数个为自己骄傲的理由，然而，大家却都对这些理由视而不见，而且越是能干的人对自己越苛刻：明明已经提高了效率，明明已经能够在越来越短的时间里完成越来越多的工作，明明已经是无数人羡慕的对象，内心却仍然感到不满意，总是觉得自己不幸福。究其原因，其实就是日复一日的忙乱生活阻碍了我们追求幸福的脚步，使我们失去了实现梦想和愿望的能力。

在这个寻找平衡点的过程中，组织才能与时间管理的重要性能力尤为重要。但是，时间管理并不是教你买一本记事本，学会制定一个高效的日程表，也不是让你故意放慢速度，消极地应对生活中的压力。所谓寻找平衡点，就是寻找自己的生活节奏，寻找自己心目中最重要的事，而且，还要注意同时顾及工作和私人生活两个方面。

要想同时获得事业的成功与生活的幸福，我们必须在以下这四大生活板块之间找到一个黄金平衡点：①家庭与社会交际。家庭、夫妻关系、朋友、爱、外界关注、社会认同。②事业与成就。成功、升职、金钱、稳定的生活。③健康饮食。营养、充沛的体力、放松解压、精神状态。④人生的意义与价值。自我实现、心理满足、信仰、哲学思考、关于未来的设想。我们的生活有四大组成部分：工作、身体、社会关系、人生意义。一旦这几个部分之间出现了不平衡，生活就会开始向一边倾斜，最终导致精神上的崩溃。

9. 平衡点

怎样才能找到生活中的平衡点？这个问题长期困扰着许多人，因为对于大多数现代人来说，事业和私人生活总是像鱼与熊掌一般，难以兼得。为了取得事业上的成功，我们不得不做出妥协，而这种妥协的前提通常都是牺牲自己的私人生活。但是，生活中的每个部分都是密不可分的，对任何一方面的过度偏重都必然会使其他方面出现问题。这也就是说，这种所谓的妥协根本就是不必要的！我们完全可以通过一套完整的时间管理的重要性与生活管理体系，为自己生活的每一个方面都创造出足够的时间与空间，找到它们之间的平衡点，继而获得长期的和谐生活。

一个长期缺乏体育锻炼、不注重营养搭配的人，是不可能持续保持体力充沛的。而且，这种亚健康状态还会进一步影响到自己的工作效率与生活质量。

10. 选择与决定

一天只有 24 个小时，时钟每时每刻都在不停地往前走，但是，我们想干的事情又偏偏那么多。因此，我们必须学会选择并做出明确的决定：面对不同的人或事，我们要选择说“是”或者说“不”；面对那么多的事情，我们要决定如何利用每天仅有的 24 小时。这本来就不是一件容易的事，更何况对一件事情的选择与决定，往往还意味着放弃更多其他的可能性。正是出于这种原因，人们才会那么害怕选择、害怕决定。当然，你有权选择被动地维持现状，不做出任何选择与决定。但当你面临这种恐惧而止步不前时，请想想这句话：没有选择与决定的生活是不可能达到平衡的。

11. 学会放弃

现代人的生活太纷繁复杂了。形形色色的责任、工作、约会、消遣或是娱乐使人越来越应接不暇，渐渐忘记了那句至理名言：“少即是多。”有人认为，因为别人对自己有所期待，所以自己不能辜负他们的厚望，必须尽量满足他们的要求；也有人认为，多一分耕耘必然会多一分收获，所以自己必须要完成尽量多的工作，以获得最大的成功。其实，这些都是他们不舍得放弃的借口。放手吧！没有人能够做完所有的事，也没有人可以拥有一切。只要你敢于放弃生活中次要的方面，集中精力关注重要的事，你最终获得的就不仅是成功，还有最宝贵的平衡生活。

12. 学会专注

你是否经常边打电话边写 E-mail，还不时地翻翻手中的财经类日报？当然，一心多用是一种了不起的本领，但这往往会使你不知不觉地在琐碎的小事上浪费了很多时间。老人家常说的那句话“该干什么的时候就干什么”，还是有独到智慧的。因此，请你在处理一件事情的时候尽可能地专注，在生活中也要时刻谨记自己的目标与方向。千万不要只顾追求表面上的高效率，不断地盲目加速，却忘记了自己生活与工作的重心。如果学会了如何专注于重要的事情，你就能掌握生活中的主动权，提高自己的创造性，并最终为自己赢得时间，为生活赢得平衡。

13. 接受不完美

不要再追求所谓的完美主义了！这种思维方式对己对人都是不必要的苛求。每个人都有自己的缺点，也都会时不时地犯些小错，这有什么关系呢？一个人如果能够集中精力把所有重要的事都做好就已经很不容易了。对那些无关紧要的细枝末节睁一只眼闭一只眼，用省下来的时间与精力关注自己生活的重心，难道不是既省心又省力吗？

14. 接受懒惰

在我们周围普遍存在一种对成功的极大误解：大多数人都认为，获得成功的第一步就是高效利用时间管理的重要性，而提高效率的方法则是把生命中的每分每秒都安排得有意义，即便是在双休日或是假期也要始终过得积极主动。请你不要再误导自己了！真正的成功人士是最懂得享受时光的。不想参加那些无聊又吵闹的派对？不想陪同事逛街？不想陪客户打高尔夫？那就不去好了！如果你喜欢躺在家里的沙发上听最喜爱的古典音乐，那就尽管拿出整晚的时间尽情享受属于自己的音乐旅程；如果你更喜爱大自然，那就去找一片安静的绿草地，尽情享受一下午后阳光的温暖。真正懂得慵懒意义的人才能更轻松地找到生活的平衡点，而且放松与享乐也是创造力与灵感的最佳源泉。

15. 坚持

随着现代社会的进步，一切都在向多功能的方向迅速发展，咖啡机变成了多合一饮料机，复印机变成了全能办公助手，最后连人类也躲不过这一时代潮流：为了保证自己不被社会淘汰，我们不得不终身学习，不断提升自我能力，使自己也变得更加“多功能化”。正是由于这种不断增大的压力，寻找生活平衡的道路也就变得越来越曲折。很多时候，我们会自以为找到了生活的平衡点，但通常不过一个月，忙碌与混乱就又会使我们迷失在高速运转的社会之中，失去了生活的重心。因此，我们绝不能以一劳永逸的心态对待平衡。平衡是要我们不断寻找或创造的，平衡是通过持续的重新调整获得的，平衡是需要坚持不懈地努力的，平衡是一项一生都做不完的功课。

16. 相关软件编辑

（1）日事清。

日事清是一款时间管理软件。

（2）时间表。

时间表是一个智能日程提醒和待办事项管理相结合的平台，并提供多人协作功能，实现相互提醒和安排。

（3）时间管理。

通过文本、图片、语音三种方式记录下所需保存的信息。

五、团队精神的培养

阅读资料 7.10

大雁南飞

大雁每年春分后飞回北方繁殖，秋分后飞往南方越冬，是一群志同道合的伙伴，互相协作，互相鼓励，直至目标的实现，它们始终飞来飞往。它们总是喜欢排成“一”字形或“人”字形飞行，在这种结构中，每一只鸟扇动翅膀都会为紧随其后的同伴平添一股向上的力量。这样，雁群中每个成员都会比一只单飞的大雁增加超过70%的飞行效率，从而能够支撑它们顺利地到达目的地，完成长途的旅行。你曾想过为什么大雁要排成“V”字形的雁阵吗?

科学家告诉我们，在雁阵中大雁飞行的速度比单飞高出70%。处于“V”字形尖端的大雁任务最为艰巨，需要承受最大的空气阻力，因此领头的大雁每隔几分钟就要轮换，这样雁群就可以长距离飞行而无须休息。

雁阵尾部的两个位置最为轻松，强壮的大雁就让年幼、病弱及衰老的大雁占据这些省力的位置。雁阵不停地鸣叫，这是强壮的大雁鼓励落后的同伴。如果哪只大雁由于过度疲劳或生病而掉队，雁群也不会遗弃它。它们会派出一只健康的大雁，陪伴掉队的同伴落到地上，一直等到它能继续飞行。把雁群比作一个团队的话，你在“飞行”中，想做哪一只大雁呢?

（一）团队概述

团队的英文名称为“team”，有趣的解释为together everybody attains more。简单解释是一群人为了一个共同的目标或使命而组成的有机整体。具体地讲，团队是由员工和管理层组成的一个共同体，该共同体合理地利用每一个成员的知识和技能协同工作、解决问题、实现组织的共同目标。

一个人构不成团队，团队是一些才能互补、责任共担并为统一目标而奉献的人的集合，是指为了实理某一目标而由相互协作的个体所组成的正式群体，它合理利用每一个成员的知识和技能协同工作，解决问题，达到共同的目标。其重要特点是团队内成员间在心理上有一定联系，彼此之间发生影响。那些萍水相逢、偶然汇合在一起的一群人，虽然在时间、空间上有某些共同的特点，但是他们之间在心理上没有相互影响和相互作用，因而称不上团队。团队的核心是共同奉献，动力是共同愿景。

团队精神，简单来说就是大局意识、协作意识和服务精神的集中体现。团队精神强调成员个人的力量，其基础是成员个人的努力和力量。团队精神的形成并不要求团队成员牺牲自我，相反，挥洒个性、表现特长却保证了成员共同完成任务目标。“小河无水大河干”强调的就是这个道理。所以要想培养伟大的团队精神，首先要充分地发挥自我，挖掘自己的潜在力量，这是团队精神的基础。

团队精神基础在个体。“世上没有相同的树叶”，如果每个个体的思想都千篇一律，那么，由若干个个体组成的团队岂不毫无生机？人多可能是优势，但不一定有高效率，更不能以此为标准。不是所有问题都要由团队共同面对，否则容易滋生弊端，形成不必要的浪费。可见，挥洒个性、表现特长、尊重个体兴趣和成就，是团队精神的基础所在。

团队精神的实质是看行动。“行胜于言”，团队精神不仅需要动嘴、动脑，更需要动手。过于看重团队精神的形式会导致理论脱离实践，乃至于说一套做一套。唯有多实践才能提高协作与竞争能力，使人对团队精神产生好感，自觉、自愿、自律地为团队奋发努力。付诸行动以及行动中所体现的主动性与默契度，是团队精神的实质所在。

团队精神的关键要针对人。“事在人为”，认识是主观的，事实是客观的。为什么同一件事不同的人会做出不同的结果？就是因为人的不同，而不是因为事的不同。那种言称“对事不对人”，十有八九恐怕又要落入泛泛交谈，不仅于事无补，而且会误事。因此，要从根本上解决问题，不妨大胆些、再大胆些，直接把人作为关注的焦点，这是团队精神的关键所在。

在大学里，你就要成为团队的一员，就要有相应的权利和义务，就要懂得依靠团队的力量来做事。个人的力量是相当有限的，只有汇聚成河流，才能流向大海。团队合作使你有力量感，齐心协力、相互取长补短，正因为此，团队成员在相互工作中形成共同的价值观。要发挥团队精神，只要在工作中彼此尊重对方，加强沟通，发挥优势，展现个人独特的风格，奇迹就会出现。

（二）团队精神的主要内容

团队精神包含三个方面的内容：首先，在团队与成员之间的关系上，团队精神表现为团队成员对团队的强烈归属感，团队成员把团队当成“家”，把自己的前途与团队的命运系在一起，愿意为团队的利益与目标奋斗。团队成员极具团队荣誉感，在处理个人利益与团队利益的关系时，团队成员采取团队利益优先的原则，个人服从团队。团队与其成员结成牢固的命运共同体，共存共荣。其次，在团队成员之间的关系上，团队精神表现为成员之间的相互协作。团队成员彼此间利益共享，相互宽容，彼此信任。在工作上互相协作，在生活上彼此关怀。团队成员和谐相处，凝聚力强，追求团队的整体绩效。最后，在团队成员对团队事务的态度上，团队精神表现为团队成员对团队事务的全心投入。团队充分调动成员的积极性、主动性、创造性，让成员参与管理、决策。团队成员在处理团队事物时尽职尽责，充满活力，洋溢热情。

（三）对团队精神重要性的认识

团队精神的重要性，在于个人、团体力量的体现，小溪只能泛起破碎的浪花，海纳百川才能激发惊涛骇浪，个人与团队关系就如小溪与大海。每个员工都要将自己融入集体，才能充分发挥个人的作用。个人的发展离不开企业的发展，员工要将个人追求与企业追求紧密结合起来，树立与企业风雨同舟的信念。团队精神的核心是协同合作，在企业每个人的工作都不是绝对独立的，部门与部门之间、员工之间工作相对独立，但又相互渗透，所以分工是相对的，分工是离不开协作，协作是为了更好地工作。企业这艘巨舰上的每个人岗位不同，但要达到胜利的彼岸就必须团结协作，向着同一个目标摇旗呐喊，勇往直前。

1. 团队精神是企业冲锋的号角

俗话说，“市场如战场”。在企业日益成为市场竞争主体的今天，企业的竞争力、战斗力决定着企业的生死存亡。一个企业如果有一个好的团队和良好的团队精神，它就会像冲锋的号角，激励员工一往无前，奋力争先，不断战胜对手，取得竞争的胜利。

2. 团队精神是企业的精神支柱

人是需要一点精神的。同样，企业也是需要精神的。团队共同的价值观就是一个企业的精神支柱。离开这个精神支柱，企业就是一潭死水、一具僵尸，就毫无活力可言。从这个意义上说，团队精神乃是企业的精神支柱。

3. 团队精神是培养企业凝聚力的旗帜

古人云：“物以类聚，人以群分。”培育企业的凝聚力，除了其他条件外，良好的团队精神就成为一面旗帜，它召唤着所有认同该企业团队精神的人，自愿聚集到这面旗帜下，为实现企业和个人的目标而奋斗。

团队精神表现为一种文化氛围、一种精神面貌，是一种看得见、感知得到的精神气息，对任何一个组织来讲都是不可缺少的精髓。否则就如同一盘散沙。一根筷子容易弯，十根筷子折不断……这就是团队精神重要性力量的直观表现，也是团队精神重要性之所在。

（四）如何培养团队精神

1. 参加校园文体活动和社会实践，增强团队意识

大学生活中的“第二课堂——校园文体活动”“第三课堂——社会实践”，对于提高学生个人综合素质起着极大的推动作用。比如寝室设计大赛、球类比赛、综合性文艺演出、各种社会实践活动等，这些活动的组织者和胜出者无疑都是责任清晰、洞察力和协调性强、善于协作的团队。

2. 培养宽容和合作的品质，增强团队意识

“天生我材必有用。”在团队活动过程中，任何人都有自己的价值和贡献，关键是成员之间以怎样的心态去看待彼此，在实践中去发现对方的优点，而非挑毛病。

培养自己求同存异的素质，这一点对当代大学生来说尤其重要。这就需要在日常生活中，培养良好的与人相处的心态，并在日常生活中运用。这不仅是培养团队精神的需要，而且也是获得人生快乐的重要方面。

一个人不可能完美，而团队就可以做到完美。迷失在大森林中的瞎子和瘸子的故事告诉我们，只有瞎子和瘸子合作才有可能走出森林，单独行动只有死路一条。这就告诫我们尊重团队成员的同时，充分发挥自己的优势，有大局观，团队成员之间互相帮助、互相照顾、互相配合，为集体的目标而共同努力，就可能取得成功。

3. 增强表达和沟通能力，塑造主动做事的品格和敬业的品质

培养团队精神中的表达与沟通能力是非常重要的，不论你做出了多么优秀的工作，不会表达，不能让更多的人去理解和分享，那就几乎等于零。常言道“行胜于言”，主要是强调做人应该多做少说，团队成员间不仅仅需要动嘴、动脑，更需要动手，多实践多沟通才能提高协作与竞争能力，才能使人自觉、自愿、自律地为团队奋发努力。当代大学生要抓住一切机会锻炼表达能力，积极表达自己对各种事物的看法和意见，并掌握与人交流和沟通的艺术。

一个完美的团队要求成员间具有敬业精神，有了敬业精神，才能把团队的事情当成自己的事情，有了责任心，才能发挥自己的聪明才智，为实现团队的目标而努力。时刻牢记自己的利益与团队、集体同呼吸共命运。这就要求我们有意识地多参与集体活动，并且想方设法认真地完成好个人承担的任务，养成不论学习还是做事都认真对待的好习惯。

六、有效的沟通技巧

教学案例 7.5

张丹峰的困惑

张丹峰刚刚从吉林大学管理学专业硕士毕业，出任某大型企业的制造部门经理。张丹峰一上任，就对制造部门进行改造。他发现生产现场的数据很难及时反馈上来，于是决定从生产报表上开始改造。借鉴跨国公司的生产报表，张丹峰设计了一份非常完美的生产报表，从报表中可以看出生产中的任何一个细节。

每天早上，所有的生产数据都会及时放在张丹峰的桌子上，张丹峰很高兴，认为他拿到了生产的第一手数据。没过几天，出现了一次大的品质事故，但报表上根本没有反映出来，张丹峰这才知道，报表的数据都是随意填写上去的。

为了这件事情，张丹峰多次开会强调了认真填写报表的重要性。每次会议中所传达的精神，在开始几天可以起到一定的效果，但过不了几天又返回了原来的状态。张丹峰怎么也想不通。

仔细阅读案例，深入思考后与其他同学讨论：

(1) 张丹峰为何能出现案例中的烦恼？原因是什么？

（2）如果是你的话，你如何解决这个问题？

（3）通过读这个故事，你最大的收获是什么？

（一）沟通的概述

沟通（communication）是人与人之间、人与群体之间思想与感情的传递和反馈的过程，以求思想达成一致和感情的通畅。沟通的目的是搜集、处理及传播信息，

沟通的要素包括沟通的内容、沟通的方法、沟通的动作。就其影响力来说，沟通的内容占7%，影响最小；沟通的动作占55%，影响最大；沟通的方法占38%，居于两者之间。

松下幸之助有句名言："企业管理过去是沟通，现在是沟通，未来还是沟通。"管理者真正的工作就是沟通。不管到了什么时候，企业管理都离不开沟通。企业管理如此，生活亦然，同学们相互间的沟通是必不可少的，沟通是与自己、与他人、与社会进行思想、感情、信息交流，求得身心健康，促进社会和谐，更好地实现自我发展的一种方式。

（二）沟通的两种方式

1. 语言沟通

语言是沟通的主要手段，沟通借语言而存在。语言沟通是指以语词符号为载体实现的沟通，主要包括口头沟通、书面沟通和电子沟通等。口头沟通是指借助语言进行的信息传递与交流。口头沟通的形式很多，如会谈、电话、会议、广播、对话等。书面沟通是指借助文字进行的信息传递与交流。书面沟通的形式也很多，例如，通知、文件、通信、布告、报刊、备忘录、书面总结、汇报等。在沟通过程中，语言沟通对于信息的传递、思想的传递和情感的传递而言更擅于传递的是信息。

2. 肢体语言沟通

沟通的55%是通过肢体语言进行的，从眼神、表情到动作，拿捏适当的交流会起到事半功倍的效果。要恰如其分地运用肢体语言还是有一定的困难。要明确的是，同样的肢体语言，如果是不同性格的人做出的，它的意义很有可能是不一样的。另外，同样的肢体语言在不同语境中的意义也是不一样的。比如，柔和的手势表示友好、商量；强硬的手势则意味着"我是对的，你要服从我的想法"；微笑表示友善礼貌，皱眉表示怀疑和不满意；盯着看意味着不礼貌，但也可能表示有兴趣，寻求支持；演说时抑扬顿挫表明热情，突然停顿是为了造成悬念，吸引注意力。

（三）有效沟通的标准

1. 明确性

沟通是由传送者发出信息，但是必须由接收者有效接收才能起作用。因此，发送者必须发出明确的信息，并且用接收者易于理解的语言和传递方式来发出信息。

2. 易于理解的语言

沟通使用的语言，必须是接收者能够理解的。例如，对文化水平不高的操作工人，用他根本听不懂的科技语言来传递，你认为"非常明确"，可是他一点也听不懂。这种沟通接收不良，属于无效的沟通。

3. 易于理解的方式

在紧急时刻，用简练的语言告诉他，这种方式当然“易于理解”，如果这时候拿一大本书面资料给他看，就不是“易于理解”了。应当注意选择每次传递使用的传递形式，如交谈、报告、电话、文件、书面材料、技术图纸、图表、统计表、电子资料、照片、录像、身体语言、暗示等。

（四）如何提高沟通的能力

语言艺术运用得好，就能吸引和抓住对方，调动彼此交谈的激情、兴趣。相反，如果不注意语言艺术，往往在无意间就出口伤人，产生或激化矛盾。掌握人际沟通的语言艺术的方法有以下几点。

（1）称呼得体。

称呼反映出人们之间心理关系的程度。恰当得体的称呼，能使人获得一种心理满足，使对方感到亲切，交往便有了良好的心理气氛；称呼不得体，往往会引起对方的不快甚至反感，使交往受阻或中断。所以，在交往过程中，要根据对方的年龄、身份、职业等具体情况及交往的场合、双方关系的亲疏远近来决定对对方的称呼：对长辈的称呼要尊敬，对同辈的称呼要亲切、友好，对关系密切的人可直呼其名，对不熟悉的人要用敬辞。

（2）说话要注意礼貌。

正确运用语言，表达清楚、生动、准确、有感染力、逻辑性强，少用俚语和方言，切忌滥用辞藻，含含糊糊；语音、语调、语速要恰当，要根据谈话的内容和场合，采取相应的语音、语调和语速；讲笑话要注意对象、场合、分寸，以免笑话讲得不得体，伤害他人的自尊心或者造成尴尬的局面。

（3）适度地称赞对方。

每个人都希望别人赞美自己的优点。如果我们能够发掘对方的优点，进行赞美，对方会很愿意与你多沟通。但是赞美要适度，要真诚，要有具体的内容，绝不能曲意逢迎、盲目奉承。

（4）避免争论。

年轻人喜欢争论，但争论往往是在互不服输、面红耳赤、不愉快甚至演化成直接的人身攻击或在严重的敌意中结束，这对人际关系的有害影响是显而易见的。因此，我们要尽量避免争论，要通过讨论、协商的途径解决分歧。最终要以“求同存异”的方式，既表明了必要的原则性，又不伤害彼此的友谊，不强加于人，相互有保留的余地。

（五）非语言沟通能力的魅力

非语言沟通是指通过身体动作、体态、语气、语调、空间距离等方式交流信息、进行沟通的过程。在沟通中，信息的内容部分往往通过语言来表达，而非语言则作为提供解释内容的框架，以此来表达信息的相关部分。因此，非语言沟通常被错误地认为是辅助性或支持性角色。相反地，同样的几句话，让不同的人说出来就有不同的效果，这就是非语言沟通的魅力。

美国传播学家艾伯特·梅拉比安曾提出一个公式：信息的全部表达 = 7% 语调 + 38% 声音 + 55% 肢体语言。我们把声音和肢体语言都作为非语言交往的符号，那么人际交往和销售过程中信息沟通就只有 71% 是由语言进行的。这充分验证了在沟通和传播中，非语言沟通的重要性。

1. 目光

眼睛是心灵的窗口。目光接触是人们之间最能传神的非语言交往。“眉目传情”“暗送秋波”等成语，形象地说明了目光在人们情感交流中的重要作用。

2. 微笑

“相逢一笑泯恩仇”，可见笑的力量。微笑来自快乐，它带来的快乐也创造快乐，彼此接触的过程中，微微一笑，双方都从发自内心的微笑中获得这样的信息：“我是你的朋友”，微笑虽然无声，但是它说出了如下许多意思：高兴、欢悦、同意、尊敬。微笑给人的感觉是温暖、有信心，并且有助于建立彼此的信赖感：不过，如果你笑得不是时候，特别是和你说话的声调或所说的话互相冲突时，恐怕就会让人哭笑不得了。

3. 倾听

苏格拉底曾说过，自然赋予我们人类一张嘴、两只耳朵，就是让我们多听少说，锤炼沟通技能。学会倾听，沟通就成功了一半。倾听忌讳东张西望，心不在焉；毫无表情和反应；总是打断对方话题；死盯住对方；不时地看表。作为倾听者，我们应该注视对方，身体前倾，专心致志地听，不打断话题，恰如其分地反馈，适当地记录和提问，以表达出你对他人的理解、支持，显现出你的涵养，得到他人对你的尊重和理解。

4. 正确的距离

距离产生美。人际交往的空间距离不是固定不变的，具有一定的伸缩性，这依赖于具体情境，如交谈双方的关系、社会地位、文化背景、性格特征、心境等。国家、民族文化背景不同，交往距离也不同，这种差距是由对“自我”的理解不同造成的。了解交往中人们所需的自我空间及适当的交往距离，就能有意识地选择与人交往的最佳距离，而且，通过空间距离的信息，还可以很好地了解一个人实际的社会地位、性格及人们之间的相互关系，从而更好地进行人际交往。

七、高效执行能力培养

（一）执行力的含义

何谓执行力？按照余世维博士的说法，执行力“就是按质按量地完成工作任务”的能力。提高执行力是践行“三个代表”的重要思想，全心全意为人民服务的必然要求，也是我们转变工作作风、提高工作效率的必然要求。一个部门的成功是靠出色的执行力来保证的，提高执行力是改革与发展的必然要求。没有执行力，就没有竞争力，也没有发展力，历史的发展证明：真正把国家的方针政策落实好，提高执行力是关键。提高执行力应该从自己做起，从自己的工作做起。我们来看工作生活中的一种现象：如果你想要做一件事情，你会有一百个理由去做，如果你不愿做一件事情时，你同样会有一百个借口不去做！为什么会这样？因为现在做任何事情都有一定难度，没有人能轻易成功。这里面就有心态和观念的问题，有了“要去做，且一定要做好”的态度，各种借口自然也就没有了。

（二）如何提高个人执行力

个人执行力的强弱取决于两个要素——个人能力和工作态度，能力是基础，态度是关键。所以，我们要提升个人执行力，一方面是要通过加强学习和实践锻炼来增强自身素质，另一方面是要端正工作态度。那么，如何树立积极正确的工作态度？我认为，关键是要在工作中实践好以下几个要求。

1. 增强自觉性

增强自觉性是提高执行力的基础。自觉性表现为在贯彻落实上级指示精神的过程中，思想认识和实际行动要到位，具有贯彻执行上级指示的坚定性、主动性和积极性。增强自觉性是提高执行力的基础，而增强自觉性的主要途径在于学习。学习，是职业人的必备条件和首要任务。认识的提高、知识的积累、本事的增长、能力的拓展，都离不开勤奋的学习。对于"科学发展观"重要思想能否做到真学、真懂、真信、真用，就要把真学摆在首位，只有做到真学，才能进而达到真懂、真信、真用。认真学习是第一位的，不认真学习就谈不上自觉遵守、切实贯彻和坚决维护。因此，一定要认真学习邓小平理论、"三个代表"重要思想和科学发展观，认真学习干好本职工作的各种专业知识。在当今形势下，新知识、新精神、新任务层出不穷，不学习就跟不上时代步伐，工作本领就不会得到提高，就会缺乏干好工作的自觉性和主动权。从提高执行力的角度说，我们只有通过认真学习，真正理解和准确把握好上级的有关部署和要求精神，才能切实做到认识到位、行动自觉、贯彻有力，如果一个人没有责任感，那么他无论干什么事都不会积极主动，更不会尽心尽力使自己做得更好。在工作中，要养成严谨的工作态度和敢于负责的精神。责任心和进取心是做好一切工作的首要条件。责任心的强弱，决定执行力度的大小；进取心的强弱，决定执行效果的好坏。因此，要提高执行力，就必须树立起强烈的责任意识和进取精神，坚决克服不思进取、得过且过的心态。

把工作标准调整到最高，精神状态调整到最佳，自我要求调整到最严，认认真真、尽心尽力、不折不扣地履行自己的职责。绝不消极应付、敷衍塞责、推卸责任。养成认真负责、追求卓越的良好习惯。

2. 要着眼于实干

脚踏实地，树立作风。踏实勤奋是成功的必要条件，不要幻想平步青云，牢记"天下大事必作于细，古今事业必成于实"。虽然每个人岗位可能平凡，分工各有不同，但只要埋头苦干、兢兢业业就能干出一番事业。好高骛远、作风不正，结果终究是一事无成。因此，要提高执行力，就必须发扬严谨务实、勤勉刻苦的精神，坚决改掉夸夸其谈、纸上谈兵的毛病。真正静下心来，从小事做起，从点滴做起。一件一件抓落实，一项一项抓成效，干一件成一件，积小胜为大胜，养成脚踏实地、埋头苦干的良好习惯。

3. 要提高办事效率

只争朝夕，提高办事效率。"明日复明日，明日何其多。我生待明日，万事成蹉跎。"因此，要提高执行力，就必须强化时间观念和效率意识，弘扬"立即行动、马上就办"的工作理念。无论做什么事，不要经常"等一会儿""以后再说吧"，这样将一事无成。坚决克服工作懒散、办事拖拉的恶习，每项工作都要立足一个"早"字，落实一个"快"字，抓紧时机、加快节奏、提高效率。做任何事都要有效地进行时间管理，时刻把握工作进度，做到争分夺秒、赶前不赶后，养成雷厉风行、干净利落的良好习惯。

4. 要开拓创新

开拓创新，改进工作方法。创新是发展的灵魂。只有改革，才有活力；只有创新，才有发展。面对竞争日益激烈、变化日趋迅猛的今天，创新和应变能力已成为推进发展的核心要素。因此，要提高执行力，就必须具备较强的改革精神和创新能力，解决无所用心、生搬硬套的问题，充分发挥主观能动性，创造性地开展工作、执行指令。在日常工作中，我们要养成勤于学习、善于思考的良好习惯。要敢于突破思维定式和传统经验的束缚，不断寻求新的思路和方法，使执行的力度更大、速度更快、效果更好。

此外，我们还需要满怀激情和恒心去工作。激情的行动是成功的前提！充满激情地做事才能有快乐工作的体会！每个人第一次做某事都可能做得不好，但是不要紧，熟能生巧！我们每个人都不记得自己是如何学会走路的了，但有一点可以肯定，就是我们自己学走路时，绝对没有因为怕摔跤就放弃，因为走路的愿望是一种激情，能够跑着走、跳着走，像大人那样这一脚那一脚，站着走！即使跌倒了，爬起来，擦干泪，不后悔，继续走，至少我们还有梦，坚持去做就可能成功！许多事情，长期坚持了，胜数自然就出来了。

提升个人执行力并不是一朝一夕之功，但是请相信，只要我们能按照以上几个方面的要求，用心去做，就一定会成功。

5. 必须掌握本岗位相关的较深的专业知识及业务流程

各行各业各岗位都有它的独特性，如果我们没有掌握本岗位相关的较深的专业知识及业务流程，工作的时候像瞎子过河一样，慢慢地去摸索，这样何来高效的执行力？较深的专业水平和熟悉的业务流程是工作的前提，也是提高执行力的首要因素。就公司来说，的确存在这样的现象，专业水平不足，工作流程不熟悉，造成许多无谓的工作，而且也阻碍了工作的顺利开展。因此，无论是我部，还是公司，各岗位的员工不仅要有相关的专业水平，而且还要熟悉本岗位的工作流程。问题的根源——没有充分的岗位培训工作，这也是我公司现存的一个薄弱环节，新员工没有一个能说出详细的岗前培训计划。

6. 必须具备强烈的责任感

每个人都应该有“在其位，谋其政；任其职，负其责”的做事态度，时时将自己工作任务放在心头，将完成工作任务视为一种使命，克服一切困难去完成自己的任务。我们不仅要将任务作为最终目标，也要注重工作的质量。如果我们草草地完成了工作任务，没有注重工作质量，以致最终没有达到要求，不得不重新对我们工作中不合理的地方加以修正，这大大降低了我们的工作效率，高效执行力更是无从谈起了！比如说产品部为了急于完成工作任务而忽略工艺要求，致使所生产的零部件、产品不合格，又进行返工；比如说技术开发部，设计图纸出错，致使加工生产受阻；比如说采购管理部，采购物料时严重超期，致使生产中频繁待料而影响生产计划……所以，强烈的责任感也是提高执行力的重要因素。责任感是一种习惯，它是在日常工作中逐渐形成的，那么如何增强员工的责任感？对员工进行一些关于责任感讲座，让员工更深入地认识强烈的责任感对工作执行力的重要性；对于大多数人来说，一种习惯的形成是自觉与强制的共同结果。所以采取一些强制性的手段必不可少，即对那些因不负责而造成一定后果的行为做出一定的惩罚。

7. 具备饱满的工作激情

这里的工作激情指的是，随时充满精力，对工作积极主动，不畏困苦，刻苦钻研，一种忘我的工作精神。如果一个企业的员工无一例外地具有饱满的工作激情，对工作积极主动，不要说高效的执行力了，它将是一个不可阻挡的团体。怎样使每个员工都具有饱满的工作激情，这是一个非常值得探讨的问题。对一部分人来说，工作激情来自对生活的态度，他们在生活中一直是充满活力的，将工作视为生活的一部分，于是在工作上也充满激情。对于一部分人来说，他们的激情是激发出来的。换句话说，工作激情是在一定的驱动力的驱使下体现出来的，而纵观现状，我们的工作激情又体现在哪里呢？如何让员工产生积极的工作激情呢？我们一定要让员工有这样的意识：我不是在为老板工作，我的工作是自己的事情。也就是培养员工一种主人翁的精神。自己是大家庭的一员，这个家庭的发展壮大与否与每个人息息相关，我们不是为工作而工作，我们是在为了这个家庭更强大而努力。

不是所有员工都能做到以上所述，在如何打造高效执行力的问题上，我觉得管理层的作用必不可少。大多数人的自控能力都有限，某些制度的实施必须带有强制性，这样才会提高它的执行力度。此外，让员工理解为何要实施此制度，减少员工的抵触情绪，管理层与员工之间的沟通也不可缺少。管理层要对执行力随时监督、检查，以利于执行力的提高。对那些具有高效执行力的员工进行奖励，对那些执行力较差的员工进行惩罚。每个企业都不想惩罚员工，但是必要的惩罚却是提高执行力最有力的手段之一。

第五节 职业化心理素质

一、心理素质与职业心理素质

（一）心理素质

心理是人的生理结构特别是大脑结构的特殊机能，是对客观现实的反映。

心理素质是指以先天遗传生理为物质前提，在后天环境和教育的影响和作用下，通过社会实践而形成的比较稳定的个性心理特征和在社会实践中表现出来的心理活动能力。心理素质是个人素质构成的重要内容，心理素质决定综合素质。心理素质可分为智力性心理素质和非智力性心理素质。

1. 智力性心理素质

智力性心理素质是指个体在认识、改造客观事物过程中所形成的认知方面的稳定的心理特征和认知能力，主要包括观察力、注意力、想象力、记忆力、思维力。

2. 非智力心理素质

非智力心理素质是指个体在认识和改造客观世界过程中所形成的情意方面的稳定的心理特征以及在意向活动中表现出来的能力，如兴趣、动机、情绪、意志、自我意识、人际关系、社会适应力、开拓创新素质等要素。

心理素质所反映的是人在某一时期内的心理倾向和达到的心理发展水平，是人进一步发展和从事活动的心理条件和心理保证。它在素质体系中处于基础地位，是一种核心性素质，在整个素质的形成与发展中起着重要作用。俗话说，知识是学来的，能力是练出来的，胸怀是修来的。这里的“修”就是修炼。个人修炼是指人在个体心灵深处进行的自我认识、自我解剖、自我教育和自我提高，这不仅包含了为人、修身、处世的智慧，还包含着始终要有一颗平常心去应对日常的烦恼和不幸，以此提升心理素质。

（二）职业心理素质

职业心理素质，是指个体顺利完成其所从事的职业活动所必须具备的心理品质。每个从业者，无论从事何种职业都必须具备一定的心理素质。职业心理素质主要包括不断进取的坚毅力、经受挫折的容忍力、勇于竞争的自信力、行为抉择的自我控制力、对待批评的分辨力、环境变异的适应力等。但是，不同职业对人的心理品质的要求是有所侧重的，特定职业心理是与特定职业岗位密切相连的，其基础是通用的职业心理素质。良好的职业心理素质对大学生的职业发展具有重要意义，不仅有助于个人心理潜能的发挥，而且有助于不断适应职业环境，有助于促进身心健康，能够积极面对各种挫折和压力。

二、健康的职业心理素质

（一）良好的职业认知

广义的就业应涵盖选择职业（择业）、从事职业（就业）和适应职业（事业）三个不同层次。就业认知是指人们获取就业信息和运用就业信息的心理活动，包括社会职业认知和自我认知。社会职业认知主要是指大学生能够主动了解就业形势，了解就业制度、政策，了解社会职业状况，了解用人单位情况，及时获取就业信息，并能据此做出决策的心理活动。自我认知是指大学生具有自我观察、自我认定、自我评价的能力，能够客观地评价自己，清楚自己的个性特点、兴趣、爱好、能力等，并能够结合社会认知，及时调整自己的择业心态和就业期望值，顺利选择职业。

（二）健康的情绪

情绪是指个体在对外界事物认知的基础上产生的主观体验。情绪对认知具有重要影响，积极的情绪能够促进认知的发展，消极的情绪对认知具有阻碍作用。大学生在择业过程中要善于调节自己的情绪，适度地表达自己的情绪，并通过恰当的方式宣泄自己的不良情绪，主动控制并管理自己的情绪，做到喜不狂、忧不绝、败不馁；具有自制力和自控能力，能够保持与周围环境的动态平衡，保持良好的心理状态。

（三）良好的意志品质

意志是个体有意识的支配、调节行为，是个体克服困难，以实现预定目的的心理过程。坚强的意志对于毕业生择业尤为重要。意志是一个人主观能动性的集中体现，是人们取得事业成功的先决心理条件之一。健康的意志品质一般具有以下特点：目的明确合理，自觉性高，善于分析情况，意志果断、坚韧，自制力好。具有坚定意志的人应既有实现目标的坚定性，又有克制干扰目标实现的愿望、动机、情绪和行为，不随波逐流。

抗拒挫折能力是意志力的重要体现。挫折是指个体在通向目标的过程中遇到难以克服的阻碍或干扰，使目标不能达到、需求无法满足时产生的不愉快情绪反应。抗拒挫折能力标志着一个人适应环境的能力。这种能力不是先天就有的，而是后天学习、实践锻炼的结果。提高挫折承受力对毕业生择业、就业十分重要，可以使毕业生意志更加坚强，人格更加成熟，从容应对就业、创业的机遇和挑战。

（四）完善和谐的人格

人格完整、和谐、统一是心理健康的重要标志，也是毕业生在择业中必备的心理特征。人格完善的学生，其能力、性格、思想、信念、动机、兴趣、人生观等各方面发展平衡，人格作为人的整体的精神面貌能够完整、协调、和谐地表现出来。美国心理学家托马斯·哈里斯按照人格的发展将其分为四种类型，这四种类型也代表了四种人生态度。

（1）“我好，你好”：是健康的人生态度，认可自己也认可别人。

（2）“我不好，你好”：是自卑和抑郁症患者的人生态度，认可别人却不认可自己。

（3）“我好，你不好”：是怀疑者和独断者的人生态度，只认可自己却不认可别人。

（4）“我不好，你也不好”：是严重精神紊乱或厌世者的人生态度，既不认可自己也不认可别人其中第一种人格“我好，你也好”是成熟健康的人格，即毕业生在择业过程中能够保持和谐的人际沟通，及时共享就业信息，共同解决择业中出现的问题，实现互相帮助，共同就业。

（五）良好的环境适应能力

良好的适应能力是心理健康的重要特征，主要表现为毕业生在择业过程中能够面对就业现实、接受现实，并能主动地适应现实，而且可以通过实践和认知去改变现实。具有独立的生活能力，无论在感情上还是在实际生活中都较少有依赖心理；善于在不同的环境下寻找自己感兴趣的事情和事业的生长点，心理生活充实；能够接受现实，不轻易产生敌对情绪，对因家境、地域、病患、个人能力与努力等原因导致的各种差异能正确看待；不管处于什么社会生活环境下，他们都能主动同社会保持接触，与社会关系融洽，而不是把自己孤立起来，与社会格格不人。

教学案例 7.6

功亏一篑与泰然处之

刘云与王伟是同班同学，平时学习与思想考评都比较优秀，毕业时同时接到一家外企营销部的面试通知。面试时，他们被分在两个会议室。

主考官问了刘云一系列关于专业和职业的问题。刘云对答如流，并不时提出自己的见解，受到主考官的赞赏。在另一个会议室，王伟的面试也进行得非常顺利，主考官对他也表示非常满意。在面试就要结束时，主考官向刘云和王伟提出了同样的问题：“对不起，我们公司的电脑出了故障，参加面试的名单里没有你，非常抱歉！”当然，刘云和王伟是在不同的会议室里。胜利在望的刘云听了主考官的话后立即变得没有了风度。他生气地质问主考官为什么会出现这样的事，自己在学校时就非常优秀，总是前几名，这次居然不能进入面试，这是公司在成心耍人！

这时主考官对他说：“你先别生气。其实我们的电脑并没有出错，你以第一名的成绩进入了我们的面试名单，刚才的插曲是我们给你出的最后一道题。我们感到你的其他条件都不错，但心理承受能力实在是太差了。营销工作是要经历风险的，作为这个部门的高级人员，我们需要良好心理素质的人才。对不起，我们希望你能找到更加合适的工作。”刘云愣住了，没想到这也是一道考题。他前功尽弃了。

而在另一个会议室，王伟听了同样的问题后，他面带微笑，十分镇静地说：“我对贵公司发生这样的失误十分遗憾。但我今天既然来了，就说明我和贵公司有缘分。我想请您给我一次机会，这次计算机失误对我来说是个意外，对贵公司也是个意外，它或许意外地使你们选择一个优秀的员工。”

主考官露出满意的神态：“你是一个不错的小伙子，我愿意给你这个机会！”

案例分析：良好的心理素质对就业和成才有着重要的影响，用人单位都很重视求职者的心理素质。如果心理十分脆弱，对突如其来的打击难以承受，抗挫折能力差，即使专业成绩再好，也会失去良机。因此，大学生要不断地努力提高自己的心理素质。

三、择业的心理准备

职业选择是每位毕业生一生中面临的一次重要抉择，社会的变革、高等学校毕业生就业制度的改革，为即将毕业走向社会的大学生提供了机遇，同时也提出了严峻的挑战。因此，毕业生要使自己在择业竞争中处于良好的“竞技状态”，要想充分发挥自己的主观能动作用，自如地应付择业中遇到的各种问题，就必须保持良好的择业心态，做好充分的心理准备。

（一）正视成功与失败，勇敢地面对挫折

毕业生的求职择业过程本身既是一次主、客观相碰撞的过程，又是在择业的竞技场上优胜劣汰的过程。“双向选择”的结果会有成功，当然也会有失败；成功了固然喜悦，然而失败了也不要悲伤，更不要丧失信心。对于毕业生来说，职业选择体现一个人多层次的价值系统。谋求理想的职业实际上是在选择生活，寻找理想与社会的最佳结合点，但最佳结合点却是很少的。毕业生在择业中如果一遇到挫折就苦闷、焦虑、失望，就感到脸上不光彩，甚至感到心灰意懒、自暴自弃，到头来永远不会成功。“双向选择”的本质意义是一种激励手段，对优胜者是这样，对失败者更是如此。它对失败者并不是淘汰和鄙视，相反能促使失败者振作起来，彻底摆脱“等、靠、要”的就业心态，加快自强自立的转化过程，成为新的开拓者。在求职择业的过程中，挫折是一种鞭策，是造就强者的必经之路。作为接受过多年高等教育的毕业生，更应该把求职择业过程中的挫折看作锻炼意志、增强能力的好机会。

（二）正视现实环境，勇于参与竞争

正视现实环境是即将毕业的大学生改造环境、成就事业的第一步。毕业生就业制度的改革，竞争机制的引入，旨在充分调动学校、用人单位和毕业生三个方面的积极性，在国家宏观调控下实现人才的合理配置。然而，实际情况也存在不尽如人意之处，如专门面向毕业生的就业市场还不够完善，大学生培养体制还不够合理，其调整总带有一定的滞后性，长期的智力投资与企业领导者的短期行为相冲突，轻视女大学生，毕业生本人的期望值过高等社会矛盾都会在毕业生的就业过程中反映出来。作为毕业生，更应该学会用辩证唯物主义观点来分析，对上述一系列社会问题有一个正确的态度和清醒的认识，分清主流和支流，既要承认问题的存在，又不能期望社会“完美无缺”。作为毕业生，要在正视社会现实的基础上充分发挥主观能动性，用自己的能力去改造客观世界。一味地怨天尤人并不能解决问题，自暴自弃只能使自己的人生变得毫无价值。同时更应该认识到，改革毕业生就业制度，建立双向选择的就业体系，就是要逐步建立一种公开的、平等的竞争机制，要做到这一步还要通过社会监督和不断完善制度的办法来保证。

择业竞争机制的引入对于毕业生来说是一种新的考验，也提供了一个较为理想、更为自由和广阔的择业环境。增强竞争意识，告别“铁饭碗”的传统观念和依赖、从众的社会传统心理并不意味着由此个人择业就不需要考虑社会需要，就不要个人的社会责任。忽视个人对职业理想的追求，无视个人的自主性，由国家和社会一包到底，其结果不利于毕业生的成长，也容易造成他们的依赖性和缺乏创新精神。同样，个人不关心社会的需要，放松对社会尽义务的责任，最终也难以成为于国于民有用的人才，不可能经受住人生的种种考验，从而也不可能形成健康的竞争和择业观念。健康的择业心理和竞争意识恰恰是建立在对社会需要的正确认识和强烈的社会责任感的基础上，基于对自身条件、素质、发展方向的客观评价之后逐步形成确立的。

（三）发扬艰苦奋斗精神，脚踏实地做起

艰苦奋斗既是一种不怕困难和劳苦、不畏艰难和挫折、坚忍不拔的斗争精神，更是一条成才的途径。古往今来，很多成功者的后面都留有一串艰辛的足迹。目前，我国仍是一个发展中国家，经济还不是很发达，发展也不是很平衡，有很多较为落后的地方特别需要像大学生这样的高层次人才去开发、去创业、去改变，同时也为毕业生施展才华、实现理想提供了很好的机会。因此，一个有理想、有志气、有抱负的大学生步入社会前要做好艰苦奋斗的准备，要勇于克服困难，不怕吃苦，踏踏实实地做好每一项工作，要立志通过自己的辛勤劳动为祖国做出一份应有的贡献。

作为一名即将走向工作岗位的大学生，决心到社会上轰轰烈烈地干一番事业的精神是十分可贵的。当自己步入一个新的工作单位后，也许想通过干一两件“大事”来展示自己的才华，从而使领导、同事刮目相看，其想法是好的，也是可以理解的。但是，要成就一番事业，必须从小事做起。毕业以后，大多数学生都将从事实际工作，将遇到大量的极平凡和琐碎的事情，如果整天想着做大事而不屑于做小事，不仅社会不欢迎，而且所谓的“大事”也做不好。在工作岗位上认认真真地学习，踏踏实实地做好本职工作，不要花架子，不靠嘴皮子，这是一种能力，一种生活的能力，一种能干大事的能力。每名毕业生都应把自己远大的理想落实在一步一个脚印的努力之中，立足于普普通通的工作岗位，要以一个普通人的姿态去从事每一项极普通、极平常的工作，在寻常的工作中看清终极目标，去创造光辉的业绩。

（四）排除心理干扰，克服心理障碍

毕业生求职择业的过程是一个复杂的心理变化过程。面对严峻的就业形势，面对众多的竞争对手，要想获得择业的成功，没有充分的心理准备是不行的。做好择业前的心理准备，排除心理干扰，应着重克服盲目自信、自卑畏怯、盲目从众、患得患失的心理，正确评估自己，选择适合自己的工作目标，避免理想主义，及时调整就业期生活，不刻意追求最满意的结果，从自身的特点、能力和社会需要出发，树立自信心，敢于竞争，不怕挫折，并采取积极的态度，勇于向挫折挑战。

四、职业心理素质培养

（一）培养积极正向思维

1. 培养乐观心态

世间万事万物，你可用两种观念去看它：一个是正面的、积极的；另一个是负面的、消极的。就像钱币，一正一反，该怎么看这一正一反就是心态，它完全决定于你自己的想法。积极的心态可使人快乐、进取、有朝气、有精神，而消极的心态则使人沮丧、难过、没有主动性。积极的人像太阳，照到哪里哪里亮；消极的人像月亮，初一十五不一样。积极使人乐观，消极让人悲观。乐观者在每次危难中都看到了机会，而悲观的人在每个机会中都看到了危难。

可见，成功的机会属于那些“永远正向思维”的人。当遇到困难或挫折的时候应该从积极的角度来思考问题，以一种乐观的态度看待问题，这样才能从困难中看到机会。而消极的人不去试图寻找解决问题的办法，而是使问题扩大化。他们始终处于悲伤、哀叹之中，不时还可能传递一些流言蜚语。拜伦说：“悲观的人虽生犹死，乐观的人永生不老。”

2. 培养空杯心态

古时候，一个佛学造诣很深的人听说某个寺庙里有位德高望重的老禅师便前去拜访。老禅师的徒弟接待他时，他态度傲慢，心想：我是佛学造诣很深的人，你算老几？后来老禅师十分恭敬地接待了他，并为他沏茶。可在倒水时，明明杯子已经满了，老禅师还在不停地倒。他不解地问：“大师，为什么杯子已经满了，您还是往里倒？”大师说：“是啊，既已满了，干吗还倒呢？”禅师的意思是，既然你已经很有学问了，干吗还要到我这里求教？这就是“空杯心态”的起源。

“空杯心态”最直接的含义是一个装满水的杯子很难再接纳新东西。如果想学到更多学问，先要将心里的杯子倒空，将自己所重视、在乎的很多东西及曾经辉煌的过去从心态上彻底了结清空。这是每一个想在职场发展的人所必须拥有的最重要的心态。员工不仅要能干，还要敢于“归零”。每一天都是一个新原点，每一次工作都应从零开始，每个任务都应以一种崭新的心态去学习新东西并完成。永远不要把过去当回事，永远要从现在开始，进行全面的超越。

3. 培养感恩心态

俗语讲，受人滴水之恩，当涌泉相报。“感恩”是因为我们生活在世界上，所有一切包括一草一木都对我们有恩情。古人云，“施人慎勿念，受施慎勿忘”。学会感恩，让生命可以轻装一点，未来才会阳光。所以，我们应尽我们所能做到的一切去感谢这个世界，用所能及的全部力量来报答一切。

4. 培养宽容心态

张瑞敏在《海尔是海》中描写道：“海尔应像海，唯有海能以博大的胸怀纳百川而不嫌其细流，容污浊且能净化为碧水。正如此，才有滚滚长江、浊浊黄河、涓涓细流，不惜百折千回，争先恐后，投奔而来。汇成碧波浩渺、万世不竭、无与伦比的壮观！汇入海的大家庭中，每一分子便紧紧地凝聚在一起，不分彼此形成一个团结的整体，随着海的号令执着而又坚定不移地冲向同一个目标，即使粉身碎骨也在所不辞。因此，才有了大海摧枯拉朽的神奇。”

最近一项新的科学研究结果表明，宽容不仅是人类长期崇尚的一种美德，更重要的是这种平和的生活态度会给健康带来很大的益处。美国科学家所做的这项新研究得出的结果表明，较之那些不太宽容的人，易于宽容他人的人的血压较低。这说明，在日常生活中，对周围的人持一种宽容大度的心态有益于健康。而敌视周围的人群或易于焦躁的人的身体健康则容易出问题，也容易患心脏病。

（二）培养坚强的意志

意志过程是指人们在社会实践中，为达到既定目的而采取的自觉行动，包括自觉地确定行动的目的、有意识地支配和调节其行动以实现预定目的的心理现象。意志受情感的影响，也是认识过程进一步发展的结果，对人们的社会实践具有积极的促进作用。

培养坚强的意志对于毕业生择业来说主要是增强挫折承受力，意志行为的重要特征是勇于克服困难和阻碍。因此，能否经受得起挫折不仅决定于个体经受挫折时的心理状态，对挫折的认识、评价和理解，还取决于个体对待挫折的态度以及应对挫折的行为方法。

1. 正确对待挫折

要认识到在择业过程中出现挫折是很正常的，是生活的一部分，关键在于人们怎样认识和对待它。如果认识到挫折是不可避免的，就会对挫折有充分的心理准备，遇到挫折后不灰心、不后退，敢于向挫折挑战，能把挫折作为前进的阶梯、成功的起点。更重要的是，大学生应该认识到挫折具有双重性，择业受挫并不都是坏事，它能够更加坚定意志，增强创造能力和智慧。遇到挫折后认真总结经验是十分必要的，应该尽量避免不必要的择业挫折。

2. 改变挫折情境

挫折情境是产生挫折和挫折感的重要原因，如挫折情境得到改善和消失，挫折感也就会得到缓解。对挫折情境的改善，首先应预防挫折的发生，即对一件事情的成功或失败做出正确的估价。当挫折发生后，我们应认真分析引起挫折的原因，设法改变、消除或降低其作用的程度，或者暂时离开挫折环境，到另一个新的环境中去，改变环境气氛，这样可以降低挫折感。

3. 调节抱负水平

抱负水平是指在从事活动前，对自己所要达到的目标或成就的标准的要求。它是进行成功活动的动力，而能否成功则决定于抱负水平的高低是否适合于毕业生的能力或条件。抱负水平过高或过低都不利于增强个体的自信心和自尊心。在职业发展过程中，抱负水平过低，即使成功了也不会产生成就感；抱负水平过高，在达不到预定目标时则容易产生挫折感。所以，提出适合个人能力水平而且具有挑战性的标准，设定适合自己的择业期望值具有重要意义。

4. 建立和谐的人际关系

社会支持对于增强抗拒挫折能力具有重要作用。大学生在受挫时可以向亲友、老师和同学倾诉，他们的信任、鼓励、安慰和各个方面的支持，能够帮助大学生尽早从挫折中解脱出来，重新振奋精神，战胜困难，为成功做好准备。

（三）树立正确的职业价值观

职业价值观，即择业观是个体选择职业时的标准。职业价值观也是价值观在职业选择上的反映，是个人对某一职业的价值判断。职业价值观是职业选择的心理核心因素，对职业选择和职业动机具有导向作用，对职业认识、职业选择和职业生涯发展具有重要的影响。职业价值观支配着人的择业心态、行为及信念和理想等，对择业具有重要的影响。毕业生要树立科学的职业价值观，准确合理定位，把个人需要和社会现实结合起来，到社会需要的地方建功立业，实现自己的价值。

本章小结

本章通过阐述什么是职业化、新时代职业人的重新界定，让学生从另外一个视角重新认识职业化与职业人的含义，提出了职业人要让“客户”满意为自己终生的使命这一全新的理念。提出了新时代职业人所面临的挑战；同时以社会主义核心价值观为引导，告诉学生应该具备职业人应该具备的基本职业道德素养。本章还从职业人应该具备的科学文化素养，讲述了掌握建立科学文化知识结构的有效途径与方法；从学习能力、时间管理、团队精神、有效沟通、高效执行等几个方面介绍了基本职业化能力素质的自我培养方法；最后阐述了健康职业心理素质培养的重要性以及培养方法。

主要概念

职业化　职业道德　科学文化素质　职业能力　时间管理　有效沟通　团队精神　执行能力　职业化心理素质

复习、思考与训练

（1）何谓职业素质？职业素质主要包括哪些方面？

（2）什么是职业道德？社会主义职业道德的级别规范包括哪些？

（3）试论述大学生建立合理知识结构的原则途径。

（4）何谓职业能力？大学生应具备的核心能力有哪些？

（5）健康的心理素质包括哪几个方面？如何培养健康的职业心理素质？

扩展阅读资料

一、说话的SOFTEN原则

S——微笑（Smile）

O——准备注意聆听的姿态（Open Posture）

F——身体前倾（Forward Lean）

T——音调（Tone）

E——目光交流（Eye Communication）

N——点头（Nod）

二、奇妙的肢体语言

眯着眼——不同意、厌恶、发怒

扭绞双手——紧张或害怕
向前倾——注意或感兴趣
懒散地坐在椅中——无聊或轻松一下
抬头挺胸——自信、果断
坐不安稳——不安、厌烦、紧张
正视对方——友善、诚恳、外向、有安全感、自信、坚定等
避免目光接触——冷漠、逃避、不关心、没有安全感、消极、恐惧等
晃动拳头——愤怒或富攻击性
打哈欠——厌烦
手指交叉——好运
轻拍肩背——鼓励、恭喜或安慰
搔头——迷惑或不相信

三、第二次世界大战后期的故事

第二次世界大战后期，战争的形势已经开始朝着有利于同盟国的方向转化，但是法西斯轴心国还有相当大的实力，轴心国为了增加战争胜利的筹码，开始了核武器的研究。

在当时的科学界，核原料巨大的能量已经为很多科学家所共知，很多科学家对这个消息感到担忧。爱因斯坦等科学家由于德国纳粹的反动政策而迁居美国，他们听说这个消息之后，希望能够说服罗斯福总统，在美国也开始进行核武器的研究，以免德国一旦研发出核武器之后，使同盟国处于被动地位。

经济学家亚历山大·萨克斯是罗斯福的好友，在听了几位科学家的建议之后，自告奋勇地去劝说罗斯福总统。罗斯福总统具有掌控大局的卓越能力，但是对那些生涩的科学理论根本不感兴趣，所以，萨克斯第一次求见罗斯福总统并没有得到任何答复。经过一夜的思索，第二天，萨克斯再次求见总统。这次，萨克斯主动出击，用其他的战争事件巧妙地影响罗斯福总统对第二次世界大战产生新的认识，他并没有再谈论核武器研究的必要性，而是讲述了一个历史事件，他所讲述的事情发生在英法战争期间。

那时候，拿破仑是法国的皇帝。英国长久以来都很注重海上力量的发展，舰队很强大，所以尽管拿破仑具有卓越的军事才能，在海上却连连战败。这时，拿破仑手下一位叫富尔顿的年轻人发明了轮船。他预感到这种轮船在海战中的美好前景，于是就找到拿破仑，希望能够按照自己的办法制造轮船，一定可以打败英国强大的舰队。

这本是一个很不错的建议，但是由于拿破仑对这一新的发明不感兴趣，最终错过了战胜英国的良机。罗斯福听完了这段历史之后，意识到了自己的错误，他立刻敦促国会通过决议，开始组织人员研制原子弹，并拨给这个组织巨额的资金。由于当时美国聚集了大批世界上最优秀的科学家，所以核开发的计划进展得很快。第二次世界大战结束前夕，原子弹在美国研制成功，这一新式武器大大缩短了战争结束的时间。

第八章　创业——职业生涯的自我开发

教学目标

学习完本章后，学生应掌握的重点：

1. 理解创业对职业生涯的积极作用。
2. 掌握创业必需的知识储备。
3. 理解创业者的能力素质要求。

导入案例

德鲁克谈创业

德鲁克（Peter F. Drueker）早在1985年发现，现代经济的支撑力量已经不再是曾经为民众所熟悉的传统500强了。在市值最大的顶尖公司中，有许多是一二十年前名不见经传的中小创业型企业。正是数量众多的创业型企业日益成为现代经济的动力之源，并创造着占90%以上的新增工作岗位。德鲁克指出，当美国面临就业压力的时候，是其经济体系从“管理型经济”向“创业型经济”的转型改变了这一危机的结局。在对1970—1985年的美国进行了观察以后，他说：“在过去10~15年里，出现在美国境内的创业型经济形态，是近代经济与社会史上发生的最重要、最有希望的事件。”

在美国，一代创业者已经被称为“美国的新英雄”。这一代创业者在美国的就业、创新和劳动生产率方面取得的成绩是惊人的。据统计，在20世纪50年代，美国每年大约产生9.3万个新企业，而到20世纪80年代，新企业的产生速度上升到每周大约为1.2万个。1977—1980年，列入《财富》杂志500强企业削减了300万个职位，而同期，这些新企业在美国提供了大约2 000万个新的工作岗位。根据美国小企业管理局统计，新公司创造的新产品数比大企业多250%。美国国家科学基金会的一项研究认为，新公司每一美元的R&D费用所获得的创新大约是大公司的4倍。而且，新公司可以在较短的时间内进入市场，平均大约2.2年，而大公司则需3.1年。

第一节　创业与职业生涯

现代社会的人们已经意识到，小企业和创业有着重要的经济价值：不仅在经济发展方面有提高人均产出与人均收入水平的作用，更重要的是创业促进了经济结构的转型，形成创业型经济和新的社会结构。

可以说，创业是一个人实现人生价值的必由之路。在人生旅途上，每个人都要在学业、职业与事业的每一步中做出抉择。作为处于变革时期的新时代的求职者，面对激烈的竞争挑战，若能掌握相关创业知识及其技能，必然能开拓出就业的新领域，成就一条崭新的成才之路。

一、创业是职业生涯的主动开发

首先，创业是一种符合自我的职业生涯规划实现形式。职业生涯一般意义上是在现有的工作或职位中寻求发展的平台，规划职业路径，而创业是发挥自身优势，利用市场空隙在某一领域或某一行业，创造一种全新的工作平台并带动一系列的工作岗位。

其次，创业是一种快捷的职业生涯规划实现途径。职业规划是一种渐进式的、递进式的人生目标的实现形式，最终实现一个人的事业成功。创业是一种整合一切可以整合的资源，直接追求现实效果的事业，是以事业为起点规划整个人生。从这个意义上讲，创业是更深层次的、更具有战略性的职业规划和人生规划。

最后，创业还是人力资源的超值开发方式。创业素质在每个人身上都有不同的体现和存在，创业并不是每一个人对自己已经具备的创业潜能都能够完全地认识到并自觉地开发和展示出来。通过创业使更多人重新进行自我认识、自我评价，充分了解自己已经具备的创业素质，在自觉地强化这些创业素质的基础上，培育、开发其他相关方面的素质。同时，创业需要有专业素质与专业能力、社会实践与运筹的能力、市场预测与把握的能力、应对风险和处理突发事件的能力、企业管理与经营能力，以及支持科学决策的经济知识、管理知识、法律知识等相关知识，人们合作完成一个创业过程，就是完善知识结构、提高综合运用知识的能力的过程，更是锻炼与别人合作的能力、培养团队精神的过程。因此，创业是实现每一个人的人力资源的超值开发。

二、大学生的创业

作为青年学子的大学生，在精力、体能、知识、思维等方面都具备创业的良好基本条件。面对日益严峻的就业形势，大学毕业生选择创业，选择自我雇用，选择创造就业岗位，应成为创业型经济和创业型社会的主力军。

（一）大学生创业的社会意义

1. 大学生创业可以为社会提供更多的就业岗位

就业问题不仅是一个世界性问题，更是我国目前存在的一个亟须解决的问题。现在，我国因为国企改革形成的大量下岗职工需要重新就业，每年数百万的高校毕业生、数千万的高中和中专毕业生需要就业，难以计数的农村富余劳动力在寻求就业。面对如此庞大的就业问题，只靠行政的力量不可能完全解决。这就需要由企业特别是新的企业来解决，但是新企业的大量出现必须依靠大量的创业来实现。因此创业企业越多，吸纳的就业人员也就越多，这一点毋庸置疑。

2. 大学生创业可以为社会创造新的生活

为了获得创业的成功，创业者必然要为社会推出新的产品、新的服务和新的经营方式。这一系列经营创新的后果必将带来人们生活方式的改变和生活质量的提高。当乔布斯的苹果公司推出苹果计算机、比尔·盖茨的微软推出 BASIC 语言、Windows 操作系统后，每人的办公桌上拥有一台电脑的梦想就变成了现实。当创业企业推出了电子商务的服务平台后，人们足不出户就可以买进卖出。观察我们的生活，几乎每天都在发生着新的变化，这与创业型企业的大量出现是密不可分的。

3. 大学生创业可以促进社会的精神文明

大学生创业中体现出来的创新精神、开拓精神、奉献精神、拼搏精神和合作精神必将成为我们新时代的社会精神，鼓舞着人们奋力前行。大学生在创业经营过程中，进行的一次次公共关系活动，也变成了整个社会不可或缺的高尚精神和文化生活的重要组成部分。大学生创业成功后所表现出来的反哺社会和无私助人的高风亮节，也已成为我们精神文明建设的一面鲜艳的旗帜。

4. 大学生创业可以为我国的经济带来新的活力

一般来说，大学生创业有以下主要特点：产品技术含量高、管理观念新、能够及时跟踪世界高新技术发展、不断创新。

从把互联网带到中国的丁健、田溯宁到成功开发出中国第一个打入国际市场的“星光中国芯”的中星微电子董事长邓中翰，再到具有自主知识产权、覆盖防病毒和反黑客两大领域的网络安全产品研发与生产的启明星辰 CEO 严望佳，每一个成功的大学生创业企业几乎都选择了科技创业之路。可以说，中国 IT 业发展的每一步，都离不开科技创业大学生的努力，尤其是在互联网的起步与发展中，大学生创业者就是先锋与主力军。

（二）大学毕业生创业和在校大学生创业

随着高等教育从“精英教育”向“大众教育”迈进，高校毕业生就业形势日益严峻，大学毕业生数量将远远超过空缺岗位的数量。有专家指出，近几年城镇每年需要就业的人数将保持在 2 400 万人以上，而在现有经济结构下，每年大概只能提供 1 000 万个就业岗位，年度就业岗位缺口在 1 300 万个左右。因此今后在很长时期内，大学生将面临更为严峻的就业形势。大学毕业生创业更有利于缓解他们的就业压力，为此，国家各级党政部门，纷纷把“鼓励和支持高校毕业生自主创业”作为化解当前社会就业难的主要政策之一。大学毕业生通过自主创业，可以把自己的兴趣与职业紧密结合起来，做自己最感兴趣和认为最值得做的事情。其创业的主要原动力则在于谋求自我价值的实现。

而在校大学生创业不仅可以促进知识成果向生产力转换，推动社会财富的增加，而且有助于增强进入社会之前必要的技能、培养积极的人生态度，从一定程度上减轻家庭负担，并以此来开创自己的事业。同时，在校大学生创业也是充实大学生活的一种有效方式。创业可以使大学生有事可做，从而使生活变得丰富多彩。大学教育不再像中学教育那样倾向于应试教育，而是大力提倡素质教育，要求学生不仅要有渊博的知识，还必须具备较强的综合素质。现今的大学生自主创业正是素质教育的有利表现，将实践与理论相结合，既可以加深自己对理论知识的理解，又可以提升自己的实践能力。

教学案例8.1

金津的创业奇迹

金津从小就是个游戏玩家，他挣来的第一笔钱也和游戏有关。读初三的时候，金津和另外四个人参加游戏精神，团队获得1 500元奖金，每人分到300元。那时候他就下定决心以后自己也要开发网游赚钱。

2003年，他考入了浙江理工大学。之后他就开始琢磨起了游戏，他投入了5 000元买卡，由于当时竞争者少，需求旺盛，利润率非常高。他还在网上卖“游戏装备”，低价购进，高价卖出，就这样让5 000元变成了近100万元。赚到了创业史上的第一桶金。

此后，金津并没有满足，他又瞄准了朝阳产业，也是杭州正大力扶持的产业——动漫游戏。

2005年，金津在杭州正式创业，他给自己的公司起了个“渡口”的名字。从此岸到彼岸，从传统产业到IT业，“渡口”似乎更多了一层含义。金津自己也说，“更想把它看作一个新的起点”。

短短两年间，渡口网络公司不仅在杭州、上海等地设立总部和分部，而且在全国11个城市建立了办事处。来自全国各地的300多名年轻大学生和这位年轻的总裁一起，共同实现着他们的创业梦。

金津，在两年内由一名在校大学生成为全省最大网游公司总裁，让5 000元变成10亿元，缔造了一个现代的创业奇迹。他因此而高居2009年、2010年“中国大学的创业富豪榜”榜首。

第二节　创业的知识储备

想要创业，只有良好的企业愿景是不够的，要实现创业的目标必须要有过硬的本领。这其中包括坚实深厚的专业知识和广博稳固的非专业知识。

一、知识与知识的类型

（一）知识的含义

知识已成为当今社会非常重要的概念之一，尤其是知识经济的到来使人们对知识的认识发生了飞跃。人类解释知识的概念大约有3 000年的历史，早在古希腊时期就有对知识的定义。古希腊哲学家苏格拉底坚持从功能和意义方面定义知识：知识，即人的智力、自我意识和道德的修炼。毕达哥拉斯认为：知识就是语言、修辞和逻辑。

维娜·艾莉在其《知识的进化》一书中把知识分为实体层的知识、程序层的知识和功能层的知识。实体层的知识是把知识作为个体单元，其重点在于对知识的识别、组织和收集，同时也包括对知识的测度，把知识作为一种数据库和存储器。程序层知识，是把知识作为一种过程，从而使知识领域的重点发生了很大变化，使人们更多地把注意力集中于知识的动态方面，比如对知识的共享、创造、适应、学习、运用和沟通。这一层面的解释倾向于把知识看作充满不断变化、合并、交融的知识成分的动态液体，不关心信息流的控制，而对鼓励参与和协调沟通更感兴趣。功能层知识，是把知识看作一种需要适当环境的创造性对象，即功能层知识是一种复杂的、自组织的系统，组织环境是知识生长的“花园”。功能层知识的关键是对知识的加工和知识库的设计，其目的则是通过逻辑思维和分析获得最佳解决问题的方案。功能层知识标志着理性思维的开端，这是目前在知识经济的大背景下，对知识具有创新意义的一种认识。

（二）知识的类型

人类创造的知识经过不断的积累，已经形成了一个庞大的体系。为了便于人们掌握和使用，专家学者把知识按系统化的程度划分为前系统知识、系统知识和元系统三种类型。

1. 前系统知识

前系统知识是指尚未系统化的知识，是知识发展的低级阶段。这种知识具有始初性、个体性、现象性、直接性和经验性。它是系统知识的原始材料，经过去粗取精、去伪存真、由此及彼、由表及里地加工制作，才能形成系统的知识。

2. 系统知识

系统知识是指经过加工整理的系统化的知识，是知识发展的高级阶段。例如，专著、教材等都属于系统知识。系统知识是前系统知识的升华，它具有明显的深入性、群体性、本质性、间接性和理论性。但要发挥系统知识的高效作用，还必须将各个系统知识有机结合起来，形成强有力的系统知识。

3. 元系统知识

元系统知识是指多中心论的综合知识，它是知识发展的最高阶段。它具有相关性、动态性、综合性、横向性、多质性的特点。元系统知识的出现，开辟了人类知识发展的新阶段。人们掌握和运用元系统知识，就能自由地支配纷繁复杂的客观世界，并使其为人类的物质文明、精神文明和政治文明的发展服务。

前系统知识、系统知识和元系统知识，是知识进化链条上的三个发展环节。三者相辅相成，缺一不可。前系统知识是人类获得知识的开端；系统知识是知识的进一步升华，掌握了它，就等于掌握了事物发展的本质和规律；元系统知识是知识的最高发展阶段，它可以举一反三、触类旁通地进入知识的整合和再创造阶段。

二、创新知识、管理知识是创业的基础

（一）创新是创业的基础

从总体上说，科学技术、思想观念的创新，促进了人们物质生产和生活方式的变革，引发了新的生产、生活方式，进而为整个社会不断地提供新的消费需求，这是创业活动之所以源源不断的根本动因。

创新是创业的本质与源泉。经济学家熊彼特曾提出：“创业包括创新和未曾尝试过的技术。”创业者只有在创业的过程中具有持续不断的创新思维和创新意识，才可能产生新的富

有创意的想法和方案，才可能不断寻求新的模式、新的思路，最终获得企业的成功。

创新的价值在于创业。从一定程度上讲，创新的价值就在于潜在的知识、技术和市场机会转变为现实生产力，实现社会财富增长，造福于人类社会。而实现这种转化的根本途径就是创业。因此，掌握创业必需的创新知识是不断推动创业发展的基础动力。

（二）管理知识的构成

管理知识主要包括以下几个方面：

1. 企业管理知识

当今市场经济社会中，小企业要生存、要发展，创业者必须具有良好的经营管理能力。世界“钢铁大王”卡耐基生前曾说过：“将我所有的工厂、设备、市场、资金全部夺去但只要保留我的组织和人员，四年以后，我将仍是一个钢铁大王。”由此可见经营管理体系的重要性。

一般来说，创业企业的竞争优势来自于发展战略，创业企业的发展战略首先是生存至上。企业管理知识主要涉及创业企业战略管理、人才管理以及选择适当的盈利模式。

创业企业的远景战略是创新战略与人才战略。创新战略就是根据企业以及行业将来发展的总体趋势，大力推行技术创新、产品创新、工艺创新，依据由模仿创新到合作创新再到自主创新的技术路径稳步发展。同时根据企业发展，在管理思路、组织结构、管理模式、管理制度等方面进行管理创新，进一步完善企业的动力机制、激励机制、约束机制以及资源的整合与配置能力。

人才战略是企业竞争的根本。创业者必须有意识地储备人力资源，吸引和获取企业发展所需的关键人才，知道鼓励关键创业人才的激励机制与措施，完善人力资源培训计划，做到感情留人、待遇留人和事业留人。

盈利模式，简单来说就是保证企业利润来源的比较固定的方法，并在较长一段时间内保持稳定。

2. 市场开发知识

市场开发其本质就是主动割舍对现有市场的依赖，积极寻找商机进行市场细分，将企业纳入新的目标市场中，以求得生存与发展的机会。市场开发三部曲：市场细分，选择目标市场和市场定位，它是企业开发市场依次予以实现的步骤。市场细分是指创业者通过市场调研，依据消费者的需要、购买行为和购买习惯等方面的差异，把某一产品的市场整体划分为若干消费者群的市场分类过程。每一个消费者群就是一个细分市场，每一个细分市场都是由具有类似需求倾向的消费者构成的群体。

目标市场就是企业在市场细分的基础上，从满足现实的或潜在的目标顾客的需求出发，并依据企业自身经营条件而选定的一个或为数不多的特点市场。简单来说，目标市场就是企业产品的消费对象。

市场定位是指企业根据竞争者现有产品在市场上所处的位置，针对顾客对该类产品某些特征或属性的重视程度，为本企业产品塑造与众不同的、印象鲜明的形象，并将这种形象生动地传递给顾客，从而使该产品在市场上确定适当的位置。市场定位的关键是：顾客定位、产品定位和价格定位。

3. 财务管理知识

财务管理知识是指按照财务管理的原则，根据财经法规制度，组织企业财务活动的相关知识。财务管理与企业各方面有广泛的联系并能迅速反映企业的生产经营状况，向银行或其他业务伙伴表明企业的良好运营状态，制定未来发展规划。财务管理是比较专业的管理技能，作为一个创业者，要了解最基本的企业三表：即现金流量表、资产负债表和损益表。

三、专业知识是高层次的创业平台

专业知识是指与创业目标直接相关并发挥作用的知识体系，是对本领域研究对象或工作起直接指导作用的理论体系。在形式上，表现为某种性质或类别的科学知识，如机械、计算机、医药、食品等。专业知识对于创业者确定目标有直接的作用。要在某一领域开展创业活动，就必须深入了解该领域的活动和发展规律。掌握的专业知识越多越深，创业活动就越能有效开展。

如果说我国过去相当一部分创业成功者，脱离了自己原有的专业，而在其他领域获得了成功，那么在21世纪这种机会将大打折扣。因为，我国在20年前，很多领域发展是刚刚起步，如计算机行业，对绝大多数人来说都是一个崭新的领域，尽管专业知识不多，但大家彼此相当，不分上下。再加上，世界范围内的计算机产业的快速推动，使IT行业的创业者获得了天时地利人和的千载难逢的发展机遇。21世纪是知识经济的世纪，知识经济的深入发展必然使专业化加强。因此，21世纪的创业者必须打好坚实的专业知识基础。

一般来说，专业知识可分为专业基础知识、专业知识和专业前沿知识三个层次。我国目前的高等学校的教学单位设置基本上是按学科划分，各学科又分出若干个专业方向。大学生一入学就已经确定为某一专业，专业选择上大都缺乏弹性。有关教学对象、课程设置、课时安排、课程内容体系的构建等，都是紧紧围绕着专业开展的，专业性强。我国不少大学已经实行了学分制。学分制对创业者完善自己的知识结构具有很大的促进作用，这种安排使创业者可以按照自己的目标选择专业知识及相关知识。

专业知识在创业中居于主体地位。创业者要把专业知识的学习和积累作为重点，就某一学科领域深入学习和研究，熟练掌握有关本专业的概念、理论体系、研究方法，了解本学科发展的历史和现状，及时掌握国内外最新的前沿信息和发展动态等，凸显专业知识作为主体知识层次中的核心知识点的作用，形成具有鲜明专业特色的知识结构。

教学案例8.2

王京文谈创业的知识结构

用友软件有限公司的董事长王文京根据自己的创业经历对构建合理知识结构提出了很好的建议："我认为学业基础是非常重要的，不仅要懂而且要精通，还要边学边用。对一个已经发展了一定时间的公司的企业管理人员来说，专业知识尤为重要。用我自身的经验来说，我们经常能够见到国际同行业的总裁，比如Oracle和Sun，还有微软，给我最大的感触是尽管他们的公司已经是世界级的了，他们的生意已经很大了，但他们在自己的领域里是绝对的专家。我想这也是美国的高科技公司获得成功的原因之一，也是我们国内的同行要学习的。如果就创业来讲，在知识经济时代一个知识型的企业，三个方面的知识相当重要：

第一，领域里的专业知识，这是基础，不管哪一个方向自己必须是专家；第二，企业经营管理方面的知识，如何运作管理企业，让企业有所发展，这样的知识都是很重要的；第三，如何跟人、跟其他企业合作的知识，这也是很重要的，不光是内部合作，还要跟合作伙伴、跟社会、跟客户合作。

第三节　创业者能力开发

创业者与职业经理人不同，在创业之初，创业者基本上是事无巨细，事必躬亲，可以说就是全能者。因此，这对创业者的能力要求很高。根据目前社会经济的发展要求，我们认为创业者应具备的最基本的能力主要有：组织协调能力、领导决策能力、创新创造能力以及吃苦耐劳精神。这几种因素必须协调平衡，形成有机的能力聚合体。

创业能力是一种特殊的能力，这种特殊能力往往影响创业活动的效率和创业的成功与否。

一、组织协调能力

组织协调能力是建立在组织素质和组织结构的基础之上的资源优化配置能力。创业是把各种资源进行整合，实现自己创业理想的过程。创业者的组织协调能力在一定程度上决定着企业组织能力的高低。企业的资源配置、企业组织结构的设计、新市场的开拓及企业发展环境的营造，都需要通过强大的组织协调能力来完成。组织协调能力构成因素主要包括：战略管理能力、团队建设能力、交往协调和资源整合能力。

（一）战略管理能力

战略是依据企业的长期目标、行动计划和资源配置优先原则设定企业目标的方法。因为战略是为企业获取可持续竞争优势，而对外部环境中的机遇和威胁及内部中的优势和劣势做出的反应，它是对企业竞争领域的确定，所以战略就是企业的生命线，战略也是企业腾飞的起跳板，一个及时、果敢、英明的战略决策是企业由蛹化蝶、由小到大、由平凡到伟大的最初推动之力，错误的战略会葬送一个企业。战略管理能力包括战略思维、战略规划和设计等，是一个创业者的核心领导能力。

（二）团队建设能力

团队是由若干个具有才能的个体，为了实现共同的目标组成的一种企业结构。团队建设能力是指创业者构建、控制、引导团队的能力。团队与群体不同，工作团队是一种为了实现某一目标而由相互协作的个体组成的一种组织，通过成员的共同努力，能够产生积极的协同作用，成员之间进行充分的全面的交流与融合，在工作中形成、强化共同愿景。其结果是团队的绩效远远大于个体成员绩效的总和。团队建设有利于创造团结精神，有利于管理层进行战略思考，有利于提高决策速度和决策质量，有利于提高工作绩效。

（三）交往协调、资源整合能力

交往协调能力、资源整合能力是指能够妥善地处理与公众（政府部门、新闻媒体、客户等）之间的关系，以及能够协调下属部门成员之间关系的能力。创业者应该做到妥善地处理与外界的关系，尤其要争取政府部门、工商及税务部门的支持与理解，同时要善于团结一切可以团结的人，团结一切可以团结的力量，求同存异、共同协调地发展，做到不失原则、灵活有度，善于巧妙地将原则性和灵活性结合起来。总之，创业者搞好内外团结，处理好人际关系，才能建立一个有利于自己创业的和谐环境，为成功创业打好基础。

协调交往能力在书本上是学不到的，它实际上是一种社会实践能力，需要在实践活动中学习，不断积累总结经验。这种能力的形成：一是要敢于与不熟悉的人和事打交道，敢于冒险和接受挑战，敢于承担责任和压力，对自己的决定和想法要充满信心、充满希望。二是养成观察与思考的习惯。社会上存在着许多复杂的人和事，在复杂的人和事面前要多观察、多思考，观察的过程实质上是调查的过程，是获取信息的过程，是掌握第一手材料的过程，观察得越仔细，掌握的信息就越准确。观察是为思考做准备，观察之后必须进行思考，做到三思而后行。三是处理好各种关系。可以说，社会活动是靠各种关系来维持的，处理好关系要善于应酬。应酬是职业上的“道具”，是为人处世的表现。心理学家称：应酬的最高境界是在毫无强迫的气氛里，把诚意传达给别人，使别人受到感应，并产生共识，自愿接受自己的观点。搞好应酬要做到宽以待人。严于律己，尽量做到既了解对方的立场又让对方了解自己的立场。协调交往能力并不是天生的，也不会在学校里就形成了，而是走向社会后慢慢积累社会经验，逐步学习社会知识而形成的。

斯坦福研究中心一份调查报告的结论，证明人际交往对成功的重要性：一个人赚的钱，12.5%依赖于其掌握的知识，87.5%依赖于其人际关系网。

二、领导决策能力

决策能力是指创业者对企业的某件事拿主意、做决断、定方向的领导管理效绩的综合性能力。包括：经营决策能力、经营管理能力、业务决策能力、人事决策能力、战术与战略决策能力等。

领导决策能力是创业者首先具备的基本能力。决策的科学与否从一开始就决定着创业的成败。正确决策是保证创业活动顺利进行的前提。尤其是有关创业机会的识别和选择、创业团队的组建、创业资金的融通、企业发展战略及商业模式的设计等重大决策，直接关系着对创业全局的驾驭和创业的成败。要想决策正确，创业者必须具有较强的信息获取和处理能力，能敏锐地洞察环境变动中所产生的商机和挑战，形成有价值的创意并付诸创业行动。特别是要随时了解同行业的经营状况及市场变化，了解竞争对手的情况，做到“知己知彼”，以便适时调整创业中的竞争策略，使所创之业拥有并保持竞争优势。

同时，通过不断进行创新思维和创新实践，进行反思和学习，总结创新经验，吸取失败的教训，及时修正偏差和错误，进一步提高决策能力，促进企业健康成长，

三、创新创造能力

创新是21世纪知识经济的主旋律，是企业化解外界风险和取得竞争优势的有效途径，创新能力是创业能力素质的重要组成部分。它包括两方面的含义：一是大脑活动的能力，

即创造性思维、创造性想象、独立性思维和捕捉灵感的能力；二是创新实践的能力，即人在创新活动中完成创新任务的具体工作的能力。创新能力是一种综合能力，与人们的知识、技能、经验、心态等有着密切的关系。具有广博的知识、扎实的专业基础知识、熟练的专业技能、丰富的实践经验、良好心态的人容易形成创新能力，它取决于创新意识、智力、创造性思维和创造性想象等。创新能力是一种潜能，需要人们去开发、挖掘。

创新创造能力同时也是创业的灵魂和赢得竞争优势的关键。一个优秀的创业者，必须勇于开拓，敢于创新。海尔公司的张瑞敏认为，海尔快速发展的最大诀窍就是不断地开拓创新。要想成为一个成功的创业者，就要有一点英雄气概，有不怕困难、舍我其谁的精神和决心。

奇虎 360 的董事长周鸿祎针对创业者的创新能力表示："有的人一提到创新问题，就觉得应该建一个研究院，雇很多专家博士，不发明一个算法、整出 N 个专利，或者弄一个可口可乐一样的秘方，就不好意思站出来谈创新。其实，这种方式不适合创业者。创新就是要从小做起，做到一点点改变和进步！"

创新能力是由多个要素构成，如深度观察力、批判性思维能力、想象能力和实践能力等。

四、吃苦耐劳，坚持不懈

吃苦耐劳精神是中华民族的优良传统，将其应用于创业领域可以说再合适不过了。我国台湾地区的知名企业家王永庆是开米店起家的，他在创业初期的时候，别的米店一般经营到下午 6 点，而他要开到晚上 10 点；别人等顾客上门，而他自动送米上门。创业者们往往比他们的雇员工作时间要长，而且常常一天工作要超过 16 个小时。由于没有固定的销售渠道，没有稳定的客户群，没有规范的管理制度，自营企业主需要更加专注地来经营。所以，创业者往往既是战略家，又是勤杂工。但又必须在两个方面都做得出色，因为没有一个懒散的创业者可以成就大业。要想成功创业，你只有比别人工作更长时间，思考更多的问题。成功的创业者们必须全身心地投入自营企业的经营管理过程中去。

李嘉诚认为：创业的过程，实际上就是用恒心和毅力坚持不懈地努力过程，其中并没有什么秘密。创业者投身于创业，在于他们对自己有足够的自信，相信一分耕耘，一分收获。但是在创业过程中会遇到各种不可预见的挫折和困难，这就需要创业者们能够坚持不懈、持之以恒，凭借吃苦耐劳的精神战胜挫折。

本章小结

创业时代的到来，创业型经济的崛起，为创业者提供了更加广阔的发展舞台。创业已经成为人生职业生涯再开发的重要途径，也成为当今社会发展的主要动力源泉，大学生应当对此有清醒和深刻的认识。

大学生创业必须做好一定的知识储备（尤其是管理知识、市场开发技术和相应的专业知识），要做好一定的能力储备（尤其是组织能力、决策能力和创新能力的训练和提升）。

主要概念

创业　大学生创业　知识的类型　管理知识　创业者的能力　创新

复习、思考与训练

（1）如何理解创业是职业生涯的再开发？
（2）创业者应该具备哪些知识？
（3）创业对创业者的能力要求有哪些？

扩展阅读资料

自主创新提升创业层次——张亚楠的创业历程

张亚楠，高级工程师，洛阳中冶重工机械有限公司总经理，河南科技大学 KAB 创业导师，公司资产总额上亿元，产品涉及建材、冶金、电力等行业，销往全国 17 个省、自治区。2003 年，公司通过 ISO 9001—2000 质量体系认证，成为全国建设装备制造业的一面旗帜。

依托专业起步创业

1992 年 7 月，张亚楠从洛阳工学院机械工艺与设备专业毕业，被分配到著名的第一拖拉机制造厂。四年后，受市场影响他所在的分厂生产经营跌入低谷，经过痛苦的抉择，他最终选择了辞职创业。

在国有大企业四年的工作，张亚楠积累了企业管理的经验。他凭借对机械制造专业的钟爱和对自己技术水准的自信，1996 年 4 月，注册洛阳中冶矿山设备有限公司，用积攒的四千元钱买下了公司的第一批设备——一台旧电焊机和一台旧砂轮机，从此走上了创业的道路。

（1）分包与真诚掘来第一桶金。

张亚楠把“分包”作为企业起步的商业模式。“分包”就是把大中型企业一些小工艺与工序分到有一定技术力量的小企业去做，可以缓解大中型企业资源不足等矛盾，同时为一批小企业提供了相对稳定的业务量。国有企业的工作经历、正规机械制造专业的技术基础和真诚的态度感动了客户，终于拿下一个国有建筑公司一项小型加工业务。没有了起重设备，他带领工人用麻绳把一块块切割好的钢板拖进车间；为了节约运费，他自己蹬三轮车送货……客户领导去考察加工进度时，看到大学毕业的总经理与临时工一起工作那种汗流浃背的情景时，现场决定把第二、第三笔业务也交给他做。这给张亚楠的创业以极大的鼓舞，为他的企业发展奠定了良好的基础。

（2）自主创新提升创业层次。

创新是最好的生存，但研发对于一个规模不算很大的民营企业来说，还是一项很困难的工作。因为它需要投入大量的人力和财力，同时还存在着巨大的风险。可技术出身的张亚楠深知，只有创新才能让企业走得更远！经过多方市场调研，他发现在国家提倡循环经济、节能降耗，以及禁用实心黏土砖的大政策背景下，发展用于生产蒸压粉煤灰砖的全自动液压成型设备是最好的选择。

刚开始他想与此类设备技术最为先进的德国某公司合作，利用该公司的技术在国内进行设备加工。因为已有的国产设备虽然价格相对较低，但运行不稳定，很难达到设计产量，而德国进口设备性能较稳定，只是售价奇高。当他满怀诚恳地找到该公司的北京办事处时，得到的却是断然的拒绝。

遭到冷遇的张亚楠决心自主研制。2006 年年初，公司依托自身的研发设计，制作优势，成立了新型墙材设备研发项目部。他领导企业技术研发人员参与制订了“河南省粉煤灰墙体材料制造标准”，先后投入资金800 多万元，用于新产品的研发和试制。经历了一次次的失败，2006 年 8 月，在他的带领下研制开发的“ZY1200 型全自动新型墙体砖液压成型机”问世了。新设备成为国内压制力最大、产能最高的成型设备。它没有了国内外成型机普遍存在的缺陷，是集机械、电子、液压和墙体工艺技术于一体的高新技术产品，可广泛应用于电力、冶金、化工等行业。该机型已经申报了七项国家专利，2007 年被认定为“河南省高新技术产品”，公司被授予“河南省高新技术企业”。目前，该设备国内占有率达到35%，填补了我国该项目大型装备的空白。

附录1　SDS霍兰德职业倾向测量表

1. 简介

本测验量表将帮助您发现和确定自己的职业兴趣和能力特长，从而更好地做出求职择业的决策。如果您已经考虑好或选择好了自己的职业，本测验将使您的这种考虑或选择具有理论基础，或向您展示其他合适的职业；如果您至今尚未确定职业方向，本测验将帮助您根据自己的情况选择一个恰当的职业目标。

2. 内容

本测验共有七个部分，每部分测验都没有时间限制，但请您尽快按要求完成。

霍兰德职业性向测验答题卷

姓名：　　　　　性别：　　　　　年龄：　　　　　测试日期：

第1部分　你心目中的理想职业（专业）

对于未来的职业（或升学进修的专业）你也许早有考虑，它可能很抽象、很朦胧，也可能很具体、很清晰。不管是哪种情况，现在都请你把自己最想干的3种工作或最想读的3种专业，按顺序写下来。

1. ______________________
2. ______________________
3. ______________________

第2部分　你所感兴趣的活动

下面列举了一些十分具体的活动。这些活动无所谓好坏，如果你喜欢去参加（包括过去、现在或将来），就请在答题卷的相应题号前画“√”，如果不喜欢就画“×”。注意，这一部分测验主要想确定你的职业兴趣，而不是让你选择工作，你喜欢某种活动并不意味着你一定要从事这种活动。答题时不必考虑过去是否干过和是否擅长这种活动，只根据你的兴趣直接判断即可。请务必做完每一题目。

一、R型（现实型活动）

你喜欢做下列事情吗？

1. 装配修理电器。
2. 修理自行车。
3. 装修机器或机器零件。
4. 做木工活。
5. 驾驶卡车或拖拉机。
6. 开机床。

7. 开摩托车。
8. 上金属工艺课。
9. 上机械制图课。
10. 上木工手艺课。
11. 上电气自动化技术课。

二、I型（调查型活动）

你喜欢做下列事情吗?

1. 阅读科技书刊。
2. 在实验室工作。
3. 研究某个科研项目。
4. 制作飞机、汽车模型。
5. 做化学实验。
6. 阅读专业性论文。
7. 解一道数学或棋艺难题。
8. 上物理课。
9. 上化学课。
10. 上几何课。
11. 上生物课。

三、A型（艺术型活动）

你喜欢做下列事情吗?

1. 素描、制图或绘画。
2. 表演戏剧、小品或相声节目。
3. 设计家具或房屋。
4. 在舞台上演唱或跳舞。
5. 演奏一种乐器。
6. 阅读流行小说。
7. 听音乐会。
8. 从事摄影创作。
9. 阅读电影、电视剧本。
10. 读诗写诗。
11. 上书法美术课。

四、S型（社会型活动）

你喜欢做下列事情吗?

1. 给朋友们写信。
2. 参加学校、单位组织的正式活动。
3. 加入某个社会团体或俱乐部。
4. 帮助别人解决困难。
5. 照看小孩。
6. 参加宴会、茶话会或联欢晚会。

7. 跳交谊舞。
8. 参加讨论会或辩论会。
9. 观看运动会或体育比赛。
10. 寻亲访友。
11. 阅读与人际交往有关的书刊。

五、E 型（企/事业型活动）

你喜欢做下列事情吗？

1. 对他人做劝说工作。
2. 买东西与人讨价还价。
3. 讨论政治问题。
4. 从事个体或独立的经营活动。
5. 出席正式会议。
6. 做演讲。
7. 在社会团体中做一名理事。
8. 检查与评价别人的工作。
9. 结识名流。
10. 带领一群人去完成某项任务。
11. 参与政治活动。

六、C 型［常规型（传统型）活动］

你喜欢做下列事情吗？

1. 保持桌子和房间整洁。
2. 抄写文章或信件。
3. 开发票、写收据或打回条。
4. 打算盘或用计算机计算。
5. 记流水账或备忘录。
6. 上打字课或学速记法。
7. 上会计课。
8. 上商业统计课。
9. 将文件、报告、记录分类与归档。
10. 为领导写公务信函与报告。
11. 检查个人收支情况。

第 3 部分　你所擅长或胜任的活动

下面从 6 个方面分别列举一些十分具体的活动，以确定你具备哪一方面的工作特长。回答时，只须考虑你过去或现在对所列活动是否擅长、胜任，不必考虑你是否喜欢这种活动。如果你认为你擅长从事某一活动，就请在答题卷的相应题号前画“√”，如果不擅长，就画“×”。注意，你如果从未从事过某一活动，那就请考虑你将来是否会擅长从事该项活动。请你务必做完每一个题目。

一、R 型（现实型能力）

你擅长做或胜任下列事情吗？

1. 使用锯子、钳子、车床、砂轮等工具。
2. 使用万能电表。
3. 给自行车或机器加油使它们正常运转。
4. 使用钻床、研磨机、缝纫机等。
5. 修整木器家具表面。
6. 看机械、建筑设计图纸。
7. 修理结构简单的家用电器。
8. 制作简单的家具。
9. 绘制机械设计图纸。
10. 修理收录音机的简单部件。
11. 疏通、修理自来水管或下水道。

二、I型（调研型能力）

你擅长做或胜任下列事情吗？

1. 了解真空管的工作原理。
2. 知道三种以上蛋白质含量高的食物。
3. 知道一种放射性元素的“半衰期”。
4. 使用对数表。
5. 使用计算器或计算尺。
6. 使用显微镜。
7. 辨认3个星座。
8. 说明白细胞的功能。
9. 解释简单的化学分子式。
10. 理解人造卫星不会落地的道理。
11. 参加科技竞赛或科研成果交流会。

三、A型（艺术型能力）

你擅长做或胜任下列事情吗？

1. 演奏一种乐器。
2. 参加二重唱或四重唱表演。
3. 独奏或独唱。
4. 扮演剧中角色。
5. 说书或讲故事。
6. 表演现代舞或芭蕾舞。
7. 人物素描。
8. 油画或雕塑。
9. 制造陶器、捏泥塑或剪纸。
10. 设计服装、海报或家具。
11. 写得一手好文章。

四、S型（社会型能力）

你擅长做或胜任下列事情吗？

1. 善于向别人解释问题。
2. 参加慰问或救济活动。
3. 善与人合作、配合默契。
4. 殷勤待客。
5. 能深入浅出地教育儿童。
6. 为一次宴会安排娱乐活动。
7. 帮助他人解决困难。
8. 帮助护理病人或伤员。
9. 安排学校或社团组织的各种集体事务。
10. 善察人心或善于判断人的性格。
11. 善与年长者相处。

五、E 型（企业型能力）

你擅长做或胜任下列事情吗？

1. 学校里当过班干部并且干得不错。
2. 善于督促他人工作。
3. 善于使他人按你的习惯做事。
4. 做事具有超常的经历和热情。
5. 能做一个称职的推销员。
6. 代表某个团体向有关部门提出建议或反映意见。
7. 担任某种领导职务期间获过奖或受表扬。
8. 说服别人加入你所在的团体（俱乐部、运动队、工作或研究组等）。
9. 创办一家商店或企业。
10. 知道如何做一位成功的领导人。
11. 有很好的口才。

六、C 型（常规型能力）

你擅长做或胜任下列事情吗？

1. 一天能誊抄近一万字。
2. 能熟练地使用算盘或计算器。
3. 能够熟练地使用中文打字机。
4. 善于将书信、文件迅速归档。
5. 做过办公室职员工作且干得不错。
6. 核对数据或文章时既快又准确。
7. 会使用外文打字机或复印机。
8. 善于在短时间内分类和处理大量文件。
9. 记账或开发票时既快又准确。
10. 善于为自己或集体作财务预算（表）。
11. 能迅速誊清贷方和借方的账目。

第 4 部分　你所喜欢的职业

下面列举了许多职业，对这些职业的基本情况你或多或少都有所了解，并在此基础上形成了自己的评价态度。如果你对某项职业喜欢的话，请在答题卷的相应题号前打“√”，如果不喜欢则打“×”。这一部分测验也要求每题必做。

一、R型（现实型职业）

你喜欢下列职业吗？

1. 飞行机械技术人员。
2. 鱼类和野生动物专家。
3. 自动化工程技术人员。
4. 木工。
5. 机床安装工或钳工。
6. 电工。
7. 无线电报务员。
8. 长途汽车司机。
9. 火车司机。
10. 机械师。
11. 测绘、水文技术人员。

二、I型（调研型职业）

你喜欢下列职业吗？

1. 气象研究人员。
2. 生物学研究人员。
3. 天文学研究人员。
4. 药剂师。
5. 人类学研究人员。
6. 化学研究人员。
7，科学杂志编辑。
8. 植物学研究人员。
9. 物理学研究人员。
10. 科普工作者。
11. 地质学研究人员。

三、A型（艺术型职业）

你喜欢下列职业吗？

1. 诗人。
2. 文学艺术评论家。
3. 作家。
4. 记者。
5. 歌唱家或歌手。
6. 作曲家。
7. 剧本写作人员。
8. 画家。
9. 相声演员。

10. 乐团指挥。
11. 电影演员。
四、S 型（社会型职业）
你喜欢下列职业吗?
1. 街道、工会或妇联负责人。
2. 中学教师。
3. 青少年犯罪问题专家。
4. 中学校长。
5. 心理咨询人员。
6. 精神病医生。
7. 职业介绍所工作人员。
8. 导游。
9. 青年团负责人。
10. 福利机构负责人。
11. 婚姻介绍所工作人员。
五、E 型（企业型职业）
你喜欢下列职业吗?
1. 供销科长。
2. 推销员。
3. 旅馆经理。
4. 商店管理费用人员。
5. 厂长。
6. 律师或法官。
7. 电视剧制作人。
8. 饭店或饮食店经理。
9. 人民代表。
10. 服装批发商。
11. 企业管理咨询人员。
六、C 型（常规型职业）
你喜欢下列职业吗?
1. 簿记员。
2. 会计师。
3. 银行出纳员。
4. 法庭书记员。
5. 人口普查登记员。
6. 成本核算员。
7. 税务工作者。
8. 校对员。
9. 打字员。

10. 办公室秘书。
11. 质量检查员。
能力类型简评

第5部分　你的能力类型简评

附表1－1是你在6个职业能力方面的自我评分表。你可以先与同龄人比较一下自己在每一方面的能力，然后经斟酌以后对自己的能力做一评价。评分时请在表中适当的数字上画圈。数字越大表示你的能力越强。

注意：请勿全部圈画同样的数字，因为人的每项能力不可能完全一样。不妨说，这里是要大家对自己的各项能力依次排个队。6种职业类型，1到7的号码，就是要大家把相对的强弱拉开，能力最大是7，能力最小是1，如果相邻两个能力之间相差太大，就跳一个数字。例如，我的前两个能力，第三个远远比不上，我就直接排成764321，不用数字5作第三位。

附表1－1　6个职业能力的自我评分表

项目	R型	I型	A型	S型	E型	C型
	机械操作能力	科学研究能力	艺术创造能力	解释表达能力	商业洽谈能力	事务执行能力
高 中 低	7 6 5 4 3 2 1	7 6 5 4 3 2 1	7 6 5 4 3 2 1	7 6 5 4 3 2 1	7 6 5 4 3 2 1	7 6 5 4 3 2 1
项目	R型	I型	A型	S型	E型	C型
	体力技能	数学技能	音乐技能	交际技能	领导技能	办公技能
高 中 低	7 6 5 4 3 2 1	7 6 5 4 3 2 1	7 6 5 4 3 2 1	7 6 5 4 3 2 1	7 6 5 4 3 2 1	7 6 5 4 3 2 1

第6部分　统计和确定你的职业倾向

请将第2~5部分的全部测验分数按前面已统计好的6种职业倾向（R型、I型、A型、S型、E型和C型）得分填入附表1－2，并做纵向累加。

附表 1－2　统计和确定你的职业倾向表

测验	R 型	I 型	A 型	S 型	E 型	C 型
第 2 部分						
第 3 部分						
第 4 部分						
第 5 部分（A）						
第 5 部分（B）						
总分						

请将附表 1－2 中的 6 种职业倾向总分按大小顺序依次从左到右重新排列：

________型、________型、________型、________型、________型、________型

最高分________你的职业倾向性得分________最低分

得分最高的职业类型意味着最适合你的职业。比方说，假如你在 I 型上得分最高，说明你适合做自然科学方面的研究工作，如气象研究、生物学研究、天文学研究等，或科学杂志编辑。其余类推。

如果最适合你的工作和你在第 1 部分所写的理想工作之间不太一致，或者在各种类型的职业上你的能力和兴趣不相匹配，那么请你参照第 7 部分你所看重的东西——职业价值观来做出最佳选择。比方说，假如第 2 部分你在 I 型上得分最高，但第 3 部分你在 A 型上得分高，那么请参考你最看重的因素：假如你最看重（8）能充分发挥自己的能力特长或（2）工作环境（物质方面）舒适，那么 A 型工作最适合你；假如你最看重（10）能从事自己感兴趣的工作或（4）工作稳定有保障，那么 I 型工作最适合你；假如你最看重的是其他因素，那么请向 A 型职业方面的专家咨询，选择和你的职业价值观最接近的工作。

第 7 部分　你所看重的东西——职业价值观

这一部分测验列出了人们在选择工作时通常会考虑的 9 要素（见所附工作价值标准）。请你在其中选出对你最重要两项因素，以及最不重要的两项因素，并将序号填入下边相应空格上。

最 重 要：________________

最不重要：________________

次 重 要：________________

次不重要：________________

附　工作价值标准：

1. 工资高福利好。
2. 工作环境（物质方面）舒适。
3. 人际关系良好。
4. 工作稳定有保障。
5. 能提供较好的受教育机会。
6. 有较高的社会地位。

7. 工作不太紧张、外部压力少。
8. 能充分发挥自己的能力特长。
9. 社会需要与社会贡献较大。
10. 能从事自己感兴趣的工作。

以上全部测验完毕。

现在，将你测验得分居第一位的职业类型找出来，对照附表1－3，判断一下自己适合的职业类型。

附表1－3　职业索引——职业兴趣代号与其相应的职业对照表一

职业兴趣代号	与其相应的职业
R（现实型）：	木匠、农民、操作X光的技师、工程师、飞机机械师、鱼类和野生动物专家、自动化技师、机械工（车工、钳工等）、电工、无线电报务员、火车司机、长途公共汽车司机、机械制图员、修理机器、电器师
I（调查型）：	气象学者、生物学者、天文学家、药剂师、动物学者、化学家、科学报刊编辑、地质学者、植物学者、物理学者、数学家、实验员、科研人员、科技作者
A（艺术型）：	室内装饰专家、图书管理专家、摄影师、音乐教师、作家、演员、记者、诗人、作曲家、编剧、雕刻家、漫画家
S（社会型）：	社会学者、导游、福利机构工作者、咨询人员、社会工作者、社会科学教师、学校领导、精神病工作者、公共保健护士
E（企业型）：	推销员、进货员、商品批发员、旅馆经理、饭店经理、广告宣传员、调度员、律师、政治家、零售商
C（常规型）：	记账员、会计、银行出纳、法庭速记员、成本估算员、税务员、核算员、打字员、办公室职员、统计员、计算机操作员、秘书

下面介绍与你3个代号的职业兴趣类型一致的职业表，对照的方法如下：首先根据你的职业兴趣代号，在附表1－4中找出相应的职业，例如你的职业兴趣代号是RIA，那么牙科技术人员、陶工等是适合你兴趣的职业。然后寻找与你职业兴趣代号相近的职业，如你的职业兴趣代号是RIA，那么，其他由这三个字母组合成的编号（如IRA、IAR、ARI等）对应的职业，也较适合你的兴趣。

附表1－4　职业索引——职业兴趣代号与其相应的职业对照表二

职业兴趣代号	与其相应的职业
RIA	牙科技术员、陶工、建筑设计员、模型工、细木工、制作链条人员
RIS	厨师、林务员、跳水员、潜水员、染色员、电器修理、眼镜制作、电工、纺织机器装配工、服务员、装玻璃工人、发电厂工人、焊接工
RIE	建筑和桥梁工程、环境工程、航空工程、公路工程、电力工程、信号工程、电话工程、一般机械工程、自动工程、矿业工程、海洋工程、交通工程技术人员、制图员、家政经济人员、计量员、农民、农场工人、农业机器操作、清洁工、无线电修理、汽车修理、手表修理、管子工、线路装配工、工具仓库管理员

续表

职业兴趣代号	与其相应的职业
RIC	船上工作人员、接待员、杂志保管员、牙医助手、制帽工、磨坊工、石匠、机器制造、机车（火车头）制造、农业机器装配、汽车装配工、缝纫机装配工、钟表装配和检验、电动器具装配、鞋匠、锁匠、货物检验员、电梯机修工、托儿所所长、钢琴调音员、装配工、印刷工、建筑钢铁工人、卡车司机
RAI	手工雕刻、玻璃雕刻、制作模型人员、家具木工、制作皮革品、手工绣花、手工钩针编织、排字工人、印刷工人、图画雕刻、装订工
RSE	消防员、交通巡警、警察、门卫、理发师、房间清洁工、屠夫、锻工、开凿工人、管道安装工、出租汽车驾驶员、货物搬运工、送报员、勘探员、娱乐场所的服务员、起卸机操作工、灭害虫者、电梯操作工、厨房助手
RSI	纺织工、编织工、农业学校教师、某些职业课程教师（诸如艺术、商业、技术、工艺课程）、雨衣上胶工
REC	抄水表员、保姆、实验室动物饲养员、动物管理员
REI	轮船船长、航海领航员、大副、试管实验员
RES	旅馆服务员、家畜饲养员、渔民、渔网修补工、水手长、收割机操作工、搬运行李工人、公园服务员、救生员、登山导游、火车工程技术员、建筑工人、铺轨工人
RCI	测量员、勘测员、仪表操作者、农业工程技术、化学工程技师、民用工程技师、石油工程技师、资料室管理员、探矿工、煅烧工、烧窑工、矿工、保养工、磨床工、取样工、样品检验员、纺纱工、炮手、漂洗工、电焊工、锯木工、刨床工、制帽工、手工缝纫工、油漆工、染色工、按摩工、木匠、农民建筑工人、电影放映员、勘测员助手
RCS	公共汽车驾驶员、一等水手、游泳池服务员、裁缝、建筑工人、石匠、烟囱修建工、混凝土工、电话修理工、爆炸手、邮递员、矿工、裱糊工人、纺纱工
RCE	打井工、吊车驾驶员、农场工人、邮件分类员、铲车司机、拖拉机司机
IAS	普通经济学家、农场经济学家、财政经济学家、国际贸易经济学家、实验心理学家、工程心理学家、心理学家、哲学家、内科医生、数学家
IAR	人类学家、天文学家、化学家、物理学家、医学病理学家、动物标本剥制者、化石修复者、艺术品管理员
ISE	营养学家、饮食顾问、火灾检查员、邮政服务检查员
ISC	侦察员、电视播音室修理员、电视修理服务员、验尸室人员、编目录者、医学实验室技师、调查研究者
ISR	水生生物学者、昆虫学者、微生物学家、配镜师、矫正视力者、细菌学家、牙科医生、骨科医生
ISA	实验心理学家、普通心理学家、发展心理学家、教育心理学家、社会心理学家、临床心理学家、目录学家、皮肤病学家、精神病学家、妇产科医生、眼科医生、五官科医生、医学实验室技术专家、民航医务人员、护士
lES	细菌学家、生理学家、化学专家、地质专家、地理物理学专家、纺织技术专家、医院药剂师、工业药剂师、药房营业员
IEC	档案保管员、保险统计员

续表

职业兴趣代号	与其相应的职业
ICR	质量检验技术员、地质学技师、工程师、法官、图书馆技术辅导员、计算机操作员、医院听诊员、家禽检查员
IRA	地理学家、地质学家、水文学家、矿物学家、古生物学家、石油学家、地震学家、声学物理学家、原子和分子物理学家、电学和磁学物理学家、气象学家、设计审核员、人口统计学家、数学统计学家、外科医生、城市规划家、气象员
IRS	流体物理学家、物理海洋学家、等离子体物理学家、农业科学家、动物学家、食品科学家、园艺学家、植物学家、细菌学家、解剖学家、动物病理学家、作物病理学家、药物学家、生物化学家、生物物理学家、细胞生物学家、临床化学家、遗传学家、分子生物学家、质量控制工程师、地理学家、兽医、放射治疗技师
IRE	化验员、化学工程师、纺织工程师、食品技师、渔业技术专家、材料和测试工程师、电气工程师、土木工程师、航空工程师、行政官员、冶金专家、原子核工程师、陶瓷工程师、地质工程师、电力工程师、口腔科医生、牙科医生
IRC	飞机领航员、飞行员、物理实验室技师、文献检查员、农业技术专家、动植物技术专家、生物技师、油管检查员、工商业规划者、矿藏安全检查员、纺织品检验员、照相机修理者、工程技术员、编计算机程序者、工具设计者、仪器维修工
CRI	簿记员、会计、记时员、铸造机操作工、打字员、按键操作工、复印机操作工
CRS	仓库保管员、档案管理员、缝纫工、讲述员、收款人
CRE	标价员、实验室工作者、广告管理员、自动打字机操作员、电动机装配工、缝纫机操作工
CIS	记账员、顾客服务员、报刊发行员、土地测量员、保险公司职员、会计师、估价员、邮政检查员、外贸检查员
CIE	打字员、统计员、支票记录员、订货员、校对员、办公室工作人员
CIR	校对员、工程职员、海底电报员、检修计划员、发报员
CSE	接待员、通讯员、电话接线员、卖票员、旅馆服务员、私人职员、商学教师、旅游办事员
CSR	运货代理商、铁路职员、交通检查员、办公室通信员、簿记员、出纳员、银行财务职员
CSA	秘书、图书管理员、办公室办事员
CER	邮递员、数据处理员、航空邮件检查员
CEI	推销员、经济分析家
CES	银行会计、记账员、法人秘书、速记员、法院报告人
ECI	银行行长、审记员、信用管理员、地产管理员、商业管理员
ECS	信用办事员、保险人员、各类进货员、海关服务经理、售货员、购买员、会计
ERI	建筑物管理员、工业工程师、农场管理员、护士长、农业经营管理人员
ERS	仓库管理员、房屋管理员、货栈监督管理员

续表

职业兴趣代号	与其相应的职业
ERC	邮政局长、渔船船长、机械操作领班、木工领班、瓦工领班、驾驶员领班
EIR	科学、技术和有关周期出版物的管理员
EIC	专利代理人、鉴定人、运输服务检查员、安全检查员、废品收购人员
EIS	警官、侦察员、交通检验员、安全咨询员、合同管理者、商人
EAS	法官、律师、公证人
FAR	展览室管理员、舞台管理员、播音员、驯兽员
ESC	理发师、裁判员、政府行政管理员、财政管理员、工程管理员、职业病防治、售货员、商业经理、办公室主任、人事负责人、调度员
ESR	家具售货员、书店售货员、公共汽车的驾驶员、日用品售货员、护士长、自然科学和工程的行政领导
ESI	博物馆管理员、图书馆管理员、古迹管理员、饮食业经理、地区安全服务管理员、技术服务咨询者、超级市场管理员、零售商品店店员、批发商、出租汽车服务站调度
ESA	博物馆馆长、报刊管理员、音乐器材售货员、广告商售画营业员、导游、（轮船或班机上的）事务长、飞机上的服务员、船员、法官、律师
ASE	戏剧导演、舞蹈教师、广告撰稿人、报刊专栏作者、记者、演员、英语翻译
ASI	音乐教师、乐器教师、美术教师、管弦乐指挥、合唱队指挥、歌星、演奏家、哲学家、作家、广告经理、时装模特
AER	新闻摄影师、电视摄像师、艺术指导、录音指导、丑角演员、魔术师、木偶戏演员、骑士、跳水员
AEI	音乐指挥、舞台指导、电影导演
AES	流行歌手、舞蹈演员、电影导演、广播节目主持人、舞蹈教师、口技表演者、喜剧演员、模特
AlS	画家、剧作家、编辑、评论家、时装艺术大师、新闻摄影师、男演员、文学作者
AlE	花匠、皮衣设计师、工业产品设计师、剪影艺术家、复制雕刻品大师
AIR	建筑师、画家、摄影师、绘图员、环境美化工、雕刻家，包装设计师、陶器设计师、绣花工、漫画工
SEC	社会活动家、退伍军人服务官员、工商会事务代表、教育咨询者、宿舍管理员、旅馆经理、饮食服务管理员
SER	体育教练、游泳指导
SEI	大学校长、学院院长、医院行政管理员、历史学家、家政经济学家、职业学校教师、资料员
SEA	娱乐活动管理员、国外服务办事员、社会服务助理、一般咨询者、宗教教育工作者
SCE	部长助理、福利机构职员、生产协调人、环境卫生管理人员、戏院经理、餐馆经理、售票员

续表

职业兴趣代号	与其相应的职业
SRI	外科医师助手、医院服务员
SRE	体育教师、职业病治疗者、体育教练、专业运动员、房管员、儿童家庭教师、警察、引座员、传达员、保姆
SRC	护理员、护理助理、医院勤杂工、理发师、学校儿童服务人员
SIA	社会学家、心理咨询者、学校心理学家、政治科学家、大学或学院的系主任、大学或学院的教育学教师、大学农业教师、大学工程和建筑课程的教师、大学法律教师、大学数学、医学、物理、社会科学和生命科学的教师、研究生助教、成人教育教师
SIE	营养学家、饮食学家、海关检查员、安全检查员、税务稽查员、校长
SIC	描图员、兽医助手、诊所助理、体检检查员、监督缓刑犯的工作者、娱乐指导者、咨询人员、社会科学教师
SIR	理疗员、救护队工作人员、手足病医生、职业病治疗助手
SAC	理发师、指甲修剪师、包装艺术家、美容师、整容专家、发式设计师
SAE	听觉病治疗者、演讲矫正者
SAE	图书馆管理员、小学教师、幼儿园教师、学前儿童教师、中学教师、师范学院教师、盲人教师、智力障碍人的教师、聋哑人的教师、学校护士、牙科助理、飞行指导员。

附录 2　MBTI 职业性格测试

MBTI 测试前须知

（1）参加测试的人员请务必诚实、独立地回答问题，只有如此，才能得到有效的结果。

（2）“性格分析报告”展示的是你的性格倾向，而不是你的知识、技能、经验。

（3）MBTI 提供的性格类型描述仅供测试者确定自己的性格类型之用，性格类型没有好坏，只有不同。每一种性格特征都有其价值和优点，也有缺点和需要注意的地方。清楚地了解自己的性格优劣势，有利于更好地发挥自己的特长，尽可能在为人处事中避免自己性格中的劣势，更好地和他人相处，更好地做重要的决策。

（4）本测试分为四部分，共 93 题；需时约 18 分钟。所有题目没有对错之分，请根据自己的实际情况选择。将你选择的 A 或 B 所在的○涂黑，例如：●。

只要你是认真、真实地填写了测试问卷，那么通常情况下你都能得到一个确实和你的性格相匹配的类型。希望你能从中或多或少地获得一些有益的信息。

一、哪一个答案最能贴切地描绘你一般的感受或行为（见附表 2－1）？

附表 2－1　MBTI 测试第一部分测试题

序号	问题描述	选项	E	I	S	N	T	F	J	P
1	当你要外出一整天，你会 A. 计划你要做什么和在什么时候做 B. 说去就去	A							○	
		B								○
2	你认为自己是一个 A. 较为随兴所至的人 B. 较为有条理的人	A								○
		B							○	
3	假如你是一位老师，你会选教 A. 以事实为主的课程 B. 涉及理论的课程	A			○					
		B				○				
4	你通常 A. 与人容易混熟 B. 比较沉静或矜持	A	○							
		B		○						
5	一般来说，你和哪些人比较合得来？ A. 富于想象力的人 B. 现实的人	A				○				
		B			○					

续表

序号	问题描述	选项	E	I	S	N	T	F	J	P
6	你是否经常让 A. 你的情感支配你的理智 B. 你的理智主宰你的情感	A						○		
		B					○			
7	处理许多事情上，你会喜欢 A. 凭兴所至行事 B. 按照计划行事	A								○
		B							○	
8	你是否 A. 容易让人了解 B. 难于让人了解	A	○							
		B		○						
9	按照程序表做事 A. 合你心意 B. 令你感到束缚	A							○	
		B								○
10	当你有一份特别的任务，你会喜欢 A. 开始前小心组织计划 B. 边做边找须做什么	A							○	
		B								○
11	在大多数情况下，你会选择 A. 顺其自然 B. 按程序表做事	A								○
		B							○	
12	大多数人会说你是一个 A. 重视自我隐私的人 B. 非常坦率开放的人	A		○						
		B	○							
13	你宁愿被人认为是一个 A. 实事求是的人 B. 机灵的人	A			○					
		B				○				
14	在一大群人当中，通常是 A. 你介绍大家认识 B. 别人介绍你	A	○							
		B		○						
15	你会跟哪些人做朋友? A. 常提出新注意的 B. 脚踏实地的	A				○				
		B			○					
16	你倾向 A. 重视感情多于逻辑 B. 重视逻辑多于感情	A						○		
		B					○			
17	你比较喜欢 A. 坐观事情发展才做计划 B. 很早就做计划	A								○
		B							○	

续表

序号	问题描述	选项	E	I	S	N	T	F	J	P
18	你喜欢花很多的时间 A. 一个人独处 B. 和别人在一起	A		○						
		B	○							
19	与很多人一起会 A. 令你活力倍增 B. 常常令你心力交悴	A	○							
		B		○						
20	你比较喜欢 A. 很早便把约会、社交聚集等事情安排妥当 B. 无拘无束，看当时有什么好玩就做什么	A							○	
		B								○
21	计划一个旅程时，你较喜欢 A. 大部分的时间都是跟着当天的感觉行事 B. 事先知道大部分的日子会做什么	A								○
		B							○	
22	在社交聚会中，你 A. 有时感到郁闷 B. 常常乐在其中	A		○						
		B	○							
23	你通常 A. 和别人容易混熟 B. 趋向自处一隅	A	○							
		B		○						
24	哪些人会更吸引你？ A. 一个思想敏捷及非常聪颖的人 B. 实事求是，具有丰富常识的人	A				○				
		B			○					
25	在日常工作中，你会 A. 颇为喜欢处理迫使你分秒必争的突发事件 B. 通常预先计划，以免在压力下工作	A								○
		B							○	
26	你认为别人一般 A. 要花很长时间才认识你 B. 用很短的时间便认识你	A		○						
		B	○							

二、在下列每一对词语中，哪一个词语更合你心意？请仔细想想这些词语的意义，而不要理会它们的字形或读音（见附表2－2）。

附表2－2　MBTI测试第二部分测试题

序号	问题描述	选项	E	I	S	N	T	F	J	P
27	A. 注重隐私　B. 坦率开放	A		○						
		B	○							

续表

序号	问题描述	选项	E	I	S	N	T	F	J	P
28	A. 预先安排的 B. 无计划的	A							○	
		B								○
29	A. 抽象 B. 具体	A				○				
		B			○					
30	A. 温柔 B. 坚定	A						○		
		B					○			
31	A. 思考 B. 感受	A					○			
		B						○		
32	A. 事实 B. 意念	A			○					
		B				○				
33	A. 冲动 B. 决定	A								○
		B							○	
34	A. 热衷 B. 文静	A	○							
		B		○						
35	A. 文静 B. 外向	A		○						
		B	○							
36	A. 有系统 B. 随意	A							○	
		B								○
37	A. 理论 B. 肯定	A				○				
		B			○					
38	A. 敏感 B. 公正	A						○		
		B					○			
39	A. 令人信服 B. 感人的	A					○			
		B						○		
40	A. 声明 B. 概念	A			○					
		B				○				
41	A. 不受约束 B. 预先安排	A								○
		B							○	
42	A. 矜持 B. 健谈	A		○						
		B	○							
43	A. 有条不紊 B. 不拘小节	A							○	
		B								○

续表

序号	问题描述	选项	E	I	S	N	T	F	J	P
44	A. 意念　B. 实况	A				○				
		B			○					
45	A. 同情怜悯　B. 远见	A						○		
		B					○			
46	A. 利益　B. 祝福	A					○			
		B						○		
47	A. 务实的　B. 理论的	A			○					
		B				○				
48	A. 朋友不多　B. 朋友众多	A		○						
		B	○							
49	A. 有系统　B. 即兴	A							○	
		B								○
50	A. 富想象的　B. 以事论事	A				○				
		B			○					
51	A. 亲切的　B. 客观的	A						○		
		B					○			
52	A. 客观的　B. 热情的	A					○			
		B						○		
53	A. 建造　B. 发明	A			○					
		B				○				
54	A. 文静　B. 爱合群	A		○						
		B	○							
55	A. 理论　B. 事实	A				○				
		B			○					
56	A. 富同情　B. 合逻辑	A						○		
		B					○			
57	A. 具分析力　B. 多愁善感	A					○			
		B						○		
58	A. 合情合理　B. 令人着迷	A			○					
		B				○				

三、哪一个答案最能贴切地描绘你一般的感受或行为（见附表 2－3）？

附表2-3 MBTI测试第三部分测试题

序号	问题描述	选项	E	I	S	N	T	F	J	P
59	当你要在一个星期内完成一个大项目，你在开始的时候会 A. 把要做的不同工作依次列出 B. 马上动工	A							○	
		B								○
60	在社交场合中，你经常会感到 A. 与某些人很难打开话匣儿和保持对话 B. 与多数人都能从容地长谈	A		○						
		B	○							
61	要做许多人也做的事，你比较喜欢 A. 按照一般认可的方法去做 B. 构想一个自己的想法	A			○					
		B				○				
62	你刚认识的朋友能否说出你的兴趣 A. 马上可以 B. 要待他们真正了解你之后才可以	A	○							
		B		○						
63	你通常较喜欢的科目是 A. 讲授概念和原则的 B. 讲授事实和数据的	A				○				
		B			○					
64	哪个是较高的赞誉，或称许为 A. 一贯感性的人 B. 一贯理性的人	A						○		
		B					○			
65	你认为按照程序表做事 A. 有时是需要的，但一般来说你不大喜欢这样做 B. 大多数情况下是有帮助而且是你喜欢做的	A								○
		B							○	
66	和一群人在一起，你通常会选 A. 跟你很熟悉的个别人谈话 B. 参与大伙的谈话	A		○						
		B	○							
67	在社交聚会上，你会 A. 是说话很多的一个 B. 让别人多说话	A	○							
		B		○						
68	把周末期间要完成的事列成清单，这个主意会 A. 合你意 B. 使你提不起劲	A							○	
		B								○
69	哪个是较高的赞誉，或称许为 A. 能干的 B. 富有同情心	A					○			
		B						○		

续表

序号	问题描述	选项	E	I	S	N	T	F	J	P
70	你通常喜欢 A. 事先安排你的社交约会 B. 随兴之所至做事	A							○	
		B								○
71	总的来说，要做一个大型作业时，你会选 A. 边做边想该做什么 B. 首先把工作按步细分	A								○
		B							○	
72	你能否滔滔不绝地与人聊天 A. 只限于跟你有共同兴趣的人 B. 几乎跟任何人都可以	A		○						
		B	○							
73	你会 A. 寻找一些有效方法 B. 分析还有什么毛病，以及针对尚未解决的难题	A			○					
		B				○				
74	为乐趣而阅读时，你会 A. 喜欢奇特或创新的表达方式 B. 喜欢作者直话直说	A				○				
		B			○					
75	你宁愿替哪一类上司（或者老师）工作 A. 天性淳良，但常常前后不一的 B. 言辞尖锐但永远合乎逻辑的	A					○			
		B				○				
76	你做事多数是 A. 按当天心情去做 B. 照拟好的程序表去做	A								○
		B							○	
77	你是否 A. 可以和任何人按需求从容地交谈 B. 只是对某些人或在某种情况下才可以畅所欲言	A	○							
		B		○						
78	要作决定时，你认为比较重要的是 A. 据事实衡量 B. 考虑他人的感受和意见	A					○			
		B						○		

四、在下列每一对词语中，哪一个词语更合你心意（见附表2－4）？

附表2－4　MBTI测试第四部分测试题

序号	问题描述	选项	E	I	S	N	T	F	J	P
79	A. 想象的　B. 真实的	A				○				
		B			○					
80	A. 仁慈慷慨的　B. 意志坚定的	A						○		
		B					○			

续表

序号	问题描述	选项	E	I	S	N	T	F	J	P
81	A. 公正的 B. 有关怀心	A					○			
		B						○		
82	A. 制作 B. 设计	A			○					
		B				○				
83	A. 可能性 B. 必然性	A				○				
		B			○					
84	A. 温柔 B. 力量	A						○		
		B					○			
85	A. 实际 B. 多愁善感	A					○			
		B						○		
86	A. 制造 B. 创造	A			○					
		B				○				
87	A. 新颖的 B. 已知的	A				○				
		B			○					
88	A. 同情 B. 分析	A						○		
		B					○			
89	A. 坚持己见 B. 温柔有爱心	A					○			
		B						○		
90	A. 具体的 B. 抽象的	A			○					
		B				○				
91	A. 全心投入 B. 有决心的	A						○		
		B					○			
92	A. 能干 B. 仁慈	A					○			
		B						○		
93	A. 实际 B. 创新	A			○					
		B				○				
	每项总分									
			E	I	S	N	T	F	J	P

五、评分规则

当你将●涂好后，把8项（E、I、S、N、T、F、J、P）分别加起来，并将总和填在每项最下方的方格内（见附图2－1）。

每项总分

外向	E			I	内向
实感	S			N	直觉
思考	T			F	情感
判断	J			P	认知

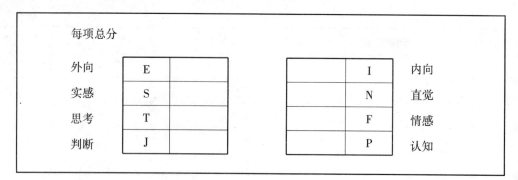

附图 2－1　MBTI 测试结果

六、确定类型的规则

1. MBTI 以四个组别来评估你的性格类型倾向：

“E－I”“S－N”“T－F”和“J－P”。请你比较四个组别的得分。每个子别中，获得较高分数的那个类型，就是你的性格类型倾向。例如：你的得分是：E（外向）12 分，I（内向）9 分，那你的类型倾向便是 E（外向）了。

2. 将代表获得较高分数的类型的英文字母，填在下方的方格内。如果在一个组别中，两个类型获同分，则依据下边表格中的规则来决定你的类型倾向（见附图 2－2）。

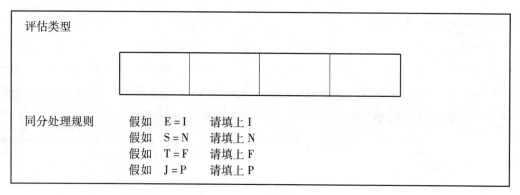

评估类型

同分处理规则	假如　E＝I	请填上 I
	假如　S＝N	请填上 N
	假如　T＝F	请填上 F
	假如　J＝P	请填上 P

附图 2－2　性格类型倾向

性格解析：

“性格”是一种个体内部的行为倾向，它具有整体性、结构性、持久稳定性等特点，是每个人特有的，可以对个人外显的行为、态度提供统一的、内在的解释。

MBTI 把性格分析 4 个维度，每个维度上的包含相互对立的 2 种偏好（见附图 2－3）：其中，“外向 E—内向 I”代表着各人不同的精力来源；“感觉 S—直觉 N”“思考 T—情感 F”分别表示人们在进行感知和判断时不同的用脑偏好；“判断 J—感知 P”是针对人们的生活方式而言的，它表明了我们是如何适应外部环境的——在我们适应外部环境的活动中，究竟是感知还是判断发挥了主导作用。

E 外向	or	I 内向
S 感觉	or	N 直觉
T 思考	or	F 情感
J 判断	or	P 感知

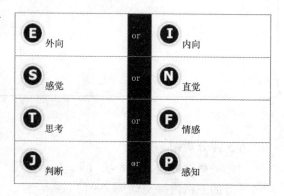

附图 2－3　MBTI 对性格维度的划分

每一种性格类型都具有独特的行为表现和价值取向。了解性格类型是寻求个人发展、探索人际关系的重要开端。

【MBTI 十六种人格类型】

ISTJ

1. 严肃、安静、借由集中心志与全力投入及可被信赖获致成功。
2. 行事务实、有序、实际、有逻辑、真实，而且可信赖。
3. 十分留意且乐于任何事。
4. 负责任。
5. 照设定成效来做出决策且不畏阻挠与闲言。
6. 重视传统与忠诚。
7. 传统性的思考者或经理。

ISFJ

1. 安静、和善、负责任且有良心。
2. 行事尽责投入。
3. 安定性高。
4. 愿投入、吃苦及力求精确。
5. 兴趣通常不在科技方面，对细节事务有耐心。
6. 忠诚、考虑周到、知性且会关切他人的感受。
7. 致力于创构有序及和谐的工作与家庭环境。

INFJ

1. 因为坚忍、有创意及坚定的信念，所以能成功。
2. 会在工作中投入最大的努力。
3. 默默、诚挚地及用心地关切他人。
4. 因坚守原则而受敬重。
5. 提出造福大众利益的明确远景而为人所尊敬与追随。
6. 始终在探寻思想、关系、物质等之间的意义和联系。
7. 是深思熟虑的决策者。
8. 光明正大且坚信其价值观。
9. 有组织且果断地履行其愿景。

INTJ

1. 在其独创的思想中，不可动摇的信仰促使其达到目标——固执顽固者。
2. 有宏大的愿景且能快速在众多外界事件中找出有意义的模范。
3. 擅长策略性思维。
4. 喜欢追根究底，力图抓住事物的本质。

ISTP

1. 冷静旁观者——安静、预留余地、无偏见地观察与分析。
2. 有兴趣于探索原因及效果。
3. 擅长掌握问题核心及找出解决方式。
4. 分析成事的缘由且能实时地由大量资料中找出实际问题的核心。

ISFP

1. 羞怯、安宁和善、敏感、亲切，且行事谦虚。
2. 喜于避开争论，不对他人强加自己的意见或价值观。
3. 无意于领导却常是忠诚的追随者。
4. 办事不急躁，安于现状，无意于以过度的急切或努力破坏现况。
5. 喜欢有自己的空间及按照自己制定的日程办事。

INFP

1. 安静观察者，具理想性，对其价值观及重要之人具忠诚心。
2. 希望外在生活形态与内在价值观相吻合。
3. 具有好奇心且很快能看出机会所在。常担负开发创意的触媒者。
4. 除非价值观受侵犯，否则行事会具弹性，适应力高且承受力强。
5. 具有想了解及发展他人潜能的企图。想做太多事且做事全神贯注。
6. 对所处境遇及拥有不太在意。
7. 具有适应力、有弹性，除非价值观受到威胁。

INTP

1. 安静、自持、有弹性。
2. 特别喜爱追求理论与科学事理。
3. 习惯于以逻辑及分析来解决问题——问题解决者。
4. 专注于创意事务及特定工作，对聚会与闲聊无多大兴趣。
5. 追求可发挥个人强烈兴趣的生涯。
6. 追求对有兴趣事务的逻辑解释。

ESTP

1. 擅长现场实时解决问题——解决问题者。
2. 喜欢办事并乐在其中。
3. 倾向于喜好技术事务及运动，交结同好友人。
4. 具有适应性、容忍度、务实性；投注心力于很快会具有成效的工作。
5. 不喜欢冗长概念的解释及理论。
6. 最精于可操作、处理、分解或组合的真实事务。

ESFP

1. 外向、和善，乐于与他人分享喜乐。
2. 喜欢与他人一起行动且促成事件发生，在学习时亦然。
3. 知晓事件未来的发展并会热烈参与。
4. 最擅长人际交往及具备完备常识，很有弹性，能立即适应环境。
5. 对生命、人、物质享受的热爱者。

ENFP

1. 充满热忱、活力充沛、聪明、富有想象力，视生命充满机会但期望能得到他人的肯定与支持。
2. 几乎能做到所有有兴趣的事。
3. 对难题很快就有对策并能对有困难的人施与援手。

4. 依赖能改善的能力而无须预做规划准备。
5. 为达目的常能找出强制自己为之的理由。
6. 即兴执行者。

ENTP

1. 反应快、聪明、长于多样事务。
2. 具有激励伙伴、敏捷及直言不讳的专长。
3. 会为了有趣对问题的两面加以争辩。
4. 对解决新的或有挑战性的问题富有策略，但会轻忽或厌烦普通的任务与细节。
5. 兴趣多元化，易将注意力转移至新生的兴趣。
6. 对所想要的会有技巧地找出合乎逻辑的理由。
7. 长于看清楚他人，有能力去解决新的或有挑战的问题。

ESTJ

1. 务实、真实，具有企业或技术天分。
2. 不喜欢抽象理论；最喜欢学后即可用的理论。
3. 喜好组织与管理活动且专注于以最有效率的方式行事，以达致成效。
4. 具有决断力、关注细节且很快做出决策——优秀行政者。
5. 会忽略他人的感受。
6. 喜做领导者或企业主管。

ESFJ

1. 诚挚、爱说话、合作性高、受欢迎、光明正大——天生的合作者及活跃的组织成员。
2. 重和谐且长于创造和谐。
3. 常做对他人有益的事务。
4. 给予鼓励及称许，会有更佳工作成效。
5. 最关心会直接及有形地影响人们生活的事务。
6. 喜欢与他人共事，且精确而准时地完成工作。

ENFJ

1. 热忱、易感应、负责任——具有能鼓励他人的领导风格。
2. 对别人所想或需求会表达真正关切，且切实用心去处理。
3. 能怡然且技巧性地带领团体讨论或演示文稿提案。
4. 爱交际、受欢迎及富有同情心。
5. 对称许及批评很在意。
6. 喜欢带领别人，且能使别人或团体发挥潜能。

ENTJ

1. 坦诚、具有决策力的活动领导者。
2. 长于发展与实施广泛的系统策略，以解决组织的问题。
3. 专精于具有内涵与智能的谈话，如对公众演讲。
4. 乐于经常吸收新知且能广开信息管道。
5. 过度自信，强于表达自己的创见。
6. 喜于长程策划及目标设定。

附录3 CSMP性格类型测试

下面是40道测试题（见附表3－1），请选择每一题中最适合你的表现，即四选一。并在选定的字母后边做下记号，在全部测试题完成后进行CSMP四种字母的统计。

附表3－1 CSMP性格类型测试题

1	（1）冒险型——对新事物下决心做好	C
	（2）适应型——轻松自如地进入任何环境	P
	（3）生动型——表情生动多手势	S
	（4）分析型——准确知道所有细节的逻辑关系	M
2	（1）持久型——要完成一事才接手新事	M
	（2）娱乐型——充满乐趣与幽默感	S
	（3）说服型——用逻辑与事实服人	C
	（4）和平型——在任何冲突中，不受干扰，保持平静	P
3	（1）包容型——易接受他人观点或喜欢，不坚持己见	P
	（2）牺牲型——愿意放弃个人意见去迎合大家	M
	（3）社交型——认为与人相处好玩，且是娱乐	S
	（4）强烈意识——决心依自己的方式做事	C
4	（1）体贴型——关心别人的感觉与需要	M
	（2）控制型——控制自己的情感，极少流露	P
	（3）竞争型——把一切当成竞赛，总是有强烈赢的欲望	C
	（4）信服型——因个人魅力或性格使人信服	S
5	（1）清新振作型——给旁人清新振奋的刺激	S
	（2）敬仰型——对人诚实尊重	M
	（3）保守型——自我约束情绪与热情	P
	（4）机智型——对任何情况都能很快地做出有效反应	C
6	（1）满足型——容易接受任何情况	P
	（2）敏感型——对周围的人和事十分在乎	M
	（3）自立型——独立性强，凭自己的能力去判断	C
	（4）生气型——充满动力与兴奋感	S

续表

7	（1）计划型——事前做详尽计划，依据计划进行工作	M
	（2）耐性——不因延误而懊恼，冷静且容忍度大	P
	（3）积极——确信自己有转危为安的能力	C
	（4）推广——运用魅力或性格使别人加入	S
8	（1）确信——自信，极少犹豫	C
	（2）草率性——不喜欢预先计划，或受计划牵制	S
	（3）程序性——生活与工作均依照时间表进行，不喜欢受干扰	M
	（4）害羞——安静，不易开启话匣子的人	P
9	（1）井然有序——用系统的方法安排事情	M
	（2）迁就——很快与人配合	P
	（3）直言不讳——毫不保留，坦率发言	C
	（4）乐观——相信任何事都会转好	S
10	（1）友善——不主动交谈，经常是被动的回答者	P
	（2）信心——保持可靠、忠心、稳定	M
	（3）趣味性——时时表露幽默感，任何事情都能表达成惊天动地的故事	S
	（4）强迫性——发号施令者	C
11	（1）大胆——敢于冒险、下决心做好	C
	（2）敬仰型——对人诚实尊重	S
	（3）保守型——自我约束情绪与热情	P
	（4）机智型——对任何情况都能很快做出有效的反应	M
12	（1）振奋——始终精神愉快，并把快乐推广到周围	S
	（2）坚持—— 一贯情绪平和、反应永远能让人预料到	P
	（3）文化性——对学术、艺术特别爱好，如戏剧、交响乐等	M
	（4）细节——做事秩序井然	C
13	（1）理想主义——把一切事物的标准定到合乎自己的要求	M
	（2）独立性——自给自足，自我支持，自信，无须他人帮忙	C
	（3）无攻击性——从不说或做引起别人不满与反对的事	P
	（4）激发性——游戏般地去做别人不满与反对的事	S
14	（1）感情外露——忘情地表达自己的情感，与人娱乐时喜欢不由自主地接触别人	S
	（2）果断——有很快做出判断与结论的能力	C
	（3）尖刻的幽默——幽默中带有讽刺	P
	（4）深沉——认真，不喜欢肤浅的谈话或喜好	M

续表

15	（1）调解者——经常调解不同的意见，避免双方冲突	P
	（2）音乐性——爱好且认同音乐的艺术性，不单为表演的乐趣	M
	（3）行动者——沉浸在工作中，闲不住	C
	（4）结交性——喜好周旋于宴会中，结交新朋友	S
16	（1）考虑周到——善解人意，能记住特别的日子，善于帮助别人	M
	（2）固执者——不达到目的誓不罢休者	C
	（3）发言者——不断地说话，娱乐周围的人，任性地要填满所有的沉默，使别人愉快	S
	（4）容忍者——易接受别人的想法或主见，不愿意与别人意思相左	P
17	（1）聆听者——愿意听别人想说的	P
	（2）忠心——对自己的理想、对朋友、对工作很忠诚	M
	（3）领导者——天性导演带领者，不相信别人的工作能力比自己强	C
	（4）生趣——充满生气，精力充沛	S
18	（1）知足型——满足自己拥有的，甚少羡慕别人	P
	（2）首领型——要求别人认同自己的领导地位	C
	（3）制图者——用图表、数字来组织生活，解决问题	M
	（4）可爱型——讨人喜欢，喜欢结交新朋友	S
19	（1）完美主义者——对别人、对自己定高标准：一切事都有秩序	M
	（2）和气型——易相处、易说话、易让人接近	P
	（3）生产者——不停地工作，完成任务	C
	（4）受欢迎者——是联欢会的灵魂人物	S
20	（1）跳跃型——具有充满活力和生气的性格	S
	（2）勇敢型——大无畏、大胆前进、不怕冒险	C
	（3）规范型——时时坚持自己的举止合乎道德规范	M
	（4）平衡型——稳定，走中间路线	P
21	（1）茫然——脸上露出迷茫之色	P
	（2）忸怩——躲避别人的注意力	M
	（3）露骨——好表现，华而不实，声音大	S
	（4）专横——喜欢命令支配，有时略带傲慢	C
22	（1）无纪律——生活任性无秩序	S
	（2）无同情心——不易理解别人的问题与麻烦	C
	（3）无热忱——不易兴奋，经常感到喜事难成	P
	（4）不宽恕的——不易宽恕或忘记别人对自己的伤害	M

续表

23	（1）保留型——不愿意参与，尤其当事物复杂时	P
	（2）怨恨性——把别人的冒犯经常放在心上	M
	（3）抗拒——抗拒接受别人	C
	（4）重复——重复讲同一件事或故事，忘记自己已重复多次，总是不断找话题说话	S
24	（1）挑剔——坚持琐事细节，要求注意细节	M
	（2）恐怕——经常感到焦虑、忧虑	P
	（3）健忘——缺乏自我纪律，导致健忘，不愿记无趣的事	S
	（4）率直——直言不讳，不介意把自己的看法直说	C
25	（1）不耐烦——难以忍受等待别人	C
	（2）无安全感——恐惧且无信心	M
	（3）优柔寡断——很难下决心	P
	（4）好插嘴——是一个好滔滔不绝的发言者，不是好听众，不留心别人也在讲话	S
26	（1）不受欢迎的——凡事要求完美，而拒人千里之外	M
	（2）不参与的——不参与任何团体或别人生活	P
	（3）难预料的——时兴奋，时低潮，答案又无法兑现	S
	（4）不热情的——很难在语言上或肢体上表达感情	C
27	（1）坚持己见——坚持依自己的意见行事	C
	（2）突发——无预兆地做事	S
	（3）难讨好型——标准太高	M
	（4）犹豫不决——迟迟才有行动，不易加入或参与	P
28	（1）平淡——中间性格，无高低潮，很少表现情绪	P
	（2）悲观——尽管期待好结果，但往往首先看到事情的反面	M
	（3）自负——自我评价高，认为自己是最佳人选	C
	（4）放任——允许别人（包括孩子）做他们喜欢的事，只为让别人喜欢自己	S
29	（1）易怒——有小孩似的情绪，易激动，发完脾气又忘了	S
	（2）无目标的——不喜欢定目标，不喜欢依目标行事	P
	（3）好争吵——易与人争吵，在任何事中，经常觉得自己是对的	C
	（4）疏离感——容易感到被人疏离，经常由于无安全感而担心别人不喜欢与自己相处	M
30	（1）天真——孩子般的单纯，不喜欢去理解生命浓度的真义	S
	（2）消极——往往只看到事物的消极面、黑暗面	M
	（3）有胆量——充满自信，很坚强，有胆识，尤其在消极情况下	C
	（4）漠不关心——不关心，得过且过，以不变应万变	P

续表

31	（1）担忧——时时感到不确定，焦虑，心烦	P
	（2）孤独离群——需要大量时间独处	M
	（3）工作狂——激进定目标，一直工作，对休息感到内疚，为了成就感与回报而做事	C
	（4）需要认同——工作需要旁人的认同、赞赏，就如同演艺需要观众的掌声、笑声	S
32	（1）过分敏感——被人误解时感到难受	M
	（2）不圆滑老练——经常用冒犯或不体面的方式表达自己	C
	（3）胆怯的——遇到困难退缩	P
	（4）喋喋不休——难以自控，滔滔不绝，不是好听众	S
33	（1）多疑——事事不能确定，对事情缺乏信心	P
	（2）无组织的——缺乏组织生活秩序的能力	S
	（3）擅权——不能自控地去控制事情，指挥他人	C
	（4）沮丧——很多时候情绪低落	M
34	（1）不能坚持——反复无常，互相矛盾，情绪与行动不合逻辑	S
	（2）内向性格——思想兴趣向内心发展，活在自我心中	M
	（3）不能包容——不能接受他人的态度、观点、做事的方式	C
	（4）无异议——对多数事情均漠不关心	P
35	（1）杂乱无章——生活无秩序，经常找不到东西	S
	（2）情绪化——情绪不易高涨，易陷入低潮，经常感到不被理解	M
	（3）含混不清——低声说话，不在乎说不清楚	P
	（4）喜操纵——精明处理，使自己得利	C
36	（1）缓慢——行动思想迟缓，通常是因为懒得动	P
	（2）顽固——决心依自己的意思，不易被说服	C
	（3）好表现者——要吸引人，要做注意力的集中点	S
	（4）怀疑论——不易相信别人，追寻所有语言背面真正的动机	M
37	（1）性格孤僻——需要大量时间独处，喜欢避开人群	M
	（2）统治欲——毫不犹豫地表示自己的控制力	C
	（3）懒散——总是先估量每件事要花耗多少精力	P
	（4）大嗓门——说话声与笑声总是满冠全场	S
38	（1）拖延型——凡事起步慢，需要推动力	P
	（2）猜疑——凡事爱怀疑，不相信别人	M
	（3）易怒——当别人不能满足自己的要求时，易感到不耐烦，进而发怒	C
	（4）不专注——无法专心或集中注意力	S

续表

39	（1）报复性——忌恨并力惩冒犯自己的人	M
	（2）烦躁——喜新厌旧，不能长期做相同的事	S
	（3）勉强——不甘愿的，不挣扎不愿参与或投入	P
	（4）轻率——因没耐性，不经思考，草率行动	C
40	（1）妥协——为避免矛盾，宁可放弃自己的立场	P
	（2）好批评——来武断衡量和下判断，经常表达消极反应	M
	（3）狡猾——精明，总是有办法达到目的	C
	（4）善变的——孩子一般注意力短暂，需要各种变化，怕无聊	S

好了，40 题全部做完了吗？请将你选择每道题中的字母做下统计：

S—（ ） M—（ ） C—（ ） P—（ ）

C——外向、乐观、行动者的能力型。

S——外向、乐观、多言者的活跃型。

M——内向、悲观、思考者的完善型。

P——内向、悲观、旁观者的平稳型。

看看测试结果，你发现：你几乎 CSMP 四种性格都有！有的朋友有三种，有的人有两种——

得分最多的字母，就是你的主导性格，它对你的人格模式起主导性的作用。

得分最多的第一和第二字母，形成了你的组合性格，对你的人格模式起关键性的作用。

其他的字母属于你的附属性格，对你的人格模式起辅助作用。

由于你选择了 24 个字母相对应的性格，所以它们相互作用产生的合力，最终成了你的性格模式。

但一定不能有这样的人：40 题只有一种字母，一种性格的选择，这种人已经不存在了——

全是 C：亢奋不已，闲不下来——累得活不下去！

全是 S：兴奋过度、不能停止讲话——高兴得活不过来！

全是 M：敏感焦虑、死钻牛角尖——痛苦地探询活着到底有什么意义。

全是 P：百无聊赖、毫无动力——无聊得不知活着到底有什么意义。

所以，几乎所有人都是 CSMP 四种性格的组合体。我们都是多重性格，甚至是矛盾性格。

性格没有好坏，但有两面——正面和负面，两股力量的发挥，决定了你的人生——

每个人几乎都是四种性格的综合体。每个人个性都有好坏两个方面——我们既有优点，也有惹人反感的一面。以《CSMP 四型性格系统》的观点来看，我们每个人都没有所谓的优点和缺点，只有特点。

自信是优点，过度了，就成了自负，变成了所谓的缺点，物极必反。所以，缺点，只是你优点的过度反应——发挥你的优势，控制好你的优点。

附录4　WVI职业价值观澄清测量表

WVI职业价值观测试量表是美国心理学家舒伯于1970年编制的，用来衡量价值观——工作中和工作以外的，以此激励人们认真生活。量表将职业价值分为三个维度：一是内在价值观，即与职业本身性质有关的因素；二是外在价值观，即与职业性质有关的外部因素；三是外在报酬，共计13个因素：利他主义；美感；智力刺激；成就感；独立性；社会地位；管理；经济报酬；社会交际；安全感；舒适；人际关系；变异性或追求新意。

指导语：下面有52道题目（见附表4－1），每个题目都有5个备选答案，请根据自己的实际情况或想法，在题目后面选出相应字母，每题只能选择一个答案。通过测验，你可以大致了解自己的职业价值观念倾向。A. 非常重要；B. 比较重要；C. 一般；D. 较不重要；E. 很不重要。

附表4－1　WVI工作价值观量表

问题	A	B	C	D	E
1. 你的工作必须经常解决新的问题。					
2. 你的工作能为社会福利带来看得见的效果。					
3. 你的工作奖金很高。					
4. 你的工作内容经常变换。					
5. 你能在你的工作范围内自由发挥。					
6. 工作能使你的同学、朋友非常羡慕你。					
7. 工作带有艺术性。					
8. 你的工作能使人感觉到你是团体中的一分子。					
9. 不论你怎么干，你总能和大多数人一样晋级和长工资。					
10. 你的工作使你有可能经常变换工作地点、场所或方式。					
11. 在工作中，你能接触到各种不同的人。					
12. 你的工作上下班时间比较随便、自由。					
13. 你的工作使你不断获得成功的感觉。					
14. 你的工作赋予你高于别人的权力。					
15. 在工作中，你能试行一些自己的新想法。					
16. 在工作中，你不会因为身体或能力等因素，被人瞧不起。					

续表

问题	A	B	C	D	E
17. 你能从工作的成果中，知道自己做得不错。					
18. 你的工作经常要外出，参加各种集会和活动。					
19. 只要你干上这份工作，就不再被调到其他意想不到的单位和工种上去。					
20. 你的工作能使世界更美丽。					
21. 在你的工作中，不会有人常来打扰你。					
22. 只要努力，你的工资会高于其他同年龄的人，升级或长工资的可能性比干其他工作大得多。					
23. 你的工作是一项对智力的挑战。					
24. 你的工作要求你把一些事务管理得井井有条。					
25. 你的工作单位有舒适的休息室、更衣室、浴室及其他设备。					
26. 你的工作有可能使你结识各行各业的知名人物。					
27. 在工作中，你能和同事建立良好的关系。					
28. 在别人眼中，你的工作是很重要的。					
29. 在工作中，你经常接触到新鲜的事物。					
30. 你的工作使你能常常帮助别人。					
31. 在工作单位中，你有可能经常变换工作。					
32. 你的作风使自己被别人尊重。					
33. 同事和领导人品较好，相处比较随便。					
34. 你的工作会使许多人认识你。					
35. 你的工作场所很好，比如有适度的灯光，安静、清洁的工作环境，甚至恒温、恒湿等优越的条件。					
36. 在工作中，你为他人服务，使他人感到很满意，你自己也很高兴。					
37. 你的工作需要计划和组织别人的工作。					
38. 你的工作需要敏锐的思考。					
39. 你的工作可以使你获得较多的额外收入，比如：常发实物、常购买打折扣的商品、常发商品的提货券、有机会购买进口货等。					
40. 在工作中，你是不受别人差遣的。					
41. 你的工作结果应该是一种艺术而不是一般的产品。					
42. 在工作中，不必担心会因为所做的事情领导不满意，而受到训斥或经济惩罚。					
43. 在你的工作中，能和领导有融洽的关系。					
44. 你可以看见你努力工作的成果。					
45. 在工作中，你常常需要提出许多新的想法。					
46. 由于你的工作，经常有许多人来感谢你。					

续表

问题	A	B	C	D	E
47. 你的工作成果常常能得到上级、同事或社会的肯定。					
48. 在工作中，你可能做一个负责人，虽然可能只领导很少几个人，你信奉“宁做兵头，不做将尾”的俗语。					
49. 你从事的那种工作，经常在报刊、电视中被提到，因而在人们的心目中很有地位。					
50. 你的工作有数量可观的夜班费、加班费、保健费或营养费。					
51. 你的工作比较轻松，精神上也不紧张。					
52. 你的工作需要和影视、戏剧、音乐、美术、文学等打交道。					

评分与评价：

上面的52道题分别代表十三项工作价值观。每个A得5分、B得4分、C得3分、D得2分、E得1分。请你根据附表4-2中每一项前面的题号，计算一下每一项的得分总数，并把它填在每一项的得分栏上。然后在表格下面依次列出得分最高和最低的三项。

附表4-2 评价表

题号	得分	价值观	说明
2，3，36，46		利他主义	工作的目的和价值，在于直接为大众的幸福和利益尽一份力。
7，20，41，52		美感	工作的目的和价值，在于能不断地追求美的东西，得到美感的享受。
1，23，38，45		智力刺激	工作的目的和价值，在于不断进行智力的操作，动脑思考，学习以及探索新事物，解决新问题。
13，17，44，47		成就感	工作的目的和价值，在于不断创新，不断取得成就，不断得到领导与同事的赞扬，或不断实现自己想要做的事。
5，15，21，40		独立性	工作的目的和价值，在于能充分发挥自己的独立性和主动性，按自己的方式、步调或想法去做，不受他人的干扰。
6，28，32，49		社会地位	工作的目的和价值，在于所从事的工作在人们的心目中有较高的社会地位，从而使自己得到别人的重视与尊敬。
14，24，37，48		管理	工作的目的和价值，在于获得对他人或某事物的管理支配权，能指挥和调遣一定范围内的人或事物。
3，22，39，50		经济报酬	工作的目的和价值，在于获得优厚的报酬，使自己有足够的财力去获得想要的东西，使生活过得较为富足。
11，18，26，34		社会交际	工作的目的和价值，在于能和各种人交往，建立比较广泛的社会联系和关系，甚至能和知名人物结识。
9，16，19，42		安全感	不管自己能力怎样，希望在工作中有一个安稳局面，不会因为奖金、长工资、调动工作或领导训斥等经常提心吊胆、心烦意乱。
12，25，35，51		舒适	希望能将工作作为一种消遣、休息或享受的形式，追求比较舒适、轻松、自由、优越的工作条件和环境。
8，27，33，43		人际关系	希望一起工作的大多数同事和领导人品较好，相处在一起感到愉快、自然，认为这就是很有价值的事，是一种极大的满足。
4，10，29，31		变异性或追求新意	希望工作的内容应该经常变换，使工作和生活显得丰富多彩，不单调枯燥。

得分最高的三项价值观是：1. ____________；2. ____________；3. ____________。

得分最低的三项价值观是：1. ____________；2. ____________；3. ____________。

从得分最高和最低的三项中，可以大致看出你的价值倾向，在选择职业时就可以加以考虑。

附录5 职业生涯规划书模板

【提 要】

【规划期限】

【起止时间】

【年龄跨度】

【阶段目标】

【总体目标】

【前 言】

【自我分析】

书写说明：自我分析主要是指在依据心理学的测评系统对自己的心理素质、人格特征等进行测评的基础上，结合自己的兴趣、爱好及以往的经历等加以综合评价，给自己“画像”。自我分析包括以下五个方面的内容：

一、家庭背景及经历分析：

二、兴趣分析：

三、性格分析：

四、价值观分析：

五、技能分析：

（一）专业知识技能分析：

（二）可迁移技能分析：

（三）自我管理技能分析：

根据自我分析结果，进行自我分析小结。

【职业分析】

一、对专业的认识

（一）专业背景：

（二）专业课程：

（三）专业就业方向：

二、职业环境分析

（一）行业环境分析

职业的特点和要求，现有从业人员的情况，所在行业的发展情况、前景与趋势及其对从业人员的要求，未来有哪些行业可能会对你的目标职业有需求。

（二）社会环境分析

分析社会经济环境、文化环境、人们的价值观念、就业环境和社会政治制度。

进行职业分析小结。

【职业目标】

书写说明：职业目标的设定是指在自我剖析及对职业环境进行分析的基础上，确立自己明确的职业定位。综合第一部分（自我分析）及第二部分（职业分析）的主要内容来进行设定。

一、本人职业定位的 SWOT 分析（见附图 5－1）

职业目标为：

	优势因素（S）	弱势因素（W）
内部环境因素	1. 2. 3. 4. 5. 6.	1. 2. 3. 4. 5. 6.
	机会因素（O）	威胁因素（T）
外部环境因素	1. 2. 3. 4. 5. 6.	1. 2. 3. 4. 5. 6.

附图 5－1　本人职业定位的 SWOT 分析

二、学业生涯目标

三、职业生涯目标（见附表 5－1）

附表 5－1　职业生涯目标分析

职业目标	将来从事（××行业的）××职业……
职业发展策略	举例：进入××类型的组织（到××地区发展）……
职业发展具体路径	举例：××→××→××→××→……

【行动方案】

书写说明：目标实现策略即行动计划，即通过各种积极的具体措施与行动去争取职业生涯目标的实现，也就是说，在职业生涯规划书中，对如何实现自己的职业生涯发展目标制订一个比较详细而又切实可行的行动计划和策略方案。

一、实施计划一览表（见附表5－2）

附表5－2　实施计划一览表

计划名称	时间跨度	总目标	分目标	计划内容（参考）	策略和措施（参考）	备注
短期计划（大学期间职业规划）	2015—20××年	如大学毕业时要达到……，要从事什么岗位	如：大一要达到……，大二要达到……，或在××方面要达到……	如专业学习、职业技能培养、职业素质提升、职业实践计划等	如大一以适应大学生活为主，大二以专业学习和掌握职业技能为主，或为了实现××目标，我要……	大学期间职业规划的重点
中期计划（毕业后五年左右时间职业规划）	20××—20××年	如毕业后第五年时要达到……，要从事什么岗位	如毕业后第一年要……，第二年要……，或在××方面要达到……	如职场适应、三脉积累（知脉、人脉、钱脉）、岗位转换及升迁等		大学生职业规划的重点
长期计划（毕业后十年左右或更长时间职业规划）	20××—20××年	如退休时要达到……，要从事什么岗位	如毕业后第十年要……，第二十年要……	如事业发展，工作、生活关系，健康，心灵成长，子女教育，慈善等		方向性规划

二、学业生涯期间实施计划

本人现正就读大学一年级，我对自己在大学期间的职业规划是：

大学一年级：

大学二年级：

大学三年级：

大学四年级：

【评估调整】

书写说明：职业生涯规划是一个动态的过程，必须根据实施结果的情况以及变化进行及时的评估与修正。

1. 评估的内容

职业目标评估（是否需要重新选择职业？）假如一直……，那么我将……

职业路径评估（是否需要调整发展方向？）当出现……的时候，我就……

实施策略评估（是否需要改变行动策略？）如果……，我就……

其他因素评估（身体、家庭、经济状况以及机遇、意外情况的及时评估）

2. 评估的时间

一般情况下，我定期（半年或一年）评估规划；当出现特殊情况时，我会随时评估并进行相应的调整。

规划调整的原则

【结束语】

作者签名：

参 考 文 献

[1] 赵慧娟．大学生职业生涯规划［M］．北京：北京大学出版社，2014.

[2] 熊苹．职业生涯规划［M］．北京：清华大学出版社，2014.

[3] 姚裕群，李从国，童汝根．职业生涯规划与管理［M］．北京：北京师范大学出版社，2011.

[4] 殷智红，邱红．职业生涯规划［M］．北京：北京大学出版社，2010.

[5] 郭蓉．职业生涯规划［M］．北京：国家行政学院出版社，2009.

[6] 刘铸，刘献文．大学生职业生涯规划：本科版［M］．沈阳：辽宁大学出版社，2014.

[7] 王志洲，李树斌．职业生涯规划［M］．北京：人民邮电出版社，2013.

[8]［美］里尔登，等．职业生涯发展与规划［M］．教育部高校学生司组织编译，侯志瑾，等，译．北京：高等教育出版社，2005.

[9] 陈伟，冷耀明，汪华．职业生涯规划［M］．北京：北京邮电大学出版社，2011.

[10] 田秀萍．职业生涯规划［M］．上海：上海交通大学出版社，2014.

[11] 杨河清．职业生涯规划［M］．北京：中国劳动社会保障出版社，2009.

[12] 陈建．职业生涯规划［M］．北京：北京理工大学出版社，2011.

[13] 金环．职业生涯规划［M］．北京：清华大学出版社，2013.

[14] 丁永钦．职业生涯规划［M］．北京：科学出版社，2009.

[15] 唐国华．大学生职业生涯规划［M］．沈阳：辽宁大学出版社，2013.

[16] 郭志文，李斌成．大学生职业生涯规划［M］．武汉：华中科技大学出版社，2008.

[17] 胡伯龙．大学生职业生涯规划［M］．北京：北京理工大学出版社，2012.

[18] 于祥成，彭萍．大学生职业生涯规划与发展［M］．长沙：湖南大学出版社，2009.

[19] 史梅，孙洪涛，伊芃芃．赢在起点　大学生职业生涯规划与职业素质拓展［M］．北京：高等教育出版社，2010.

[20] 陈浩明，孙晓虹，吕京宝．大学生职业生涯规划［M］．上海：复旦大学出版社，2012.

[21] 周长茂．大学生职业生涯规划［M］．北京：中国石化出版社，2011.

[22] 邵晓红．大学生职业生涯规划与发展规划［M］．北京：北京大学出版社，2013.

[23] 钟谷兰．大学生职业生涯规划发展与规划［M］．上海：华东师范大学出版社，2008.

[24] 顾明远，教育大辞典（增订合编本）（上）［M］．上海：教育出版社，1997.

[25] 王道俊，王汉湖．教育学［M］．北京：人民教育出版社，1980.

[26] 施恩．职业的有效管理［M］．北京：三联书店，1992.

[27] 顾雪英，等．当代大学生职业生涯规划［M］．北京：高等教育出版社，2011.

[28] 陈梦薇，刘俊芳，李晓萍．生涯规划与职业发展［M］．南京：东南大学出版

社，2015.
[29] 钟谷兰，杨开．大学生职业生涯发展与规划［M］上海：华东师范大学出版社，2014.
[30] 黄坚．职业发展与素质训练教程［M］. 北京：清华大学出版社，2009.
[31] 张乐敏，吴玮，宋丽珍．大学生职业生涯规划与管理［M］. 上海：复旦大学出版社，2008.
[32] 李斌成．大学生职业生涯规划［M］. 武汉：华中科技大学出版社，2011.
[33] 曲建武．识读大学［M］. 北京：人民出版社，2006.

大学生职业生涯规划实训手册

主 编 李 莉

姓　　名：____________________

所在学院：____________________

班　　级：____________________

学　　号：____________________

总 成 绩：____________________

任课教师：____________________

北京理工大学出版社
BEIJING INSTITUTE OF TECHNOLOGY PRESS

目　　录

实训活动一 …… 1

实训活动二 …… 4

实训活动三 …… 8

实训活动四 …… 38

实训活动五 …… 43

实训活动六 …… 45

实训活动七 …… 49

实训活动八 …… 57

实训活动一

（一）实训目的

通过实训，使学生能够理解大学生涯对于职业生涯准备的重要意义，自我澄清上大学的初衷，从而了解自己对职业的需求，为职业生涯规划奠定基础。

（二）实训活动

实训活动 1－1　生涯转化之盾

从高中到大学，我们的人生发生了新的转折，对过去经历的总结，有助于我们更好地了解自己，也有助于我们更好地规划未来，请认真完成表 1，并在小组内开展分享和讨论，看一看，你会有哪些新的发现。（请填写表 1）

实训活动 1－2　请写出你对本课程的期待

表1 我对自己的新发现

假如用3~5个关键词来概述我的高中生活，那是：	
我最快乐的一件事：	我最自豪的一件事：
我最难忘的一件事：	我最遗憾的一件事：
我对大学生活的期待：	

实训活动1－3 理想之旅

通过高考，我们来到了大学。高中学习的目标似乎就是“考上大学”，这个目标曾经激励着我们为之刻苦努力。而今，这个目标已经成为过去，面对未来，我们需要有新的目标来指引自己的行动。以下这些内容可以帮助我们重新探索自己的人生目标：

很小很小的时候，我的理想是＿＿＿＿＿＿＿＿＿＿＿＿＿＿＿＿＿＿

天真烂漫的小学，我的理想是＿＿＿＿＿＿＿＿＿＿＿＿＿＿＿＿＿＿

初中的花季雨季里，我的理想是＿＿＿＿＿＿＿＿＿＿＿＿＿＿＿＿＿

高中的激情岁月里，我的理想是＿＿＿＿＿＿＿＿＿＿＿＿＿＿＿＿＿

现在，来到大学里，我的理想是________

以上这些理想的共通之处是________

通过这样的探索，我发现________

____

____

____

基于现实，我想到实现自己理想的具体计划有：

____

____

____

在理想实现的过程中，我渴望获得的支持是：

____

____

____

____

____

____

____

____

____

实训完成时间：________

实训成绩：________

实训活动二

（一）实训目的

通过实训，使学生能够更好地掌握职业生涯规划的方法。

（二）实训活动

实训活动 2－1　自我规划"五步法"

1. What are you?（你是谁?）请对自己进行一次深刻的反思，一一列出自己的优点和缺点：

____

____

____

____

2. What do you want?（你想要什么?）请写出这一时间段你认为自己的终身理想是什么职业：______________________________

3. What can you do?（你能做什么?）总结自己有能力和有潜力做哪些事情：

____

____

____

____

4. What can support you?（环境支持或允许你做什么?）调动一切有利于自己发展的主客观因素，发现自己还可以做哪些事情：______________________________

____

____

____

5. What can you be in the end?（你的职业与生活规划是什么？）

____

____

____

实训活动2－2 职业锚测试

这份问卷的目的在于帮助你思索自己的能力、动机和价值观。仅仅依靠这个测试，可能无法真实反映你的职业锚。你需要进行积极的思考，并做好与职业生涯相关的系列讨论。

请尽可能真实并迅速地回答下列问题。除非你非常明确，否则不需要做出极端的选择，例如：“从不”或者“总是”。

下面给出四十个问题，根据你的实际情况，从“1～6”中选择一个数字。数字越大，表示这种描述越符合你的实际情况。例如，“我梦想成为公司的总裁”，你可以做出如下选择：

选“1”代表这种描述完全不符合你的想法；

选“2”或“3”代表你偶尔（或者有时）这么想；

选“4”或“5”代表你经常（或者频繁）这么想；

选“6”代表这种描述完全符合你的日常想法。

现在，开始回答问题。将最符合你的自身情况的答案记录到后面的表格中。

现在开始：

1. 我希望做我擅长的工作，这样我的建议可以不断被采纳。
2. 当我整合并管理其他人的工作时，我非常有成就感。
3. 我希望我的工作能让我用自己的方式，按自己的计划去开展。
4. 对我而言，安定与稳定比自由和自主更重要。
5. 我一直在寻找可以让我创立自己事业（公司）的创意（点子）。
6. 我认为只有对社会做出真正贡献的职业才算是成功的职业。
7. 在工作中，我希望去解决那些有挑战性的问题，并且胜出。
8. 我宁愿离开公司，也不愿从事需要个人和家庭做出一定牺牲的工作。
9. 将我的技术和专业水平发展到一个更具有竞争力的层次是成功职业的必要条件。
10. 我希望能够管理一个大的公司（组织），我的决策将会影响许多人。
11. 如果职业允许自由地决定自己的工作内容、计划、过程时，我会非常满意。
12. 如果工作的结果使我丧失了自己在组织中的安全稳定感，我宁愿离开这个工作岗位。
13. 对我而言，创办自己的公司比在其他的公司中争取一个高的管理位置更有意义。
14. 我的职业满足来自我可以用自己的才能去为他人提供服务。
15. 我认为职业的成就感来自克服自己面临的非常有挑战性的困难。
16. 我希望我的职业能够兼顾个人、家庭和工作的需要。

17. 对我而言，在我喜欢的专业领域内做资深专家比做总经理更具有吸引力。

18. 只有在我成为公司的总经理后，我才认为我的职业人生是成功的。

19. 成功的职业应该允许我有完全的自主与自由。

20. 我愿意在能给我安全感、稳定感的公司中工作。

21. 当通过自己的努力或想法完成工作时，我的工作成就感最强。

22. 对我而言，利用自己的才能使这个世界变得更适合生活或居住，比争取一个高的管理职位更重要。

23. 当我解决了看上去不可能解决的问题，或者在必输无疑的竞赛中胜出时，我会非常有成就感。

24. 我认为只有很好地平衡个人、家庭、职业三者的关系，生活才算是成功的。

25. 我宁愿离开公司，也不愿频繁接受那些不属于我专业领域的工作。

26. 对我而言，做一个全面管理者比在我喜欢的专业领域内做资深专家更有吸引力。

27. 对我而言，用我自己的方式不受约束地完成工作，比安全、稳定更加重要。

28. 只有当我的收入有保障时，我才会对工作感到满意。

29. 在我的职业生涯中，如果我能成功地创造或实现完全属于自己的产品或点子，我会感到非常成功。

30. 我希望从事对人类和社会真正有贡献的工作。

31. 我希望工作中有很多的机会，可以不断挑战我解决问题的能力（或竞争力）。

32. 能很好地平衡个人生活与工作，比达到一个高的管理职位更重要。

33. 如果在工作中能经常用到我特别的技巧和才能，我会感到特别满意。

34. 我宁愿离开公司，也不愿意接受让我离开全面管理的工作。

35. 我宁愿离开公司，也不愿意接受约束我自由和自主控制权的工作。

36. 我希望有一份让我有安全感和稳定感的工作。

37. 我梦想着创建属于自己的事业。

38. 如果工作限制了我为他人提供帮助或服务，我宁愿离开公司。

39. 去解决那些几乎无法解决的难题，比获得一个高的管理职位更有意义。

40. 我一直在寻找一份能最小化个人和家庭之间冲突的工作。

现在重新看一下你给分较高的描述，从中挑出与你日常想法最为吻合的三个，在原来评分的基础上，将这个三个题目得分再各加上四分（例如：原来得分为5 ，则调整后的得分为9）。然后就可以开始评分。

将按照“列”进行分数累加得到一个总分，将每列的总分除以五得到的平均分，填入表2。记住：在计算平均分和总分前，不要忘记将最符合你日常想法的三项，额外加上四分。

最终的平均分就是你的自我评价的结果，最高分所在列代表最符合你“真实自我”的职业锚。

表 2 自我评价得分

	TF 技术、职能	GM 管理	AU 自主、独立	SE 安全、稳定	EC 创造、创业	SV 服务、奉献	CH 挑战	LS 生活
	1（ ）	2（ ）	3（ ）	4（ ）	5（ ）	6（ ）	7（ ）	8（ ）
	9（ ）	10（ ）	11（ ）	12（ ）	13（ ）	14（ ）	15（ ）	16（ ）
	17（ ）	18（ ）	19（ ）	20（ ）	21（ ）	22（ ）	23（ ）	24（ ）
	25（ ）	26（ ）	27（ ）	28（ ）	29（ ）	30（ ）	31（ ）	32（ ）
	33（ ）	34（ ）	35（ ）	36（ ）	37（ ）	38（ ）	39（ ）	40（ ）
总分								
平均分								

（1）看看你是哪种类型的职业锚：________________

（2）请将你在以上测试中 8 种职业锚类型所得的平均分画到以下的职业锚图像中（见图 1）：

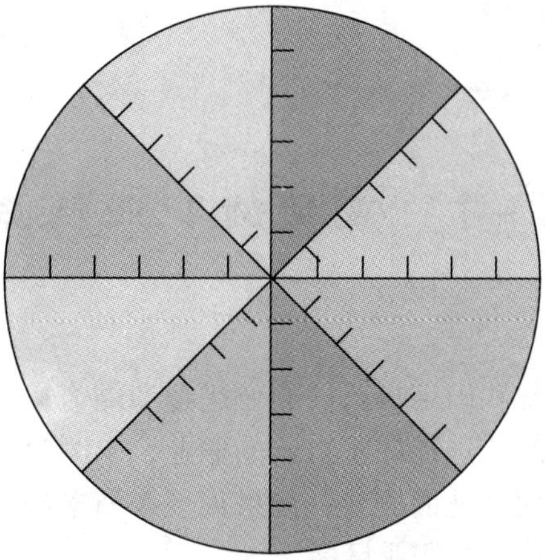

图 1　职业锚图像

实训完成时间：__________

实训成绩：__________

实训活动三

（一）实训目的

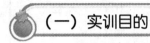

1. 学会霍兰德职业性向测验量表的使用方法，并能够测试出自己的职业兴趣。

2. 了解 MBTI 性格测试，学会用 CSMP 性格测试工具测试出自己的性格特点并根据性格确定职业倾向。

3. 自我分析出自己具备的能力与知识技能，并寻找作为职业人存在的差距和改进办法。

4. 通过活动完成价值观测试，探寻自己职业选择中的价值观倾向。

（二）实训活动

实训活动 3－1　霍兰德职业性向测验量表

1. 简介。

本测验量表将帮助你发现和确定自己的职业兴趣和能力特长，从而更好地做出求职择业的决策。如果你已经考虑好或选择好了自己的职业，本测验将使你的这种考虑或选择具有理论基础，或向你展示其他合适的职业；如果你至今尚未确定职业方向，本测验将帮助你根据自己的情况选择一个恰当的职业目标。

2. 内容。

本测验共有七个部分，每部分测验都没有时间限制，但请你尽快按要求完成。

霍兰德职业性向测验答题卷

姓名：　　　　　性别：　　　　　年龄：　　　　　测试日期：

第 1 部分　你心目中的理想职业（专业）

对于未来的职业（或升学进修的专业），你也许早有考虑，它可能很抽象、很朦胧，也可能很具体、很清晰。不管是哪种情况，现在都请你把自己最想干的 3 种工作或最想读的 3 种专业，按顺序写下来。

1. ______________________________

2. ______________________________

3. ______________________________

第 2 部分　你所感兴趣的活动

下面列举了一些十分具体的活动。这些活动无所谓好坏，如果你喜欢去参加（包括过去、现在或将来），就请在答题卷的相应题号前画个“√”，如果不喜欢就请在相应题号前画“×”。注意，这一部分测验主要想确定你的职业兴趣，而不是让你选择工作，你喜欢某种活动并不意味着你一定要从事这种活动。答题时不必考虑过去是否干过和是否擅长这种活动，只根据你的兴趣直接判断即可。请务必做完每一题目。

一、R 型（现实型活动）

你喜欢做下列事情吗?

1. 装配修理电器。
2. 修理自行车。
3. 装修机器或机器零件。
4. 做木工活。
5. 驾驶卡车或拖拉机。
6. 开机床。
7. 开摩托车。
8. 上金属工艺课。
9. 上机械制图课。
10. 上木工手艺课。
11. 上电气自动化技术课。

二、I 型（调查型活动）

你喜欢做下列事情吗?

1. 阅读科技书刊。
2. 在实验室工作。
3. 研究某个科研项目。
4. 制作飞机、汽车模型。
5. 做化学实验。
6. 阅读专业性论文。
7. 解一道数学或棋艺难题。
8. 上物理课。
9. 上化学课。
10. 上几何课。
11. 上生物课。

三、A 型（艺术型活动）

你喜欢做下列事情吗?

1. 素描、制图或绘画。
2. 表演戏剧、小品或相声节目。
3. 设计家具或房屋。
4. 在舞台上演唱或跳舞。
5. 演奏一种乐器。

6. 阅读流行小说。
7. 听音乐会。
8. 从事摄影创作。
9. 阅读电影、电视剧本。
10. 读诗写诗。
11. 上书法美术课。

四、S 型（社会型活动）

你喜欢做下列事情吗？

1. 给朋友们写信。
2. 参加学校、单位组织的正式活动。
3. 加入某个社会团体或俱乐部。
4. 帮助别人解决困难。
5. 照看小孩。
6. 参加宴会、茶话会或联欢晚会。
7. 跳交谊舞。
8. 参加讨论会或辩论会。
9. 观看运动会或体育比赛。
10. 寻亲访友。
11. 阅读与人际交往有关的书刊。

五、E 型（企/事业型活动）

你喜欢做下列事情吗？

1. 对他人做劝说工作。
2. 买东西与人讨价还价。
3. 讨论政治问题。
4. 从事个体或独立的经营活动。
5. 出席正式会议。
6. 做演讲。
7. 在社会团体中做一名理事。
8. 检查与评价别人的工作。
9. 结识名流。
10. 带领一群人去完成某项任务。
11. 参与政治活动。

六、C 型（常规型/传统型活动）

你喜欢做下列事情吗？

1. 保持桌子和房间整洁。
2. 抄写文章或信件。
3. 开发票、写收据或打回条。
4. 打算盘或用计算机计算。
5. 记流水账或备忘录。

6. 上打字课或学速记法。
7. 上会计课。
8. 上商业统计课。
9. 将文件、报告、记录分类与归档。
10. 为领导写公务信函与报告。
11. 检查个人收支情况。

第 3 部分　你所擅长或胜任的活动

下面从 6 个方面分别列举一些十分具体的活动，以确定你具备哪一方面的工作特长。回答时，只需考虑你过去或现在对所列活动是否擅长、胜任，不必考虑你是否喜欢这种活动。如果你认为你擅长从事某一活动，就请在答题卷的相应题号前画"√"，如果不擅长，就请在相应题号前画"×"。注意，你如果从未从事过某一活动，那就请考虑你将来是否会擅长从事该项活动。请你务必做完每一个题目。

一、R 型（现实型能力）

你擅长做或胜任下列事情吗?

1. 使用锯子、钳子、车床、砂轮等工具。
2. 使用万能电表。
3. 给自行车或机器加油使它们正常运转。
4. 使用钻床、研磨机、缝纫机等。
5. 修整木器家具表面。
6. 看机械、建筑设计图纸。
7. 修理结构简单的家用电器。
8. 制作简单的家具。
9. 绘制机械设计图纸。
10. 修理收录音机的简单部件。
11. 疏通、修理自来水管或下水道。

二、I 型（调研型能力）

你擅长做或胜任下列事情吗?

1. 了解真空管的工作原理。
2. 知道三种以上蛋白质含量高的食物。
3. 知道一种放射性元素的"半衰期"。
4. 使用对数表。
5. 使用计算器或计算尺。
6. 使用显微镜。
7. 辨认 3 个星座。
8. 说明白细胞的功能。
9. 解释简单的化学分子式。
10. 理解人造卫星不会落地的道理。
11. 参加科技竞赛或科研成果交流会。

三、A 型（艺术型能力）

你擅长做或胜任下列事情吗?
1. 演奏一种乐器。
2. 参加二重唱或四重唱表演。
3. 独奏或独唱。
4. 扮演剧中角色。
5. 说书或讲故事。
6. 表演现代舞或芭蕾舞。
7. 人物素描。
8. 油画或雕塑。
9. 制造陶器、捏泥塑或剪纸。
10. 设计服装、海报或家具。
11. 写得一手好文章。

四、S 型（社会型能力）

你擅长做或胜任下列事情吗?
1. 善于向别人解释问题。
2. 参加慰问或救济活动。
3. 善于与人合作、配合默契。
4. 殷勤待客。
5. 能深入浅出地教育儿童。
6. 为一次宴会安排娱乐活动。
7. 帮助他人解决困难。
8. 帮助护理病人或伤员。
9. 安排学校或社团组织的各种集体事务。
10. 善察人心或善于判断人的性格。
11. 善于与年长者相处。

五、E 型（企业型能力）

你擅长做或胜任下列事情吗?
1. 学校里当过班干部并且干得不错。
2. 善于督促他人工作。
3. 善于使他人按你的习惯做事。
4. 做事具有超常的精力和热情。
5. 能做一个称职的推销员。
6. 代表某个团体向有关部门提出建议或反映意见。
7. 担任某种领导职务期间获过奖或受表扬。
8. 说服别人加入你所在的团体（俱乐部、运动队、工作或研究组等）。
9. 创办一家商店或企业。
10. 知道如何做一位成功的领导人。
11. 有很好的口才。

六、C 型（常规型能力）

你擅长做或胜任下列事情吗?

1. 一天能誊抄近一万字。
2. 能熟练使用算盘或计算器。
3. 能够熟练地使用中文打字机。
4. 善于将书信、文件迅速归档。
5. 做过办公室职员工作且干得不错。
6. 核对数据或文章时既快又准确。
7. 会使用外文打字机或复印机。
8. 善于在短时间内分类和处理大量文件。
9. 记账或开发票时既快又准确。
10. 善于为自己或集体做财务预算(表)。
11. 能迅速誊清贷方和借方的账目。

第 4 部分　你所喜欢的职业

下面列举了许多职业，对这些职业的基本情况你或多或少都有所了解，并在此基础上形成了自己的评价态度。如果你对某项职业喜欢的话，请在答题卷的相应题号前打“√”，如果不喜欢则请在相应题号前打“×”。这一部分测验也要求每题必做。

一、R 型(现实型职业)

你喜欢做下列事情吗?

1. 飞行机械技术人员。
2. 鱼类和野生动物专家。
3. 自动化工程技术人员。
4. 木工。
5. 机床安装工或钳工。
6. 电工。
7. 无线电报务员。
8. 长途汽车司机。
9. 火车司机。
10. 机械师。
11. 测绘、水文技术人员。

二、I 型(调研型职业)

你喜欢做下列事情吗?

1. 气象研究人员。
2. 生物学研究人员。
3. 天文学研究人员。
4. 药剂师。
5. 人类学研究人员。
6. 化学研究人员。
7. 科学杂志编辑。
8. 植物学研究人员。

9. 物理学研究人员。
10. 科普工作者。
11. 地质学研究人员。
三、A型（艺术型职业）
你喜欢下列职业吗？
1. 诗人。
2. 文学艺术评论家。
3. 作家。
4. 记者。
5. 歌唱家或歌手。
6. 作曲家。
7. 剧本写作人员。
8. 画家。
9. 相声演员。
10. 乐团指挥。
11. 电影演员。
四、S型（社会型职业）
你喜欢下列职业吗？
1. 街道、工会或妇联负责人。
2. 中学教师。
3. 青少年犯罪问题专家。
4. 中学校长。
5. 心理咨询人员。
6. 精神病医生。
7. 职业介绍所工作人员。
8. 导游。
9. 青年团负责人。
10. 福利机构负责人。
11. 婚姻介绍所工作人员。
五、E型（企业型职业）
你喜欢下列职业吗？
1. 供销科长。
2. 推销员。
3. 旅馆经理。
4. 商店管理费用人员。
5. 厂长。
6. 律师或法官。
7. 电视剧制作人。
8. 饭店或饮食店经理。

9. 人民代表。
10. 服装批发商。
11. 企业管理咨询人员。
六、C 型（常规型职业）
你喜欢下列职业吗?
1. 簿记员。
2. 会计师。
3. 银行出纳员。
4. 法庭书记员。
5. 人口普查登记员。
6. 成本核算员。
7. 税务工作者。
8. 校对员。
9. 打字员。
10. 办公室秘书。
11. 质量检查员。

第 5 部分　能力类型简评

表 3 是关于 6 个职业能力方面的自我评分表。你可以先与同龄人比较一下自己在每一方面的能力，然后经斟酌以后对自己的能力做一评价。评分时请在表中适当的数字上画圈。数字越大表示你的能力越强。

注意，请勿全部圈画同样的数字，因为人的每项能力不可能完全一样。这里是要大家对自己的各项能力依次排个队。6 种职业类型，1 ~ 7 的号码，就是要大家把相对的强弱拉开，能力最大是 7，能力最小是 1，如果相邻两个之间相差太大，就跳一个数字。例如，我的前两个能力，第三个远远比不上，我就直接排成 764321，不用数字 5 做第三位。

表 3　6 个职业能力方面的自我评分表 1

能力等级	R 型	I 型	A 型	S 型	E 型	C 型
	机械操作能力	科学研究能力	艺术创造能力	解释表达能力	商业洽谈能力	事务执行能力
高 中 低	7 6 5 4 3 2 1	7 6 5 4 3 2 1	7 6 5 4 3 2 1	7 6 5 4 3 2 1	7 6 5 4 3 2 1	7 6 5 4 3 2 1

续表

能力等级	R型	I型	A型	S型	E型	C型
	体力技能	数学技能	音乐技能	交际技能	领导技能	办公技能
高 中 低	7 6 5 4 3 2 1	7 6 5 4 3 2 1	7 6 5 4 3 2 1	7 6 5 4 3 2 1	7 6 5 4 3 2 1	7 6 5 4 3 2 1

第6部分　统计和确定你的职业倾向

请将第2部分至第5部分的全部测验分数按前面已统计好的6种职业倾向（R型、I型、A型、S型、E型和C型）得分填入表4，并纵向累加。

表4　2~5部分的测验分数

测验	R型	I型	A型	S型	E型	C型
第2部分						
第3部分						
第4部分						
第5部分（A）						
第5部分（B）						
总分						

请将表4中的6种职业倾向总分按大小顺序依次从左到右重新排列：

________型、________型、________型、________型、________型、________型

最高分________你的职业倾向性得分________最低分________

得分最高的职业类型意味着最适合你的职业。比方说，假如你在I型上得分最高，说明你适合做自然科学方面的研究工作，如气象研究、生物学研究、天文学研究等，或科学杂志编辑。其余类推。

如果最适合你的工作和你在第1部分所写的理想工作之间不太一致，或者在各种类型的职业上你的能力和兴趣不相匹配，那么请你参照第6部分——你的职业价值观来做出最佳选择。比方说，假如第2部分你在I型上得分最高，但第3部分你在A型上得分高，那么请参考你最看重的因素：假如你最看重（8）能充分发挥自己的能力特长，或（2）工作环境舒适，那么A型工作最适合你；假如你最看重（10）能从事自己感兴趣的工作，或（4）工作稳定有保障，那么I型工作最适合你；假如你最看重的是其他因素，那么请向A型职业方面的专家咨询，选择和你的职业价值观最接近的工作。

第7部分　你所看重的东西——职业价值观

这一部分测验列出了人们在选择工作时通常会考虑的九种要素（见所附工作价值标

准）。现在请你在其中选出对你最重要的两项因素，以及最不重要的两项因素，并将序号填入下面相应空格上。

最 重 要：________________

最不重要：________________

次 重 要：________________

次不重要：________________

附 工作价值标准：

1. 工资高福利好。
2. 工作环境（物质方面）舒适。
3. 人际关系良好。
4. 工作稳定有保障。
5. 能提供较好的受教育机会。
6. 有较高的社会地位。
7. 工作不太紧张、外部压力少。
8. 能充分发挥自己的能力特长。
9. 社会需要与社会贡献较大。
10. 能从事自己感兴趣的工作。

以上全部测验完毕。

现在，将你测验得分居第一位的职业类型找出来，对照表5，判断一下自己适合的职业类型。

表5 职业兴趣代号与其相应的职业对照表一

职业兴趣代号	与其相应的职业
R（现实型）	木匠、农民、操作X光的技师、工程师、飞机机械师、鱼类和野生动物专家、自动化技师、机械工（车工、钳工等）、电工、无线电报务员、火车司机、长途公共汽车司机、机械制图员、修理机器、电器师
I（调查型）	气象学者、生物学者、天文学家、药剂师、动物学者、化学家、科学报刊编辑、地质学者、植物学者、物理学者、数学家、实验员、科研人员、科技工作者
A（艺术型）	室内装饰专家、图书管理专家、摄影师、音乐教师、作家、演员、记者、诗人、作曲家、编剧、雕刻家、漫画家
S（社会型）	社会学者、导游、福利机构工作者、咨询人员、社会工作者、社会科学教师、学校领导、精神病工作者、公共保健护士
E（企业型）	推销员、进货员、商品批发员、旅馆经理、饭店经理、广告宣传员、调度员、律师、政治家、零售商
C（常规型）	记账员、会计、银行出纳、法庭速记员、成本估算员、税务员、核算员、打字员、办公室职员、统计员、计算机操作员、秘书

下面介绍与你3个代号的职业兴趣类型一致的职业表（见表6），对照的方法如下：首先根据你的职业兴趣代号，在下表中找出相应的职业，例如你的职业兴趣代号是RIA，那么牙科技术人员、陶工等是适合你兴趣的职业。然后寻找与你职业兴趣代号相近的职业，

如你的职业兴趣代号是RIA，那么，其他由这三个字母组合成的编号（如IRA、IAR、ARI等）对应的职业，也较适合你的兴趣。

表6　职业兴趣代号与其相应的职业对照表二

职业兴趣代号	与其相应的职业
RIA	牙科技术员、陶工、建筑设计员、模型工、细木工、制作链条人员
RIS	厨师、林务员、跳水员、潜水员、染色员、电器修理、眼镜制作、电工、纺织机器装配工、服务员、装玻璃工人、发电厂工人、焊接工
RIE	建筑和桥梁工程、环境工程、航空工程、公路工程、电力工程、信号工程、电话工程、一般机械工程、自动工程、矿业工程、海洋工程、交通工程技术人员、制图员、家政经济人员、计量员、农民、农场工人、农业机器操作、清洁工、无线电修理、汽车修理、手表修理、管子工、线路装配工、工具仓库管理员
RIC	船上工作人员、接待员、杂志保管员、牙医助手、制帽工、磨坊工、石匠、机器制造、机车（火车头）制造、农业机器装配、汽车装配工、缝纫机装配工、钟表装配和检验、电动器具装配、鞋匠、锁匠、货物检验员、电梯机修工、托儿所所长、钢琴调音员、装配工、印刷工、建筑钢铁工人、卡车司机
RAI	手工雕刻、玻璃雕刻、制作模型人员、家具木工、制作皮革品、手工绣花、手工钩针编织、排字工人、印刷工人、图画雕刻、装订工
RSE	消防员、交通巡警、警察、门卫、理发师、房间清洁工、屠夫、锻工、开凿工人、管道安装工、出租汽车驾驶员、货物搬运工、送报员、勘探员、娱乐场所的服务员、起卸机操作工、灭害虫者、电梯操作工、厨房助手
RSI	纺织丁、编织工、农业学校教师、某些职业课程教师（诸如艺术、商业、技术、工艺课程）、雨衣上胶工
REC	抄水表员、保姆、实验室动物饲养员、动物管理员
REI	轮船船长、航海领航员、大副、试管实验员
RES	旅馆服务员、家畜饲养员、渔民、渔网修补工、水手长、收割机操作工、搬运行李工人、公园服务员、救生员、登山导游、火车工程技术员、建筑工人、铺轨工人
RCI	测量员、勘测员、仪表操作者、农业工程技术、化学工程技师、民用工程技师、石油工程技师、资料室管理员、探矿工、煅烧工、烧窑工、矿工、保养工、磨床工、取样工、样品检验员、纺纱工、炮手、漂洗工、电焊工、锯木工、刨床工、制帽工、手工缝纫工、油漆工、染色工、按摩工、木匠、农民建筑工人、电影放映员、勘测员助手
RCS	公共汽车驾驶员、一等水手、游泳池服务员、裁缝、建筑工人、石匠、烟囱修建工、混凝土工、电话修理工、爆炸手、邮递员、矿工、裱糊工人、纺纱工
RCE	打井工、吊车驾驶员、农场工人、邮件分类员、铲车司机、拖拉机司机
IAS	普通经济学家、农场经济学家、财政经济学家、国际贸易经济学家、实验心理学家、工程心理学家、心理学家、哲学家、内科医生、数学家
IAR	人类学家、天文学家、化学家、物理学家、医学病理学家、动物标本剥制者、化石修复者、艺术品管理员
ISE	营养学家、饮食顾问、火灾检查员、邮政服务检查员

续表

职业兴趣代号	与其相应的职业
ISC	侦察员、电视播音室修理员、电视修理服务员、验尸室人员、编目录者、医学实验室技师、调查研究者
ISR	水生生物学者、昆虫学者、微生物学家、配镜师、矫正视力者、细菌学家、牙科医生、骨科医生
ISA	实验心理学家、普通心理学家、发展心理学家、教育心理学家、社会心理学家、临床心理学家、目录学家、皮肤病学家、精神病学家、妇产科医生、眼科医生、五官科医生、医学实验室技术专家、民航医务人员、护士
lES	细菌学家、生理学家、化学专家、地质专家、地理物理学专家、纺织技术专家、医院药剂师、工业药剂师、药房营业员
IEC	档案保管员、保险统计员
ICR	质量检验技术员、地质学技师、工程师、法官、图书馆技术辅导员、计算机操作员、医院听诊员、家禽检查员
IRA	地理学家、地质学家、水文学家、矿物学家、古生物学家、石油学家、地震学家、声学物理学家、原子和分子物理学家、电学和磁学物理学家、气象学家、设计审核员、人口统计学家、数学统计学家、外科医生、城市规划家、气象员
IRS	流体物理学家、物理海洋学家、等离子体物理学家、农业科学家、动物学家、食品科学家、园艺学家、植物学家、细菌学家、解剖学家、动物病理学家、作物病理学家、药物学家、生物化学家、生物物理学家、细胞生物学家、临床化学家、遗传学家、分子生物学家、质量控制工程师、地理学家、兽医、放射治疗技师
IRE	化验员、化学工程师、纺织工程师、食品技师、渔业技术专家、材料和测试工程师、电气工程师、土木工程师、航空工程师、行政官员、冶金专家、原子核工程师、陶瓷工程师、地质工程师、电力工程师、口腔科医生、牙科医生
IRC	飞机领航员、飞行员、物理实验室技师、文献检查员、农业技术专家、动植物技术专家、生物技师、油管检查员、工商业规划者、矿藏安全检查员、纺织品检验员、照相机修理者、工程技术员、编计算机程序者、工具设计者、仪器维修工
CRI	簿记员、会计、记时员、铸造机操作工、打字员、按键操作工、复印机操作工
CRS	仓库保管员、档案管理员、缝纫工、讲述员、收款人
CRE	标价员、实验室工作者、广告管理员、自动打字机操作员、电动机装配工、缝纫机操作工
CIS	记账员、顾客服务员、报刊发行员、土地测量员、保险公司职员、会计师、估价员、邮政检查员、外贸检查员
CIE	打字员、统计员、支票记录员、订货员、校对员、办公室工作人员
CIR	校对员、工程职员、海底电报员、检修计划员、发报员
CSE	接待员、通讯员、电话接线员、卖票员、旅馆服务员、私人职员、商学教师、旅游办事员
CSR	运货代理商、铁路职员、交通检查员、办公室通信员、簿记员、出纳员、银行财务职员

续表

职业兴趣代号	与其相应的职业
CSA	秘书、图书管理员、办公室办事员
CER	邮递员、数据处理员、航空邮件检查员
CEI	推销员、经济分析家
CES	银行会计、记账员、法人秘书、速记员、法院报告人
ECI	银行行长、审记员、信用管理员、地产管理员、商业管理员
ECS	信用办事员、保险人员、各类进货员、海关服务经理、售货员、购买员、会计
ERI	建筑物管理员、工业工程师、农场管理员、护士长、农业经营管理人员
ERS	仓库管理员、房屋管理员、货栈监督管理员
ERC	邮政局长、渔船船长、机械操作领班、木工领班、瓦工领班、驾驶员领班
EIR	科学、技术和有关周期出版物的管理员
EIC	专利代理人、鉴定人、运输服务检查员、安全检查员、废品收购人员
EIS	警官、侦察员、交通检验员、安全咨询员、合同管理者、商人
EAS	法官、律师、公证人
FAR	展览室管理员、舞台管理员、播音员、驯兽员
ESC	理发师、裁判员、政府行政管理员、财政管理员、工程管理员、职业病防治、售货员、商业经理、办公室主任、人事负责人、调度员
ESR	家具售货员、书店售货员、公共汽车的驾驶员、日用品售货员、护士长、自然科学和工程的行政领导
ESI	博物馆管理员、图书馆管理员、古迹管理员、饮食业经理、地区安全服务管理员、技术服务咨询者、超级市场管理员、零售商品店店员、批发商、出租汽车服务站调度
ESA	博物馆馆长、报刊管理员、音乐器材售货员、广告商售画营业员、导游、（轮船或班机上的）事务长、飞机上的服务员、船员、法官、律师
ASE	戏剧导演、舞蹈教师、广告撰稿人、报刊专栏作者、记者、演员、英语翻译
ASI	音乐教师、乐器教师、美术教师、管弦乐指挥、合唱队指挥、歌星、演奏家、哲学家、作家、广告经理、时装模特
AER	新闻摄影师、电视摄像师、艺术指导、录音指导、丑角演员、魔术师、木偶戏演员、骑士、跳水员
AEI	音乐指挥、舞台指导、电影导演
AES	流行歌手、舞蹈演员、电影导演、广播节目主持人、舞蹈教师、口技表演者、喜剧演员、模特
AlS	画家、剧作家、编辑、评论家、时装艺术大师、新闻摄影师、男演员、文学作者
AlE	花匠、皮衣设计师、工业产品设计师、剪影艺术家、复制雕刻品大师
AIR	建筑师、画家、摄影师、绘图员、环境美化工、雕刻家，包装设计师、陶器设计师、绣花工、漫画工

续表

职业兴趣代号	与其相应的职业
SEC	社会活动家、退伍军人服务官员、工商会事务代表、教育咨询者、宿舍管理员、旅馆经理、饮食服务管理员
SER	体育教练、游泳指导
SEI	大学校长、学院院长、医院行政管理员、历史学家、家政经济学家、职业学校教师、资料员
SEA	娱乐活动管理员、国外服务办事员、社会服务助理、一般咨询者、宗教教育工作者
SCE	部长助理、福利机构职员、生产协调人、环境卫生管理人员、戏院经理、餐馆经理、售票员
SRI	外科医师助手、医院服务员
SRE	体育教师、职业病治疗者、体育教练、专业运动员、房管员、儿童家庭教师、警察、引座员、传达员、保姆
SRC	护理员、护理助理、医院勤杂工、理发师、学校儿童服务人员
SIA	社会学家、心理咨询者、学校心理学家、政治科学家、大学或学院的系主任、大学或学院的教育学教师、大学农业教师、大学工程和建筑课程的教师、大学法律教师、大学数学、医学、物理、社会科学和生命科学的教师、研究生助教、成人教育教师
SIE	营养学家、饮食学家、海关检查员、安全检查员、税务稽查员、校长
SIC	描图员、兽医助手、诊所助理、体检检查员、监督缓刑犯的工作者、娱乐指导者、咨询人员、社会科学教师
SIR	理疗员、救护队工作人员、手足病医生、职业病治疗助手
SAC	理发师、指甲修剪师、包装艺术家、美容师、整容专家、发式设计师
SAE	听觉病治疗者、演讲矫正者
SAE	图书馆管理员、小学教师、幼儿园教师、学前儿童教师、中学教师、师范学院教师、盲人教师、智力障碍人的教师、聋哑人的教师、学校护士、牙科助理、飞行指导员

实训活动3－2　兴趣代码与职业关系分析

一、请找一位身边亲密的人，了解一下他的兴趣代码。分析他的兴趣与职业的关系。(500字)

______

______

______

______

二、找出自己兴趣代码，初步分析自己适合的职业及原因。

实训3－3 性格探索

一、MBTI职业性格测试（精简版）

下列各题请你根据实际情况，做出选择。

操作指导：在你选择的选项后面对应的字母下打“√”

E	I	S	N	T	F	J	P
√							
√							

当你要外出一整天，你会
A. 计划你要做什么和在什么时候做（J）
B. 说去就去（P）
1. 你是否
A. 容易让人了解（E）
B. 难于让人了解（I）
2. 你认为自己是一个
A. 较为随兴所至的人（P）
B. 较为有条理的人（J）
3. 假如你是一位老师，你会选教
A. 以事实为主的课程（S）
B. 涉及理论的课程（N）
4. 处理许多事情上，你会喜欢
A. 凭兴所至行事（P）
B. 按照计划行事（J）
5. 下面哪个词语更合我的心意
A. 仁慈慷慨的（F）
B. 意志坚定的（T）
6. 按照程序表做事
A. 合你心意（J）
B. 令你感到束缚（P）
7. 你做事多数是
A. 按当天心情去做（J）
B. 照拟好的程序表去做（P）
8. 你倾向
A. 重视感情多于逻辑（F）
B. 重视逻辑多于感情（T）

9. 与很多人一起会
A. 令你活力倍增（E）
B. 常常令你心力交悴（I）
10. 当你有一份特别的任务，你会喜欢
A. 开始前小心组织计划（J）
B. 边做边找须做什么（P）
11. 在大多数情况下，你会选择
A. 顺其自然（P）
B. 按程序表做事（J）
12. 你通常
A. 与人容易混熟（E）
B. 比较沉静或矜持（I）
13. 哪些人会更吸引你
A. 一个思维敏捷及非常聪颖的人（N）
B. 实事求是、具丰富常识的人（S）
14. 大多数人会说你是一个
A. 重视自我隐私的人（I）
B. 非常坦率开放的人（E）
15. 在一大群人当中，通常是
A. 你介绍大家认识（E）
B. 别人介绍你（I）
16. 哪个是较高的赞誉或称许
A. 能干的（T）
B. 富有同情心（F）
17. 你喜欢花很多的时间
A. 一个人独处（I）
B. 和别人在一起（E）
18. 一般来说，你和哪些人比较合得来？
A. 富于想象力的人（N）
B. 现实的人（S）
19. 你宁愿被人认为是一个
A. 实事求是的人（S）
B. 机灵的人（N）
20. 哪个是较高的赞誉，或是？
A. 一贯感性的人（F）
B. 一贯理性的人（T）
21. 你会跟哪些人做朋友？
A. 常提出新主意的（N）
B. 脚踏实地的（S）

22. 要做决定时，你认为比较重要的是
A. 据事实衡量（T）
B. 考虑他人的感受和意见（F）
23. 要做许多人也做的事，你比较喜欢
A. 按照一般认可的方法去做（S）
B. 构想一个自己的想法（N）
24. 在社交聚会中，你
A. 有时感到郁闷（I）
B. 常常乐在其中（E）
25. 下面哪个词语更合你心意
A. 实际（T）
B. 多愁善感（F）
26. 你通常较喜欢的科目是
A. 讲授概念和原则的（N）
B. 讲授事实和数据的（S）
27. 你是否经常让
A. 你的情感支配你的理智（F）
B. 你的理智主宰你的情感（T）

用字母代表如下：

精力支配：外向 E—内向 I
认识世界：实感 S—直觉 N
判断事物：思维 T—情感 F
生活态度：判断 J—知觉 P
其中两两组合，可以组合成 16 种人格类型。

计算方法：

所有分数都计完后，每一个纵列相加比较外向—内向、感觉—直觉、思维—情感，判断—知觉，例如外向得了 2 分，内向得了 5 分，则你就为内向型。以此类推，得到结果。

INTP（内向　直觉　思维　知觉）—— 一板一眼的学者型（INTP）

外表平静、缄默、超然；但内心却专心致志于分析问题。他们苛求、精细，惯于怀疑。努力寻找和利用原则，以便理解许多想法。他们重视才智，对于个人能力有强烈的欲望，对于向他人挑战有很浓烈的兴趣。

你适合的职业有：计算机软件设计师、系统分析人员、计算机程序员、研究开发专业人员、数据库管理、故障排除专家、战略规划师、金融规划师、信息服务开发商、变革管理顾问、企业金融律师、大学教授、科研机构研究人员、数学家、物理学家、经济学家、考古学家、历史学家、证券分析师、金融投资顾问、律师、法律顾问、财务专家、侦探、各类发明家、作家、设计师、音乐家、艺术家、艺术鉴赏。

INFJ（内向　直觉　情感　判断）——灵性特质的作家型（INFJ）

寻求思想、关系、物质等之间的意义和联系。希望了解什么东西能够激励人，对人有很强的洞察力。有责任心，坚持自己的价值观。对于怎样更好地服务大众有清晰的远景。

在目标的实现过程中有计划而且果断坚定。

你适合的领域有：咨询、教育、科研等领域，文化、艺术、设计等。

你适合的职业有：特殊教育教师、建筑设计师、培训经理/培训师、职业指导顾问、心理咨询师、网站编辑、作家、仲裁人、人力资源经理、事业发展顾问、营销人员、企业组织发展顾问、职位分析人员、媒体特约规划师、编辑/艺术指导（杂志）、口译人员、社会科学工作者、心理诊疗师、大学教师（人文学科、艺术类）、心理学、教育学、社会学、哲学及其他领域的研究人员、作家、诗人、剧作家、电影编剧、电影导演、画家、雕塑家、音乐家、艺术顾问、设计师。

ESTJ（外向　实感　思维　判断）——卓越领导式的将军型（ESTJ）

讲求实际，注重现实，注重事实。能果断而快速地做出实际可行的决定。善于将项目和人组织起来将事情完成，并尽可能以最有效率的方法达到目的。能够注意日常例行工作的细节。有一套清晰的逻辑标准，并希望他人也同样遵循。会以较强硬的态度去执行计划。

你适合的领域有：无明显领域特征

你适合的职业有：公司首席执行官、军官、预算分析师、药剂师、房地产经纪人、保险经纪人、教师（贸易/工商类）、物业管理、银行官员、项目经理、数据库经理、信息总监、后勤与供应经理、业务运作顾问、证券经纪人、计算机分析人员、保险代理、普通承包商、工厂主管、大中型外资企业员工、业务经理、中层经理（多分布在财务、营运、物流采购、销售管理、项目管理、工厂管理、人事行政部门）、职业经理人、各类中小型企业主管和业主。

ESFP（外向　实感　情感　知觉）——引人瞩目的表演者型（ESFP）

乐意与人相处，有一种真正的生活热情。他们顽皮活泼，通过真诚和玩笑使别人感到事情更加有趣。ESFP型的人脾气随和、适应性强，热情友好并慷慨大方。他们擅长交际，常常是别人的“注意中心”。他们热情而乐于合作，并积极参加各种活动和节目，而且通常能应对几种活动。ESFP型的人是现实的观察者，他们按照事物的本身去对待并接受它们。他们往往信任自己能够听到、闻到和看到的事物，而不是依赖于理论上的解释。

你适合的领域有：消费类商业、服务业、广告业、娱乐业、旅游业、社区服务等。

你适合的职业有：公关专业人士、劳工关系调解人、零售经理、商品规划师、团队培训人员、旅游项目经营者、演员、特别事件的协调人、社会工作者、旅游销售经理、融资者、保险代理/经纪人、幼教老师、职业策划咨询师、旅游管理/导游、促销员、海洋生物学家、精品店、商场销售人员、娱乐、餐饮业客户经理、房地产销售人员、汽车销售人员、市场营销人员（消费类产品）、广告企业中的设计师、创意人员、客户经理、时装设计和表演人员、摄影师、节目主持人、脱口秀演员、社区工作人员、自愿工作者、公共关系专家、健身和运动教练、医护人员。

ENTJ（外向　直觉　思维　判断）——外刚内柔的领袖型（ENTJ）

坦诚、果断，有天生的领导能力。能很快看到公司/组织程序和政策中的不合理性和低效能性，发展并实施有效和全面的系统来解决问题。善于做长期的计划和目标的设定。通常见多识广，博览群书，喜欢拓宽自己的知识面，并将此分享给他人。在陈述自己的想法时非常强而有力。

你适合的领域有：工商业、政界、金融和投资领域、管理咨询、培训、专业性领域。

你适合的职业有：各类企业的高级主管、总经理、企业主、社会团体负责人、政治家、投资银行家、风险投资家、股票经纪人、公司财务经理、财务顾问、经济学家、企业管理顾问、企业战略顾问、项目顾问、专项培训师、律师、法官、知识产权专家、大学教师、科技专家、房产开发商、教育咨询顾问、投资顾问、(人事、销售、营销) 经理、技术培训人员、(后勤、计算机信息服务和组织重建) 顾问、国际销售经理、特许经营业主、程序设计员、环保工程师。

二、CSMP 性格测评

下面是一份特别设计的问卷，它能辨识你的性格特征和行为风格，为你开启一扇通向自我的大门。以下 40 道测试题，请在每一题中选择最适合你的表现，即四选一。并在选定的字母后边做下记号，在全部测试题完成后进行 CSMP 四种字母的统计。

(一)

1. 冒险性——对新事物下决心做好。 C
2. 适应性——轻松自如地融入任何环境。 P
3. 生动性——表情生动、多手势。 S
4. 分析性——准确知道所有细节之间的逻辑关系。 M

(二)

1. 持久性——完成一件事后才接手新事。 M
2. 娱乐性——充满乐趣与幽默感。 S
3. 说服性——用逻辑与事实服人。 C
4. 在任何冲突中不受干扰，保持冷静。 P

(三)

1. 包容性——易接受他人的观点，不坚持己见。 P
2. 牺牲性——为他人利益愿意放弃个人意见。 M
3. 社交性——认为与人相处好玩，无所谓挑战或商机。 S
4. 强烈意识性——决心依自己的方式做事。 C

(四)

1. 体贴性——关心别人的感觉与需要。 M
2. 控制性——控制自己的情感，极少流露。 P
3. 竞争性——把一切当成竞赛，总是有强烈的赢的欲望。 C
4. 因个人魅力或性格而使人信服。 S

(五)

1. 清新振作型——给旁人清新振奋的刺激。 S
2. 敬仰型——对人诚实尊重。 M
3. 保守型——自我约束情绪与热忱。 P
4. 机智型——对任何情况都能很快做出有效的反应。 C

(六)

1. 满足性——容易接受任何情况和环境。 P

2. 敏感性——对周围的人事十分在乎。 M
3. 自立性——独立性强，机智，凭自己的能力判断。 C
4. 生气性——充满动力与兴奋。 S

（七）
1. 计划性——事前做详尽计划，依计划进行工作。 M
2. 耐性——不因延误而懊恼，冷静且容忍度大。 P
3. 积极——相信自己有转危为安的能力。 C
4. 推广——运用性格魅力或鼓励推动别人参与。 S

（八）
1. 确信——自信，极少犹豫。 C
2. 率性——不喜欢预先计划，或受计划牵制。 S
3. 程序性——生活与处事均依时间表，不喜欢被干扰。 M
4. 害羞——安静，不易开启话匣子的人。 P

（九）
1. 井然有序——有系统、有条理地安排事情。 M
2. 迁就——愿改变，很快与人协调配合。 P
3. 直言不讳——毫不保留，坦率发言。 C
4. 乐观——相信任何事都会好转。 S

（十）
1. 友善——不主动交谈，经常是被动的回答者。 P
2. 忠诚——保持可靠、忠心、稳定。 M
3. 趣味性——时时表露幽默感，任何事都能讲成惊天动地的故事。 S
4. 强迫性——发号施令者，别人不敢造次反抗。C

（十一）
1. 勇敢——敢于冒险，下决心做好。 C
2. 愉快——带给别人欢乐，令人喜欢，容易相处。 S
3. 外交——待人得体有耐心。 P
4. 细节——做事秩序井然，记忆清新。 M

（十二）
1. 振奋——始终精神愉快，并把快乐推广到周围。 S
2. 坚持——一贯情绪平稳，反应永远能让人预料到。 P
3. 文化性——对学术、艺术特别爱好。M
4. 自信——自我肯定个人能力与成功。 C

（十三）
1. 理想主义——以自己完善的标准来设想、衡量事情。 M
2. 独立性——自给自足，自我支持，无须他人帮忙。 C
3. 无攻击性——从不说或做引起他人不满与反对的事。 P
4. 激发性——游戏般地鼓励别人参与。 S

（十四）
1. 感情外露——忘情地表达出自己的情感、喜好，与人娱乐时不由自主地接触别人。 S
2. 果断——有很快做出判断与结论的能力。 C
3. 尖刻的幽默——直接的幽默，近乎讽刺。 P
4. 深沉——认真、深刻，不喜欢肤浅的谈话或喜好。 M
（十五）
1. 调解者——避免冲突，经常调和不同的意思。 P
2. 音乐性——爱好且认同音乐的艺术性，不单是为表演。 M
3. 行动者——闲不住，努力推动工作，别人跟随的领导。 C
4. 结交者——喜好周旋于宴会中，结交朋友。 S
（十六）
1. 考虑周到——善解人意，能记住特别的日子，不吝于帮助别人。 M
2. 固执者——不达目的誓不罢休。 C
3. 发言者——不断愉快地说话、谈笑，娱乐周围的人。 S
4. 容忍者——易接受别人的想法和方法，不愿与人相左。 P
（十七）
1. 聆听者——愿意听别人想说的。 P
2. 忠心——对理想、工作、朋友都有不可言喻的忠实。 M
3. 领导者——天生的带领者，不相信别人的能力比自己强。 C
4. 生趣——充满生机，精力充沛。 S
（十八）
1. 知足型——满足自己拥有的，甚少羡慕人。 P
2. 首领型——要求领导地位及别人跟随。 C
3. 制图型——用图表、数字来组织生活，解决问题。 M
4. 可爱型——讨人喜欢，令人羡慕，是人们注意的中心。 S
（十九）
1. 完美主义者——对己对人高标准，一切事情有秩序。 M
2. 和气性——易相处，易说话，易让人接近。 P
3. 工作者——不停地工作，不愿休息。 C
4. 受欢迎者——聚会时的灵魂人物，受欢迎的宾客。 S
（二十）
1. 跳跃型——充满活力和生气的性格。 S
2. 勇敢型——大无畏，不怕冒险。 C
3. 模范型——时时保持自己举止合乎认同的道德规范。 P
4. 平衡型——稳定，走中间路线。 M
（二十一）
1. 乏味——面上极少流露表情或情绪。 P
2. 忸怩——躲避别人的注意力。 M
3. 露骨——好表现，华而不实，声音大。 S

4. 专横——喜命令支配，有时略傲慢。 C

（二十二）

1. 散漫——生活任性无秩序。 S

2. 无同情心——不易理解别人的问题与麻烦。 C

3. 无热忱——不易兴奋，经常感到好事难成。 P

4. 不宽恕——不易宽恕或忘记别人对自己的伤害，易嫉妒。 M

（二十三）

1. 逆反——抗拒或犹豫接受别人的方法，固执己见。 C

2. 保留性——不愿意参与，尤其当事物复杂时。 P

3. 怨恨性——把实际或想象的别人的冒犯，经常放在心中。 M

4. 重复——反复讲同一件事或故事，忘记自己已重复多次，总是不断找话题。 S

（二十四）

1. 惧怕——经常感到强烈的担心、焦虑、悲戚。 P

2. 挑剔——坚持做琐碎事情，要求注意细节。 M

3. 健忘——由于缺乏自我约束，不愿记无趣的事。 S

4. 率直——直言不讳，不介意直说自己的看法。 C

（二十五）

1. 好插嘴——滔滔不绝的发言者，不是好听众，不留意别人也在讲话。 S

2. 不耐烦——难以忍受等待别人。 C

3. 优柔寡断——很难下定决心。 P

4. 无安全感——感到担心且无自信心。 M

（二十六）

1. 不善表达——很难用语言或肢体当众表达感情。 C

2. 不愿参与——无兴趣且不愿介入团体活动或别人的生活。 P

3. 不受欢迎——由于强烈要求完美，而拒人于千里之外。 M

4. 难预测——时而兴奋，时而低落，承诺总难兑现。 S

（二十七）

1. 犹豫不决——迟迟才有行动，不易参与。 P

2. 难于取悦——标准太高，很难满意。 M

3. 即兴——不依照方法做事。 S

4. 固执——坚持依自己的意见行事。 C

（二十八）

1. 悲观——尽管期待好结果，但往往先看到事物的不利之处。 M

2. 自负——自我评价高，认为自己是最好的人选。 C

3. 放任——容许别人（包括孩子）做他喜欢做的事，为的是讨好别人，让人喜欢自己。 S

4. 平淡——中间性格，无高低情绪，很少表露感情。 P

（二十九）

1. 无目标——不喜定目标，也无意定目标。 P

2. 冷落感——容易感到被人疏离，经常无安全感或担心别人不喜欢与自己相处。 M
3. 好争吵——易与人争吵，永远觉得自己是正确的。 C
4. 易发怒——有小孩般的情绪，易激动，事后马上又忘了。 S

（三十）
1. 漠不关心——不关心，得过且过，以不变应万变。 P
2. 莽撞——充满自信，坚忍不拔，但常不适当。 C
3. 消极——往往看到事物的反面，而少有积极的态度。 M
4. 天真——孩子般的单纯，不喜欢去理解生命的意义。 S

（三十一）
1. 孤独离群——感到需要大量时间独处。 M
2. 工作狂——为回报或成就感，不断工作，耻于休息。 C
3. 需要认可——需要旁人认同、赞赏，如同演艺家，需要观众的掌声、笑声与接受。 S
4. 担忧——时时感到不确定、焦虑、心烦。 P

（三十二）
1. 胆怯——遇到困难退缩。 P
2. 过分敏感——被人误解时感到冒犯。 M
3. 不圆滑老练——常用冒犯或未斟酌的方式表达自己。 C
4. 喋喋不休——难以自控，滔滔不绝，不是好听众。 S

（三十三）
1. 多疑——事事不确定，又对事缺乏信心。 P
2. 擅权——冲动地控制事情或别人，指挥他人。 C
3. 抑郁——很多时候情绪低落。 M
4. 生活紊乱——缺乏组织生活秩序的能力。 S

（三十四）
1. 内向——思想情绪放在内心，活在自己的世界里。 M
2. 无异议——对多数事情均漠不关心。 P
3. 排斥异己——不接受他人的态度、观点、做事方法。 C
4. 反复——善变，互相矛盾，情绪与行动不合逻辑。 S

（三十五）
1. 杂乱无章——生活无秩序，经常找不到东西。 S
2. 情绪化——情绪不易高涨，不被欣赏时很容易低落。 M
3. 含糊语言——低声说话，不在乎说不清楚。 P
4. 喜操纵——精明处事，影响别的事物，使自己得利。 C

（三十六）
1. 缓慢——行动思想均比较慢，通常是懒于行动。 P
2. 怀疑——不易相信别人，寻究语言背后的真正动机。 M
3. 顽固——决心依自己的意愿行事，不易被说服。 C
4. 好表现——要吸引人，要做注意力的集中点。 S

（三十七）
1. 大嗓门——说话声与笑声总是令全场震惊。 S
2. 统治欲——毫不犹豫地表示自己的正确或控制能力。 C
3. 懒惰——总是先估量每件事要耗费多少精力。 P
4. 孤僻——需大量时间独处，喜避开人群。M
（三十八）
1. 易怒——当别人不能合乎自己的要求，如动作不够快时，因感到不耐烦而发怒。 C
2. 拖延——凡事起步慢，需要推动力。 P
3. 猜疑——凡事易怀疑，不相信别人。 M
4. 不专注——无法专心或集中注意力。 S
（三十九）
1. 勉强——不甘愿的，挣扎，不愿参与或投入。 P
2. 报复性——情感不定，记恨并力惩冒犯自己的人。 M
3. 轻率——因无耐性，不经思考，草率行动。 S
4. 烦躁——喜新厌旧，不喜欢长期做相同的事。 C
（四十）
1. 妥协——为避免矛盾，宁愿放弃自己的立场。 P
2. 好批评——不断地衡量和下判断，经常考虑提出相反的意见。 M
3. 狡猾——精明，总是有办法达到目的。 C
4. 善变——注意力短暂，需要各种变化，怕无聊。 S

S：（ ） M：（ ） C：（ ） P：（ ）

请将你于每道题中选择的一个字母做下统计，并填在上面相应的括号内。例如有6道题选择了S，那么便在S后的括号内填上（6）。

例如你的结果可能是：

S：(8) M：(18) C：(12) P：(2)

记住：数字相加总数应该等于40哦！知道这些字母代表什么性格的人吗？

好啦，答案揭晓：

C——外向、乐观、行动者的能力型
S——外向、乐观、多言者的活跃型
M——内向、悲观、思考者的完善型
P——内向、悲观、旁观者的平稳型

实训活动3-4 技能探索

一、请写出你的专业未来从事的职业应该具备哪些专业知识技能、可迁移技能和自我管理技能。

专业知识技能：____

可迁移技能：

自我管理技能：

二、请设计一下你将如何培养上述技能。

实训活动3－5　价值观探索

一、价值观想象

1. 假如我有一百万元，我______

2. 我曾听过或读过最好的概念：______

3. 我想改变世界上的一件事物是：______

4. 我一生中最想要的是：______

5. 我做得最好时是当我：______

6. 我最关注的是：______

7. 我最常幻想的是：______

8. 我想我父母最希望我：______

9. 我一生中最大的快乐是：______

10. 我是：______（什么样的人）

11. 对我了解的人认为我是：______

12. 我相信：______

13. 假如我只有二十四小时生命，我会：______

14. 我最喜爱的音乐是：______

15. 最能和我一起工作的人是（可有多项）：______

16. 我的工作必须给我：______

17. 我给子女的忠告会是：______

18. 最好的电视节目是：(可有多项)______

19. 我暗地里希望：______

20. 在学校里我做得好时是：______

21. 假如在大火中我只能保存一样对象，那将会是：______

______

22. 假如我能改变自己一样东西；那将会是：______

______

23. 我的价值观是：________________________________

____

二、有关“工作”的一分钟联想

请在一分钟内尽可能地写下头脑中所联想到的任何短语。

我希望工作……

思考：

你在工作中寻找的是什么？判断工作好坏的标准是什么？请将自己所写的内容和思考与同学一起分享。

下面是一些中职生所写的例子：

1. 环境好，不要有太复杂的人际关系，具有创造性，有较大成就感，不要总是重复、单调（多样性）；是我所热爱的，可以发挥自己的才能、潜质，能够从中学习到很多东西；受人尊重，有一定社会地位，体面，机会多，收入高，待遇好。

2. 有挑战性，不沉闷单调，有发展前途，待遇好，自己能充分发挥所长，应用所学专业，有创意的，不琐碎的，又不太累，假期多，加班少。

3. 不要太累，让我有足够的自由支配时间；不要处理太复杂的人际关系；可以让我有快乐感和成就感；能让我学到一些东西。

4. 能更多地与年轻人接触。在形式稳定中富于内容变化，总让人产生灵感的冲动；有自由的可支配时间；与不同的人打交道，多样性；能够帮助别人，感到提供帮助的快乐。

5. 具有挑战性，可以成为生活乐趣；有很融洽的合作伙伴；能带来物质上的满足；能有充分的劳逸安排（生活与工作平衡）；有自定假期；是我钟爱、投入的事；能帮助自己成长、学习；能带来良好的人际关系；能帮助自己的朋友。

6. 在一个和谐的氛围中，没有人发号施令，没有人以自己的身份压制别人的想法，每个人可以施展自己的个性、才华、创意，人们之间互相尊重、互相欣赏，分工也许不同，但每个人都快乐地做着自己喜欢的事，都为最终要完成的工作尽一份力，每个人都乐在其中，所有人在平等和自愿的协作中使事件完美地完成。结果或许都不重要，但每个人在这个过程中都感到了自己被需要，自己有价值。

7. 轻闲，离家近，赚钱多，时间短，环境优越；单位领导正直，有责任心，认真；单位同事心地善良，热情，勤恳，干劲儿足，能锻炼工作能力，工作稳定（不用东奔西走）。

8. 充满变化，不是长年累月不变，可以多与人交往而不是长时间对着某些机器或器材，因为我是在变化的。工作最好是独立完成的，这样会比较有成就感，工作中能获得更多自由，能够由自己支配。

三、价值观市场

现在请各组的同学两两组合，每个人说说自己最想从这份工作中获得什么，或者说选择这份工作重视的是哪些因素？

所谓价值观就是自己觉得重要的或者是想要追求的东西。工作价值观大概有以下几条：

声望：受到大家的尊重与礼遇。

独立自主：能够自己做决定。

助人：能够协助或教导别人。

多变化：工作的内容不单调，有挑战，需创新。

领导：工作时能够督导他人、分配工作。

兴趣：符合自己的喜好。

待遇：薪水高、利润多。

休闲：自己拥有较长的休闲时间。

福利：工作的地方能够提供良好的福利。

前景：这个职业将来会有很好的发展。

安定：收入稳定，不受环境影响。

升迁：有明确的升迁制度和机会。

有意义：对人、社会或世界的贡献比较大。

环境：工作环境舒适。

人际：同事修养好，人际关系和谐。

每个人希望从工作中获得的、追求的、重视的东西都不同，即工作价值观不同。从不同的工作当中，能达到满足的价值观也不同。现在且不考虑具体的工作，在上述 15 条工作价值观中，挑出 5 条最重要的价值观，并按照递减顺序填写到下面的横线上。

____

____

____

____

____

各位同学所选出的就是工作中自己所看重的东西，也就是职业价值观。与同伴分享职业价值观，在分享的过程中了解别人的价值观。为了进一步澄清最重视的价值观是什么，现在将选出的最重要的 5 条价值观，分别写在 5 张小纸条上。

然后给每一条你认为很重要的价值观下定义，即：要达到什么样的水平才能满意？

现在，如果不得不放弃其中的一条，会放弃哪一条？将准备放弃的这一条与其他人交换。

现在，如果不得不继续放弃剩下四条中的一条，会放弃哪一条？再次与其他人交换。（保留刚才别人给你的，放在一边。）继续下去，直到最后一条。这条是不是无论如何也不愿放弃的？

引导讨论：

（1）通过这个活动，对于自己的价值观有些什么样的了解？

____

____

___

___

（2）价值观会对职业选择和人生产生什么样的影响？

___

___

___

___

实训完成时间：____________

实训成绩：________________

实训活动四

（一）实训目的

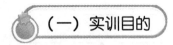

通过本章实训，提高学生对职业世界的基本原理的认识水平，从而自觉把握职业的一般规律和具体要求，进而找到自己未来的职业目标，为做好职业生涯规划奠定良好的基础。

（二）实训活动

实训活动 4 - 1

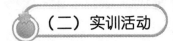

1. 列举一个与你专业相关的职业，运用各种渠道和方法进行探索，并分析：它们是属于哪一类型的产业、行业和职业？具体内容有哪些？它们是否热门？其职业潜力如何？

2. 对心仪的用人单位进行深度职业世界探索，比较探索结果与你想象中的差异，并分析一下为什么会出现这种情况。

3. 职业博览会。

寻找与自己专业相关的岗位或职位，寻找自己认为满意的 5 个工作岗位。并将其求职信息记录下来，分析自己选择这个岗位的原因以及根据岗位确立自己的大学生涯目标。

访问网站名及地址：

访问网站名及地址：

访问网站名及地址：______________________________

招聘岗位一：__________ 招聘单位：__________

相关岗位要求描述：

____

____

____

选择此岗位原因：

____

____

____

根据以上岗位，你认为自己大学期间应该学习的内容有：

____

____

____

招聘岗位二：__________ 招聘单位：__________

相关岗位要求描述：

____

____

____

选择此岗位原因：

____

____

____

根据以上岗位，你认为自己大学期间应该学习的内容有：

____

____

____

招聘岗位三：__________ 招聘单位：__________

相关岗位要求描述：

____

____

____

选择此岗位原因：

根据以上岗位，你认为自己大学期间应该学习的内容有：

招聘岗位四：______ 招聘单位：______

相关岗位要求描述：

选择此岗位原因：

根据以上岗位，你认为自己大学期间应该学习的内容有：

招聘岗位五：______ 招聘单位：______

相关岗位要求描述：

选择此岗位原因：

根据以上岗位，你认为自己大学期间应该学习的内容有：

4. 职业生涯人物访谈记录：

实训完成时间：

实训成绩：

实训活动五

（一）实训目的

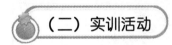

通过本实训，使学生掌握 SWOT 分析法和生涯决策平衡单的使用方法，能够利用这两种方法为自己的职业选择做出决策。

（二）实训活动

实训活动 5－1　SWOT 分析与策略

利用 SWOT 分析法（见表 7）对你选择的职业进行分析，并通过分析制定相关的策略。

我选择的职业是：______________________________

表 7　SWOT 分析

外部环境分析（OT）／内部环境分析（SW）	机会（Opportunities）	威胁（Threats）
	1. 2. 3. 4. 5.	1. 2. 3. 4. 5.
优势（Strengths）	优势机会策略（S－O）	优势威胁策略（S－T）
1. 2. 3. 4. 5.	1. 2. 3. 4. 5.	1. 2. 3. 4. 5.
劣势（Weaknesses）	劣势机会策略（W－O）	劣势威胁策略（W－T）
1. 2. 3. 4. 5.	1. 2. 3. 4. 5.	1. 2. 3. 4. 5.

实训活动5-2 生涯决策平衡单

每人选出最中意的四个生涯发展方向，利用生涯决策平衡单进行分析，得出最合理、最可行的生涯发展方向（见表8）。

表8 生涯决策平衡单

因素（＊权重）	生涯选项一：		生涯选项二：		生涯选项三：		生涯选项四：	
	+	−	+	−	+	−	+	−
个人物质得失								
个人收入（＊ ）								
健康状况（＊ ）								
休闲时间（＊ ）								
未来发展（＊ ）								
升迁状况（＊ ）								
社交范围（＊ ）								
他人物质得失								
家庭收入（＊ ）								
个人精神得失								
所学应用（＊ ）								
进修需求（＊ ）								
改变生活方式（＊ ）								
富挑战性（＊ ）								
成就感（＊ ）								
他人精神得失								
父亲支持（＊ ）								
母亲支持（＊ ）								
男/女朋友支持（＊ ）								
总分								

最后结果：____

____

实训完成时间：____________

实训成绩：____________

实训活动六

（一）实训目的

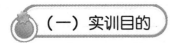

通过本章实训，使学生掌握大学生涯自我管理的方法。

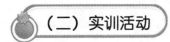

（二）实训活动

实训活动6－1　撰写职业生涯规划书

实训要求：参考本书后面的鞍山师范学院大学生职业生涯规划书，撰写自己的职业生涯规划书。

实训活动6－2　思维体操——目标管理

认真回顾一下你曾经在各个时期所定的职业生涯规划的目标，分析一下哪些目标是真正现实的、能够实现的，哪些目标只是空想。而那些现实的目标又有哪些已经实现了，有哪些没有实现，没有实现的原因是什么？

实训活动6－3　心理健康状况自我测评

评分规则：

每题答“是”记1分，回答“否”记0分。各题得分相加，统计总分。

1. 每当考试或提问时，会紧张得出汗。
2. 看见不熟悉的人会手足无措。
3. 心里紧张时，头脑会不清醒。
4. 常因处境艰难而沮丧气馁。
5. 身体经常会发抖。
6. 会因突然的声响而跳起来，全身发抖。
7. 别人做错了事，自己也会感到不安。
8. 经常做噩梦。
9. 经常有恐怖的景象浮现在眼前。
10. 经常会发生胆怯和害怕。
11. 常常会突然间出冷汗。
12. 常常稍不如意就会怒气冲冲。
13. 当被别人批评时就会暴跳如雷。
14. 别人请求帮助时，会感到不耐烦。
15. 做任何事都松松垮垮。
16. 你的脾气暴躁焦急。
17. 一点也不能宽容他人，甚至对自己的朋友也是这样。
18. 你被别人认为是个好挑剔的人。
19. 你总是会被别人误解。

20. 常常犹豫不决，下不了决心。
21. 经常把别人交办的事搞错。
22. 会因不愉快的事缠身，一直忧忧郁郁，解脱不开。
23. 有些奇怪的念头老是浮现脑海，自己虽知其无聊，却又无法摆脱。
24. 尽管四周的人在快乐地取闹，自己却觉得孤独。
25. 常常自言自语或独自发笑。
26. 总觉得父母或朋友对自己缺少爱。
27. 你的情绪极其不稳定，很善变。
28. 常有生不如死的想法或感觉。
29. 半夜里经常听到声响，难以入睡。
30. 你是一个很容易冲动的人。

你的总分是：______________

测评结果说明：

0 ~ 6 分：说明目前你的心理健康状况真的很不错。

7 ~ 16 分：说明现在你的精神有些疲倦了，最好能合理安排学习、工作，劳逸结合，让神经得到松弛。

17 ~ 30 分：说明你的心理健康状况目前不容乐观，有必要请心理医生（老师）或者心理咨询师给以疏导和咨询，相信你很快会从烦恼不安中走出来的。

实训活动 6 - 4　情商检查表

回答下列问题，以便了解你的态度是如何通过行为反映出来的。你可以同时让几位了解你的人来回答这些问题，把他们的回答和你的做一下比较。选择一两项你认为有必要加以改善的情商领域。

	我满意	我需要改善
1. 我总是尽最大的力量做事吗？	(　　)	(　　)
2. 我是否是乐观的？	(　　)	(　　)
3. 我是否友善和具有合作精神？	(　　)	(　　)
4. 我是否行动迅速和独立？	(　　)	(　　)
5. 我是否承担我应尽的责任（或做得更多）？	(　　)	(　　)
6. 我看起来是否自信从容？	(　　)	(　　)
7. 我是否真诚？	(　　)	(　　)
8. 人们是否尊重我的见解？	(　　)	(　　)
9. 我是否是可信任的？	(　　)	(　　)
10. 我是否举止得体、老练，能为他人着想？	(　　)	(　　)
11. 我衣着是否得体？	(　　)	(　　)
12. 我是否能先人后己，达到什么程度？	(　　)	(　　)
13. 我能接受赞扬吗？	(　　)	(　　)

14. 我能给予赞扬吗？ （ ） （ ）
15. 我是否向别人提出建议？ （ ） （ ）
16. 我敢于说不吗？ （ ） （ ）
17. 我是否等待别人为我做决定？ （ ） （ ）
18. 我是否努力去了解别人的感受？ （ ） （ ）

实训活动 6－5　压力自我检查

1. 觉得手上课业、工作太多，无法应付。
2. 觉得时间不够，所以要分秒必争。
3. 觉得没有时间消遣，终日记挂着学业、工作。
4. 遇到挫败很易发脾气。
5. 担心别人对自己表现的评价不佳。
6. 担心自己的经济状况。
7. 有头疼、胃疼、背疼的毛病，难以治愈。
8. 需要借烟酒、药物、零食等抑制不安的情绪。
9. 需要借助安眠药去协助入睡。
10. 与家人、朋友、同事的相处令你发脾气。
11. 与人倾谈时，打断对方的话题。
12. 上床后觉得思潮起伏，很多事情牵挂，难以入睡。

如果以上问题，大部分都是你的困扰，那同学们就得对压力管理有更进一步的认识。

实训完成时间：____________

实训成绩：______________

实训活动七

（一）实训目的

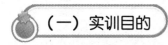

1. 了解作为职业人如何能够得到他人的认可。
2. 掌握时间管理的自我评估方法以及高效时间管理的基本方法。
3. 学会分析提升沟通能力的途径和方法。
4. 学会分析调整心态的正确认识及方法。

（二）实训活动

实训活动7－1

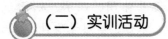

一、假设你学历较高，也获得很多社会上较有名的认证，是不是就可以说你是一个职业人？

____

____

____

____

____

二、试分析你能够使客户满意的优势所在。

____

____

____

____

____

三、你认为自己目前最大的挑战是什么？你是如何面对它的？

____

实训活动7－2

一、故事游戏——生命的“储蓄罐”

教师拿一个空盒子作为道具，询问学生人生什么必不可少，如工作、学习、财富、名利、亲情、友情、爱情、房子、车子等。教师随着学生们的回答把苹果、橘子、杧果等分别比喻成工作、学习、财富等逐一放进盒子里，有的学生说还要休闲、娱乐、旅行、梦想……教师又用杏仁、核桃、柠檬、葡萄等代替了休闲、娱乐、旅行、梦想等项目。这时还有学生说要睡觉、洗脸、刷牙，还会偶然生病等等，教师又把一些代表琐事的黄豆倒入盒子，从而丰富盒子的颜色，进而体现了人的生活。如果把这个盒子比喻成生命的储蓄罐，里面装载着学生的梦想、财富和智慧的全部人生。

然后，教师又把里面的东西全部倒出来，倒着顺序把所有的东西再往盒子里放。想一想结果会如何呢？

教师先把黄豆放进了盒子，占了一半盒子的空间，又放代表休闲的杏仁，代表娱乐的核桃，代表旅行的柠檬……再放代表工作的苹果，代表学习的橘子，代表财富的杧果……结果别说盖上盖子了，生活必不可少的那部分也放不进去了。

1. 以上的游戏，如果把装食物的盒子比喻成时间的话，你会想到什么？是把代表重要事情的东西先放进去，还是将代表琐事的东西先放进去呢？

2. 请描述一下自己生命储蓄罐的样子，你的生命里必须有什么？

3. 你打算用多长时间实践你的目标？你的时间将如何安排？

二、时间利用率自我评估

按下列说明填表（见表9）：写出近期内一天的时间安排；计算出每一项内容所用的时间；评估每一项内容实际用的时间与必需时间之间的差距；计算出一天的时间利用率。

表9 时间利用率自我评估

内容	实际所用时间	必需时间	多用时间	备注
合计				
时间利用率			时间利用率 = 多用时间/实际所用时间	

1. 你这一天的时间利用率是多少？

2. 面对这种情况，你的感受是什么？

3. 为了提高你的时间利用率，你需要改进哪些方面？

4. 实施这些改进，你所需要的是什么？

5. 你的行动计划是什么？

三、时间管理优先矩阵自检

请回答下列问题：

1. ABCD 这四类人中，你认为自己属于哪一类人？

你要成为一名从容不迫的人，成为一名压力很重的人，成为一名无用的人，甚至要成为一名懒人的话，选择权在于你，决定权在于你。上述情形都取决于人们的心态。

2. 你是否是一名目标明确的人？

一起来玩个游戏：现在给每个人都发 500 元钱，你可以用这些钱去买表 10 中的每一种商品，直到把钱花完为止。同时买完商品以后，不能退货，请慎重考虑。

表 10　各种商品以及价格

看得见的	看不见的
事业成功，50 元	你的名誉，50 元
知识、经验，50 元	爱情，150 元
房子，50 元	快乐，150 元
车子，50 元	健康，150 元
周游世界，50 元	友情，150 元
你的名誉，50 元	家庭和谐，150 元
	时光倒流，200 元

认真思考，把它记下来，因为它们就是你要的东西，这些都是你的时间与精力所实现的人生目标。你来想一想，用这 500 元钱你会买什么。

相信每个人一定愿意买时光倒流。时间大于金钱，时间比金钱更重要。你应该重新检讨自己，确立你的人生目标。

在对时间的管理中，我们要认真对待，因为时间永远没有办法倒流。

实训活动 7 – 3

一、游戏活动——解手链

10 个人组成一个小组，教师让每组站成一个向心圈。教师说："先举起你的右手，握住对面那个人的手；再举起你的左手，握住另外一个人的手；现在你们面对一个错综复杂的问题，在不松开手的情况下，想办法把这张乱网解开。"告诉大家一定可以解开，但答案会有两种：一种是一个大圈，另外一种是两个套着的环。在游戏过程中，如果实在解不开，教师可允许学生将相邻两只手断开一次，但再次进行游戏时必须马上封闭。

小组讨论：

1. 你在开始时感觉怎样，是否思路很混乱？

____

____

____

2. 当解开了一点以后，你的想法是否发生了变化？

____

____

____

3. 最后问题得到了解决，你是不是很开心？

____

____

____

4. 在这个过程中，你学到了什么？

____

____

____

二、游戏活动——排排队

教师组织 10 名学生按照自己的出生日期排队，按从左到右、由大到小的顺序排列，但不许说话，不能用其他方式进行联系，限时 2 分钟。

想一想：怎样才能正确排列？同学们通过肢体语言找到自己的位置，如果其中有出错的同学，猜猜出错的原因是什么。

____

____

____

如果是你，你将怎样进行游戏？会不会有同学失误呢？失误后有没有正确沟通？有没有沟通后特别开心的事情？如何做到真正意义上的有效沟通？

____

____

____

三、沟通能力自我测试

测试问题：

1. 我能根据不同对象的特点提供合适的建议或指导。
2. 当我劝告他人时，更注意帮助他们反思自身存在的问题。
3. 当我给他人提供反馈意见甚至是逆耳的意见时，能坚持诚实的态度。
4. 当我与他人讨论问题时，始终能就事论事，而非针对个人。
5. 当我批评或指出他人的不足时，能以客观的标准和预先期望为基础。
6. 当我纠正某人的行为后，我们的关系常能得到加强。
7. 在我与他人沟通时，我会激发出对方的自我价值和自尊意识。
8. 即使我并不赞同，我也能对他人的观点表现出诚挚的兴趣。
9. 我不会对比我权力小或拥有信息少的人表现出高人一等的姿态。
10. 在和与自己有不同观点的人讨论时，我将努力找出双方的某些共同点。
11. 我的反馈是明确而直接指向问题关键的，很少泛泛而谈或含混不清。
12. 我能以平等的方式与对方沟通，避免在交谈中让对方感到被动。
13. 我以“我认为”而不是“他们认为”的方式表示自己的观点。
14. 讨论问题时，我通常更关注自己对问题的理解，而不是直接提意见。
15. 我有意识地与同事朋友进行定期或不定期的私人会谈。

四、你如何才能提高沟通能力，请列出 10 个解决该问题的办法

1. ____

2.

3.

4.

5.

6.

7.

8.

9.

10.

实训活动 7－4

一、选择你认为对你最适用的调整心态的方法，并制定你的行动步骤。

实训完成时间：__________

实训成绩：__________

实训活动八

（一）实训目的

1. 通过实训，理解创业与职业生涯的相互转化。
2. 使学生掌握创业所需的知识储备、基本的素质。
3. 了解自身所具备的创业潜质。

（二）实训活动

实训活动 8－1

请同学们结合身边你所知道的创业成功的案例，谈一谈创业需要哪些素质。

____

____

____

____

____

____

____

实训活动 8－2　模拟情景

假设你自己创办了一个小公司，作为企业的领导，你雇了 4 名员工（2 名全职、2 名兼职）。你的这些员工都很可靠，只是其中一名全职员工虽然工作做得很不错，但经常迟到，还总是请假，这种情况影响到其他员工，影响到整个公司的士气和规范管理。

请你找到三个备选的解决方案，将其各自的优势、劣势以及可能结果填入表 11。请选择一个你认为最佳的方案。

表11 备选解决方案及其相关情况

备选解决方案	潜在优势	潜在劣势	方案的可能结果

实训活动8－3

你认为自己具备哪些方面的创业潜力？说一说你的理由。

____

____

____

____

____

____

实训完成时间：__________

实训成绩：__________

鞍山师范学院

大学生职业生涯规划书

姓　　名 ____________________

院　　别 ____________________

专　　业 ____________________

年　　级 ____________________

学　　号 ____________________

时　　间 ____________________

指导教师 ____________________

【提　　要】

【规划期限】

【起止时间】

【年龄跨度】

【阶段目标】

【总体目标】

【前　　言】(300 字)

【自我分析】

(书写说明：自我分析主要是指在依据心理学的测评系统对自己的心理素质、人格特征等进行测评的基础上，结合自己的兴趣、爱好及以往的经历等加以综合评价，给自己“画像”。自我分析包括以下四个方面的内容。）

一、家庭背景及经历、学校因素分析

二、兴趣分析

三、性格分析

四、价值观分析

五、技能分析

（一）专业知识技能分析

（二）可迁移技能分析

（三）自我管理技能分析

根据自我分析测评结果，进行自我分析小结。

【职业分析】

一、对专业的认识

（一）专业背景

（二）专业课程

（三）专业就业方向

二、职业环境分析

（一）行业环境分析

职业的特点和要求，现有从业人员的情况，所在行业的发展情况、前景与趋势及其对从业人员的要求，未来有哪些行业可能会对你的目标职业有需求。

（二）社会环境分析

社会经济环境、文化环境、人们的价值观念、就业环境和社会政治制度。

进行职业分析小结。

【职业目标】

（书写说明：职业目标的设定是指在自我剖析及对职业环境进行分析的基础上，确立自己明确的职业定位。综合第一部分自我分析及第二部分职业分析的主要内容来进行设定。）

一、本人职业定位的 SWOT 分析（见表 12）

表 12　本人职业定位的 SWOT 分析

	优势因素（S）	弱势因素（W）
内部环境因素	1. 2. 3. 4. 5. 6.	1. 2. 3. 4. 5. 6.
	机会因素（O）	威胁因素（T）
外部环境因素	1. 2. 3. 4. 5. 6.	1. 2. 3. 4. 5. 6.

二、学业生涯目标

三、职业生涯目标（见表13）

表13 职业生涯目标

职业目标	将来从事（××行业的）××职业……
职业发展策略	举例：进入××类型的组织（到××地区发展）……
职业发展具体路径	举例：××→××→××→××→……

【行动方案】

（书写说明：目标实现策略即行动计划，即通过各种积极的具体措施与行动去争取职业生涯目标的实现，也就是说，在职业生涯规划书中，对如何实现自己的职业生涯发展目标制订一个比较详细而又切实可行的行动计划和策略方案。）

一、实施计划一览表（见表14）

表14 实施计划一览表

计划名称	时间跨度	总目标	分目标	计划内容（参考）	策略和措施（参考）	备注
短期计划（大学期间职业规划）	2015—20××年	如大学毕业时要达到……，要从事什么岗位	如：大一要达到……大二要达到……，或在××方面要达到……	如专业学习、职业技能培养、职业素质提升、职业实践计划等	如大一以适应大学生活为主，大二以专业学习和掌握职业技能为主，或为了实现××目标，我要……	大学期间职业规划的重点
中期计划（毕业后五年左右时间职业规划）	20××—20××年	如毕业后第五年时要达到……，要从事什么岗位	如毕业后第一年要……，第二年要……，或在××方面要达到……	如职场适应、三脉积累（知脉、人脉、钱脉）、岗位转换及升迁等		大学生职业规划的重点
长期计划（毕业后十年左右或更长时间职业规划）	20××—20××年	如退休时要达到……，要从事什么岗位	如毕业后第十年要……，第二十年要……	如事业发展，工作、生活关系，健康，心灵成长，子女教育，慈善等		方向性规划

二、学业生涯期间实施计划

本人现正就读大学一年级，我对自己在大学期间的职业规划如下：

大学一年级：

大学二年级：

大学三年级：

大学四年级：

【评估调整】

（书写说明：职业生涯规划是一个动态的过程，必须根据实施结果的情况以及变化进行及时的评估与修正。）

1. 评估的内容

职业目标评估（是否需要重新选择职业？）假如一直……，那么我将……

职业路径评估（是否需要调整发展方向？）当出现……的时候，我就……

实施策略评估（是否需要改变行动策略？）如果……，我就……

其他因素评估（身体、家庭、经济状况以及机遇、意外情况的及时评估）

2. 评估的时间

一般情况下，我定期（半年或一年）评估规划；当出现特殊情况时，我会随时评估并进行相应的调整。

3. 规划调整的原则

【结 束 语】

本人签名：________（亲笔签名，手写）

实训完成时间：________

实训成绩：________